礼记

[汉]戴圣◎著
王学典◎译

江苏凤凰科学技术出版社·南京

图书在版编目（CIP）数据

礼记 /（汉）戴圣著；王学典译. — 南京：江苏凤凰科学技术出版社，2018.9（2022.5 重印）

ISBN 978-7-5537-8232-4

Ⅰ. ①礼… Ⅱ. ①戴… ②王… Ⅲ. ①礼仪 – 中国 – 古代 Ⅳ. ① K892.9

中国版本图书馆 CIP 数据核字 (2017) 第 112720 号

礼记

著　　者	【汉】戴圣
译　　者	王学典
责任编辑	祝　萍
责任监制	方　晨
出版发行	江苏凤凰科学技术出版社
出版社地址	南京市湖南路 1 号 A 楼，邮编：210009
出版社网址	http://www.pspress.cn
印　　刷	天津旭丰源印刷有限公司
开　　本	718 mm × 1 000 mm　1/16
印　　张	21.5
插　　页	2
字　　数	386 000
版　　次	2018 年 9 月第 1 版
印　　次	2022 年 5 月第 2 次印刷
标准书号	ISBN 978-7-5537-8232-4
定　　价	45.00 元

图书如有印装质量问题，可随时向我社印务部调换。

前言

《礼记》为儒家经典“四书五经”中的“五经”之一，是中国古代一部关于典章制度名物的书籍，自汉以来的两千多年一直被整个封建社会奉为礼治的圭臬。

《礼记》是战国至秦汉年间儒家学者解释说明经书《仪礼》的文章选集，是一部儒家礼治思想的资料汇编。汉代把孔子删定的典籍称为“经”，其弟子及后学对“经”的解说是“传”或“记”，《礼记》因此得名，即对“礼经”的解释。到西汉前期关于礼经的著作共有一百三十一篇。相传，《礼记》一书是西汉礼学家戴德和他的侄子戴圣删节整理上述著述而编订成的。戴德选编的八十五篇本叫《大戴礼记》，戴圣选编的四十九篇本叫《小戴礼记》，即我们今天见到的《礼记》。这两种书各有侧重和取舍，各有特色。因《小戴礼记》立有学官，故将小戴本专称《礼记》，并且和《周礼》《仪礼》合称“三礼”。著名学者郑玄为《小戴礼记》做了出色的注解，后来这个本子便盛行不衰，地位上升为经，到唐代被列为“九经”之一，到宋代被列入“十三经”之中，成为士人必读之书。

《礼记》的内容主要是记载和论述先秦的礼制、礼仪的内容及产生与变迁，记录孔子和弟子及他人的问答，记述修身做人的准则，论述如何以礼正确处理各种人伦关系等。这部九万字左右的著作内容广博，门类杂多，涉及政治、法律、道德、哲学、历史、祭祀、文艺、生活习俗、历法、地理等诸多方面，几乎包罗万象，集中体现了先秦儒家的政治、哲学和伦理思想，是研究先秦社会的重要资料。

《礼记》全书用散文写成，具有一定的文学价值。有的用短小生动的故事阐明某一道理，有的气势磅礴、结构严谨，有的言简意赅、意味隽永，有的擅长心理描写和刻画。书中还收有大量富有哲理的格言、警句，精辟而深刻。《礼记》还集结了如《中庸》《大学》《礼运》等蕴含深邃思想内容的学术论文，它们是中国学术思想史上的名作，影响极其深远，其中《大学》和《中庸》两章更位列“四书”，堪称经典中的经典。

礼，是体现儒家“仁”与“德”的各种社会规范，在中华民族历史上曾经是维系社会人群生活秩序的重要因素，是我们传统文化中色彩最浓厚、影响最深远的重要内容。对正在建设和谐社会的现代中国人来说，礼文化中仍有值得我们批判地借鉴，甚至批判地继承的成分。无论对个人生活习惯的培养、行为品格的塑造，还是对中国伦理学、社会学、政治学等的研究而言，《礼记》都应该是一部必读的经典。

诚然，《礼记》中有些封建糟粕，如强调建立在亲亲尊尊基础上的等级制度、繁饰礼乐、靡费财物的丧服制度与祭祀制度，以及宣扬男尊女卑等，这些内容对于近现代社会来说，早已失去了赖以存在的社会基础，已经成为无用的东西了。对此，读者当予以分析鉴别，可仅作为历史知识去了解。而《礼记》中许多有关学习、教育、生活、修身养性和为人处世的道理，具有超越时空的永恒价值，对今人仍有教益，很值得认真研读。

孔子说：“不学礼，无以立。”意思是说，不学礼就没法立足于社会。中国号称礼仪之邦，理应给礼赋予现代意义的诠释，正如我们把“八荣八耻”作为礼的灵魂。那么一个不讲礼的人，他就不足以成为堂堂正正的中国人。曾国藩也曾说过：“先王之道，所谓修己治人，经纬万汇者何归乎？亦曰礼而已矣。”所说的修己治人、经纬万汇，就是指小至个人修养，大到治国平天下，都应该包括在礼中。由此可见礼的内涵和外延，范围真是广泛而浩大。学习礼、实践礼也就显得尤为重要。

本书选取了《礼记》中的重要篇章，对其做出注释和翻译，并通过现代的解读和经典的事例加以说明，以期更好地帮助读者加深对这部儒家经典的理解和把握，使经典不再是束之高阁的故纸堆，而成为联结古今、传承文明的传家宝。

目录

曲礼上

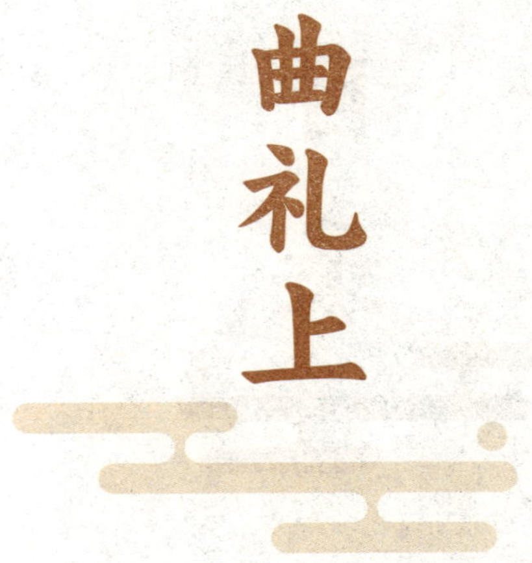

※ 原文

《曲礼》曰：毋不敬，俨若思，安、定辞，安民哉。

敖[1]不可长，欲不可从[2]，志不可满，乐不可极。

贤者狎[3]而敬之，畏而爱之。爱而知其恶，憎而知其善。积而能散，安安而能迁。临财毋苟得，临难毋苟免，很毋求胜，分毋求多，疑事毋质[4]，直而勿有。

※ 注释

1 敖：同“傲”，傲慢。2 从：通“纵”，放纵。3 狎：亲近。4 质：判定，证明。

※ 译文

《曲礼》说：做事情不要不慎重，神态要庄重地有所思考，说话时神情安详而言辞确定，这样才能使民众安定。

傲慢不能滋长，欲望不能放纵，志意不能自满，享乐不能过度。

对于贤能的人要亲近并且尊敬，敬畏并且爱戴。对于爱戴的人要知道他的短处，对于憎恨的人要知道他的优点。能积聚财产却又能分散救济贫困，能安于现实却又能适应变迁。遇到财物不要随便据为己有，遇到危难不要轻易躲避，与人争执不必追求胜利，分派财物不要求很多，有怀疑的事情不要臆断，已经明白的事情不要自夸知道。

※ 原文

若夫[1]坐如尸[2]，立如齐[3]，礼从宜，使从俗。

夫礼者，所以定亲疏、决嫌疑、别同异、明是非也。礼，不妄说[4]人，不辞费。礼，不逾节，不侵侮，不好狎。修身，践[5]言，谓之善行。行修，言道，礼之质[6]也。礼闻取于人，不闻取人；礼闻来学，不闻往教。

※ 注释

1 夫：成年男子。2 尸：用活人扮作父祖的形象以代父祖之神受祭，此人即称之为尸。尸居神位，坐必矜庄。3 齐（zhāi）：通“斋”，指古人祭祀前的斋戒。4 说（yuè）：后写作“悦”，喜欢，高兴。5 践：履行，实践。6 质：内在、本性。

※ 译文

成年人要做到坐着像尸一样端正，站着像处于斋戒中一样恭敬，礼应该适当，出使到国外要遵从当地的风俗。

礼，是用来确定亲近疏远、判断疑惑怀疑、区别相同与不同、明辨正确与错误的。依照礼而言，不随便取悦于人，不说没有用的话。依照礼而行，不僭越节度，不侵犯怠慢，不因喜欢而亲近显得不庄重。提高自身修养，履行诺言，这就是所谓的良好品行。品行得到完善，并且言谈符合常理，这就是礼的本质啊。关于礼的学问，只听说过从别人身上取法学习，没听说过自己能够体会出来的；只听说过不懂的人前来投师学习，没听说主动上门去传授的。

※ 原文

道德仁义，非礼不成；教训[1]正俗，非礼不备；分争辨讼，非礼不决；君臣、上下、父子、兄弟，非礼不定；宦学[2]事师，非礼不亲；班[3]朝治军，莅[4]官行法，非礼威严不行；祷祠祭祀，供给鬼神，非礼不诚不庄。是以君子恭敬、撙[5]节[6]、退让以明礼。鹦鹉能言，不离飞鸟；猩猩能言，不离禽兽。今人而无礼，虽能言，不亦禽兽之心乎？夫唯禽兽无礼，故父子聚麀[7]。是故圣人作，为礼以教人，使人以有礼，知自别于禽兽。

※ 注释

1 训：规范，准则。2 宦学：出外游学。3 班：排列。4 莅：临，从上监视着，统治。5 撙（zǔn）：节制，抑制。6 节：节制，节约。7 麀（yōu）：牝（雌）鹿，在此泛指雌兽。

※ 译文

道德仁义，没有礼就不能成其为道德仁义；教导民众规范准则、纠正风俗习惯，没有礼就不能完备；分解争辩、辨别争讼，没有礼就不能决断；君主和臣下、地位高的和地位低的、父亲和儿子、哥哥和弟弟，他们之间的名分，没有礼就不能确定；出外游学、侍奉老师，没有礼就不能做到亲密；排列朝廷上的等级、治理军队、监督官员、行使法律，没有礼就不能树立威严；到祠堂祈祷祭祀，供奉鬼神，没有礼就显得不真诚、不庄重。这就是君子用恭敬慎重、节制退让来阐明礼的原因啊。鹦鹉能学舌，但是脱离不了飞鸟的范畴；猩猩能言语，但是脱离不了禽兽的范畴。现在作为人而不懂礼，虽然能说话，不也是禽兽的心态吗？只有像禽兽一样没有礼，才会出现父子共妻这样的现象。所以圣人兴起时，就制作礼来教导人们，使人们因为有礼，知道把自己和禽兽区别开来。

※ 原文

太上贵[1]德，其次务施报。礼尚往来：往而不来，非礼也；来而不往，亦非礼也。人有礼则安，无礼则危，故曰“礼者，不可不学也”。夫礼者，自卑而尊人，虽负贩者，必有尊也，而况富贵乎？富贵而知好礼，则不骄不淫；贫贱而知好礼，则志不慑[2]。

人生十年曰幼，学。二十曰弱，冠[3]。三十曰壮，有室。四十曰强，而仕。五十曰艾，服官政。六十曰耆，指使。七十曰老，而传。八十、九十曰耄，七年曰悼，悼与耄虽有罪，不加刑焉。百年曰期颐。大夫七十而致仕，若不得谢[4]，则必赐之几[5]杖，行役以妇人，适四方乘安车，自称曰老夫，于其国则称名，越国而问焉，必告之以其制。

谋于长者，必操几杖以从之。长者问，不辞让而对，非礼也。

※ 注释

1 贵：重视，崇尚。2 慑：恐惧，害怕。3 冠（guàn）：古代的一种礼仪，男子二十岁举行冠礼，表示已经成人。4 谢：推辞。5 几：矮而小的桌子，用以放置东西或倚靠休息。

※ 译文

上古时代崇尚“德行”，后来却讲究施惠和报答。礼提倡往来：此人前往施惠而彼受惠者不来报答，不符合礼的要求；彼人来施惠而此人不前往报答，也不符合礼的要求。人有礼社会就安定，没有礼这个社会就危险了，所以说“礼，是不可不学的”。礼的原则，就是要求自己谦卑而尊重别人，即使是挑担子卖东西的人，也必然有尊严，更何况富裕显贵的人呢？富裕显贵的人如果懂得喜好礼，就不会自满和无节制；贫苦而地位低下的人如果知道喜好礼，就不会因为胆怯屈服而改变志向。

人十岁的时候称为“幼”，开始学习。二十岁的时候称为“弱”，举行冠礼。三十岁的时候称为“壮”，结婚成家。四十岁的时候称为“强”，可以担任官职。五十岁的时候称为“艾”，可以主持行政大事。六十岁的时候称为“耆”，可以指使别人做事。七十岁的时候称为“老”，可以传授宗庙祭祀事务给后辈。八九十岁的时候称为“耄”，七岁称为“悼”。处于“悼”和“耄”年龄的人即使触犯法律，也不施加刑罚。一百岁的时候称为“期颐”，应保养休息。大夫到七十岁应该结束做官生涯了。如果辞官没有得到允许，那么就必然赐给他桌几、拐杖，因公事外出时要派着妇人跟随照料，到各地去视察，乘坐着安稳的车子，可以自称“老夫”，但是在国内就要称名字，在别的国家被提问，一定要告诉自己的制度给他们。

和年长的人商量事情，一定要拿着桌几、拐杖跟随着他。年长的人问话，不谦让就回答，那就不符合礼。

※ 原文

凡为人子之礼，冬温而夏清[1]，昏定而晨省[2]，在丑[3]夷[4]不争。

夫为人子者，三赐不及车马[5]，故州闾乡党称其孝也，兄弟亲戚称其慈也，僚友称其弟也，执友称其仁也，交游称其信也；见父之执，不谓之进不敢进，不谓之退不敢退，不问不敢对：此孝子之行也。

夫为人子者，出必告，反必面，所游必有常，所习必有业，恒言不称老。年长以倍，则父事之；十年以长，则兄事之；五年以长，则肩随之。群居五人，则长者必异席。

※ 注释

1 清（qìng）：寒冷，凉。2 省（xǐng）：探视，问候。3 丑：同类。4 夷：平辈。5 三赐不及车马：三赐，即“三命三赐”，命是官的品级；这句话的意思是，即使做了三命的官，却也不敢享用父亲不能享用的车马。

※ 译文

做儿子之礼，在于冬天使父母感觉温暖、夏天使父母感觉凉爽，傍晚的时候要为父母整理床铺，早晨的时候要向父母问安，在平辈之间不与人争斗。

做儿子的人，做三命之官而不接受赏赐的车马，因此州闾乡党的人都称赞他的孝顺，兄弟和亲戚都称赞他的慈爱，一起做官的人和朋友们都称赞他的孝悌，志同道合的朋友都称赞他的仁爱，和他交往的人都称赞他的信用；见到和父亲志同道合的朋友，他不说上前就不敢上前，不说退下就不敢退下，没有问话，不敢发言：这就是孝子应有的行为。

做儿子的人，从家里出去必须告知父母，从外面回家必须面见父母，出游必须有规律，所学的必须是正业。平常说话不称自己“老”。对于年纪比自己大一倍的人，就像侍奉父亲那样侍奉他；比自己大十岁的人就像侍奉兄长那样侍奉他；比自己大五岁的人，就可以与他并行而稍微靠后一些。五个人坐在一块儿，就必须要为年纪最长的人另外设立席位。

※ 原文

为人子者，居不主奥[1]，坐不中席，行不中道，立不中门，食飨[2]不为概，祭祀不为尸，听于无声，视于无形，不登高，不临深，不苟訾[3]，不苟笑。孝子不服暗，不登危，惧辱亲也。父母存，不许友以死，不有私财。

为人子者，父母存，冠衣不纯[4]素。孤子当室，冠衣不纯采。

幼子常视毋诳。童子不衣裘、裳。立必正方，不顷听。长者与之提携，则两手奉长者之手。负，剑，辟、咡[5]诏之，则掩口而对。

※ 注释

1 奥：屋子里的西南角，这是室中最尊的位置。2 食（sì）飨：宴请宾客。3 訾（zǐ）：毁谤，诋毁，非议。4 纯：衣服鞋帽的镶边。5 咡（èr）：口旁，两颊。

※ 译文

做儿子的，起居不能占据屋中西南角的位置，坐不能坐在席位的中间，走路不能走在路的中间，站不能站在门的中间，宴请宾客时不能做主事，祭祀的时候不能做受祭的人。能在无声中听到自己应该听到的，能在无形中看到自己应该看到的。不攀登高的地方，不去到低洼的地方，不随便诋毁别人，不随便嬉笑。孝子不做暗事，不登临危险的地方，担心辱没父母的名声。父母在世的时候，不能对朋友许死，不能私存钱财。

做儿子的，父母在世的时候，帽子、衣服不能是白色的镶边。父亲去世自己主持家务，帽子和衣服不能是彩色的镶边。

对幼小的孩子应该时常用正确的东西来教育他而不要欺骗他。儿童不能穿皮衣。站的时候必须端正，不能侧着身子听别人说话。年长的人伸手要后辈搀扶，后辈就必须两只手捧着年长的人的手。长者在胁下夹抱儿童或者探身在儿童耳边吩咐事情时，儿童要用手遮住嘴巴来回答。

※ 原文

从于先生，不越路而与人言。遭先生于道，趋[1]而进，正立拱手。先生与之言则对，不与之言则趋而退。从长者而上丘陵，则必向[2]长者所视。

登城不指，城上不呼。将适舍，求毋固。将上堂，声必扬。户外有二屦[3]，言闻则入，言不闻则不入。将入户，视必下，入户奉扃[4]，视瞻[5]毋回。户开亦开，户阖亦阖。有后入者，阖而勿遂。毋践屦，毋踖席，抠衣趋隅，必慎唯诺。

大夫、士出入君门，由右，不践阈。

※ 注释

1 趋：小步快走，表示恭敬。2 向（xiàng）：面对着，面向。3 屦（jù）：用麻、葛制成的鞋。4 扃（jiōng）：从外面关门的门闩。5 瞻：往上或往前看。

※ 译文

跟着老师一块儿走路，不能走到前面去和别人说话。在路上遇到老师，应该小步迅速地走到老师面前，站直身子向老师拱手致意。老师和你说话你就回答，不和你说话就小步迅速地退下去。跟随年长的人登山，必须面向着年长的人所看的方向。

登临城楼不能指指点点，在城楼上不能大声呼叫。将要到别人家里的时候，要求不要像平常那样的随便。将要进正屋的时候，必须传出声音让人知道。看到门外有两双鞋子，如果听到屋里有人说话就进去，听不到说话就不进去。将要进门的时候，必须看着下方，进门以后要双手捧着门闩，看着前方不要向四周看。门原来开着的就让它开着，如果门原来是关着的就再把它关上。如果后面还有人跟着要进来，关门时就要慢慢地而不可随即把门完全关上。不要踩在别人的鞋子上，不要跨过别人的坐席，要提起衣裳小步迅速走到席角去登席。言谈时必须谨慎地应答。

士大夫出入国君的门庭，要从门橛的右侧，出入时不得踩踏门槛。

※ 原文

凡与客入者，每门让于客。客至于寝门，则主人请入，为席，然后出迎客。客固辞，主人肃[1]客而入。主人入门而右，客入门而左。主人就东阶，客就西阶。客若降等，则就主人之阶，主人固辞，然后客复就西阶。主人与客让登，主人先登，客从之，拾级聚足，连步以上。上于东阶，则先右足。上于西阶，则先左足。

帷[2]薄之外不趋。堂上不趋。执玉不趋。堂上接武[3]。堂下布[4]武。室中不翔[5]。并坐不横肱。授立不跪。授坐不立。

※ 注释

1 肃：邀请，引导。2 帷：围在四周的幕布。3 武：脚印。4 布：分开。5 翔：盘旋的飞，在这里指随便走动。

※ 译文

主人与客人在一块儿时，每走到一个门前主人都要让客人先进。当与客人走到卧室门前时，主人要请客人稍等，自己先进去整理坐席，然后再出来迎接客人进去。客人坚持推辞的时候，主人就引导客人让他进来。主人进门后向右边走，客人进门后向左边走。主人靠近东边的台阶走路，客人靠近西边的台阶走路。客人的地位如果低于主人，就要到主人的台阶前（准备随主人上堂），主人坚决推辞，客人再回到西边的台阶。登阶之前主人和客人谦让一番，然后主人先登阶，客人跟在后面，一级一级台阶、一步一步往上走。在东边台阶就先上右脚。在西边台阶就先上左脚。

在幕布帘子外面不能小步快走。正屋里面不能小步快走。拿着玉器不能小步快走。正屋里面走路要小心翼翼。正屋外面走路就可以大步。屋子里不要随便走动。一起坐的时候不能把手臂横着。给予东西时，对方站立着自己就不用跪下。对方坐着自己就不要站立着。

※ 原文

凡为长者粪[1]之礼，必加帚于箕上。以袂拘而退，其尘不及长者。以箕自乡而扱之。奉席如桥衡，请席乡向，请衽何趾。席南乡，北乡，以西方为上；东乡，西乡，以南方为上。

先生书策琴瑟在前，坐而迁之，戒勿越。虚坐尽后，食坐尽前。坐必安，执尔颜。长者不及，毋儳言。正尔容，听必恭。毋剿[2]说，毋雷同，必则古昔，称先王。侍坐于先生，先生问焉，终则对。请业则起，请益则起。父召无诺，先生召无诺，唯而起。侍坐于所尊，敬毋余席。见同等不起。烛至，起。食至，起。上客，起。烛不见跋[3]。尊客之前不叱狗。让食不唾。

※ 注释

1 粪：扫除，除去秽土。2 剿：套用引用别人说的话以为己说。3 跋：火把的柄。

※ 译文

为长者打扫时，必须把扫帚放在箕斗上面两手捧着前往。打扫时，要用衣袖遮住灰尘而向后退着扫，使尘土不飞扬到长者身上。用箕斗装尘土的时候，要向自己这边扫。捧席子给长者时，要使席卷像桥梁一样横着，铺席时要请教长者坐席应该面朝哪个方向，卧席脚那头应该朝着哪个方向。席子如果朝南北方向，就以西边为尊；如果朝东西方向，就以南边为尊。

有老师的书册琴瑟在前面，弟子就要跪着绕行过去，千万别从上面跨过去。闲坐的时候，尽可能地靠后面坐，吃饭的时候，尽可能地靠前面坐。坐时必须安稳，并控制自己的面容表情。长者没有同你谈话，就不要随便插话。要端正自己的仪容，必须恭敬地倾听。不要把别人的话拿来当成自己的来说，不要什么都和别人相同，必须效仿古代的先贤，在话语中引用先前帝王的言论。在老师身边陪坐的时候，老师问到什么，等他说完了再回答。向老师请教学业上的问题时要站起来，请求老师讲更多的东西也要站起来。对于父亲呼唤不能只口头上答应，老师呼唤也不能只口头上答应，要答应着并且站立起来。在尊敬的人身边陪坐的时候，要尽量靠近他，中间不要有空余的席位。见到和自己地位相当的人进来，不需要站起来。晚上，有人点了火把送来的时候，要站起来。到吃饭时，有人把食物送来的时候，要站起来。有尊贵的客人来到的时候，要站起来。火把不能烧到柄了，才拿去更换。在尊贵的客人面前，不能大声呵斥狗。向客人让食的时候，不能吐唾沫。

※ 原文

侍坐于君子，君子欠[1]伸，撰[2]杖，屦，视日蚤莫[3]，侍坐者请出矣。侍坐于君子，君子问更端，则起而对。侍坐于君子，若有告者曰："少间，愿有复也。"则左右屏[4]而待。毋侧听，毋噭应，毋淫视，毋怠荒，游毋倨，立毋跛，坐毋箕，寝毋伏，敛发毋髢[5]，冠毋免，劳毋袒，暑毋褰裳。

※ 注释

1 欠：哈欠，疲倦时张口出气。2 撰：持，拿。3 莫（mù）：通"暮"，日落的时候。4 屏（bǐng）：退，隐退。5 髢（tì）：假发。

※ 译文

在君子身边陪坐，如果君子打哈欠伸懒腰，并且把拐杖和鞋子拿过来，看天色的早晚，陪坐的人就应该请求退下了。在君子身边陪坐，如果君子转换话题问别的事情，就应该站起来回答。在君子身边陪坐，如果有人告诉他说："等一下，希望能向您报告。”那周围的人都应退下去等待。不要侧身倾听别人说话，不要高声喊叫着答应，目光不要左瞟右看游移不定，不要懒惰松懈放纵自己。走路时不要显得傲慢，站立时不要偏斜，坐的时候不要像箕斗一样分开两脚，睡觉的时候不要趴着身子。头发要束好，不要让它像假发一样下垂，戴帽子的时候不要随便把帽子脱下，劳动的时候不要脱去上衣袒露身体，天气炎热的时候不要撩起衣服。

※ 原文

侍坐于长者，屦不上于堂，解屦不敢当阶。就屦，跪而举之，屏于侧。乡长者而屦，跪而迁屦，俯而纳屦。

离坐，离立，毋往参[1]焉。离立者不出中间。男女不杂坐，不同椸枷[2]，不同巾栉，不亲授。嫂叔不通问。诸母不漱裳。外言不入于梱，内言不出于梱。女子许嫁，缨，非有大故，不入其门。姑、姊妹、女子子已嫁而反，兄弟弗与同席而坐，弗与同器而食。父子不同席。男女非有行媒，不相知名。非受币[3]，不交不亲。故日月以告君，齐戒以告鬼神，为酒食以召乡党僚友，以厚其别也。取[4]妻不娶同姓，故买妾不知其姓则卜之。寡妇之子，非有见焉，弗与为友。

※ 注释

1 参：参与，这里有挤身上前的意思。2 椸枷：椸（yí），衣架；枷，通“架”，衣架。3 币：古人用作礼物的丝织品，这里指聘礼。4 取：通“娶”。

※ 译文

在年长的人身边陪坐，不能穿着鞋子进正屋，不能在台阶上面解鞋带。穿鞋子时要跪下来拿着鞋子退到一边去穿。为长者穿鞋子的时候，要面对着长者，跪下来拿过鞋子，俯下身子穿上。

见到有两个人并坐或者并站在一起，就不要插身到他们中间去。见到两个人并站在一起，不能从他们中间穿过去。男女不能混杂坐在一起，男女不能共用一个衣架，不能共用手巾、梳子、篦子，不能亲手递给对方东西。嫂子和小叔子不能往来问候。不可让诸母为自己洗裳裙。男人在外面的职事不要传到家中的妇女耳中，家中的妇女们的职事也不要拿来烦扰男人。女孩子许嫁了，举行笄礼，没有什么重要的原因，不能到她家里去。女子已经出嫁又返回娘家的，兄弟不能和她同席坐在一块儿，不能和她共用餐具吃饭。父子也不能同席坐在一块儿。男女之间没有经过媒人的介绍，就不打听对方的情况。女家没有接受男家的聘礼，双方不交往相亲。因此把结婚日期报告给国君，用斋戒来告慰鬼神，准备酒和食物来招待乡亲、同事和朋友，这些都是为了慎重男女之别。娶妻不娶同一姓氏的女子，所以买妾的时候如果不知道她的姓氏就要占卜一下吉凶。寡妇的儿子，如果不是有见识的，不要和他交朋友。

※ 原文

贺取妻者，曰："某[1]子使某，闻子有客，使某羞[2]。"贫者不以货财为礼，老者不以筋力为礼。

名子者，不以国，不以日月，不以隐[3]疾，不以山川。

男女异长。男子二十，冠而字，父前子名，君前臣名。女子许嫁，笄而字。

※ 注释

1 某：代指不明确的人。2 羞：进献。3 隐：伤痛。

※ 译文

庆贺别人娶妻的人，说："某人派我前来，听说您这里有客人，派我给你进献礼物。"贫穷的人不讲究送人财物为礼物，年纪大的不要求劳动体力行烦琐的礼仪为礼。

给孩子取名，不用国家的名称，不用日月的名称，不用身体隐蔽处的伤痛疾病名称，不用山川的名称。

男女分别按长幼排行。男子到了二十岁的时候，举行冠礼并取字。在父亲面前凡兄弟都互相称名，在君王面前凡臣僚也都互相称名。女儿许嫁后，要为她举行加笄礼，并且为她取字。

※ 原文

凡进食之礼，左殽[1]，右胾[2]，食居人之左，羹居人之右。脍炙处外，醯[3]酱处内，葱渫处末，酒、浆处右。以脯、脩[4]置者，左朐右末。客若降等，执食兴，辞。主人兴，辞于客，然后客坐。主人延客祭。祭食，祭所先进，殽之序，遍祭之。三饭，主人延客食胾，然后辩肴。主人未辩，客不虚口。

侍食于长者，主人亲馈，则拜而食；主人不亲馈，则不拜而食。

共食不饱，共饭不泽手。

※ 注释

1 肴（yáo）：切成大块的带骨头的熟肉。2 胾（zì）：切成大块的不带骨头的熟肉。3 醯（xī）：醋。4 脯、脩：都是干肉的意思。

※ 译文

凡向客人进食之礼，带骨头的熟肉应放左边，没有骨头的熟肉应放右边，饭食放在客人的左边，喝的羹汤放在客人的右边。肉类都放在外侧，醋酱放在里面，葱屑放在末端，酒浆放在右边。如果另加脯、脩两种干肉的，那就把它们弯曲的部分朝左，而放在最右边。客人的地位如果低于主人，就要拿着食物站起来谦让。主人也要站起来向客人谦让，然后客人坐下。主人引导客人行食前祭礼。行祭礼时，要按照所进食物的先后顺序。从带骨头的熟肉开始，依次祭遍全部的食物。客人吃过三口饭以后，主人请客人吃不带骨头的熟肉，然后客人依次吃遍各种食物，而最后吃带骨头的熟肉。主人还没有把所有食物吃过一遍的时候，客人不饮酒洁口。

陪着年长的人吃饭的时候，主人如果亲自向自己进食，就要行拜礼后再吃；主人不亲自向自己进食，就可以不行拜礼而开始吃。

与人共用食器吃饭不能要求吃饱，与人共用食器吃饭时不得揉搓双手。

※ 原文

毋抟饭。毋放饭。毋流歠[1]。毋咤食。毋啮骨。毋反鱼肉。毋投与狗骨。毋固获。毋扬饭。饭黍毋以箸。毋嚃[2]羹。毋絮羹。毋刺齿。毋歠醢[3]。客絮羹，主人辞“不能亨”。客歠醢，主人辞以“窭”[4]。濡[5]肉齿决，干肉不齿决。毋嘬[6]炙，卒食，客自前跪，彻饭齐，以授相者。主人兴，辞于客，然后客坐。

侍饮于长者，酒进则起，拜受于尊所。长者辞，少者反席而饮。长者举未釂[7]，少者不敢饮。

※ 注释

1 歠（chuò）：饮。2 嚃（tā）：不嚼而吞咽。3 醢（hǎi）：用肉、鱼等做成的酱。4 窭（jù）：贫寒。5 濡：浸渍，沾湿。6 嘬（chuài）：咬，这里有大口吃的意思。7 釂（jiào）：饮完。

※ 译文

不要把食物捏聚成团来吃。已经抓取的饭不要再放回食器中。不要大口地喝汤。吃饭时不要发出声响。不要啃咬骨头。已经拿起的鱼和肉类食物不要再放回食器中。不要把骨头投掷给狗。不要单单只吃一种好吃的食物。不要为使食物快点凉而把食物簸扬起来。吃黏黄米不要用筷子。不要不咀嚼羹汤中的菜就囫囵咽下。不要自已往汤中添加佐料。不要在正吃饭时剔牙。不要像饮汤一样饮酱。客人如果往汤中添加作料，主人就要以“不善烹饪”来辞让。客人喝肉汤，主人要以“家贫以致礼不周”来辞让。

沾湿的肉可以用牙齿咬断来吃，干肉不能用牙齿咬断（而用手撕开）来吃。不要大口吃烤肉。吃完饭以后，客人应向席前跪下，收拾剩下的食物交给服侍的仆人。主人站起来，对客人亲撤饭菜的做法加以推辞，然后客人才坐回席位。

年少的陪着年长的人喝酒，年长的拿酒上来的时候，年少的要站起来，到陈放酒器的地方去向长者行拜礼而后接受酒。年长的人推辞，年少的人再回到席位上喝酒。但如果年长的人把酒器拿起来还没有饮完，年少的人就不能喝。

※ 原文

父母有疾，冠者不栉，行不翔，言不惰，琴瑟不御，食肉不至变味，饮酒不至变貌，笑不至矧[1]，怒不至詈。疾止复故。有忧者，侧席而坐。有丧者，专席而坐。

※ 注释

1 矧（shěn）：齿根，牙龈。

※ 译文

父母有疾病的时候，做儿子的戴帽子而顾不上梳头，走路顾不上注意姿态，说话顾不上讲究言辞，琴瑟也不弹奏了，吃肉少到不致改变食物的滋味，喝酒少到不致改变脸上的颜色，笑不露出牙龈，怒不致大声责骂。等父母疾病痊愈了，才恢复到原来的常态。有忧患的人，应能独席而坐。为父母服丧的人，只坐单席。

※ 原文

凡为君使者，已受命，君言不宿于家。君言至，则主人出拜君言之辱。使者归，则必拜送于门外。若使人于君所，则必朝服而命之。使者反，则必下堂而受命。

博闻强识而让，敦善行而不怠，谓之君子。君子不尽人之欢，不竭人之忠，以全交也。

※ 译文

凡是作为国君的使者，已经接受使命了，应该马上行动不能在家逗留过夜。君主的命令一传到，主人就要出来礼拜，并且说些屈尊前来的话。使者回去，主人必须到门外面拜送。假若派人到君主那儿去，就必须穿上上朝的衣服再命令他。等到派去的人回来，就必须走出正屋去接受国君的命令。

见识广博、记忆力强而能谦让，厚道、品行良好而不会懈怠，这才能称为君子。君子不要求别人全心喜欢自己，不要求别人竭力忠于自己，以此保全交情。

※ 原文

《礼》曰："君子抱孙不抱子。"此言孙可以为王父尸，子不可以为父尸。为君尸者，大夫、士见之，则下之。君知所以为尸者，则自下之。尸必式[1]，乘必以几。

齐者不乐不吊。

居丧之礼，毁[2]瘠[3]不形，视听不衰，升降不由阼阶，出入不当门隧[4]。居丧之礼，头有创则沐，身有疡则浴，有疾则饮酒食肉，疾止复初。不胜丧，乃比于不慈、不孝。五十不致毁，六十不毁，七十唯衰[5]麻在身，饮酒食肉，处于内。

※ 注释

1 式：人立于车上凭轼伏身以向人表示敬意叫作式，即行式礼，字亦作"轼"。2 毁：哀痛过度而伤害身体。3 瘠：消瘦。4 门隧：门外正中的通道。5 衰（cuī）：古代丧服的一种。

※ 译文

《礼》书上说："君子抱孙子而不抱儿子。"这就是说孙子可以代表死去的爷爷受祭，儿子不可以代表父亲受祭。代表君主受祭的人，大夫、士见了，也要下车行礼。君主如果知道代表先君受祭的人，也要下车。代表受祭的人必须扶着轼行礼，上车时一定要用桌几垫脚而上。

斋戒的人不能听音乐，不能吊丧。

守丧之礼，因哀痛过度而身体消瘦但不至于瘦骨嶙峋，视觉和听觉也不会因此衰退；上下都不走大堂前东面的台阶，出入门不走正中的通道。守丧之礼，头上有疮疖就洗头，身上有疮疖就洗澡，有疾病就喝酒吃肉，疾病痊愈就恢复原来的样子。如果经不起丧痛，就会看作和不慈不孝一样。五十岁的时候守丧不能因为哀伤而让身体受到伤害，六十岁的时候守丧不能让身体受到影响，七十岁的时候守丧只要穿着丧服就行了，可以喝酒吃肉，处于室内。

※ 原文

生与来日，死与往日。

知生者吊[1]，知死者伤[2]。知生而不知死，吊而不伤；知死而不知生，伤而不吊。

吊丧弗能赙[3]，不问其所费。问疾弗能遗，不问其所欲。见人弗能馆，不问其所舍。赐人者不曰"来取"。与人者不问其所欲。适墓不登垄。助葬必执绋[4]。临丧不笑。揖人必违其位。望柩[5]不歌。入临不翔。当食不叹。邻有丧，舂不相。里有殡，不巷歌。适墓不歌。哭日不歌。送丧不由径。送葬不辟涂潦。临丧则必有哀色。执绋不笑。临乐不叹。介胄则有不可犯之色。故君子戒慎，不失色于人。国君抚式，大夫下之。大夫抚式，士下之。

※ 注释

1 吊：吊唁，指对死者亲属的慰问。2 伤：伤辞，指对死者的哀悼。3 赙（fù）：送布帛财物助人办丧事。4 绋：指引棺的绳索。5 柩：装有尸体的棺材。

※ 译文

活人为死者服丧的日期应该从死者死亡的第二天算起，死者的殓葬日期应该从死亡的当天算起。

和死者亲属是朋友的，致慰问之辞。和死者生前是朋友的，要去致哀悼之词。认识死者亲属却不认识死者，只致慰问不致哀悼。认识死者却不认识死者亲属，只对死者致悼念而不向亲属致慰问。

吊丧却不能拿出布帛财物帮助办丧事，就不要问人家花费多少。探望病人却不能赠送礼物，就不要问他想要什么。见到行人却不能安排住舍，就不要问他住在哪儿。送给别人东西时不说："来我家取。"送别人东西，不要问他想要不想要。到墓地不能登上坟头。助葬时，必须拿着引棺的绳索。在办丧事的地方不能笑。对人作揖一定离开座位。面对着灵柩不能唱歌。参加丧礼的时候不可讲究走路的姿态。面对着食物不可叹息。邻居有丧事，舂米不能唱歌助兴。乡里有葬礼，不能在巷子里唱歌。到墓地不能唱歌。吊丧的那天不能唱歌。送葬不贪走捷径，不能避开积水的道路。参加丧礼脸上必须有悲哀的神色。拿着引棺的绳子不能笑。参加欢乐的场合不发出叹息声。穿上盔甲、戴上头盔，就要显出不可侵犯的样子。因此君子要小心谨慎，不要在别人面前失态。国君扶着轼行礼的时候，大夫要下车。大夫扶着轼行礼的时候，士人要下车。

※ 原文

礼不下庶人，刑不上大夫。刑人不在君侧。

兵车不式，武车绥旌。德车[1]结旌。

史载笔，士载言。前有水，则载青旌[2]。前有尘埃，则载鸣鸢[3]；前有车骑，则载飞鸿；前有士师，则载虎皮；前有挚[4]兽，则载貔貅；行：前朱鸟而后玄武，左青龙而右白虎，招摇在上，急缮其怒，进退有度，左右有局，各司其局。

父之雠，弗与共戴天。兄弟之雠，不反兵。交游之雠，不同国。

四郊多垒，此卿大夫之辱也。地广大，荒而不治，此亦士之辱也。

※ 注释

1 德车：指没有兵器装备的车。2 青旌：青，青雀；青旌指画着青雀的旌旗。3 鸢：指鹰。4 挚：同“鸷”，凶猛。

※ 译文

礼不适用平民百姓，刑罚不适用大夫。受过刑罚的人不能用在国君身边。

兵车上的人不必行轼礼，武车上的旌旗应该任其舒展。德车上的旌旗应该缠结起来。

国君会盟的时候，史官负责携带笔墨工具，士人负责记载言论。前面有水，就竖起画着青雀的旌旗；前面有尘土飞起，就竖起画着鸣叫的鹰的旌旗；前面有车骑，就竖起画着飞鸿的旌旗；前面有军队，就在旗杆上挂起虎皮；前面有凶猛的野兽，就在旗杆上挂起貔貅皮。要这样排列行军的行阵：前面朱雀阵，后面玄武阵，左边青龙阵，右边白虎阵，画着北斗星的旌旗在阵行上空飘扬，军队的士气就迅速强盛起来，阵行前进和后退都有一定的法度，分为左右两个部分，各自掌管各个部分。

对于父亲的仇敌，要和他不共戴天。对于兄弟的仇敌，要随时可以拿出武器去报仇。对于朋友的仇敌，不要和他在同一个国家。

国都的四郊都是防御的城垒，这是卿相、大夫的耻辱。田地广阔，却荒芜而没有人治理，这也是士人的耻辱。

※ 原文

临祭不惰。祭服敝则焚之。祭器敝则埋之。龟筴[1]敝则埋之。牲死则埋之。凡祭于公[2]者，必自彻[3]其俎[4]。

卒哭乃讳。礼：不讳嫌名；二名不遍讳；逮事父母，则讳王父母；不逮事父母，则不讳王父母；君所无私讳；大夫之所有公讳；《诗》《书》不讳；临文不讳；庙中不讳；夫人之讳，虽质君之前，臣不讳也，妇讳不出门；大功、小功不讳。入境而问禁。入国而问俗。入门而问讳。

※ 注释

1 龟筴：龟，占卜用的龟壳；筴，通“策”，占卜用的蓍草。2 祭于公：帮助国君祭祀。3 彻：同“撤”，撤去。4 俎：祭祀时盛牛羊等的礼器。

※ 译文

在祭祀的时候不能怠慢。祭祀的服装如果破旧了就焚烧掉。祭祀的器具如果破旧了就掩埋掉。占卜用的龟壳、蓍草如果破旧了就掩埋掉。供祭祀用的动物死了就掩埋掉。凡是帮助国君祭祀，结束后必须亲自撤去祭祀用的礼器。

卒哭祭之后才避讳说死者的名字。按照礼的规定就是：不避讳读音接近的名字；名字中有两个字的，只避讳其中一个字就行了；在侍奉父母的时候，就避讳祖父母的名字；没有赶得上侍奉父母，就不用避讳祖父母的名字了；君主的处所不用避私人的忌讳；大夫的处所要避国君的忌讳；读《诗》《书》的时候不用避讳；在写文章时不用避讳；宗庙之中不用避讳；国君夫人的家讳，虽然在君主面前，臣下也不避讳，因为妇女的家讳是不出家门的；在服大功、小功的期间不用避死者的忌讳。进入别国的国境要了解该国有什么禁忌。进入别的都城要询问那里的民俗。进入别人家里要询问这家的忌讳。

※ 原文

外事以刚日，内事以柔日。凡卜筮日，旬之外曰“远某日”，旬之内曰“近某日”。丧事先远日，吉事先近日。曰：“为日，假尔泰[1]龟有常。”“假尔泰筮有常。”卜筮不过三。卜筮不相袭。

龟为卜，筴为筮。卜筮者，先圣王之所以使民信时日，敬鬼神，畏法令也；所以使民决嫌疑，定犹与[2]也。故曰：“疑而筮之，则弗非也；日而行事，则必践之。”

君车将驾，则仆执策立于马前。已驾，仆展軨[3]，效[4]驾。奋衣，由右上，取贰绥，跪乘，执策分辔，驱之五步而立。君出就车，则仆并辔授绥。左右攘辟，车驱而驺。至于大门，君抚仆之手，而顾命车右就车。门闾沟渠必步。凡仆人之礼，必授人绥。若仆者降等则受，不然则否。若仆者降等，则抚仆之手；不然则自下拘之。

※ 注释

1 泰：同“大”，对龟、筮的美称。2 犹与：犹豫，迟疑不决的样子。3 展：展，察看，细看；，插在车轴上固定车轮的销子。4 效：报告。

※ 译文

祭祀天地要在刚日，祭祀宗庙要在柔日。凡是占卜日期，如果结果是十天之外的日期叫作“远某天”，十天之内的日期叫作“近某天”。办丧事要先占卜十天之外的日期，办吉祥的事要先占卜十天之内的日期。占卜时要说：“选择日期，就要凭借您这些大龟甲不出差错了。”或“凭借您这些大蓍草才能不出差错了。”占卜不能超过三次。不能用龟甲和蓍草重复来占卜。

占卜用龟甲叫作“卜”，用蓍草叫作“筮”。这是先前的圣贤帝王用来让人们相信时运天数，敬奉鬼神，畏惧法律法令的；是用来让人们判断疑惑怀疑，决定犹豫迟疑的。因此说："有疑问就占卜，就不会有错误；择吉日再做事，就一定能把事情做好。"

国君的车将要套马外出，驾车的人就要拿着鞭子站在马的前面。马车套好后，驾车的人察看车轴上的车就可以向国君报告（车套好了），然后抖去衣服上的尘土从右边上车，拿住副拉手，跪下来驾车，接着拿着鞭子分开缰绳，赶马走五步再站起来。君主出来走到车的跟前，驾车的人要把缰绳合并在一块儿，把拉手交给君主。身边的人退让避开，驾车的人赶车往前走，身边的人就快步跟着，到了大门那儿，君主按住驾车人的手，回头命令身边的人上车。遇到了门、沟渠，身边的人必须下车步行。按照仆人的礼仪，必须把拉手交给乘车的人。假如仆人地位低于乘车的人就要接受，如果不是这样，就不能接受。假如仆人的地位低于乘车的人，就按住仆人的手再接受；如果不是这样，乘车的人要从仆人手的下面接过拉手。

※ 原文

客车不入大门。妇人不立乘。犬马不上于堂。

故君子式黄发，下卿位，入国不驰，入里必式。君命召虽贱人，大夫、士必自御之。介者不拜，为其拜而蓌[1]拜。祥车旷左。乘君之乘车不敢旷左，左必式。仆御妇人，则进左手，后右手。御国君，则进右手，后左手而俯。国君不乘奇车。车上不广欬，不妄指。立视五嶲[2]，式视马尾，顾不过毂[3]。国中以策彗恤勿驱，尘不出轨。国君下齐牛，式宗庙。大夫、士下公门，式路马。乘路马，必朝服，载鞭策，不敢授绥，左必式。步路马，必中道。以足蹙[4]路马刍有诛，齿[5]路马有诛。

※ 注释

1 蓌（cuò）：蹲。2 嶲（guī）：同"规"，车轮的周长，一规为一丈九尺八寸，五规就是九十九尺。3 毂：车轮中心的圆木。4 蹙：通"蹴"，踩，踏。5 齿：年岁，年龄。

※ 译文

客人的车子不能进入主人家的大门。妇女不能站立着乘车。狗和马不能牵到正屋里。

所以，君子要按着扶手向老人敬礼，遇到卿就下车，进入国都不要赶马快跑，进入里巷必须按着扶手对人敬礼。君主下命令召见，即使是地位低的人，大夫、士也必须亲自为他们驾驭车马。身穿盔甲的人不用礼拜，因为他的礼拜让人有做作的感觉。

祥车应该空缺左边。乘坐君主的车不能空缺左边，在左边必须依扶着车轼。仆人为妇女驾车，要把左手放在前面，右手放在后面。为国君驾车，要俯下身子把右手放在前面，左手放在后面。国君不坐乘奇特怪异的车子。在车上不能大声地咳嗽，不能随便指点。站着乘车向前看的距离相当于车轮五周的距离，按着扶手敬礼的时候要看着马的尾巴，回头看的时候目光不超过车轮中心的圆木。在国都中要用竹扫帚赶马，小心不要疾驰，车扬起的尘土不能飞出车辙以外。国家的君主见到斋戒用的牛要屈尊下车，要向宗庙行轼礼。大夫、士路过国君的门前要下车，要向国君的车马行轼礼。乘坐国君的车，必须穿上上朝的衣服携带鞭子，并且不敢让驾车人向自己授绥，在左边必须依扶着车轼。牵着国君的马行走，必须走在路的中间。用脚踩踏国君的马的草料的人，要受到惩罚，推算国君的马的年龄的人，要受到惩罚。

※ 解读

《曲礼》是古代的一部礼书。内容是记载日常生活中应该注意的细小规矩。“曲”是委曲详尽的意思，把这些细微的生活规矩详细记载下来，就是《曲礼》。《曲礼》的形式是条列式的。《礼记》礼器篇中说“曲礼三千”，就是说原来有三千多条。《礼记》的第一篇就是《曲礼》，那是因为用全篇的第一句“曲礼曰”作篇题，就像《论语》的“学而”“为政”篇题的做法是一样的。《曲礼》全篇的内容，都是一些具体细微的生活规矩，大概有很多条就是原来古礼经的文字。

我们不能不感叹古人“为礼以教人”的良苦用心和他们对“礼”的谨慎态度。我们读了《曲礼》，可以从中学到很多在现代社会被忽视甚至被遗忘，却能代表中华民族美德的、有价值的东西。比如尊老爱幼、尊敬师长、修身践言、礼尚往来，等等。此外，还有很多细节，像吃饭、和人交谈、赠送接受礼物等，对我们的生活、工作、学习各个方面都大有裨益。从另一个侧面，我们也能对距离现在非常遥远的古代人们的社会生活有所了解。通过和现代社会的对比分析，了解社会发展的进程。

我们学习《曲礼》，乃至整部《礼记》，只要坚持“取其精华，弃其糟粕”的审慎态度，就一定会学有所得。现代社会的快速发展带来很多并发症，其中重要的一点就是造成人与人之间关系的淡薄。改变这种状况的方法之一，就是注重自身修养的提高，把知礼、行礼作为做人的准则。《曲礼》中有许多我们平时不太在意的生活规矩，但是对我们个人的生存、发展却有着很重要的作用，应引起我们的重视。

※ 事例

《曲礼》上说：“是以君子恭敬、撙节、退让以明礼。”意思是说，君子应当态度恭敬、凡事有节制、对人谦让，这样来体现礼。“秦时明月汉时关”，大汉帝国总是给后人许多怀想。刘邦凭什么得到天下？其中一个因素便是他态度谦恭，礼贤下士。

沛公待贤

刘邦起事后不久，到了高阳的旅舍，派人召郦食其来见。郦食其到了，进去拜见刘邦。这时刘邦正叉开两腿坐在床上，让两个女子帮他洗脚。他便这样地接见了郦食其。郦食其见状，只是拱手高举，行相见礼而不跪拜，说道："您是想协助秦朝攻打诸侯国呢，还是想率领各路诸侯击败秦朝呢？"

刘邦骂道："没见识的儒生！天下的人受秦朝暴政苦累已很久了，所以各国相继起兵攻秦，怎么说是协助秦朝攻打诸侯呢！"郦食其说："您若是真想聚集天下群雄、联合正义军队去讨伐暴虐无道的秦王朝，就不该如此傲慢无礼地接见年长的人！"

刘邦于是停止洗脚，起身整理好衣服，请郦食其在尊客席上就座，并向他道歉。郦食其便向他谈起了战国六国合纵连横的史事。刘邦很高兴，请郦食其吃饭，并问道："有何良计啊？"郦食其说："您从一群乌合之众中起事，收拢了一些散兵游勇，部众还不足一万人，想靠此径自去攻打强大的秦朝，这叫作用手去掏虎口！陈留是天下的要冲，四通八达的枢纽地区，现在该城中又储存有许多粮食，而我恰与陈留县令交情不错，请您让我出使陈留，劝他向您投降；假如他不听从劝告，您就领兵攻城，我做内应。"刘邦于是派郦食其动身，自己率军跟随在后，最后降服了陈留，便封郦食其为广野君。郦食其对其弟郦商说了这些事。当时郦商就召集青年，共四千人，前来归附刘邦，刘邦任用郦商为将军，命他率领陈留的部队相随。郦食其则常常作为说客，出使各诸侯国，为西汉建立立下了汗马功劳。

刘邦正是凭借他的恭敬、节制，礼贤下士，招揽人才，才建立了大汉帝国。

曲礼下

※ 原文

凡奉者当心，提者当带。执天子之器则上衡[1]，国君则平衡，大夫则绥[2]之，士则提之。凡执主器，执轻如不克[3]。执主器，操币、圭、璧[4]，则尚左手，行不举足，车轮曳踵，立则磬折垂佩。主佩倚，则臣佩垂；主佩垂，则臣佩委。执玉，其有藉者则裼，无藉者则袭。

※ 注释

1 衡：通“横”。谓与心平。2 绥：通“妥”，落下。3 克：约定或限定。4 币、圭、璧：币，指束帛，即一束帛（五匹，二十丈），行礼所用；圭，指帝王或诸侯在举行朝会、祭祀等典礼时拿的一种玉器；璧，平而圆、中间有孔的玉。这里泛指贵重的器物。

※ 译文

凡是双手捧东西要靠在当心的位置，提东西手要靠在腰带的位置。为天子拿器物要向上高举过头，为国君拿器物要与心平齐，为大夫拿器物低于心，为士人拿器物就提着。凡是为天子拿器物，即使是很轻便的也要像拿不能胜任的重物一样。为国君拿器物，如拿贵重的器物时，就尊崇地用左手拿，走路的时候不把脚抬高起来，要像车轮滚动一样脚后跟擦地而行，站立的时候，要像磬一样上身前倾，使佩饰垂挂下来。君主的佩饰倚贴在身上，那么臣下就要上身前倾使佩饰垂挂下来；君主的上身前倾佩饰垂挂下来，那么臣下就要伏身向下使佩饰着地。行聘礼时拿玉器，如果玉器下边有衬托物，就要解开正服前襟露出里边的裼衣，没有衬托物就要掩好正服前襟。

※ 原文

国君不名卿老、世妇[1]。大夫不名世臣、姪、娣[2]。士不名家相[3]、长妾。君大夫之子，不敢自称曰“余小子”。大夫、士之子，不敢自称曰“嗣子某”，不敢与世子[4]同名。

君使士射，不能，则辞以疾，言曰：“某有负薪之忧。”

侍于君子，不顾望而对，非礼也。

君子行礼，不求变俗。祭祀之礼，居丧之服，哭泣之位，皆如其国之故。谨修其法，而审[5]行之。去国三世，爵禄有列于朝，出入有诏于国。若兄弟宗族犹存，则反告于宗后。去国三世，爵禄无列于朝，出入无诏于国，唯兴之日，从新国之法。

※ 注释

1 世妇：世妇谓两媵，媵的地位次于夫人而贵于诸妾。2 姪、娣：意思同“世妇”。3 相：古代主持礼节仪式的人。4 世子：国君的儿子，太子。5 审：慎重。

※ 译文

国家的君主不能称呼卿相和世妇的名字。大夫不能称呼世臣和侄、娣的名字。士人不称呼家里面主持礼节仪式的人和长妾的名字。天子的有封地的大夫之子，不敢自称“余小子”。大夫、士的儿子，不能自称“嗣子某”，也不敢和太子的名字一样。

君主让士人射箭，如果士人不能，就要用患疾病来推辞，说：“我背柴累病了。”

侍奉君子（如果君子提问），不看看周围（是否有胜过自己的人）就抢先回答，这是不符合礼的。

君子（居住在别国）行礼，不要求改变本国的风俗习惯。祭祀的礼仪，处于丧事的服装，哭泣的方位，都依照自己国家原来的礼俗。谨慎地遵循本国的礼法，并且慎重地实行。离开国家已经有三代了，还有爵位和俸禄在朝廷里，那么出入往来别国仍要报告国君。如果本国仍有兄弟宗族在，（遇有喜事或丧事）仍要向本国的族长报告。如果离开本国已经三代，族中已经无人在本国没有爵位和朝廷里做官，出入往来别国就不用向本国国君报告了，但只有在别国做了卿大夫的时候，才遵从新国家的礼法。

※ 原文

大夫、士去国，祭器不逾竟。大夫寓祭器于大夫，士寓祭器于士。大夫、士去国，逾竟为坛位，乡国而哭，素衣，素裳，素冠，彻缘，鞮屦[1]，簚素[2]，乘髦马，不蚤鬋[3]，不祭食，不说人以无罪，妇人不当御，三月而复服。

大夫、士见于国君，君若劳之，则还辟，再拜稽首[4]。君若迎拜，则还辟，不敢答拜。大夫、士相见，虽贵贱不敌，主人敬客则先拜客，客敬主人则先拜主人。凡非吊丧，非见国君，无不答拜者。大夫见于国君，国君拜其辱[5]。士见于大夫，大夫拜其辱。同国始相见，主人拜其辱。君于士不答拜也，非其臣则答拜之。大夫于其臣，虽贱，必答拜之。男女相答拜也。

※ 注释

1 鞮（dī）屦：穿着皮革做成的鞋子。2 素簚（mì）：同“幦”，车轼上的覆盖物。素，白狗皮。3 蚤鬋：蚤通“爪”。鬋，通“剪”。指甲和下垂的鬓发。4 稽（qǐ）首：古时的一种礼节，跪下，拱手至地，头也至地。5 辱：谦辞，表示承蒙。这里有承蒙来访的意思。

※ 译文

大夫、士离开国都，祭祀的器物不可带出国境。大夫的祭器寄放在大夫家，士人的祭器寄放在士家。大夫、士离开国都，到边境之外，要制作高台、灵位面向着国都哭泣，穿上白上衣、穿上白裙子、戴上白帽子、撤去衣服和帽子上的边饰、穿去毛的生皮革做的鞋子、给车轼覆盖上白狗皮，骑着不修剪毛发的马，不修剪指甲和胡须头发，吃饭时不行食前祭礼，不向别人说自己无罪，不能和妇女行房事，过三个月以后，才恢复正常的生活。

大夫、士拜见国君，国君假如慰劳他，大夫、士就要转身避开，再次向君行拜稽首礼。国君假如迎接大夫、士并且礼拜，大夫、士就要后退避让，并且不敢回礼答拜。大夫、士见面，即使地位高低不相等，如果主人尊重客人，就先拜见客人，如果客人尊重主人，就先拜见主人。凡不是慰问奔丧，不是拜见国君，受拜礼没有不回礼答拜的。大夫拜见别国国君，国君要拜谢大夫来访。士人拜见别国大夫，大夫要拜谢士人来访。同一个国家的人第一次见面，主人要拜谢客人来访。国君对于士不回礼答拜，如果是别国的士而不是本国的臣下，就要答拜。大夫对自己的家臣，即使家臣地位低下，也必须回礼答谢。男女之间要互相回礼答谢。

※ 原文

国君春田不围泽[1]，大夫不掩群，士不取麛卵。

岁凶，年谷不登[2]，君膳不祭肺，马不食谷，驰道[3]不除，祭事不县[4]，大夫不食粱，士饮酒不乐。

君无故玉不去身。大夫无故不彻[5]县。士无故不彻琴瑟。

士有献于国君，他日君问之曰："安取彼？"再拜稽首而后对。大夫私行出疆，必请，反必有献。士私行出疆，必请，反必告。君劳之则拜。问其行，拜而后对。

国君去其国，止之曰："奈何去社稷也？"大夫，曰："奈何去宗庙也？"士，曰："奈何去坟墓也？"

国君死社稷，大夫死众，士死制。

※ 注释

1 泽：聚水的洼地。这里指猎场。2 登：庄稼成熟。3 驰道：这里指宽广的大路。4 县：通"悬"，指悬挂的钟磬等乐器。5 彻：通"撤"。

※ 译文

国君春天打猎不能合围猎场，大夫不能把兽群灭绝，士人不能猎取幼鹿和鸟卵。

遇到自然灾害的年份，庄稼收成不好，国君的饭食不能宰杀牲畜，喂马不能用粮食，宽广的大路不能修整，祭祀的时候不能演奏乐器。大夫不能吃稻粱，士人喝酒不能演奏乐器。

国君没有原因，玉不能离开身上；大夫没有原因不能撤去钟磬，士人没有原因不能撤去琴瑟。

士人进献礼物给国君，过些天，国君问他说："你是从哪里得到那些东西的？"士人再次稽首拜谢然后回答。大夫因为私事出国境，必须请示国君，返回后必须有所进献给国君。士人因为私事出国境，也必须请示国君，返回的时候必须向国君报告。国君慰劳他，就拜谢，问他出行的情况，先拜谢然后再回答国君要离开自己的国家，就这样劝止他："怎么能放弃自己的国家啊！"如果是大夫，就这样劝止他："怎么能离开自己宗庙啊！"如果是士人，这样劝止他："怎么能不顾及自己的祖坟啊！"

国君要为保卫国家而死，大夫要为保护民众而死，士人要为捍卫法制而死

※ 原文

君天下曰"天子"。朝诸侯，分职，授政，任功，曰"予一人"。践阼[1]，临祭祀，内事曰"孝王某"，外事曰"嗣王某"。临诸侯，畛[2]于鬼神，曰"有天王某甫[3]"。崩，

曰“天王崩”。复，曰“天子复矣”。告丧，曰“天王登假[4]”。措之庙，立之主[5]，曰“帝”。天子未除丧，曰“予小子”。生名之，死亦名之。

天子有后[6]，有夫人，有世妇，有嫔，有妻，有妾。

天子建天官，先六“大”，曰大宰、大宗、大史、大祝、大士、大卜，典司六典。天子之五官，曰司徒、司马、司空、司士、司寇，典司五众。天子之六府，曰司土、司木、司水、司草、司器、司货，典司六职。天子之六工，曰土工、金工、石工、木工、兽工、草工，典制六材。

※ 注释

1 践阼：阼谓作阼阶，包括庙堂和郊坛的阼阶。2 畛（zhěn）：告。3 甫：古代男子的美称。4 假（xiá）：遥远。5 主：牌位。6 后：君王的正妻。

※ 译文

君主统治天下，称“天子”。朝见诸侯，分封职位、授予政事、委以事功时，称“予一人”。即位的时候亲自去祭祀，在祭祀祖先时称“孝王某”，在祭祀天地时称“嗣王某”。到诸侯那里去，向他们国家的鬼神致祭时，称“有天王某甫”。天子死，称“天子崩”。为天子招魂，称“天子回来吧”。为天子发讣告，称“天王升天了”。把灵位安放在宗庙里，设立牌位，称“帝”。天子居丧还没除丧，称“予小子”。活着守丧用“小子王”来称呼他，如果还没除丧就死了，也用“小子王”来称呼他。出生以后这样称呼，死以后也这样称呼。

天子（的女官）有后，有夫人、世妇、嫔、妻、妾等不同级别。

天子设立天官，首先设立的是掌管祭祀和天文的六“大”，即大宰、大宗、大史、大祝、大士、大卜，掌管有关的六种法典。天子设立主管行政的五个官职，即司徒、司马、司空、司士、司寇，掌管这五个方面的臣下。天子设立主管财物的六个机构，即司土、司木、司水、司草、司器、司货，掌管六个方面的职责。天子设立管理工程的六个机构，即土工、金工、石工、木工、兽工、草工，掌管六个方面的器材与制作。

※ 原文

天子当依[1]而立，诸侯北面而见天子曰觐。天子当宁[2]而立，诸公东面、诸侯西面曰朝。

诸侯未及期相见曰遇，相见于郤[3]地曰会。诸侯使大夫问于诸侯曰聘。约信曰誓，莅牲曰盟。

诸侯见天子曰“臣某侯某”。其与民言自称曰“寡人”。其在凶服曰“嫡子孤”。

临祭祀，内事曰“孝子某侯某”，外事曰“曾孙某侯某”。死曰“薨”，复曰“某甫复矣”。既葬见天子曰“类见”，言谥曰“类”[4]。诸侯使人使于诸侯，使者自称曰“寡君之老”。

※ 注释

1 依：形状如屏风，设置在堂后室的门窗之间。2 宁（zhù）：古代臣下朝见君主的地方，就是屏风和门之间的地方。3 郤（xì）：这里是边境的意思。4 类：罗列死者生前德行。

※ 译文

天子在屏风前面站立，诸侯面向北边拜见天子，叫“觐”。天子处在屏风和门之间的地方站立，公爵面向东边，侯爵面向西边，叫“朝”。

诸侯没有在约定的时间和地点见面叫“遇”，约定在两国边境见面叫“会”。诸侯派遣大夫向别的诸侯问候叫“聘”。诸侯相互订立信用的盟约叫“誓”，面对神灵杀牲缔结条约叫“盟”。

诸侯拜见天子自称“臣某侯某”，和百姓说话时自称“寡人”。诸侯在服丧期间对别的诸侯自称“嫡子孤某”。诸侯主持祭祀的时候，祭祀祖先自称“孝子某侯某”，祭祀天地自称“曾孙某侯某”。诸侯死称“薨”，招魂时喊“某甫复矣”。继位的诸侯在下葬后拜见天子称“类见”，将要出葬时向天子请赐谥号称“请类”。诸侯派人出使别的诸侯国，出使的人自称“寡君之老”。

※ 原文

天子穆穆[1]，诸侯皇皇[2]，大夫济济[3]，士跄跄[4]，庶人僬僬[5]。

天子之妃曰后，诸侯曰夫人，大夫曰孺人，士曰妇人，庶人曰妻。公、侯有夫人，有世妇，有妻，有妾。夫人自称于天子曰“老妇”，自称于诸侯曰“寡小君[6]”，自称于其君曰“小童”。自世妇以下，自称曰“婢子”。子于父母则自名也。列国之大夫入天子之国曰“某士”；自称曰“陪臣某”。于外曰“子”，于其国曰“寡君之老”。使者自称曰“某”。

※ 注释

1 穆穆：严肃的样子。2 皇皇：显赫庄重的样子。3 济济：整齐严肃的样子。4 跄跄（qiāng qiāng）：步趋有礼节的样子。5 僬僬：匆忙急促的样子。6 寡小君：诸侯朝见时对别国诸侯称自己国君的夫人。

※ 译文

天子显出一副穆穆然深不可测的样子，诸侯显出一副皇然庄重贵盛的样子，大夫显出一副济济然徐缓有节的样子，士人显出一副跄跄然洒脱舒扬的样子，平民显出一副僬僬然匆忙急促的样子。

天子的配偶称“后”，诸侯的配偶称“夫人”，大夫的配偶称“孺人”，士人的配偶称“妇人”，平民的配偶称“妻”。公爵、侯爵有夫人、世妇、妻、妾。诸侯的夫人在天子面前自称“老妇”，臣在别国诸侯面前称自己国君夫人为“寡小君”；夫人在她的国君面前自称“小童”。从世妇往下对她们的国君都自称“婢子”。子女在自己的父母面前称自己的名字。各个诸侯国的大夫，进入到天子的国都称“某国的士人”；对天子自称“陪臣某”。封国之外的人称其为“子”，封国之内的人就称其为“寡君之老”。出使的人在别国国君面前自称“某”。

※ 原文

天子不言“出[1]”。诸侯不生名。君子不亲恶。诸侯失地，名；灭同姓，名。

为人臣之礼，不显谏，三谏而不听，则逃[2]之。子之事亲也，三谏而不听，则号泣而随[3]之。

君有疾饮药，臣先尝之。亲有疾饮药，子先尝之。医不三世，不服其药。

※ 注释

1 出：天子以天下为家，出有遗弃天下的意思，故史书不记“出”，而记“居”。2 逃：躲避。3 随：听任，任随。

※ 译文

天子出奔，史书不能记作“出”。诸侯活着的时候史书不能记载他们的名字。君子不亲近邪恶的人。诸侯失掉国土，史书就可以记载他们的名字；诸侯残害同胞，史书就可以记载他们的名字。

作为人臣的礼，不能当众指责国君的错误。如果再三进谏而国君还不接受，就离去。儿子侍奉父母，再三进谏父母还不接受，就哭泣着跟随之。

君主患病吃药的时候，臣下要先尝药。父母患病吃药的时候，儿子要先尝药。行医不到三代的，不要服用他的药。

※ 原文

天子祭天地，祭四方，祭山川，祭五祀，岁遍。诸侯方祀，祭山川，祭五祀，岁遍。

大夫祭五祀，岁遍。士祭其先。

凡祭，有其废之，莫敢举也；有其举之，莫敢废也。非其所祭而祭之，名曰淫祀，淫祀无福。

天子以牺牛，诸侯以肥牛，大夫以索牛，士以羊豕。

支子不祭，祭必告于宗子。

凡祭宗庙之礼，牛曰“一元大武”，豕曰“刚鬣”，豚曰“腯[1]肥”，羊曰“柔毛[2]”，鸡曰“翰音”，犬曰“羹献”，雉曰“疏趾”，兔曰“明视”，脯曰“尹祭”，槀鱼曰“商祭”，鲜鱼曰“脡[3]祭”，水曰“清涤”，酒曰“清酌”，黍曰“芗[4]合”，粱曰“芗萁”，稷曰“明粢”，稻曰“嘉蔬”，韭曰“丰本”，盐曰“咸鹾[5]”，玉曰“嘉玉”，币曰“量币”。

※ 注释

1 腯（tú）：肥。2 柔毛：羊肥就毛细而柔软。后文“翰音”，鸡肥就善鸣叫；“羹献”，狗肥就能用来煮肉作祭牲；“疏趾”，鸡肥脚趾间展开就较大；“明视”，兔子肥就目光明亮。3 脡（tǐng）：直。4 芗（xiāng）：一种香草。5 鹾（cuò）：盐。

※ 译文

天子祭祀天地，祭祀四方，祭祀山川，祭祀五祀（户、灶、中霤、门、行五神），一年遍祭一次。诸侯在封国内祭祀，祭祀山川，祭祀五祀，一年遍祭一次。大夫祭祀五祀，一年遍祭一次。士人祭祀各自的祖先。

凡是祭祀，已经废除的就不能再举行；已经举行的，就不能放弃掉。不是自己应该祭祀的却祭祀了，叫作“淫祀”。淫祀不能得到幸福。

天子祭祀用毛色纯一的牛，诸侯祭祀用特别喂养的肥牛，大夫祭祀用普通的牛，士人祭祀用羊或猪。

支子不主持祭祀宗庙，如果祭祀必须告诉宗族的后代。

祭祀宗庙的祭牲，牛称作“一元大武”，猪称作“刚鬣”，小猪称作“腯肥”，羊称作“柔毛”，鸡称作“翰音”，狗称作“羹献”，野鸡称作“疏趾”，兔称作“明视”，干肉称作“尹祭”，干鱼称作“商祭”，鲜鱼称作“脡祭”，水称作“清涤”，酒称作“清酌”，黏高粱称作“芗合”，高粱称作“芗萁”，小米称作“明粢”，稻米称作“嘉蔬”，韭菜称作“丰本”，食盐称作“咸鹾”，玉称作“嘉玉”，币称作“量币”。

※ 原文

天子死曰崩，诸侯曰薨，大夫曰卒，士曰不禄，庶人曰死。在床曰尸，在棺曰柩。羽[1]鸟曰降，四足曰渍。死寇曰兵。祭王父曰皇祖考，王母曰皇祖妣，父曰皇考，母曰皇妣，夫曰皇辟。生曰父，曰母，曰妻，死曰考，曰妣，曰嫔。寿考[2]曰卒，短折曰不禄。

天子视不上于袷[3]，不下于带。国君绥视[4]。大夫衡视。士视五步。凡视，上于面则敖，下于带则忧，倾则奸[5]。

※ 注释

1 羽：箭。2 寿考：寿终正寝。3 袷（jiè）：古代衣服的交领。4 绥视：看的时候目光要稍微低于面部。5 奸：邪恶，狡诈。

※ 译文

天子死称崩，诸侯死称薨，大夫死称卒，士人死称不禄，平民死称死。尸体放在床上称尸，放在棺材称柩。有羽毛的鸟死叫作降称降，把四只脚的走兽的死称渍。抵御敌寇而死称兵。祭祀祖父称皇祖考，祭祀祖母称皇祖妣，祭祀父亲称皇考，祭祀母亲称皇妣，祭祀丈夫称皇辟。活着的时候称父、母、妻，去世后称考、妣、嫔。寿终正寝称卒，夭折而死称不禄。

看天子时，目光上不能超过衣服交领的交叠处，下不过腰带；看国君时，目光要稍微低于面部；看大夫时要平视；看士时，目光可看士周围五步之内的地方。凡看人，视线在面部以上就显得傲慢，在腰带以下就显得忧虑，侧着头就显得用心不正。

※ 原文

君命，大夫与士肄。在官言官，在府言府，在库言库，在朝言朝。朝言不及犬马。辍朝而顾，不有异事，必有异虑，故辍朝而顾，君子谓之“固”。在朝言礼：问礼，对以礼。

大飨[1]不问卜，不饶富。

凡挚[2]，天子鬯，诸侯圭，卿羔，大夫雁，士雉，庶人之挚匹。童子委[3]挚而退。野外军中无挚，以缨[4]、拾[5]、矢可也。妇人之挚，椇、榛、脯、修[6]、枣、栗。

纳女于天子曰“备百姓”，于国君曰“备酒浆”，于大夫曰“备埽洒”。

※ 注释

1 大飨（xiǎng）：用酒食招待人。大飨指天子款待诸侯的大宴会。2 挚：通

“贽”，初次拜见尊长所送的礼物。3 委：致送。4 缨：系在脖子上的帽带。5 拾：射箭时裹袖子用的臂套。6 修：通“脩”，干肉。

※ 译文

国君下的命令，大夫和士人要仔细揣摩。在官署中谈官署中的事，在府中谈府中的事，在库中谈库中的事，在朝廷上谈朝廷的事。在朝廷之上谈论不能涉及狗或马之类的东西。散朝又回头看，没有其他的事，就必然有其他的想法。所以散朝又回头看，君子认为这是鄙陋的。在朝廷上谈话要注意依礼：提问要依礼，回答的时候也要依礼。

举行大飨之礼不需要占卜，（所用酒食）已符合礼数就不求宴席的丰盛。

凡是初次拜见送礼物，天子要送香酒，诸侯要送圭玉，卿相要送羊羔，大夫要送大雁，士人要送野鸡，平民要送鸭。儿童送上礼物然后退下。田野郊外、军队之中没有礼物，用帽带、臂套、箭矢就行了。妇女初次拜见送礼物，用椇果、榛果或肉干、干肉、枣子、栗子。

送女嫁给天子，称“备百姓”，送女嫁给国君，称“备酒浆”，送女嫁给大夫，称“备扫洒”。

※ 解读

见《曲礼上》。

※ 事例

《曲礼》曰：“太上贵德”，“富贵而知好礼，则不骄不淫；贫贱而知好礼，则志不慑。”意思是说，上古时代以德为贵。富贵而知道喜好礼，就不会骄奢淫逸；贫贱而知道喜好礼，就不会志慑心疑。《曲礼》又曰：“天子穆穆”。天子应有天子的气度，做天下人的模范。北周宣帝不守礼法，骄奢无度，则祸及国家。

宣帝无礼

北周宣帝传位给太子宇文阐，大赦天下，改元大象。而宣帝则自称天元皇帝，把自己所居住的地方叫作“天台”。他礼帽前后悬垂的玉串有二十四串之多，车服旗鼓等仪仗都是从前帝王所用的几倍。新的皇帝所住的宫殿称正阳宫，按照“天台”的规格设置纳言、御正、诸卫等官，尊皇太后为天元皇太后。

天元皇帝登基之后，比从前更加骄横、奢侈、妄自尊大、无所顾忌，连国家的法律制度都是想改就改。他在臣子面前自称为天，甚至用祭祀用的器皿来吃喝。还下令每个要到天台朝见他的人，都得先吃三天的斋饭，沐浴净身一天。既然已经自比为上帝，就不想要有人跟自己一样。他常常穿着配有丝带的衣服，戴着通天冠，上面还有金蝉子作装饰。一旦看见身边的臣子有与自己相似的装束，就严令其取下。同时不允许别人有“天”“高”“上”“大”之类的称呼，就连官职名称中有这种字眼都全部改掉。姓“高”的人改为姓“姜”，亲属中“高祖”的称呼也被改为“长祖”。他还下令除了皇族之外，其他人都只能用劣质粗糙不精美的木头作车轮；禁止普通妇女化妆，除了宫人之外谁都不允许打扮。

宣帝召见官员时，只讨论修建宫殿之类享乐的事，从不商讨国家大事。一天到晚只知道游乐，在皇宫内毫无节制地进进出出，仪仗卫队每天早出晚归，连陪侍的官员都累得疲惫不堪。公卿以下的官员们都常常被打。宣帝每次鞭笞人都以一百二十下为标准，称为“天杖”，不久之后又增加至二百四十下。后宫里的人也未幸免于难，皇后、妃嫔等即使被宠幸也常被打。结果宫里宫外一片惶恐，人人皆求自保。

最终北周内外交困，不久国家灭亡。

檀弓上

※ 原文

公仪仲子之丧，檀弓[1]免[2]焉。仲子舍其孙而立其子。檀弓曰：“何居？我未之前闻也。”趋而就子服伯子于门右[3]，曰：“仲子舍其孙而立其子，何也？”伯子曰：“仲子亦犹行古之道也。昔者文王舍伯邑考[4]而立武王，微子[5]舍其孙腯而立衍[6]也。夫仲子亦犹行古之道也。”子游问诸孔子，孔子曰：“否！立孙。”

事亲有隐而无犯，左右就养无方，服勤至死，致丧三年。事君有犯而无隐，左右就养有方，服勤至死，方丧三年。事师无犯无隐，左右就养无方，服勤至死，心丧三年。

季武子成寝[7]，杜氏之葬在西阶之下。请合葬焉，许之。入宫而不敢哭。武子曰：“合葬，非古也，自周公以来未之有改也。吾许其大而不许其细，何居？”命之哭。

※ 注释

1 檀弓：姓檀，名弓，鲁国人，精通礼。2 免（wèn）：也作“绕”，一种头上的丧服。3 子服伯子：即仲孙蔑的玄孙子服景伯，景是谥，伯是字。4 伯邑考：周文王长子，在商做人质，被纣王所烹。5 微子：商纣王庶兄，名启。因数谏纣不听，出亡。周灭商，封于宋。6 衍：微子弟，名衍，字仲思，一名泄。继承微子为宋公。7 季武子：即鲁国公子季友的曾孙季孙夙。谥武，鲁大夫。

※ 译文

鲁国的公仪仲子家办丧事，檀弓穿戴着“免”这种丧服前往奔丧。公孙仲子不立自己的嫡孙而立庶子为丧主，故檀弓说：“这究竟是为什么呀？我以前怎么没有听说过周人有这样的事。”于是快步走到门的右边，问仲子的同宗兄弟子服伯子，说：“仲子不立嫡孙，而立庶子为丧主，这是为什么？”伯子说：“仲子这也是按照前人的规矩行事罢了！从前周文王不立长子伯邑考，而立次子武王，商代微子不立嫡孙腯，而立庶子衍，所以说仲子也是依照前人的规矩行事罢了。”后来，子游向孔子请教这件事，孔子说：“不对！应该立嫡孙为丧主。”

侍奉父母，如果父母有过失，应该委婉地劝谏，不可面色难看、语言顶撞，子女在父母左右伺候，要事事躬亲，不分彼此，尽力服侍他们直到去世，然后依照丧礼尽心守丧三年。至于侍奉国君，如果国君有过失，就应该直言不讳，而不应该替他掩饰。在国君左右侍奉，尽心做好自己的本职工作，不能越权，这样勤劳侍奉直到他去世，然后比同于父母服丧三年。至于侍奉老师，如果老师有过失，不需犯颜直谏，也不必掩饰隐瞒，众弟子在老师左右侍候，必须做到事事躬亲，不分彼此，这样竭力服侍他直到去世，在心中悼念三年。

鲁国贵族季武子新建了一座住宅，而杜家的墓就在其住宅西阶的下方，杜家就请求把墓迁出去合葬。季武子答应了他们的请求。可是，杜家人进入季武子的新住宅后，却不敢悲哭。季武子说：“合葬本不是古代的礼法，但自从周公以来有合葬的事，至今还不曾改变这种做法。我既然答应了他们合葬的大事，怎能不允许他们哭泣呢？”于是让杜家的人依礼哀哭。

※ 原文

孔子既得合葬于防[1]，曰：“吾闻之，古也墓而不坟。今丘也，东西南北之人也，不可以弗识也。”于是封之，崇四尺。孔子先反。门人后，雨甚。至，孔子问焉，曰：“尔来何迟也？”曰：“防墓崩。”孔子不应。三。孔子泫然流涕曰：“吾闻之，古不修墓。”

※ 注释

1 防：山名，春秋时鲁国都城近郊，在今山东省曲阜市东。

※ 译文

孔子已经把父母在防地合葬，说：“我听说，古代只设墓地而不起坟的。现在我是个四方奔走的人，不可以不在墓地上加上标识。”因而在墓上加土起坟，高到四尺。没等修墓工作完毕，孔子先回去了，弟子们留在那里料理，遇到大雨。弟子们回来后，孔子问他们说："你们怎么回来得这么晚？"弟子们回答说："防地的坟墓遭雨坍塌了。"孔子没作声。弟子们把上面的话连说了三次。孔子流着泪说："我听说过古人是不修坟墓的。"

※ 原文

孔子哭子路于中庭，有人吊者，而夫子拜之。既哭，进使者而问故。使者曰："醢[1]之矣。"遂命覆醢。

曾子曰："朋友之墓有宿草而不哭焉。"

子思曰："丧三日而殡[2]，凡附于身者必诚，必信，勿之有悔焉耳矣。三月而葬，凡附于棺者，必诚，必信，勿之有悔焉耳矣。丧三年以为极，亡则弗之忘矣，故君子有终身之忧，而无一朝之患，故忌日不乐。"

※ 注释

1 醢（hǎi）：肉酱，这里作动词用。2 殡：停柩。因灵柩是暂时停放在家里，三个月后就要抬出去埋葬，所以称为"殡"。

※ 译文

孔子在庭中哭子路。有使者前来吊丧，孔子就以主人身份拜谢他。哭过之后，召见来报丧的使者，问子路死的情况。使者说："已经被砍成肉酱了。"孔子随即叫人把正在食用的肉酱倒掉。

曾子说："朋友的坟墓上有了去年的草，就可以不哭他了。"

子思说："人死了三天之后就要举行葬礼，凡是随着尸体入殓的衣物，一定要按照殡礼的规定尽心真诚地办理，不要让自己以后有所悔恨就行了。三个月以后下葬，凡要随着棺材入土的东西，一定要按照葬礼的要求真诚信实地去办理，不要让自己以后有所悔恨就行了。为父母守丧，服丧期虽然以三年为限，过后就可以忘记了，但孝子仍然不能忘记他们，所以君子一辈子都怀有对亲人哀思的感情，而不使父母的墓冢遭受意外的毁坏。所以每逢忌日这一天因悼念都不举行吉庆的事。"

※ 原文

孔子少孤，不知其墓。殡于五父之衢[1]，人之见之者，皆以为葬也，其慎也，盖殡也。问于郰[2]曼父[3]之母，然后得合葬于防。

※ 注释

1 殡：指浅葬，以备以后深葬。五父：衢名。衢：四通八达的大道。此句本于“不知其墓”，断句。2 郰（zōu）：地名，春秋鲁地，在今山东曲阜县东南。3 曼父：人名。

※ 译文

孔子很小的时候，就没有了父亲，不知道父亲的墓在哪里。孔子把母亲的棺柩运到五父之衢去殡，当时见到的人都以为孔子要葬母，仔细看看柩车，才知道是要殡母。孔子为慎重起见，向郰地人曼父的母亲询问，然后才把母亲与父亲合葬在防这个地方。

※ 原文

晋献公[1]将杀其世子申生。公子重耳[2]谓之曰：“子盖言子之志于公乎？”世子曰：“不可。君安骊姬，是我伤公之心也。”曰：“然则盖行乎？”世子曰：“不可。君谓我欲弑君也，天下岂有无父之人哉？吾何行如之？”使人辞于狐突曰：“申生有罪，不念伯氏之言也，以至于死。申生不敢爱其死。虽然，吾君老矣，子少，国家多难，伯氏不出而图吾君？伯氏苟出而图吾君，申生受赐而死。”再拜稽首，乃卒。是以为“恭世子”也。

※ 注释

1 晋献公：春秋战国时的诸侯国晋国国君，姓姬，名诡诸。2 公子重耳：太子申生的同父异母弟弟。后来当上晋国国君，称晋文公，是春秋五霸之一。

※ 译文

晋献公将杀他的太子申生。公子重耳对申生说：“您怎么不把心中的想法对父亲说呢？”太子说：“不行。父亲有骊姬在身边才会快乐，如果我说出自己被陷害的真相，他一定会很伤心的。”重耳又说：“那您为什么不逃走呢？”太子说：“不行。父亲会说我想谋害他。天下难道有没有父亲的人吗（而能容纳我这个背着杀父罪名的人）？再说我能逃到哪里去呢？”于是申生派人转告狐突说：“我申生有罪，就是因为没有听从您的忠告，这才走到了被杀头的地步。我不敢贪生怕死。然而，国君年纪老了，别的儿子年纪又小。再说，国家有许多忧患，而您又不肯出来为国君出谋划策。如果您肯出来为国君出谋划策，那我就甘愿去死。”申生行再拜稽首礼，就自尽身亡。因此，人们送他谥号称“恭世子”。

※ 原文

鲁人有朝祥而莫歌者，子路笑之。夫子曰：“由，尔责于人，终无已夫？三年之丧，亦已久矣夫。”子路出，夫子曰：“又多乎哉？逾月则其善也。”

鲁庄公及宋人战于乘丘，县贲父御，卜国为右。马惊败绩[1]，公队。佐车[2]授绥[3]。公曰：“末之卜也。”县贲父曰：“他日不败绩，而今败绩，是无勇也。”遂死之。圉人浴马，有流矢[4]在白肉[5]。公曰：“非其罪也。”遂诔[6]之。士之有诔自此始也。

曾子寝疾，病。乐正子春坐于床下，曾元、曾申坐于足。童子隅坐而执烛。童子曰：“华而睆[7]，大夫之箦与？”子春曰：“止！”曾子闻之，瞿然曰：“呼！”曰：“华而睆，大夫之箦与？”曾子曰：“然。斯季孙之赐也，我未之能易也。元，起易箦。”曾元曰：“夫子之病革矣，不可以变，幸而至于旦，请敬易之。”曾子曰：“尔之爱我也，不如彼。君子之爱人也以德，细人之爱人也以姑息。吾何求哉？吾得正而毙焉，斯已矣。举扶我易之。”反席未安而没。

※ 注释

1 败绩：失败。这里指翻车。2 佐车：副车。3 绥（suī）：挽住手上车的绳子。4 流矢：飞箭。5 白肉：大腿内侧的肉。6 诔（lěi）：追述死者功德的悼念文章。7 睆（huàn）：光泽。

※ 译文

鲁国有人为父母服丧期满，早上举行了除丧的祭礼，脱掉丧服，晚上就唱起歌来，子路就嘲笑他。孔子说：“由，你责备别人，总是没完没了！人家服了三年的丧期，也已经很长时间了。”子路走后，孔子又说：“那个人其实还要坚持多长时间呢？他再过一个月服丧就完满了。”

鲁庄公率军和宋国人在乘丘作战，县贲父为鲁庄公驾车，卜国坐车右。拉车的马突然受惊，搅乱了作战的队列，庄公被摔下车来。幸亏副车给他递了一条绳子，拉他上了副车。庄公说：“也许事先没有占卜的缘故！”县贲父说：“以前没有翻过车，而偏偏今天在战场上却车翻人坠，这是我缺乏勇气呀！”说罢奔赴敌军而死。事后马夫洗马时，发现马大腿内侧有支飞箭。庄公说：“原来翻车不是县贲父的罪过。”于是庄公为县贲父做诔辞，追述他的功德。为士作诔的风气，就是从这时开始的。

曾子病倒在床上，病得很严重。乐正子春坐在他的床下边，曾元、曾申坐在他的脚旁，童仆坐在一个墙角里，手上拿着烛火。童仆说：“那席花纹华丽光润，是大夫用的席子吧？”乐正子春说：“别出声！”曾子听到了，忽然惊醒过来说：“啊！”童仆又说道：“那席花纹华丽光润，是大夫用的席子吧？”曾子说：“是的。这席是季孙氏送给我的，我身体虚弱，没能及时把它换下来。曾元！扶我起来，帮我换席。”曾元说：“您老人家的病已很危急了，不能移动，希望能等到天亮，再为您换席。”曾子说：“你对我的爱不如那个童仆，君子爱人是用德行，小人爱人是姑息迁就。我现在还要求什么呢？我只盼望死得合于正礼就行了。扶我起来，换掉席子。”于是大家扶起曾子，给他更换席子。等到再把他扶回到床上，还没有放安稳，他就死了。

※ 原文

子路有姊之丧，可以除之矣，而弗除也。孔子曰：“何弗除也？”子路曰：“吾寡兄弟而弗忍也。”孔子曰：“先王制礼。行道之人皆弗忍也。”子路闻之，遂除之。

大公封于营丘，比及五世，皆反葬于周。君子曰：“乐，乐其所自生。礼，不忘其本。古之人有言曰：‘狐死正丘首。’仁也。”

伯鱼之母死，期而犹哭。夫子闻之，曰：“谁与哭者？”门人曰：“鲤也。”夫子曰：“嘻[1]，其甚也！”伯鱼闻之，遂除之。

舜葬于苍梧之野，盖三妃未之从也。季武子曰：“周公盖祔。”

曾子之丧，浴于爨室。

大功废业。或曰大功诵可也。

子张病，召申祥而语之曰：“君子曰终[2]，小人曰死[3]，吾今日其庶几乎？”

※ 注释

1 嘻：悲恨的声音。2 终：完成了功业。君子虽死，但功名长存。3 死：形骸消尽。小人的死，不仅形骸消尽，而且什么功名也没有流传下来。

※ 译文

子路为姊服丧，到九个月可以除掉丧服时，他却不肯除掉。孔子就问他：“为什么不除掉丧服呢？”子路回答说：“我兄弟少，所以不忍心过早除掉丧服。”孔子说：“礼是先王制定的。要说不忍，凡是仁义之人都不忍。”子路听了，就除掉丧服。

太公受封在营丘，连续五代国君死了，都返归到周地埋葬。君子说：“乐，是用来对事业所由兴起的根源表示快乐的。礼，教人不忘本。古人有句俗话说：‘狐狸死的时候，它的头必定正对着山丘。’这也是仁的表现。”

伯鱼的母亲死了，已经满了周年，可是他还在哭。孔子听见了哭声，就问：“是谁在哭呀？”他的弟子回答说：“是孔鲤。”孔子说：“太过分了。”伯鱼听了这话后，就立刻除掉丧服不再哭泣。

舜埋葬在苍梧的山中，他的三位妃子死后都没跟他合葬。季武子说：“大概是从周公才开始有夫妇合葬的。”

曾子死后，家中办丧事，是在厨房为尸体沐浴的。

遭遇大功之丧就得废弃学业了。有人说遭遇大功之丧口头诵习还是可以的。”

子张病得很厉害，把儿子申祥叫到跟前，对他说：“君子去世，叫作‘终’，而普通的人去世只能叫‘死’；我现在也差不多可以称作‘终’了吧？”

※ 原文

曾子谓子思曰：“伋，吾执亲之丧也，水浆不入于口者七日。”子思曰：“先王之制礼也，过之者俯而就之，不至焉者跂而及之。故君子之执亲之丧也，水浆不入于口者三日，杖而后能起。”

伯高之丧，孔氏之使者未至，冉子摄束帛乘马而将之[1]。孔子曰：“异哉，徒使我不诚于伯高。”

※ 注释

1 将之：奉命前往。

※ 译文

曾子对子思说：“伋，我为双亲守丧，七天没喝一口水和米汤。”子思说：“先王制定礼，就是让贤者可以俯身相就，一般人通过努力也能做到。所以君子为父母守丧，三天不喝水和米汤就行了，扶着杖仍然能站起来。”

伯高家里办丧事，孔子派去吊丧的使者还没有到达，冉子就代为准备了一束帛和四匹马，声称是奉了孔子的命令前去吊丧的。孔子说：“这不一样啊，这不是徒然使我显得对伯高没有诚意吗？”

※ 原文

伯高死于卫，赴于孔子。孔子曰：“吾恶乎哭诸？兄弟，吾哭诸庙；父之友，吾哭诸庙门之外；师，吾哭诸寝；朋友，吾哭诸寝门之外；所知，吾哭诸野。于野，则已疏；于寝门，则已重。夫由赐也见我，吾哭诸赐氏。”遂命子贡为之主，曰：“为尔哭也。来者拜之。知伯高而来者，勿拜也。”

曾子曰：“丧有疾，食肉、饮酒，必有草木之滋焉。”以为姜桂之谓也。

子夏丧其子而丧其明。曾子吊之，曰：“吾闻之也，朋友丧明则哭之。”曾子哭。子夏亦哭，曰：“天乎，予之无罪也！”曾子怒，曰：“商，女何无罪也？吾与女事夫子于洙泗之间，退而老于西河之上，使西河之民疑汝于夫子，尔罪一也；丧尔亲，使民未有闻焉，尔罪二也；丧尔子丧尔明，尔罪三也。而曰女何无罪与！”子夏投其杖而拜，曰：“吾过矣！吾过矣！吾离群而索居[1]，亦已久矣。”

※ 注释

1 索居：独居。

※ 译文

伯高死在卫国，家里人向孔子报丧。孔子说：“我在哪里哭他呢？本家兄弟死了，我在祖庙里哭他；父亲的朋友死了，我就在庙门外面哭他；老师死了，我就到他的正寝去哭他；朋友死了，我在他的正寝门外哭他；只是一般的认识，我就在郊外哭他。但我与伯高的关系，在郊外哭他，嫌太疏远了；在寝室里哭他，又嫌太重了。他是由子贡介绍和我认识的，我还是到子贡家去哭他吧！”于是叫子贡做丧主，并说：“来吊丧的人，如果是为了你的关系而来吊丧的，你就拜谢他。认识伯高且有交情而来吊丧的，你就不用拜谢了。”

曾子说：“服丧期间如果生病了，可以吃肉喝酒，但一定要有些草木的味道。”所谓草木的味道，这里指的是用姜桂等香料来调味。

子夏因死了儿子而哭瞎了眼睛。曾子前去吊唁并说：“我听说朋友双目失明，就要为之哭泣。”曾子哭了，子夏也跟着一起哭了起来，并说道：“天啊！我是没有罪过的呀！”曾子气愤地说：“你怎么没有罪过呢？以前我和你在洙水和泗水之间侍奉老师，后来你告老回到西河，使西河的人们把你比作老师，这是你的第一条罪过；你为你的父母守丧，却没有可以为人特别称道的事，这是你的第二条罪过；你儿子死了，却哭瞎了眼睛，这是你的第三条罪过。你怎么还说没有罪过呢？”子夏听后扔掉手杖，下拜说：“我错了！我错了！我是离开朋友独自生活时间太久了。”

※ 原文

夫昼居于内[1]，问其疾可也。夜居于外[2]，吊之可也。是故君子非有大故不宿于外；非致齐也，非疾也，不昼夜居于内。

高子皋之执亲之丧也，泣血三年，未尝见齿，君子以为难。

衰与其不当物也，宁无衰。齐衰不以边坐。大功不以服勤。

孔子之[3]卫，遇旧馆人之丧，入而哭之哀。出，使子贡说骖而赙之。子贡曰：“于门人之丧，未有所说骖，说骖于旧馆，无乃已重乎？”夫子曰：“予乡者入而哭之，遇于一哀而出涕，予恶夫涕之无从[4]也？小子行之。”

孔子在卫，有送葬者，而夫子观之，曰：“善哉为丧乎！足以为法矣。小子识之。”

子贡曰："夫子何善尔也？"曰："其往也如慕，其反也如疑。"子贡曰："岂若速反而虞乎？"子曰："小子识之。我未之能行也。"

※ 注释

1 昼居于内：这里指生病才白天睡在屋里。2 夜居于外：这里指服丧期间，夜里睡在门外倚庐里。3 之：路过的意思。4 无从：无以为继的意思。

※ 译文

如果白天还在屋里睡觉，亲朋好友就可以探望他的病情了；夜里还睡在中门外，亲朋好友就可以前去吊丧。因此，君子除非遇到大的变故，否则不会夜宿于中门之外的；除非是祭祀前专心致志地戒斋，或是生病，否则不会日夜都待在正寝内。

高子皋在为父亲守丧时，暗暗地落了三年泪，从来没露出过笑容，君子认为这是很难做到的。

至于穿丧服，如果服丧人的感情言行与他所穿的丧服不相称，那么还不如不穿丧服呢。身穿齐衰，就不能偏倚而坐。身穿大功的丧服，就不能出来干活。

孔子到卫国去，刚巧碰上从前馆舍主人的丧事，便进去吊丧，哭得很伤心。出来后，就叫子贡解下马车上的一匹马赠送给丧家。子贡说："你对门人的丧事，都没有解下马来相赠的，今天倒解下一匹马来赠给过去的馆人，恐怕礼太重了吧？"孔子说："我刚才进去吊丧，正好触动了哀情而流下了眼泪，我怎能只流泪而没有别的表示呢？你还是照我的话去做吧。"

孔子在卫国的时候，有人送葬，孔子就在一旁观看说："这丧事办得太好了，可以作为标准了。你们要好好记着呀！"子贡说："老师您为什么说这件丧事办得好呢？"孔子回答说："在送柩时，孝子就像小孩追随父母一样地啼哭着，埋葬回来后，又如同依恋父母而迟疑不想回。"子贡说："那还不如赶紧回家举行安魂祭呢？"孔子说："你们要好好记住，他内心所流露的感情，我都未必能做到呢！"

※ 原文

颜渊之丧，馈祥肉。孔子出受之，入弹琴而后食之。

孔子与门人立，拱而尚右，二三子亦皆尚右。孔子曰："二三子之嗜学也。我则有姊之丧故也，二三子皆尚左。"

孔子蚤[1]作，负手曳杖，消摇[2]于门，歌曰："泰山其颓乎，梁木其坏乎，哲人其萎乎。"既歌而入，当户而坐。子贡闻之，曰："泰山其颓，则吾将安仰？梁木其坏，哲人其萎，则吾将安放？夫子殆将病也。"遂趋而入。夫子曰："赐，尔来何迟也？夏后氏殡于东阶之上，则犹在阼也。殷人殡于两楹之间，则与宾主夹之也。周人殡于西阶[3]之上，则犹宾之也。而丘也，殷人也，予畴昔之夜梦坐奠[4]于两楹之间。夫明王不兴，而天下其孰能宗予？予殆将死也。”盖寝疾七日而没。

※ 注释

1 蚤：通“早”。2 消摇：通“逍遥”，和适的样子。3 西阶：宾的位置，以西为尊。4 坐奠：安坐。

※ 译文

在颜渊的丧事服丧期满，丧家就送来除丧祭的祭肉。孔子出门接受了祭肉，回到屋里，弹过琴以后，才吃祭肉。

孔子和他的门人一起站在那里，孔子拱手的姿势是右手放在左手之上，弟子们也都跟着把右手放在左手上。孔子说：“你们几个学生太好学了。我是因为给姐姐服丧才这样做的。你们拱手时应该左手在上。”

孔子一大早就起来了，背着手拖着手杖，悠闲自在地在门口散步，一边唱道：“泰山要坍了吧？梁木要坏了吧？哲人要枯萎了吧？”唱完，就回到屋里，对着门坐下。子贡听到歌声说：“如果泰山崩坍了，那我们将要仰望什么呢？如果梁木坏了，哲人将病逝，那我还能效仿谁呢？老师大概是将要生病了吧！”于是就快步走了进去。孔子说：“赐！你为什么来得这么晚呢？夏后氏把棺柩殡在东阶上，那还是在主位上；殷人把柩殡在东西两楹之间，那是处在宾主位之间；周人把棺柩殡在西阶上，那就像把它当作宾客一样。而我是殷人，我昨夜做梦梦到自己安坐在东西两楹之间。既然没有圣明的王者出世，而天下有谁能尊我在两楹之间的位置上呢？那无非就是死的前兆而已。这样看来，我大概是快要死了吧！”孔子卧病大约七天以后就去世了。

※ 原文

孔子之丧，门人疑所服。子贡曰：“昔者夫子之丧颜渊，若丧子而无服[1]，丧子路亦然。请丧夫子若丧父而无服。”

孔子之丧，公西赤为志焉。饰棺墙，置翣，设披，周也；设崇[2]，殷也；绸练，设旐，夏也。

子张之丧，公明仪为志焉。褚幕丹质，蚁结于四隅，殷士也。

子夏问于孔子曰：“居父母之仇如之何？”夫子曰：“寝苫，枕干，不仕，弗与共天下也。遇诸市朝，不反兵而斗[3]。”曰：“请问居昆弟之仇如之何？”曰：“仕弗与共国，衔君命而使，虽遇之不斗。”曰：“请问居从父昆弟之仇如之何？”曰：

"不为魁[4]。主人能，则执兵而陪其后。"

※ 注释

1 无服：不穿丧服，而是在头上和腰间系上麻带，悲痛之情犹如亲人去世。2 崇：牙旌，即周围饰有牙边的旗。3 不反兵而斗：不用回去取武器，而是随时携带着武器，时刻准备杀死仇敌。4 魁：魁首，这里是带头的意思。

※ 译文

给孔子办丧事时，弟子们不知道该为他穿什么丧服。子贡说："从前老师在处理颜渊的丧事时，就像为儿子服丧一样而不穿丧服。处理子路的丧事也是这样。现在请大家对待老师的丧事，就像对待自己父亲的丧事一样，也不必穿戴什么丧服。"

孔子的丧事，是学生公西赤为他撰写的墓志铭。在柩帷外设置了翣和披，这是周人的样式；在柩车设置崇牙旌旗，这是殷人的样式；又在柩车上设置了用素绸缠绕旗杆的魂幡，这是夏人的样式。

子张的丧事，是学生公明仪为他撰写的墓志铭。用红布做成大块的帐幕以覆盖棺材，并在四角画上像蚂蚁往来交错的纹路，这是用的殷代士人的棺饰制度。

子夏问孔子说："该怎样对待杀害自己父母的仇人呢？"孔子回答说："夜里睡在草垫上，枕着盾牌，不去做官，和仇人不共戴天。不管是在市上还是在公门遇到了，都要立即取出随身携带的兵器和他决斗。"子夏又问道："请问对待杀害自己兄弟的仇人，该怎么办呢？"孔子回答说："不和仇人在同一个国家做官，如果自己身负君命出使他国时，遇上了仇人的话，也不能与他决斗，怕误了公事。"子夏接着又问道："请问对待杀害自己堂兄弟的仇人，该怎么办呢？"孔子回答说："不必自己带头去报仇，死者的亲人就会去报仇，这时自己就拿着武器，跟在后面协助。"

※ 原文

孔子之丧，二三子皆绖而出。群，居则绖，出则否。

易墓，非古也。

子路曰："吾闻诸夫子，丧礼，与其哀不足而礼有余也，不若礼不足而哀有余也；祭礼，与其敬不足而礼有余也，不若礼不足而敬有余也。"

曾子吊于负夏。主人既祖，填池，推柩而反之[1]，降妇人而后行礼。从者曰："礼与？"曾子曰："夫祖者，且也。且，胡为其不可以反宿也？"从者又问诸子游曰："礼与？"子游曰："饭于牖下，小敛[2]于户内，大敛于阼，殡于客位，祖于庭，葬于墓，所以及远也。故丧事有进而无退[3]。"曾子闻之，曰："多矣乎，予出祖者！"

※ 注释

1 推柩而反之：祖奠时柩已向外，因曾子来吊，所以将柩车推回。这是不合于礼的做法。2 敛：即殓。给尸体穿上衣服，叫小殓；给尸体再穿上衣服，然后入棺，叫大殓。3 有进而无退：丧礼的过程是死者逐步远去，不能回头，所以说是有进而无退。

※ 译文

孔子的丧事，弟子们在家在外，都是头上和腰间扎上麻绖。众弟子之间如果有丧事，则只在家里扎着麻绖，出门就不用扎了。

为墓地改葬，这并不是古来就有的习俗。

子路说："我听老师说过，举办丧礼，与其内心缺少悲哀的感情而过分地去讲究礼仪的完备，还不如让礼仪欠缺些而使内心充满悲哀的感情；举行祭礼，与其内心缺少敬意而过分地去讲求礼仪的完备，还不如让礼仪欠缺些而使内心充满敬意。"

曾子到负夏吊丧。主人已经行过祖奠，在柩上也设置了池，见曾子来吊丧，就把柩车推回原位，让妇人退到阶下，然后行礼。随从的人问曾子说："这合乎礼吗？"曾子回答说："祖奠是一种暂时的程序。既然是暂时的，为什么不可以把柩车推回原位呢？"随从的人又去问子游："这合乎礼吗？"子游回答说："在室内窗下饭含，在室内对着门的地方小殓，在堂上主位大殓，在客位停柩，在庙前院子祖奠，最后葬于墓，这种过程是为了表示逐渐远去。所以丧事只有进而无退的。"曾子听见了这话以后，说："他说的出葬的礼，比我说出的好多了。"

※ 原文

曾子袭裘[1]而吊，子游裼裘而吊。曾子指子游而示人曰："夫夫也，为习于礼者，如之何其裼裘而吊也？"主人既小敛，袒[2]，括发[3]，子游趋而出，袭裘，带，绖而入。曾子曰："我过矣！我过矣！夫夫是也。"

子夏既除丧而见。予之琴。和之而不和，弹之而不成声。作而曰："哀未忘也，先王制礼而弗敢过也。"子张既除丧而见。予之琴。和之而和，弹之而成声。作而曰："先王制礼，不敢不至焉。"

司寇惠子之丧，子游为之麻衰，牡麻绖。文子辞曰："子辱与弥牟之弟游，又辱为之服，敢辞。"子游曰："礼也。"文子退，反哭。子游趋而就诸臣之位。文子又辞曰："子辱与弥牟之弟游，又辱为之服，又辱临其丧，敢辞。"子游曰："固以请。"文子退，扶嫡子南面而立，曰："子辱与弥牟之弟游，又辱为之服，又辱临其丧，虎也敢不复位。"子游趋而就客位。

※ 注释

1 袭裘：掩着外衣而不露出裼衣，称为袭裘。这是凶礼的装束。2 袒：解开内外衣，露出左臂。3 括发：束发。

※ 译文

曾子以袭裘的装束前往吊丧，子游却以裼裘的装束前往吊丧。于是曾子指着子游让人看，并说："这个人是熟悉礼的人，怎么可以敞开外衣来吊丧呢？"在小殓以后，丧主袒露左臂，用麻束发。子游才快步走出寝门外，改换成袭裘的装束，冠上缠了葛麻丝，腰间束上了葛带，头系葛绖然后进入。曾子见到后，连忙说："我错了，是我错了，这个人做得对呀！"

子夏服丧期满去见孔子。孔子递给他一张琴。他却怎么也调整不好琴弦，使五音和谐，因此弹奏起来不成声调。孔子站起来说："你内心悲哀的感情还没有忘掉，只因是先王制定的丧礼，所以你才不敢超过规定的期限而不除掉丧服。"子张服丧期满后去见孔子。孔子递给他一张琴。他一调整琴弦，五音就和谐了，弹曲而成音调。孔子站起来说："因为是先王制定的丧礼，所以你才不敢不等到服满丧才除丧服。"

司寇惠子死了，家中办丧事，子游身穿着麻衰，又加上牡麻绖，前去吊丧。惠子的哥哥文子辞谢道："过去辱蒙您与我弟弟交往，现在您又屈尊前来为他吊丧，实在不敢当，请别这样。"子游说："我这是依礼而行呢。"文子退回原位继续哭泣。于是子游快步走向家臣们的位置。文子看到后，又来辞谢说："过去辱蒙您与我弟弟交往，现在又委屈您为他穿丧服，而且您还屈尊前来参加他的丧礼，实在不敢当，请别这样。"子游说："请允许我站在这里。"文子这才省悟，退下去，扶出惠子的嫡子虎就主位，南面而立，对子游说："辱蒙您和我弟弟交往，又委屈您为他穿丧服，而且您还屈尊前来参加他的丧礼，不敢不恢复嫡子虎的丧主之位。"子游听后，这才快步走到宾客的位置上。

※ 原文

君子曰："谋人之军师，败则死之；谋人之邦邑，危则亡之。"

公叔文子升于瑕丘，蘧伯玉从。文子曰："乐哉，斯丘也！死则我欲葬焉。"蘧伯玉曰："吾子乐之，则瑗请前。"

弁人有其母死而孺子泣者，孔子曰："哀则哀矣，而难为继也。夫礼，为可传也，为可继也，故哭、踊有节。"

叔孙武叔[1]之母死，既小敛，举者出户，出户袒，且投其冠，括发。子游曰："知礼[2]！"

扶君，卜人师扶右，射人师扶左。君薨以是举。

从母之夫，舅之妻，二夫人相为服，君子未之言也。或曰同爨缌。

※ 注释

1 叔孙武叔：鲁大夫，名州仇。2 知礼：是讥讽叔孙武叔举止失礼。因为依礼袒露左臂及束发应在举尸出户之前。

※ 译文

君子说："为人指挥军队作战，如果战败就该战死沙场，以身殉职；为人治理国家都邑，如果出现危机，就应该自我放逐。"

公叔文子登上瑕丘，蘧伯玉也跟他一起登上去。文子说："这座山丘风景真好，我死了，就打算埋在这里。"蘧伯玉说："您这样喜欢这里，那么我愿死在您前面，抢先葬在这里。"

弁地有人死了母亲，像婴儿一样尽情地痛哭。孔子说："他这样做是尽情地表达他的悲哀感情了，一般人是很难达到的。作为礼来讲，是能普及大众的，是要人人都能做到的。所以说丧礼的哭踊，都是有一定节度的。"

叔孙武叔的母亲去世了，小殓以后，抬尸者把尸体抬出室户至堂上，这时叔孙武叔才出户，袒露左臂，并且扔掉冠，用麻束发。子游讥讽他说："这也算懂得礼节吗？"

国君有病，需要有人搀扶，这时的位置是：仆人搀扶右边，射人搀扶左边。国君刚去世时，也照这样抬国君的尸体。

姨的丈夫、舅的妻子，这二人相互服丧，知礼的君子都没有说过可以这样。而有人说：此二人如果在一个锅里吃饭的话，就可以为死去的对方穿缌麻服。

※ 原文

丧事欲其纵纵[1]尔，吉事欲其折折尔。故丧事虽遽不凌节，吉事虽止不怠。故骚骚尔则野，鼎鼎[2]尔则小人，君子盖犹犹[3]尔。

丧具，君子耻具。一日二日而可为也者，君子弗为也。

丧服，兄弟之子犹子也，盖引而进之也。嫂、叔之无服也，盖推而远之也。姑、姊妹之薄也，盖有受我而厚之者也。

食于有丧者之侧，未尝饱也。

曾子与客立于门侧，其徒趋而出。曾子曰："尔将何之？"曰："吾父死，将出哭于巷。"曰："反，哭于尔次[4]。"曾子北面而吊焉。

孔子曰："之死而致死之，不仁而不可为也。之死而致生之，不知而不可为也。是故竹不成用，瓦不成味，木不成斫，琴瑟张而不平，竽笙备而不和，有钟磬而无簨虡，其曰明器，神明之也。"

※ 注释

1 纵纵（zǒng zǒng）：急遽貌。2 鼎鼎：滞重不行貌。3 犹犹：缓急适中貌。4 次：指弟子寄宿的房间。

※ 译文

办理丧事，要有个匆忙紧迫的样子；筹办吉事，要有个沉稳从容的样子。因此丧事虽然急迫，但却不能超越节度，草率从事；吉事虽然舒缓，但不可以懈怠。所以，过分急迫了，就显得粗鄙失礼，过分拖沓了，就会像不懂礼节的小人一样太不庄重。明达礼的君子无论办什么事都要做到缓急适中得当。

殓葬用的各种衣物器具，君子以早日置办齐全为耻。那些一两天内可以赶制出来的殓葬东西，在亲人生前君子是绝对不预先置办好的。

按丧服的规定，兄弟的儿子就和自己的儿子一样，服丧一年，这样是为了加深伯叔侄间的亲情。嫂叔之间不为彼此服丧，这样是为了避免嫌疑，疏远彼此的关系。为已出嫁的姑姑和姐妹丧服减轻，这是因为有娶她们为妻而为她们加重丧服的人。

孔子在有丧服的人旁边用饭，从来就没有吃饱过。

曾子和客人站在大门旁边，有个弟子快步走出门去。曾子问他说："你要上哪儿去？"弟子回答说："我听说我的父亲去世了，我正要到巷子里去哭。"曾子说："回到你自己的房间里去哭吧。"然后曾子面朝北就宾位而吊丧。

孔子说："前往赠送葬礼而把死者当作无知者，这是不仁的，不能这样做。亲人死人仍然当他是活人一样看待，那是缺乏理智的，也不能这样做。因此送葬的竹器不能实用，陶器不能盛食物，木器不加雕琢，琴瑟张了弦而不紧绷，竽笙齐备了，但音调却不调和，不能吹，有了钟磬，但没有木架，不能敲，这样的器物就称作明器，意思是把死者当作神明来侍奉。"

※ 原文

有子问于曾子曰："问丧[1]于夫子乎？"曰："闻之矣。丧欲速贫，死欲速朽。"有子曰："是非君子之言也。"曾子曰："参也闻诸夫子也。"有子又曰："是非君子之言也。"曾子曰："参也与子游闻之。"有子曰："然，然则夫子有为言之也。"曾子以斯言告于子游。子游曰："甚哉，有子之言！似夫子也。昔者夫子居于宋，见桓司马自为石椁，三年而不成。夫子曰：‘若是其靡也，死不如速朽之愈也。’‘死之欲速朽’，为桓司马言之也。南宫敬叔反，必载宝而朝。夫子曰：‘若是其货也，丧不如速贫之愈也。’‘丧之欲速贫’，为敬叔言之也。”曾子以子游之言告于有子。有子曰：“然。吾固曰非夫子之言也。”曾子曰：“子何以知之？”有子曰：“夫子制于中都，四寸之棺，五寸之椁，以斯知不欲速朽也。昔者夫子失鲁司寇，将之荆，盖先之以子夏，又申之以冉有，以斯知不欲速贫也。”

※ 注释

1 丧（sàng）：失去官职。

※ 译文

有子问曾子说；“你听到过老师说失去官职的人应该如何自处吗？”曾子回答说：“我听他提到过这件事。仕而失去了官职，最好赶紧让自己变得贫困，死了，最好是让自己快点腐朽。”有子说：“这不像君子说的话。”曾子说：“这是我亲耳从老师那里听到的。”有子仍然说：“这不像君子说的话。”曾子说：“我和子游都听到这句话的。”有子说：“是的，但那一定是老师针对某种特定的事情而说的。”曾子把有子的话告诉子游。子游说：“真不简单，有子的口气真像老师。以前，老师在宋国，看到桓司马为自己亲自设计石椁，匠人用了三年时间还没有磨琢成功。老师就说：‘一个人死了，如果要像这样侈靡，死后还不如快点腐烂好了。’‘人死了，最好快点烂掉’的话，那是针对桓司马说的。南宫敬叔失去了官职以后，每次回鲁国，总是带着财物宝货来，谋求官位。老师见了就说：‘如果像他这样用许多财物宝货来谋求官位，失去官位还不如尽快贫困的好。’‘失去官职就希望尽快贫困’的话，是针对南宫敬叔说的。”曾子把子游的话告诉了有子。有子说：“这就对了。我本来就说这不是老师的一贯主张。”曾子说：“你怎么知道的？”有子说：“以前，老师在掌管中都时，制定下法度，棺要四寸厚，椁要五寸厚，就凭这一点，我知道老师不会主张人死了要尽快腐烂。当年老师失去鲁国司寇的职位，要到楚国去的时候，记得是先派子夏去了解情况，紧接着又派冉有去进一步观察。根据这种态度，我就知道他不希望失去官职就尽快贫困的。”

※ 原文

陈庄子死，赴于鲁。鲁人欲勿哭。缪公召县子而问焉。县子曰：“古之大夫，束修[1]之问不出竟，虽欲哭之，安得而哭之？今之大夫，交政于中国，虽欲勿哭，焉得而弗哭？且臣闻之，哭有二道：有爱而哭之，有畏而哭之。”公曰：“然。然则如之何而可？”县子曰：“请哭诸异姓之庙。”于是与哭诸县氏。

仲宪言于曾子曰：“夏后氏用明器，示民无知也。殷人用祭器，示民有知也。周人兼用之，示民疑[2]也。”曾子曰：“其不然乎，其不然乎。夫明器，鬼器[3]也；祭器，人器[4]也。夫古之人胡为而死其亲乎？”

公叔木有同母异父之昆弟死，问于子游。子游曰：“其大功乎。”狄仪有同母异父之昆弟死，问于子夏。子夏曰：“我未之前闻也。鲁人则为之齐衰。”狄仪行齐衰。今之齐衰，狄仪之问也。

※ 注释

1 束修：修，通“脩”，十条干肉。这里指微薄的礼物。2 疑：指对死者是有知还是无知疑惑不定。3 鬼器：为死者特设的明器。4 人器：祭时所用之器，亦为平时使用之器。

※ 译文

齐国大夫陈庄子死了，向鲁国报丧。鲁君不打算为他举行哭礼。因此鲁缪公召见县子，征询他的意见。县子说：“古代的大夫，赠送人十条干肉这样也不敢出境，别国丈夫死了即使想哭他，又怎么能行哭礼呢？现在的大夫，把持国家大权，和中原各国相互交结，因此就算想不为他们哭，又怎么能办得到呢？况且我听说过，哭有两种原因：有的是因为爱他而哭，有的则是因为怕他才哭。”缪公说：“是的。然而眼前这件事怎么办合适呢？”县子说：“那就请到异姓的宗庙里去哭吧！”于是缪公就到县氏的宗庙里去参加哭陈庄子。

仲宪对曾子说：“夏后氏送葬用不能使用的明器，这就向民众显示死者是没有知觉的。殷朝人送葬用可以使用的祭器，是让民众知道死者是有知觉的；周人兼用明器和祭器，这是使民众对死者有知或无知疑惑不定。”曾子说：“恐怕不是这样吧！恐怕不是这样吧！明器，是为鬼魂特设的器具；祭器，是人使用的器物。古代的人怎么忍心把死了的亲人看作是无知者呢？”

公叔木有个同母异父的兄弟死了，他向子游请教该服何种丧。子游说：“大概服大功吧？”狄仪也有个同母异父的兄弟死了，他去向子夏请教应该服何种丧。子夏说：“我以前没有听说过。不过鲁国人是为同母异父的兄弟服齐衰。”狄仪就采用了服齐衰。今人为同母异父兄弟服齐衰，就是从狄仪问子夏开始的。

※ 原文

子思之母死于卫，柳若谓子思曰：“子圣人之后也，四方于子乎观礼，子盖[1]慎诸。”子思曰：“吾何慎哉？吾闻之，有其礼无其财，君子弗行也；有其礼有其财，无其时，君子弗行也。吾何慎哉！”

县子琐曰：“吾闻之，古者不降，上下各以其亲。滕伯文为孟虎齐衰，其叔父也；为孟皮齐衰，其叔父也。”

后木曰：“丧，吾闻诸县子曰：‘夫丧，不可不深长思也。买棺外内易。’我死则亦然。”

曾子曰：“尸未设饰，故帷堂，小敛而彻帷。”仲梁子曰：“夫、妇方乱，故帷堂，小敛而彻帷。”

※ 注释

1 盖：通“盍”，何不。

※ 译文

子思的母亲死在卫国。柳若对子思说：“您是孔圣人的后代，那么多人都在看您怎样行礼，您一定要谨慎行事啊！”子思说：“我有什么可当心的呢？我听说过：‘有某种礼而没有足够的财物，君子不去实行；有某种礼，又有足够的财物，但没有适当的时机，君子也不去实行。我有什么可当心的呢！’”

县子琐说：“我听说，古时候没有降低丧服等级的规定，尊卑上下都各自按照亲疏关系来服丧。殷代滕伯文为孟虎服齐衰，因为孟虎是他的叔父；又为孟皮服齐衰，因为他是孟皮的叔父。”

后木说：“关于丧事，我听县子琐说过：‘办理丧事，不可不做深长考虑。买棺材，一定要内外都平滑精致的。’我死了也希望能这样。”

曾子说：“尸体还没穿殓服，所以在灵堂上设置帷帐，直到小殓之后就把帷帐撩起来。”仲梁子说：“死者刚去世时，男人和妇女的哭泣正混乱未定，所以要在灵堂上设置帷帐，直到小殓之后，才将帷帐撩起来。”

※ 原文

小敛之奠，子游曰：“于东方。”曾子曰：“于西方，敛斯席矣。”小敛之奠在西方，鲁礼之末失也。

县子曰：“绤衰，繐裳，非古也。”

子蒲卒，哭者呼“灭”。子皋曰：“若是野哉！”哭者改之。

杜乔之母之丧，宫中无相[1]，以为沽[2]也。

夫子曰：“始死，羔裘、玄冠者，易之而已。”羔裘、玄冠，夫子不以吊。

子游问丧具。夫子曰："称家之有亡。"子游曰："有无恶乎齐？"夫子曰："有毋过礼。苟亡矣，敛首足形，还葬，县棺而封，人岂有非之者哉？"

※ 注释

1 相：是赞礼的人。2 沽：简单。

※ 译文

关于小殓之后的奠祭，子游说："设在东边。"曾子说："设在西边，殓时就要在西边布设奠席了。"把小殓后的祭奠物设在西边，是鲁礼发展到末世失礼的做法。

县子说："丧服用粗葛做衰，用细而疏的布做裳，这不是古代的丧服制度。

子蒲去世了，有人哭着喊他的名字"灭"。子皋说："这人太粗野了。"那个人听后，就改称子蒲了。

杜乔母亲的丧事，殡宫中没有相礼的人，懂礼的人都认为太简略了。

孔子说："亲人刚死，穿戴羔裘玄冠去吊丧，应赶快改为素冠深衣。"孔子自己就从不穿戴羔裘玄冠去吊丧。

子游向孔子请教办丧事的器物怎样才算具备，孔子说："只要跟家产的多少相称就行了。"子游说："那又该怎么掌握家产的多少与丧具厚薄的关系呢？"孔子说："如果家境殷实，也不要过礼而厚葬。如果家境贫寒，就只要衣服、被单足以掩盖身体就行了，而且殓毕立即下葬，绳子兜住棺材，悬起下放到坑中，这样尽心尽力地做，怎么还会有人指责他失礼呢？"

※ 原文

司士贲告于子游曰："请袭于床。"子游曰："诺。"县子闻之曰："汰哉叔氏，专以礼许人。"

宋襄公葬其夫人，醯、醢百瓮。曾子曰："既曰明器矣，而又实之！"

孟献子之丧，司徒旅归四布。夫子曰："可也。"

读赗[1]，曾子曰："非古也，是再告[2]也。"

成子高寝疾，庆遗入请曰："子之病革矣，如至乎大病[3]，则如之何[4]？"子高曰："吾闻之也：'生有益于人，死不害于人。'吾纵生无益于人，吾可以死害于人乎哉？我死，则择不食之地[5]而葬我焉。"

※ 注释

1 读赗：赗是赠给丧家的助送葬之物，凡所赠，丧家都记录下来。宾客前来赠送赗物时，已经向死者致词了，到出葬时主人又使其吏向柩车读赗，故下文曾子讥之。2 再告：因为来吊丧的宾客在致赙时，史已告过，柩车将行时又“读赗”，所以是再告。3 大病：指死，讳言死，所以说大病。4 如之何：是请示后事的意思。5 不食之地：不长庄稼的土地。

※ 译文

司士贲告诉子游说：“我想在床上给沐浴过的死者穿衣。”子游说：“可以。”县子听了这话就说：“叔氏太狂妄了，听他的口气，好像专门由他批准别人实行礼似的。”

宋襄公埋葬他的夫人时，陪葬了一百瓮醋、酱。曾子说：“陪葬的器物既然称作‘明器’，却又装满实物。”

孟献子的丧事，家臣司徒使下士把多余的赙钱归还给四方赠送者。孔子说：“这件事办得可以。”

在柩车将行时，丧主命人向死者宣读助葬收赗物的记录，曾子说：“这恐怕不是古代的礼俗，这是第二次向死者报告了。”

成子高卧病不起，庆遗进屋问他说：“您的病已经很危急了，如果再这样发展下去，那么该怎么办呢？”子高说：“我听说过：‘活着的时候要对别人多做好事，死了也不要害人。’我即使活着的时候没能为别人做过多少有益的事，难道死了还要危害于人吗？我死了以后，就找一块不能长庄稼的地，把我埋葬了吧！”

※ 原文

子夏问诸夫子曰：“居君之母与妻之丧。”“居处、言语、饮食衎尔。”

宾客至，无所馆，夫子曰：“生于我乎馆，死于我乎殡。”

国子高曰：“葬也者，藏也。藏也者，欲人之弗得见也。是故衣足以饰身，棺周于衣，椁周于棺，土周于椁。反壤树之哉！”

孔子之丧，有自燕来观者，舍于子夏氏。子夏曰：“圣人之葬人，与人之葬圣人也，子何观焉？昔者夫子言之曰：‘吾见封之若堂者矣，见若坊者矣，见若覆夏屋者矣，见若斧者矣，从若斧者焉。’马鬣封之谓也。今一日而三斩板[1]，而已封，尚行夫子之志乎哉？”

妇人不葛带[2]。

※ 注释

1 斩板：造坟用的工具，类似筑土墙用的夹板。2 葛带：用葛做的腰绖。丧服，男重首绖，女重腰绖。斩衰齐衰，在卒哭以后，将牡麻换成葛，但男子不变首绖而妇人不变腰绖，仍用牡麻，所以说妇女一直不用葛做的腰带。

※ 译文

子夏问孔子说："遇到国君之母和国君之妻服丧应该怎样？"孔子说："起居、言谈和饮食，仍像平时自在的样子就行了。"

如果远方来的客人没地方住宿，不能不管。孔子说："活着可以住在我这里，就是死了也不妨由我为他殓殡。"

国子高说："葬，是藏的意思。藏的目的，就是不想让人们看见。因此，衣物足以裹住身体，内棺足以包住衣物，外棺足以包住内棺，墓圹足以包住外椁就行了。现在怎么还在墓地上堆土造坟、栽种树木呢！"

在为孔子办丧事时，有个人从燕国赶来观看葬礼，住在子夏家里。子夏对他说："圣人葬一般人，与一般人葬圣人，您观看哪一种呢？以前听老师说过这样的话：'我见过把坟筑成像堂屋那样四方而高的样子，见过像堤防那样纵长而横狭的样子，见过像夏屋那样宽广而卑下的样子，见过像刀刃朝上的斧子那样长而高的样子。我赞成像刀刃朝上的斧子的那种样子。'这也就是民间所说的马鬣封的形状。现在为夫子筑坟，一天之内三次设板筑土，很快就将坟筑成了，这大概是实现了老师的意愿吧？"

妇女在居丧期间，一直不用葛带。

※ 原文

有荐新，如朔奠。

既葬，各以其服除。

池视重霤。

君即位而为椑，岁壹漆之，藏焉。

复[1]、楔齿、缀足、饭[2]、设饰[3]、帷堂[4]并作。父兄命赴者。

君复，于小寝、大寝、小祖、大祖、库门、四郊。

丧不剥奠也与，与祭肉也与。

既殡，旬而布材与明器。

※ 注释

1 复：为死者招魂。2 饭：即饭含。3 设饰：指袭殓迁尸时又加着新衣。4 帷堂：小殓时在堂上设置幕帷，小殓后即撤除。

※ 译文

在停柩期间，遇到新熟的五谷，就供奉给新的奠，这种奠的仪节与初一的供奉相同。

下葬以后，该除服的人便可各自除服了。

柩车上“池”的规格，就比照重溜。

国君即位后，就要为他准备好内棺，每年都得刷一次漆，收藏好。

复、楔齿、缀足、饭含、设饰、帷堂，这些都是在死者断气之后，同时进行的。报丧的人，一般都是由叔伯或堂兄派遣的。

国君死后，为他招魂，应该在小寝、大寝、四亲庙、太祖庙、库门和国都的四郊进行。

丧祭不裸露奠祭物，是因为奠祭物中有祭肉吧。

死者装殓入棺，在堂上停殡过十天，就得备办椁材与明器。

※ 原文

鲁哀公诔孔丘曰：“天不遗耆老，莫相予位焉。呜呼哀哉，尼父！”

国亡大县邑，公、卿、大夫、士皆厌冠，哭于大庙三日，君不举[1]。或曰君举而哭于后土。

孔子恶野哭者。

未仕者不敢税人，如税[2]人则以父兄之命。

士备入而后朝夕踊。

祥而缟。是月禫，徙月乐。

君于士有赐帟[3]。

※ 注释

1 举：杀牲盛馔。2 税：以财物助丧。3 帟（yì）：小幕帐。

※ 译文

鲁哀公对孔丘的悼词说：“苍天不留下这位受人尊敬的老人，现在没有合适的人选来帮助我治理国家了！啊，多么令人悲哀呀，尼父！”

国家丧失大县邑后，公、卿、大夫、士都要戴着丧冠到国家的太祖庙里去连哭三天，而且在这期间，国君不听音乐。另外还有一种说法是：国君可以听音乐，但要向土神禀告哀哭。

孔子厌恶那种不管什么场合，不在应处的哭位上哭泣的人。

还没有获得官职的人，不能擅自用家中的财物去送人，如果要把财物赠送别人，就必须征得父兄的同意，秉承他们的意思去做。

国君的丧事，停殡期间，先开始朝哭踊，或夕哭踊，等到士全都到齐后，群臣一起哭踊。

大祥祭以后就可以戴白色生绢做的冠了。禫祭的下个月就可以奏乐了。

国君对于死去的士，可以恩赐他一块小幕帐，用以遮挡灵柩上的尘土。

※ 解读

本篇（以及《檀弓下》）的主要内容，是杂记当时人们行礼得失的事迹或言语，大多是与丧礼有关的。

《檀弓上》篇虽然多是记叙丧事，但丧事也不是想怎么办就怎么办，而是有一定的礼的规定，什么时候该干什么，该怎么办，都必须按规矩而行。君子的为人处世都应合乎礼。怎样才能做到事事、处处都合乎礼呢？《檀弓》篇就能给我们以启发。

※ 事例

《檀弓》篇中主要记述了有关古代丧事的礼，把每一个具体细节都为我们描写得十分清楚，可见，古代对于礼的要求相当高，从丧礼这一个侧面便可以折射出古代人的一举一动都有礼的准则来约束，关于这一点，我们可以从儒家典范孔子的身上窥得一斑。孔子在不同场合的举止言谈可以说已经把古代君子的行事风范展示得淋漓尽致。

孔子日常逸事

孔子在乡邻面前显得很温和恭敬，像是一个不会说话的人。可是当他在宗庙里或朝廷上时，却显得十分善于言辞，言谈举止处处显得得体严谨。例如，孔子在上朝的时候（当国君还没有到来时），同下大夫谈话，他显出一副温和而快乐的样子；同上大夫谈话，就立马显出正直而公正的样子；如果国君已经来了，必然会显出恭敬而心中不安的样子，但是仪态却不失恭敬适中。国君让孔子去接待宾客，孔子的脸色会立即庄重严肃起来，脚步也加快了许多，他向和他站在一起的人打躬作揖，手向左或向右作揖，衣服前后摆动，却能始终保持整齐不乱。而且当他快步走路的时候，就像鸟儿展开双翅一样，轻盈而不失稳重。宾客走后，必定目送到客人已经不回头张望了，然后才回去向国君复命。孔子每次上朝，走进朝廷的大门，都会显出谨慎而恭敬的样子，好像那里根本没有他的容身之地一样。站的时候，他不站在门的中间；走路的时候，也从来不会踩到门槛。经过国君的座位时，他的脸色会立刻庄重起来，脚步也加快许多，说话也好像底气不足一样。提起衣服下摆向堂上走的时候，会显出恭敬谨慎的样子，憋住气好像不呼吸一样。退出来后，走下台阶，脸色便舒展开了，一副怡然自得的样子。走完了台阶，快快地向前走几步，姿态就像鸟儿展翅一样。一回到自己的位置，仍然是一副恭敬不安的样子。

檀弓下

※ 原文

晋献公之丧，秦穆公使人吊公子重耳，且曰："寡人闻之，亡国恒于斯，得国恒于斯。虽吾子俨然在忧服[1]之中，丧亦不可久也，时亦不可失也。孺子其图之。"以告舅犯。舅犯曰："孺子其辞焉。丧人无宝，仁亲以为宝。父死之谓何？又因以为利，而天下其孰能说之？孺子其辞焉。"公子重耳对客曰："君惠吊亡臣重耳，身丧，父死，不得与于哭泣之哀，以为君忧。父死之谓何，或敢有他志，以辱君义？"稽颡[2]而不拜[3]，哭而起，起而不私。子显以致命于穆公。穆公曰："仁夫，公子重耳！夫稽颡而不拜，则未为后也，故不成拜。哭而起，则爱父也。起而不私，则远利也。"

※ 注释

1 忧服：父母死，居忧服丧。2 稽颡：以示自为父丧哀号。3 不拜：表示不敢以继承人自居。

※ 译文

晋献公去世后，秦穆公派使者去慰问出亡在外的公子重耳，使者又（转达穆公的话）说："我听说：失去国家常在国家有大丧的时候，得到国家也常在国家有大丧的时候。虽然您现在正专心处于居丧期间，但也不可长久地逃亡在外。时机不可失掉，请您仔细考虑一下吧。”重耳把使者的这些话告诉给了舅舅子犯。舅舅子犯说：“你还是辞谢他们的一番好意吧。出亡在外的人没有什么宝物，只有把亲行仁义作为宝。父亲去世，这是多么大的凶祸，如果趁这个机会谋取私利，天下的人将有谁喜欢你呢?你还是辞谢了吧。”于是公子重耳就答复来使说：“贵国国君太仁惠了，还派人来慰问我这个出亡在外的臣子。我出亡在外，父亲去世了，只恨不能到他的灵位前去哭泣，以表达心里的哀痛，因此而使贵国国君为我操心担忧。父亲死了，这是何等重大的变故，我怎敢有别的念头，来玷辱贵国之君待我的厚义呢？”说完以后，重耳就只叩头稽颡，而不拜谢。然后哭着站起来，起来之后也不与宾客私下交谈。使者子显回国向穆公报告了这些情况。穆公说：“公子重耳真是仁厚！他只叩头至地而不拜谢，这说明他不以继承君位者自居，所以不行拜礼。哭着站起来，这是很爱自己的父亲的表现。站起来以后也不再和使者私下里说话，说明他不想因丧贪求私利。”

※ 原文

穆公问于子思曰：“为旧君反服，古与？”子思曰：“古之君子进人以礼，退人以礼，故有旧君反服之礼也。今之君子进人若将加诸膝，退人若将队诸渊，毋为戎首，不亦善乎？又何反服之礼之有？”

悼公之丧，季昭子问于孟敬子曰：“为君何食？”敬子曰：“食粥[1]，天下之达礼也。吾三臣者之不能居公室也，四方莫不闻矣。勉而为瘠，则吾能，毋乃使人疑夫不以情居瘠者乎哉？我则食食。”

※ 注释

1 食粥：为君服斩衰三年，君刚死三天不能吃东西，殡以后只能喝粥，到第十三个月以后才能吃饭。

※ 译文

穆公问子思说：“大夫因故离开故国，后听说原国君去世，就回来为其服齐衰三个月，这是古代就有的礼吗？”子思回答说：“古代的国君，在任用臣子的时候都根据礼的，在免去臣子官职的时候也是依礼的，因此有返回来为旧君服丧的礼。而现在的国君，在招致人才的时候像要把他抱到膝上似的宠爱，而罢免臣下官职的时候又好像要把他推下深渊似的厌恶。被罢免的臣子，不带领别国的军队来攻打故国，也就很不错了，又哪里还有什么返回来为旧君服丧之礼可言呢？”

鲁悼公去世了，季昭子问孟敬子说：“为国君服丧，应该吃什么饭呢？”敬子回答说：“国君去世，臣子应该喝稀粥，这是天下的通礼。但是我们仲孙、叔孙、季孙三个做臣子的不能安处国君之朝，天下的人没有不知道的。如果勉强节食，变成消瘦的样子，我也能做到，但那样做不是更让人怀疑我们不是出自内心的真情，而是故意使自己外表消瘦的吗？我还是照常吃我的饭吧。”

※ 原文

曾子曰：“晏子可谓知礼也已，恭敬之有焉。”有若曰：“晏子一狐裘三十年，遣车一乘，及墓而反。国君七个，遣车七乘；大夫五个，遣车五乘。晏子焉知礼？”曾子曰：“国无道，君子耻盈礼焉。国奢，则示之以俭；国俭，则示之以礼。”

※ 译文

曾子说：“晏子可以称得上是一个很懂得礼的人了，他处理事情恭敬严谨。”有若说：“晏子一件狐皮袍子穿了三十年，为亲人办理丧事时，只用一辆遣车，匆忙下葬完毕就回家了。按照礼的规定，装遣奠牲体国君用七个包，遣车用七辆；大夫五个包，遣车用五辆。晏子怎么可以算得上是懂得礼呢？”曾子说：“如果国君治国无方，那么君子就耻于按礼数一一做到。在国人竞相奢侈的时候，就应向人们表现出节俭的作风；在国人崇尚节俭的时候，就应向人们显示正规的礼数。”

※ 原文

吴侵陈，斩祀，杀厉。师还出竟[1]，陈大宰嚭使于师。夫差谓行人仪曰：“是夫也多言，盍[2]尝问焉？师必有名，人之称斯师也者，则谓之何？”大宰嚭曰：“古之侵伐者，不斩祀，不杀厉，不获二毛[3]。今斯师也，杀厉与？其不谓之杀厉之师与？”曰：“反尔地，归尔子，则谓之何？”曰：“君王讨敝邑之罪，又矜而赦之，师与有无名乎？”

※ 注释

1 竟：通“境”。2 盍：何不。3 二毛：鬓发斑白的人。

※ 译文

吴国侵伐陈国，破坏了祭祀的场所，杀害患病的百姓。后来吴军退出陈国国境的时候，陈国的大宰嚭出使吴军。吴王夫差对行人仪说：“这个使者很会说话，我们何不试着问他一下，凡是军队必须有个好名声，问他，别人对我们的军队，将怎样评论？”大宰嚭回答道：“古人侵伐他国时，不破坏祭祀场所，不杀害患病的百姓，不俘获鬓发斑白的老人。现在贵国军队不是在杀害患病的百姓吗？那不就可以称为‘杀厉之师’吗？”夫差说：“要是现在把攻占的土地还给你们，把俘获的子民归还你们，那又该怎样称呼我们的军队呢？”太宰嚭回答说：“君王您讨伐我国，是因为我们的罪过，现在又怜悯并赦免我们，像这样的军队，又怎会没个好的名声呢？”

※ 原文

知悼子卒，未葬，平公饮酒，师旷、李调侍，鼓钟。杜蒉自外来，闻钟声，曰：“安在？”曰：“在寝！”杜蒉入寝，历阶而升，酌曰：“旷，饮斯！”又酌曰：“调，饮斯！”又酌，堂上北面坐饮之，降，趋而出。平公呼而进之曰：“蒉，曩者尔心或开予，是以不与尔言。尔饮旷何也？”曰：“子卯不乐。知悼子在堂，斯其为子卯也，大矣。旷也，大师也，不以诏[1]，是以饮之也。”“尔饮调何也？”曰：“调也，君之亵[2]臣也，为一饮一食，亡[3]君之疾[4]，是以饮之也。”“尔饮何也？”曰：“蒉也，宰夫也，非刀匕是共，又敢与知、防，是以饮之也。”平公曰：“寡人亦有过焉，酌而饮寡人。”杜蒉洗而扬觯。公谓侍者曰：“如我死，则必无废斯爵也。”至于今，既毕献，斯扬觯，谓之“杜举”。

※ 注释

1 诏：告诉。2 亵：亲近。3 亡：通“忘”，忘记。4 疾：忧患。

※ 译文

知悼子去世了，还没下葬，晋平公却喝起酒来了，让师旷、李调作陪，并敲钟击鼓奏乐。杜蒉从外面进来，听到钟声，就问侍卫说：“国君在哪儿？”有人回答说：“在正寝。”杜蒉进入正寝，沿阶而上，倒了一杯酒说：“师旷，把这杯酒喝了。”又倒了一杯酒，说：“李调，把这杯酒喝了。”接着又倒了一杯酒，在堂上面朝北坐着喝了。然后走下台阶，快步出了正寝。晋平公喊住他，叫他进来，说：“杜蒉，刚才我以为你或许想要开导我，所以我没有同你说话。你为什么让师旷喝酒呢？”回答说：“照礼，甲子、乙卯是君王的忌日，不能奏乐。现在知悼子的灵柩还停在堂上，这比逢上甲子、乙卯的日子更要重大得多了。师旷是掌乐的太师，而不把这个道理告诉国君，所以我罚他喝杯酒。”“那你为什么又要李调喝酒呢？”回答说：“李调是国君的近臣，可是为了有吃喝，就不管您的过失，所以我也要罚他喝一杯酒。”“那么你自己为什么也要喝一杯酒呢？”回答说：“蒉只是个宰夫，不去摆弄宰刀等，却胆敢越职参与防止违礼的事，所以自己也该罚一杯酒。”平公说：“我也有过失，倒杯酒来，也应该罚我一杯酒。”杜蒉洗净酒杯，倒上酒举起献上。平公对侍者说：“即使我死了以后，也不要废弃这只酒杯。”直到现在，只要是献完酒后，像这样举起酒杯，就叫作“杜举”。

※ 原文

石骀仲卒，无嫡子，有庶子六人，卜所以为后者。曰：“沐浴佩玉则兆[1]。”五人者皆沐浴佩玉。石祁子曰：“孰有执亲之丧，而沐浴佩玉者乎？”不沐浴佩玉。石祁子兆，卫人以龟为有知也。

陈子车死于卫，其妻与其家大夫谋以殉葬，定而后陈子亢至，以告曰：“夫子疾，莫养于下，请以殉葬。”子亢曰：“以殉葬，非礼也。虽然，则彼疾当养者，孰若妻与宰？得已，则吾欲已；不得已，则吾欲以二子者之为之也。”于是弗果用。

※ 注释

1 兆：问卜时，龟甲上显示吉凶的裂纹叫作“兆”。

※ 译文

石骀仲去世了，没有嫡子，只有六个庶子，只好用龟卜来决定继承人。卜人说：“大家先洗个澡，然后佩戴上玉，龟甲上才能显出吉兆。”有五个人赶忙洗好澡，佩戴上玉。而只有石祁子说：“哪有居丧期间洗澡佩玉的呢？”他没有洗澡佩玉。可是，龟兆却显示出石祁子应该做继承人。因此，卫国人都认为龟兆很灵验。

陈子车客死在卫国，他的妻子和管家打算用活人为他殉葬。已经决定之后，陈子亢来了，他们就把用活人殉葬的决定告诉了他，说：“他老人家有病，没有人在地下伺候他，所以决定用活人为他殉葬。”子亢说：“用活人殉葬，这是不符合礼的。虽然如此，可是他有病，那么在地下伺候他的，有谁能比他妻子和管家更合适呢？如果能取消这个决定，那么正是我的希望；假如不能取消，那么我认为就用你们两个人来殉葬吧！”这样一来，殉葬的事也就没有实行。

※ 原文

子路曰：“伤哉，贫也！生无以为养，死无以为礼也。”孔子曰：“啜菽[1]，饮水，尽其欢，斯之谓孝。敛首、足、形，还葬而无椁，称其财，斯之谓礼。”

卫献公出奔，反于卫，及郊，将班邑于从者而后入。柳庄曰：“如皆守社稷，则孰执羁靮而从？如皆从，则孰守社稷？君反其国而有私也，毋乃不可乎。”弗果班[2]。

卫有大史曰柳庄，寝疾。公曰：“若疾革，虽当祭必告。”公再拜稽首，请于尸曰：“有臣柳庄也者，非寡人之臣，社稷之臣也，闻之死，请往。”不释服而往，遂以襚之，与之邑裘氏与县潘氏，书而纳诸棺，曰：“世世、万子孙无变也。”

※ 注释

1 啜菽，喝豆粥。啜（chuó）：饮。2 班：通“颁”。班邑。赏赐封地。

※ 译文

子路说：“贫穷真让人伤心啊！父母在世，没有钱财供养他们；父母去世，又没有钱财举办丧事。”孔子说：“尽管是喝豆粥，饮清水，而能让父母在精神上得到满足，这就是‘孝’了；他们去世后，只要有衣衾足以掩藏首、足、形体，入殓后就埋葬，虽然没有椁，但只要能根据自己的财力来办丧事，这就合乎‘礼’了。”

卫献公被逐逃亡，后来终于返回卫国。到了城郊，想要把一些城邑分赏给随他逃亡的人，然后才进城。柳庄就对他说：“如果大家都留下来保卫国家，那么还会有谁为您执缰驾车跟随您逃亡呢？然而如果大家都跟着您逃亡，那又有谁来保卫国家呢？您一回国就有了私心，这样做恐怕不可以吧？”结果卫献公没有分赏城邑。

卫国有个太史叫柳庄，卧病在床。卫国国君说：“如果病情危急，即使是我在主持祭礼时，也一定要告诉我。”后来，柳庄恰巧在卫君祭祀时去世了。卫君拜了两拜，叩头，然后向祭祀中的尸请求说：“有个叫柳庄的臣子，他不只是我个人的臣子，也是国家社稷的重臣，刚才得到他去世的消息，请允许我前去吊丧。”他来不及脱下祭服就赶往柳家，于是脱下自己身上的祭服赠给柳庄，并且封给柳庄裘氏和县潘氏两个邑，还将封赠文书放进棺里。文书上说：“世世代代子子孙孙万代相传，永不改变。”

※ 原文

战于郎。公叔禺人遇负杖入保者，息曰：“使之虽病也，任之虽重也，君子不能为谋也，士弗能死也，不可。我则既言矣。”与其邻重汪踦往，皆死焉。鲁人欲勿殇重汪踦，问于仲尼。仲尼曰：“能执干戈以卫社稷，虽欲勿殇也，不亦可乎。”

※ 译文

齐与鲁在郎邑作战。鲁国的公叔禺人遇上一个拄杖进入城堡避难的士卒。于是感慨地说：“虽然徭役使百姓们很疲困，赋税也使百姓的负担很沉重，可是那些卿大夫不能为国家谋划，士人不能为国家献身，这是不行的！我既然已经这样说了，（就得有行动）。”于是他就和邻居的少年汪踦奔赴战场，结果都战死了。鲁国人打算不把少年汪踦当作未成年的人来举行丧礼，于是向孔子请教。孔子说：“他既然能够拿着武器保卫国家社稷，即使不把他当作未成年的人来办丧事，不也可以吗？”

※ 原文

襄公朝于荆，康王卒，荆人曰："必请袭。"鲁人曰："非礼也。"荆人强之。巫先拂柩[1]，荆人悔之。

滕成公之丧，使子叔敬叔吊，进书。子服惠伯为介。及郊，为懿伯之忌，不入。惠伯曰："政也，不可以叔父之私，不将公事。"遂入。

哀公使人吊蒉尚，遇诸道，辟于路，画宫而受吊焉。曾子曰："蒉尚不如杞梁之妻之知礼也。齐庄公袭莒于夺，杞梁死焉。其妻迎其柩于路而哭之哀。庄公使人吊之，对曰：'君之臣不免于罪，则将肆诸市朝，而妻妾执。君之臣免于罪，则有先人之敝庐在，君无所辱命。'"

※ 注释

1 巫先拂柩：是君临臣丧的礼节。拂，就是祓，祓除不祥的意思。

※ 译文

鲁襄公到楚国去拜会楚君，正碰上楚康王去世。楚人对襄公说："请您务必为康王穿衣。"襄公的随员说："这是不合乎礼的。"然而楚人还是强迫襄公这样做。于是襄公就先让男巫走在前面，用桃枝轻拂灵柩，以驱除不祥，然后才给尸穿衣，结果楚人对这件事很后悔。

在为滕成公办丧事时，鲁国派子叔敬叔作为使臣前去吊丧，并且递送鲁君的吊唁书。子服惠伯做副手。等到了滕国近郊，正好是子服惠伯叔父懿伯的忌日，所以子叔敬叔想缓一日进城。惠伯说："这是国君交给我们的使命，不能因为叔父私忌，而耽误公事。"于是就一起进城。

蒉尚办丧事，哀公派人去吊唁，恰巧在路上遇到出葬的灵车，于是蒉尚扫除道路，就地画了殡宫的形状，然后就位接受吊唁。曾子听说后，说："蒉尚还不如杞梁的妻子懂礼呢！齐庄公派人从小路袭击莒国，杞梁战死了。他的妻子在路上迎接他的灵柩，哭得十分悲伤。齐庄公就派人去路上慰问她，她却回答说：'如果君的臣子杞梁有罪，就应该在集市、官府陈尸示众，并把他的妻妾拘捕起来。如果他没有罪，那么我们还有先人留下的一所破宅子，可供行礼，现在不能在这里接受吊唁而屈辱君命。'"

※ 原文

悼公之母死，哀公为之齐衰。有若曰："为妾齐衰，礼与？"公曰："吾得已乎哉？鲁人以妻我。"

季子皋葬其妻，犯人之禾，申祥以告，曰："请庚之。"子皋曰："孟氏不以是罪予，朋友不以是弃予，以吾为邑长于斯也，买道而葬，后难继也。”

※ 译文

悼公的母亲去世了，哀公为她服齐衰。有若说：“丧服规定，为妾服齐衰，这符合礼的规定吗？”哀公说：“我这也是不得已呀？鲁国人把她当作我的妻看待。”

季子皋埋葬他妻子时，损坏了别人家的庄稼。申祥把情况告诉他，并说：“请您赔偿人家的损失。”子皋说：“我的主人孟氏并没有因为这件事责怪我，朋友也没有因为这件事而疏远我，就因为我是本邑的主管。就算是我出了买路钱而葬，但是恐怕以后就难办了。”。

※ 原文

孔子过泰山侧，有妇人哭于墓者而哀。夫子式而听之，使子路问之曰：“子之哭也，壹似重有忧者。”而曰：“然。昔者吾舅死于虎，吾夫又死焉，今吾子又死焉。”夫子曰：“何为不去也？”曰：“无苛政。”夫子曰：“小子识之，苛政猛于虎也。”

※ 译文

孔子路过泰山旁边，看见一个妇人在墓前哭得很哀痛。孔子停车，将手靠在轼上致意，并听她哭泣，然后他让子路前去询问说：“听您的哭声，很像有许多痛苦的样子。”妇人回答说：“是的。以前我公公是被老虎咬死的，我丈夫又被老虎咬死了，现在我的儿子又死于虎口。”孔子说：“那您为什么不离开这里呢？”她回答说：“因为这地方没有苛暴的政令。”于是孔子对弟子们说：“你们要好好记着，苛暴政令比老虎还厉害啊！”

※ 原文

鲁人有周丰也者，哀公执挚[1]请见之。而曰“不可”。公曰：“我其已夫。”使人问焉曰：“有虞氏未施信于民而民信之，夏后氏未施敬于民而民敬之，何施而得斯于民也？”对曰：“墟墓之间，未施哀于民而民哀；社稷宗庙之中、未施敬于民而民敬。殷人作誓而民始畔，周人作会而民始疑。苟无礼义忠信诚悫[2]之心以莅[3]之，虽固结之，民其不解乎？”

※ 注释

1 挚：通“贽”，见面的礼物。2 悫（què）：质朴。3 莅（lì）：君临。

※ 译文

鲁国有个叫周丰的人，鲁哀公带着礼物去请求见他，他却说“不敢当”。哀公说：“那我就不勉强他了。”于是就派使者去请教周丰，说：“有虞氏并没有教导人民诚信，而人民却信任他，夏后氏并没有教导人民诚敬，而人民却敬重他，他们究竟是推行的什么政教而得到人民的信任和敬重的呢？”周丰回答说：“在废墟和坟墓之间，用不着教百姓悲哀，而百姓就会悲哀；在神社或宗庙里，并没有人教导人民要肃敬，而他们却自然地表现出肃敬的神情。殷代统治者曾用誓言约束民众，而民众却背叛了他们；周代的统治者热衷于会盟，而人民才开始互相不信任。如果没有用礼义忠信诚实的心去治理人民，就算强行与民众交结，难道人民就不会离散了吗？”

※ 原文

邾娄考公之丧，徐君使容居来吊、含。曰：“寡君使容居坐含，进侯玉，其使容居以含。”有司曰：“诸侯之来辱敝邑者，易则易[1]，于则于。易于杂者未之有也。”容居对曰：“容居闻之：‘事君不敢忘其君，亦不敢遗其祖。’昔我先君驹王，西讨济于河，无所不用斯言也。容居鲁人也，不敢忘其祖。”

子思之母死于卫，赴于子思。子思哭于庙。门人至曰：“庶氏之母死，何为哭于孔氏之庙乎？”子思曰：“吾过矣！吾过矣！”遂哭于他室。

天子崩，三日，祝先服；五日，官长服；七日，国中男女服；三月，天下服。虞人致百祀之木，可以为棺椁者斩之。不至者，废其祀，刎其人。

齐大饥，黔敖为食于路，以待饿者而食之。有饿者，蒙袂，辑屦，贸贸然来。敖左奉食，右执饮，曰：“嗟，来食[2]！”扬其目而视之，曰：“予唯不食‘嗟，来’之食，以至于斯也。”从而谢焉，终不食而死。曾子闻之，曰：“微[3]与。其‘嗟’也可去，其谢也可食。”

※ 注释

1 易：简略。2 嗟，来食：悯人饥饿，呼其来食。3 微：是“非”的意思。

※ 译文

邾娄在为定公办丧事时，徐国国君派容居来吊丧，并对定公行含礼。容居致辞说：“敝国的国君派我来坐行含礼，致送侯爵所含的玉璧。请让我行含礼。”邾娄的臣子说：“凡是各国诸侯屈尊来到敝国，该行臣礼的就行臣礼，该行君礼的就行君礼，君礼臣礼不分的，我们可没有做过。”容居回答说：“我听说：‘代表国君办事，就不敢忘掉国君的身份，也不敢忘记他的祖先。’过去我们的先君驹王西征，渡过了黄河，对待诸侯他一向是以王者的身份说话办事的。我虽然很愚钝，但也不敢忘记祖先说话办事的规矩。”

子思的母亲改嫁后，死在卫国。有人向子思报丧，子思就到祖庙里去哭。子思的弟子进来说：“庶氏家中死了母亲，你为什么要跑到孔氏的祖庙里哭呢？”子思连忙说：“我错了！我错了！”于是就到别的房子里去哭。

天子去世，三天，协助丧礼的祝先服丧；五天，官长们服杖；七天，国都及其周围地区的男女民众都服丧；三个月，天下诸侯及卿大夫都服丧。掌管山泽的虞人要负责罗致王畿内各地神社的木材，凡是适合做棺椁的树都砍下来用。那些不肯献上木材的地方，就把当地的神社废掉，杀掉那里的主管人员。

齐国发生严重的饥荒，黔敖在路边准备好饭食，用来给过路的饥民充饥。有一个饥民，用袖子蒙着脸，无力地拖着脚步，眼光迷迷糊糊地走来。黔敖左手端着饭，右手执着汤罐，用怜悯的口气喊道：“喂！来吃吧！”那个饥民抬起眼睛看看他说：“我就是因为不愿意吃嗟来之食，所以才落到这步田地。”黔敖听了连忙上前向他道歉，但他还是不肯吃，因而饿死了。曾子听到这件事以后，就说：“恐怕不该这样吧！人家没有好声气地叫你吃，你当然可以拒绝，但是人家既然已经道歉了，那就应该吃。”

※ 原文

邾娄定公之时，有弑其父者，有司以告，公瞿然失席，曰：“是寡人之罪也。”曰：“寡人尝学断斯狱矣。臣弑君，凡在官者，杀无赦。子弑父，凡在官者，杀无赦。杀其人，坏其室，洿其宫而豬焉。盖君逾月而后举爵。”

晋献文子成室，晋大夫发焉。张老曰：“美哉，轮[1]焉！美哉，奂[2]焉！歌于斯，哭于斯，聚国、族于斯。”文子曰：“武也，得歌于斯，哭于斯，聚国族于斯，是全要领以从先大夫于九京也。”北面再拜稽首。君子谓之善颂、善祷。

※ 注释

1 轮：高大。2 奂：通“焕”，明亮。

※ 译文

邾娄定公在位的时候，有个人杀死了自己的父亲。负责刑事的官员把这件事报告定公。定公惊愕地瞪大了眼睛，在坐席上也坐不住了，说：“我没有把人民教育好，这是我的罪过。”然后又说：“我曾学过判决这类案子。如果做臣子的杀了国君，那么凡是在官府担任公职的人都可以把他抓来杀死，绝不宽赦；如果做儿子的杀了父亲，那么凡是在家的人都可以把他抓住杀死，绝不宽赦。不仅要杀掉凶手，而且还要拆掉他的住房，把房基庭院挖成池子，灌满水。国君过一个月才能饮酒。”

晋国献文子新盖了一座宫室，晋大夫都去送礼庆贺。张老赞美说：“这高大的屋宇多壮丽呀！这明亮的居室多漂亮呀！今后可以在这里祭祀作歌，在这里居丧哀哭，在这里和僚友宗族聚会宴饮了。”文子说：“我能在这里祭祀作歌，在这里居丧哭泣，在这里和僚友宗族聚会宴饮，这表明我可以不受刑戮而死，能同先祖先父合葬在九原啊！”说完后就朝北面再拜叩头表示感谢。君子们都说他们一个善于称颂，一个善于祈福。

※ 原文

阳门之介夫死，司城子罕入而哭之哀。晋人觇[1]宋者，反报于晋侯曰：“阳门之介夫死，而子罕哭之哀，而民说，殆不可伐也。”孔子闻之曰：“善哉，觇国乎！《诗》云：‘凡民有丧，扶服救之。’虽微晋而已，天下其孰能当之？”

赵文子与叔誉观乎九原。文子曰：“死者如可作也，吾谁与归？”叔誉曰：“其阳处父乎？”文子曰：“行并[2]植[3]于晋国，不没其身，其知不足称也。”“其舅犯乎？”文子曰：“见利不顾其君，其仁不足称也。我则随武子乎。利其君，不忘其身；谋其身，不遗其友。”晋人谓文子知人。文子其中退然[4]如不胜衣，其言呐呐然如不出其口，所举于晋国，管库之士七十有余家。生不交利，死不属其子焉。

※ 注释

1 觇（chān）：窥视。引申为侦探。2 并：犹专，身兼众事而专权。3 植：刚直。4 退然：柔弱的样子。

※ 译文

宋国阳门的一个披甲的卫士死了，司城子罕到他的灵堂前哭得很悲哀。当时晋国的一个刺探宋国情况的探子，向晋侯报告说：“阳门有个卫士死了，而子罕却哭得很伤心，他这样做，百姓对此都很满意，恐怕现在不适合去讨伐宋国吧！”孔子听到这件事以后说：“这个探子真会观察国情呀！《诗》说：‘凡是邻里有了灾祸，我都应尽力去帮助他们。’虽然想攻打宋国的不只是晋国，但天下有哪个国家能进攻宋国呢？”

赵文子和叔誉一起到晋国卿大夫的墓地九原去游观。文子说：“死了的人如果能复活，我跟随谁一路回去呢？”叔誉说：“阳处父怎么样？”文子说：“他在晋国专权而刚直，不得善终，他的才智不值得称道。”叔誉说：“舅犯怎么样？”文子说：“他见到利益就不顾自己的国君了，他的仁爱不值得称道。我还是跟随武子吧，他既能为国君谋利益，又能顾全自身的利益；既为自己打算，又不忘记朋友。”晋国人因此都说文子很了解人。文子的身体柔弱得像穿不起衣裳，讲起话来迟钝得像说不出口。他为晋国管库房推荐了七十几个人，但在生前却从来不与他们有钱财的交往，临死时也没有托请谁照顾自己的孩子。

※ 原文

岁旱，穆公召县子而问然，曰：“天久不雨，吾欲暴尪而奚若？”曰：“天久不雨，而暴人之疾子，虐，毋乃不可与。”“然则吾欲暴巫而奚若？”曰：“天则不雨，而望之愚妇人，于以求之，毋乃已疏乎？”“徙市则奚若？”曰：“天子崩，巷市七日；诸侯薨，巷市[1]三日。为之徙市，不亦可乎？”

孔子曰：“卫人之祔也，离之。鲁人之祔也，合之，善夫！”

※ 注释

1 巷市：罢市以后，民间的交易就在巷里进行，叫巷市。

※ 译文

遇到了干旱的年头，穆公请县子来询问说：“天很久没有下雨了，我打算把有尪病的人放到太阳底下去晒晒，你看怎么样？”县子回答说：“天很久没下雨，您就把有病的孩子放到太阳底下晒，这样做不是太残酷了吗，恐怕不可以吧。”穆公说：“那么晒晒女巫师怎么样？”县子说：“天不下雨，而寄望于愚蠢的女人，通过晒她们来求雨，岂不是有悖常理吗？”穆公又问：“那么罢市怎么样？”县子说：“天子去世，罢市七天；诸侯去世，罢市三天。为了求雨而罢市，不也可以吗？”

孔子说：“卫人把新死者附于宗庙，使祖、孙的神主相隔离；鲁人把新死者附于宗庙，使祖、孙的神主合在一起，鲁人的做法好啊！”

※ 解读

见《檀弓上》。

※ 事例

《檀弓下》通过古人对于礼的具体实践事例，充分体现了俗语中“不以规矩，不成方圆”这句话的内涵，把古代的礼又推向了一个新的高度，古代的人始终是把礼放在第一位的，不管做任何事情，都先拿出“礼”的尺子予以衡量，这一点，我们也可以从孔子在对待颜渊的死这件事上看出。

孔子不为颜渊买椁

颜渊是孔子的弟子。孔子曾经多次高度地称赞颜渊，认为他有高尚的品德，又好学上进。始终把他视作得意门生，甚至把他当作自己的儿子一样来看待。后来，颜渊去世了，（他的父亲）颜路前来请求孔子卖掉车子，好给颜渊买个外椁。但是孔子却说：“（虽然颜渊和鲤）一个有才一个无才，但两个都是我的儿子。孔鲤死的时候，也是有棺无椁。我没有卖掉自己的车子步行而给他买椁。是因为我还跟随在大夫之后，是不可以步行的。”孔子曾经担任过大夫一级的官员，而大夫是必须有自己的车子的，是不能步行的，否则就违背了礼的规定。从这一点可以看出孔子对礼的严谨态度。

曾子问

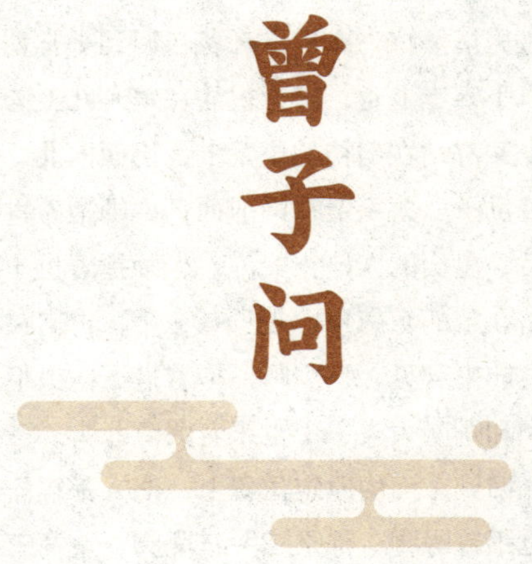

※ 原文

曾子问曰："君薨而世子生，如之何？"孔子曰："卿、大夫、士从摄主[1]，北面于西阶南。大祝裨冕，执束帛，升自西阶，尽等[2]，不升堂，命毋哭。祝声三，告曰：'某之子生，敢告。'升，奠币于殡东几上，哭降。众主人、卿、大夫、士、房中皆哭，不踊，尽一哀，反位，遂朝奠。小宰升，举币。三日，众主人、卿、大夫、士如初位，北面。大宰、大宗、大祝皆裨冕。少师奉子以衰。祝先，子从，宰、宗人从，入门，哭者止。子升自西阶，殡前北面。祝立于殡东南隅，祝声三，曰：'某之子某，从执事，敢见。'子拜稽颡[3]，哭。祝、宰、宗人、众主人、卿、大夫、士哭，踊三者三，降，东反位，皆袒。子踊。房中亦踊三者三。袭，衰，杖。奠出。大宰命祝史，以名遍告于五祀、山川。"

※ 注释

1 摄主：代替主持丧事的人。2 等：台阶。3 稽颡：丧事中所行的重礼。即叩头至地。

※ 译文

曾子问道："国君死后，在停殡期间，他的世子出生，这该怎样行礼呢？"孔子回答说："世子出生的那天，卿、大夫、士都跟着代替主持丧事的人来到殡宫，面朝北方，站在西阶的南面。神职官员太祝身穿裨冕，双手端着束帛。登上西阶的最高一级，但不跨入堂内，命令大家停止哭泣，然后向灵柩长喊三声，再向灵柩报告说："夫人某氏已生世子，谨向您禀告。"说完走上堂去，把束帛放在殡东边的供几上，接着哭泣一阵，然后下堂。众人尽情哭泣一次后，都各自回到平常朝夕哭丧的位置上接着便为死者举行朝奠。礼毕，小宰走上堂，将大祝放在殡东几上的帛拿下堂去。"第三天，众主人、卿、大夫、士又都站在当初的位置上，仍面向北。太宰、太宗和太祝都身穿裨冕，少师用丧服抱着世子。太祝走在最前面，少师抱着世子跟从太祝，太宰和太宗跟在太子后面，进门后，里面的人停止哭泣，少师抱着世子从西阶登堂，走到灵柩前，面向北站立。太祝站在殡的东南角，先长喊三声，再向灵柩报告说：'夫人某氏所生世子，跟从执事官员前来拜见。'少师便抱着世子向灵柩磕头再拜，并哭泣。太祝、太宰、宗人、众主人和卿、大夫、士也跟着哭泣跺脚，三哭三跺脚，如此重复三次。少师抱着世子下堂，回到东面的原定位置上。众人都袒露左臂。少师抱着世子痛哭跺脚时，房中的妇女也跟着跺脚，都是三哭三跺脚，重复三次。接着给孝子披上孝服，少师代替他拄着哭丧棒，举行朝奠。礼毕退出，太宰命令祝和史，把世子的名字遍告五祀及山川等诸神。"

※ 原文

曾子问曰："并有丧，如之何？何先何后？"孔子曰："葬，先轻而后重；其奠也，先重而后轻：礼也。自启及葬，不奠，行葬不哀次；反葬奠，而后辞于殡，遂修葬事；其虞也，先重而后轻：礼也。"

孔子曰："宗子虽七十，无无主妇。非宗子，虽无主妇可也。"

曾子问曰："将冠子，冠者至，揖让而入，闻齐衰、大功之丧，如之何？"孔子曰："内丧[1]则废，外丧[2]则冠而不醴，彻[3]馔[4]而埽，即位而哭。如冠者未至，则废。如将冠子而未及期日，而有齐衰[5]、大功[6]、小功[7]之丧，则因丧服而冠。""除丧不改冠乎？"孔子曰："天子赐诸侯、大夫冕、弁，服于大庙，归设奠，服赐服，于斯乎有冠醮，无冠醴。父没而冠，则已冠，扫地而祭于祢，已祭而见伯父、叔父，而后飨冠者。"

※ 注释

1 内丧：同族的亲属之丧。2 外丧：外族的亲属之丧。3 彻：通"撤"。4 馔：陈设的物品器具。5 齐衰：丧服五服之一，服期有三年者，父卒为母；有一年者，父在为母，为祖父母、妻、兄弟；有五月者，为曾祖父母；有三月者，为高祖父母。6 大功：五服之一。服期九月，为堂兄弟等。7 小功：五服之一。服期五月，为父之叔伯父母等。

※ 译文

曾子问道："如果有两个亲人同时办丧事，那该怎么行礼呢？谁该在先，谁该在后呢？孔子说："埋葬的事，以恩义较轻者在先，恩义较重者在后；而对于他们的祭奠，应该先祭恩义重的，后祭恩义轻的：这样才合乎礼的规范。先埋葬的人是恩义较轻的，从出殡到入葬这段时间之内不设奠，灵柩直接移到墓地，不在孝子守孝的处所停留等待哭踊致哀。埋葬后归来，设奠，决定恩重者的起殡日期，然后把日期告知宾客，为恩重者举行葬礼；葬后举行的虞祭，一定是先祭恩重者，后祭恩轻者：这样才合乎礼。"

孔子说："宗子即使到七十岁，也不能没有主妇。如果不是宗子，家里即使没有主妇也是可以的。"

曾子问道："将要为儿子举行加冠礼，参加冠礼的宾客都已经到来，并且主人已经把他们请到行礼的庙中，这时突然遇到有齐衰或大功丧服关系的亲属的丧事，那该怎么办呢？"孔子说："如果死者与自己是同一宗庙的族亲，那就废止加冠礼；如果不是同一宗庙的族亲，那就继续进行加冠礼，但要省去用醴酒去祝贺新加冠人的礼节，这一切完毕后，把所有陈设的物品器具都收走，再把庙内打扫一下，然后站到相应的位置上为死者哭泣。假如参加冠礼的宾客还没有来，那就废止加冠礼。假如将要为儿子举行加冠礼，但还没有到选定的日子，却先遇到齐衰、大功或小功之丧，那么将要加冠的儿子照样按亲属关系穿戴丧服，到时就穿着丧服举行冠礼。"曾子接着问道："在除丧之后是否要补行一次冠礼呢？"孔子说："天子在太庙赐给未冠的国君和大夫冕服、弁服，国君和大夫回到家庙设奠祭告祖宗，然后就穿戴起受赐的冠服。在那样的情况下也只用清酒宴饮宾客，而不用醴酒。据此推论，似乎不必补行一次冠礼。至于父亲死后而行加冠礼的，要在加冠之后撤除行礼器物，打扫庙堂，改行祭告父庙之礼，祭后去拜见伯父、叔父，然后再设宴酬谢参加冠礼的宾客。"

※ 原文

曾子问曰："祭如之何则不行旅酬之事矣？"孔子曰："闻之小祥[1]者，主人练[2]祭而不旅，奠酬于宾，宾弗举，礼也。昔者鲁昭公练而举酬行旅，非礼也。孝公大祥[3]，奠酬弗举，亦非礼也。"

※ 注释

1 小祥：服丧满一年时的祭祀。2 练：这里指练祭，即小祥。因祭时可服练冠练服，故称。3 大祥：服丧满二年时的祭祀。祭后除丧，所以可以旅酬。

※ 译文

曾子问道："祭祀在什么情况下不举行旅酬呢？"孔子说："我听说举行小祥祭的时候，主人服练冠祭祀死者时，可以不行旅酬，当把酬酒放置在宾的席位前时，宾不举杯而饮，这是合乎礼的。从前，鲁昭公在为父亲举行练祭的时候进行旅酬礼，这是不合乎礼的。而鲁孝公却在父亲两周年祭祀的时候，不举酬酒行旅酬礼，这也是不合乎礼的。"

※ 原文

曾子问曰："大功之丧，可以与于馈奠之事乎？"孔子曰："岂大功耳？自斩衰以下皆可，礼也。"曾子曰："不以轻服而重相为乎？"孔子曰："非此之谓也。天子、诸侯之丧，斩衰者奠；大夫齐衰者奠；士则朋友奠，不足则取于大功以下者，不足则反之。"曾子问曰："小功可以与于祭乎？"孔子曰："何必小功耳？自斩衰以下与祭，礼也。"曾子曰："不以轻丧而重祭乎？"孔子曰："天子、诸侯之丧祭也，不斩衰者不与祭。大夫齐衰者与祭；士祭不足，则取于兄弟大功以下者。"曾子问曰："相识有丧服，可以与于祭乎？"孔子曰："缌不祭[1]，又何助于人？"曾子问曰："废丧服，可以与于馈奠之事乎？"孔子曰："说衰[2]与奠，非礼也。以傧相[3]可也。"

※ 注释

1 缌不祭：有缌麻丧服的人不能参加自家宗庙的祭祀，所以更不能参加别家的祭祀。2 说衰，指除丧。说：通"脱"。刚除丧就去参加别人的祭奠，说明忘哀太快。3 傧相：协助别人祭奠，任赞礼之职。

※ 译文

曾子问道："自己本身服有大功之丧，可以参加别人的祭奠吗？"孔子说："岂止是服大功之丧的人可以！从斩衰以下都可以参加祭奠，这样做也是合乎正礼的。"曾子又问："那岂不是看轻自己所服之丧而看重别人的祭奠吗？"孔子说："不能这样说。比如天子、国君死了，服斩衰的臣下要去祭奠；大夫死了，服齐衰的家臣要去祭奠；士死了，服大功的朋友要去祭奠。如果人数不够，就找大功以下的本族兄弟来帮忙；如果还不够，就可以反过来找为他服大功以上之丧的人帮忙设奠。"曾子问道：

“本身已服小功之丧的人可以参加出殡以后的祭祀吗？”孔子说：“何止是服小功之丧的人能参加！服斩衰以下丧服的人都可以参加祭祀，这是合乎礼的。”曾子又问：“这不是看轻自己的丧事而注重别人的祭祀吗？”孔子说：“天子、国君的丧祭，不是服斩衰之丧的人还没有资格参加呢；大夫的祭祀，只有服齐丧的人才能参加；士的祭祀，只有参与祭祀的人数不够时，才找大功以下的本族兄弟来帮忙。”曾子问道：“两个相识的人，一方有丧服在身，可以去参加另一方的丧祭吗？”孔子回答说：“只要有丧服，哪怕是最轻的缌麻丧服，都不能去祭祀自己的宗庙，又怎么能去帮助别人举行丧祭呢？”曾子又问道：“脱掉丧服后，可以去参加别人的丧奠吗？”孔子说：“刚脱掉丧服就去参加别人的丧奠，这是不合乎礼的。如果以丧礼中傧相的身份参加或许还可以。”

※ 原文

曾子问曰：“丧有二孤，庙有二主，礼与？”孔子曰：“天无二日，土无二王，尝、禘、郊、社，尊无二上。未知其为礼也。昔者齐桓公亟举兵，作伪主以行。及反，藏诸祖庙。庙有二主，自桓公始也。丧之二孤，则昔者卫灵公适鲁，遭季桓子之丧，卫君请吊，哀公辞不得命，公为主，客入吊。康子立于门右，北面。公揖让，升自东阶，西乡。客升自西阶吊。公拜，兴，哭。康子拜稽颡于位，有司弗辩也。今之二孤，自季康子之过也。

曾子问曰：“古者师行，必以迁庙主[1]行乎？”孔子曰：“天子巡守，以迁庙主行，载于齐车，言必有尊也。今也取七庙之主以行，则失之矣。当七庙、五庙无虚主；虚主者，唯天子崩，诸侯薨，与去其国，与祫祭于祖，为无主耳。吾闻诸老聃曰：‘天子崩，国君薨，则祝取群庙之主而藏诸祖庙，礼也。卒哭成事，而后主各反其庙。君去其国，大宰取群庙之主以从，礼也。祫祭于祖，则祝迎四庙之主。主出庙、入庙，必跸[2]。’老聃云。”曾子问曰：“古者师行无迁主[3]，则何主？”孔子曰：“主命。”问曰：“何谓也？”孔子曰：“天子、诸侯将出，必以币帛、皮、圭，告于祖祢，遂奉以出，载于齐车以行。每舍奠焉，而后就舍。反必告，设奠，卒，敛币玉，藏诸两阶之间，乃出，盖贵命也。”

※ 注释

1 迁庙主：太祖庙中辈分最高的神主。天子国君的庙数有规定，只有高祖以下有庙。高祖以上的祖先原来都有庙，后来因世系繁衍而逐渐迁入太祖庙而变成无庙。所谓迁庙就是无庙。许多无庙的神主都在太祖庙。载迁庙主行的，指最近迁入之主。2 跸：清除道路，禁止通行。3 无迁主：没有迁庙之主。指建国不到五世的国君，每个祖先都有庙。

※ 译文

曾子问道："丧事有两个儿子主丧，庙里同一个人有两个神主，这符合礼吗？"孔子说："天上没有两个太阳，地上没有两个君王。宗庙里的尝祭、禘祭、郊祭、社祭所祭祀的鬼神中，都没有两个最尊贵的。我没听说过这是合乎礼的。从前齐桓公屡次出兵征伐，做了个假神主随军同行。等到征伐回来，又把假神主也供在祖庙中。一庙之中有两个神主，是从齐桓公开始的。至于丧事有二主的由来，那是从前卫灵公访问鲁国，正好遇上鲁国大夫季桓子的丧事，卫灵公要吊丧，鲁哀公推辞而没有取得灵公的同意，哀公只好权做丧主，灵公做客人吊丧。季桓子的儿子季康子站在大门东边，面向北站立。哀公揖请客人升堂，自己从东阶上升堂，面向西站立。客人从西阶升堂吊丧。哀公拜谢客人后，站起来哭泣。季康子站在自己的位置上向客人行叩头礼，当时掌管礼的官员也没对季康子的做法加以纠正。现在丧事有两个丧主，是从季康子那次错误开始的。"

曾子问道："古代天子国君出师，必定带着迁庙主同行吗？"孔子说："天子出外巡守，把迁庙主装在斋车上带着同行，表示自己出行不敢妄自尊大，而有位尊敬的先祖的神灵监临。而现在的天子从七庙中任取一神主随行，就有失礼了。不管是天子七庙也好，还是诸侯的五庙也好，每个庙中都不该空着没有神主；庙中没有神主的情况，只有在天子崩驾的时候，诸侯死亡或诸侯被迫离开自己国家以及将各庙的神主集中到太祖庙中合祭，在上述情况下太庙以下各庙才无主。我听老子说过：'天子崩驾，国君死亡，就由太祝把各庙的神主都集中到太祖庙中，这是礼的规定。等到下葬后举行了卒哭的祭祀，又把各庙神主送回各自庙中。国君离开本国，就由太宰带着各庙神主跟随同行，这也是礼的规定。在太祖庙中合祭祖先，就让太祝到父庙、祖庙、曾祖庙、高祖庙去迎请神主。神主出庙或入庙时，都必须清除道路，禁止闲人通行。'这都是老子说的。"曾子接着问："古代天子国君出师，如果没有迁庙主同行，用哪一个神主呢？"孔子说："那就以神主的命令为主。"曾子问："什么是神主的命令呢？"孔子说："天子、诸侯将要出征，必须用币帛、兽皮和玉圭等礼物祭告祖庙、父庙，祭告完毕后，就捧着象征父祖教命的币帛、兽皮和玉圭出来，装载在斋车上同行。每到一个停宿的地方，都要祭奠主命，然后才休息。外出归来的时候也要祭祀祖先告归。祭奠完毕，把那些币帛、玉圭埋在东西两个台阶之间，然后走出庙。这样做大概就是为了尊重祖先的教令吧！"

※ 原文

子游问曰："丧慈母如母，礼与？"孔子曰："非礼也。古者男子外有傅，内有慈母，君命所使教子也，何服之有？昔者鲁昭公少丧其母，有慈母良，及其死也，公弗忍也，欲丧之。有司以闻曰：'古之礼，慈母无服。今也君为之服，是逆古之礼而乱国法也。若终行之，则有司将书之，以遗后世，无乃不可乎。'公曰：'古者天子练冠以燕居。'公弗忍也，遂练冠以丧慈母。丧慈母，自鲁昭公始也。"

※ 译文

子游问道："为慈母服丧就像为生母一样，这合乎礼吗？"孔子说："这不合乎礼。古时男孩子在外面有师傅，在家有慈母，他们是奉国君的命令教育孩子的，孩子与他们哪有什么丧服关系呢？先前，鲁昭公幼年时死了母亲，他的慈母待他很好，等到慈母死，昭公不忍心，要为她服孝。掌管礼的官员听到后，对昭公说：'古代礼法规定：为慈母不服丧。现在君为慈母服丧，这是违背古礼而扰乱国家法令啊！如果您坚持要这样做，那么就有礼官将此事记载下来，流传后世，这样恐怕不好吧？'昭公说：'没有关系，古时候天子在日常生活中有戴练冠为亲人服丧的。'昭公还是不忍心不服丧，于是就为慈母服练冠之丧。为慈母服丧，大概就是从鲁昭公开始的。"

※ 原文

曾子问曰："三年之丧，吊乎？"孔子曰："三年之丧，练，不群立，不旅行。君子礼以饰情。三年之丧而吊哭，不亦虚乎？"

曾子问曰："大夫、士有私丧[1]，可以除之矣，而有君服[2]焉，其除之也？如之何？"孔子曰："有君丧服于身，不敢私服，又何除焉？于是乎有过时而弗除也。君之丧服，除而后殷祭，礼也。"

曾子问曰："父母之丧弗除，可乎？"孔子曰："先王制礼，过时弗举，礼也。非弗能勿除也，患其过于制也。故君子过时不祭，礼也。"

※ 注释

1 私丧：自己宗族内的丧服。2 君服：为国君服丧。

※ 译文

曾子问道："自己身上已有服期三年的丧服，可以到别人家里吊丧吗？"孔子说："身有服三年之丧的人，即使服满一年到举行小祥祭时，也不与众人站在一起，或一起行路。君子遵从礼就是为了表达自己的情感。自己服有三年之丧，而赶着去为别人吊丧哭泣，那种吊丧哭泣岂不是虚假的吗？”

曾子问道：“大夫和士为自己的亲属服丧，到了可以除丧的时候，又遇到国君去世，臣下必须为国君服丧，此时应该怎样除去私丧呢？”孔子说：“做臣子的身上有为国君所穿的丧服，就不敢再为自己的亲属服丧，还除什么丧呢？所以，在这种情况下有过了丧期而不脱去丧服的，为国君所服丧服除去以后，才能为自己的亲属举行小祥大祥等盛大的祭祀，这是合乎礼的。”

曾子问道:“为父母服丧,丧期满而不除丧服可以吗？”孔子说:“先王所制定的礼，各有时限，过了时限就不再举行，这是合乎礼的。不是说非除不可，而是担心超过礼的规定。所以君子过时不祭，这是合乎礼的。”

※ 原文

曾子问曰：“君薨既殡，而臣有父母之丧，则如之何？”孔子曰：“归居于家，有殷事，则之君所，朝夕否。”曰：“君既启，而臣有父母之丧，则如之何？”孔子曰：“归哭而反送君。”曰：“君未殡，而臣有父母之丧，则如之何？”孔子曰：“归殡，反于君所，有殷事则归，朝夕否：大夫室老[1]行事，士则子孙行事。大夫内子[2]有殷事，亦之君所，朝夕否。”

“贱不诔贵，幼不诔长，礼也。唯天子称天以诔之。诸侯相诔，非礼也。”

※ 注释

1 室老：大夫家中的总管。2 内子：大夫的嫡妻。

※ 译文

曾子问道：“国君死后，已经大殓入棺，停殡在堂，这时臣子遇到父母的丧事，该怎么办呢？”孔子说：“臣子应该赶紧回家料理父母的丧事，在家守丧。每逢初一、十五就到国君的殡宫参加祭奠，每天早晚的祭奠可以不去。”曾子又问：“国君的灵柩已经起殡，准备入葬，这时臣子的父母死了。臣子该怎么办呢？”孔子说：“应先回家为父母哭泣致哀，然后再赶去为国君送葬。”曾子又问：“如果国君刚死，尚未入殡，而臣子的父母死了，臣子该怎么办呢？”孔子说：“应该回家料理丧事，父母入殡后再返回为国君守丧，每逢初一、十五就回家去祭奠，每天早晚不必回去祭奠：早晚的祭奠，大夫家里，由他的总管代祭；士的家里，由子孙代祭。大夫的嫡妻每逢初一、十五也要到国君的殡宫参加祭奠，每天早晚不要去。”

卑贱者不能为尊贵者作诔文，晚辈不能为长辈作诔文，这是礼法所规定的。只有天子死后，臣子祭告天，以天的名义作诔文。诸侯互相致诔词，是不合乎礼的。

※ 原文

曾子问曰："葬引至于堩，日有食之，则有变乎？且不乎？"孔子曰："昔者吾从老聃助葬于巷党，及堩，日有食之。老聃曰：'丘，止柩就道右，止哭以听变。'既明反，而后行。曰：'礼也。'反葬而丘问之，曰：'夫柩不可以反者也。日有食之，不知其已之迟数[1]，则岂如行哉？'老聃曰：'诸侯朝天子，见日而行，逮日[2]而舍奠[3]。大夫使，见日而行，逮日而舍。夫柩不蚤出，不莫宿，见星而行者，唯罪人与奔父母之丧者乎。日有食之，安知其不见星也？且君子行礼，不以人之亲痁患。'吾闻诸老聃云。"

曾子问曰："为君使而卒于舍，礼曰：'公馆复[4]，私馆不复。'凡所使之国，有司所授舍，则公馆已，何谓私馆不复也？"孔子曰："善乎，问之也。自卿大夫士之家曰私馆。公馆，与公所为[5]曰公馆。公馆复，此之谓也。"

※ 注释

1 数：通"速"。2 逮日：天未黑。3 舍奠：止宿前祭奠行主。4 复：人刚死时的招魂仪式。5 公所为：国君指定的馆舍。

※ 译文

曾子问道："送葬的已经将灵柩运往途中，忽然遇到日食，那葬礼还是照旧不变吗？"孔子说："从前我跟着老聃在巷党帮助人家送葬，柩车已经在途中了，碰到日食，老聃喊道：'孔丘，快叫柩车停下来，靠在路右边，叫大家停止哭泣，等待天象变化。'后来，太阳重新出来之后，柩车才继续前进。老聃说：'这样做是合乎礼的。'等送葬回来，我问老聃：'灵柩既已出殡，是不能再返回去的，而日食现象，谁也不知道它终止得是快还是慢，还不如继续前进呢？'老聃说：'诸侯去朝见天子，太阳刚出来就上路，到日落就住下祭奠随行的迁庙主。大夫出使外国，也是日出而行，日落就歇息。灵柩在路上也是一样，不能起早出门，不能天黑才住宿。披星戴月地赶路，只有逃犯和为父母奔丧的人才这样。遇到日食，不见阳光，怎么知道天空不会暗到出现星星呢？况且君子行礼，不可使别人的父母遭受辱患。'这是我听老聃说的。"

曾子问道："奉国君的命令出使外国，不幸死在外国的馆舍里，礼书上说：'死在公家的馆舍可以为死者招魂，死在私人的馆舍就不能招魂。'因此，凡是出使到别的国家，都由该国负责接待的人安排馆舍，自然就是公家的馆舍。怎么还有'死在私人馆舍不招魂'这种说法呢？"孔子说："你这个问题问得好！使臣以私人的关系住在卿大夫、士的家里就叫私馆。住宿在公家所建造的馆舍，以及由该国国君所安排的馆舍，就叫作公馆。所谓'死于公馆可以招魂'就是指此而言。"

※ 原文

曾子问曰："下殇土周葬于园，遂舆机而往，涂迩故也。今墓远，则其葬也如之何？"孔子曰："吾闻诸老聃曰，昔者史佚有子而死，下殇也，墓远。召公谓之曰：'何以不棺敛于宫中？'史佚曰：'吾敢乎哉？'召公言于周公。周公曰：'岂不可？'史佚行之。下殇用棺，衣棺[1]，自史佚始也。"

曾子问曰："卿大夫将为尸于公，受宿[2]矣，而有齐衰内丧，则如之何？"孔子曰："出舍于公馆[3]以待事，礼也。"孔子曰："尸弁、冕而出，卿大夫士皆下之，尸必式[4]，必有前驱。"

子夏问曰："三年之丧，卒哭，金革之事无辟也者，礼与？初有司与？"孔子曰："夏后氏三年之丧，既殡而致事[5]；殷人既葬而致事。《记》曰：'君子不夺人之亲，亦不可夺亲也。'此之谓乎。"子夏曰："金革之事无辟也者，非与？"孔子曰："吾闻诸老聃曰：'昔者鲁公伯禽，有为为之也。'今以三年之丧从其利[6]者，吾弗知也。"

※ 注释

1 棺，衣棺：在家里大殓入棺。2 宿：邀请的意思。3 舍于公馆：祭事属吉礼，丧事属凶礼，吉凶不相混，所以要住到公馆里去。4 式：通"轼"。此指在车上倚着轼作为答礼。5 致事：退还职事。犹今之请假。6 从其利：指为着私利而发动战争。

※ 译文

曾子问道："周人原先对于八岁到十一岁的小孩之死，就在附近的菜园中挖个坑，用砖砌成长方形的墓穴，再用'机'把尸体抬到那儿大殓入葬，这是因为路近才这样做的。假如离得很远，那又该怎么做呢？"孔子说："我听老聃说过，从前史佚有个儿子死了，按年纪也是下殇，而嫌墓地太远。召公对史佚说：'为什么不先在家里大殓入棺然后再下葬呢？'史佚说：'我怎敢那样做呢？'召公就去问周公。周公说：'那有什么不可以的呢？'于是史佚就照召公的意见去做了。后来，葬下殇者就在家中大殓入棺后，再出葬，这是从史佚开始的。"

曾子问道："国君将要在宫中举行祭祀，事前请卿大夫来做祭祀的尸，他已经接受了邀请独宿并斋戒了，这时突然遇到自己家族中有齐衰之丧发生，那该怎么办呢？"孔子说："那就应该离开家，住到国君的公馆里等待举行祭祀，这是合乎礼的。"孔子又说："做尸的人冠戴而出家门，卿大夫遇到他，都要下车致敬，做尸的人在车内也要倚靠着车轼作为答礼。做尸的人出门，必定有人在前面开道。"

子夏问道："为父母服三年之丧的人，到了卒哭之后，国家有了战争，接到参加征战的命令就不能逃避兵役，请问这符合礼的规定呢？或者当初是官吏命令孝子这样做的呢？”孔子说：“夏后氏的时候服三年之丧，孝子将亲人殡后就辞官守丧；在殷代是父母入葬后退职守丧。《记》上说：‘君子不剥夺别人对父母的哀情，也不剥夺自己的哀情。’大概说的就是夏、殷时期的情况吧。”子夏接着问：“这么说来，卒哭之后不能逃避战争征召，是不合乎礼仪的规定了？”孔子说：“我听老聃说过：‘从前鲁国的伯禽有特殊情况，所以才在卒哭祭之后出兵讨伐。’但现在许多人在守丧期间，为从军攻伐以求利的，我不知道是根据什么礼的。”

※ 解读

这篇是以孔子与曾子答问的方式，对丧制和丧服方面，作比较深入的特殊问题的讨论，主要是从祭祀的角度来讲“礼”的。所谓“礼”，就是用自我的行为规范作为联结社会的纽带。在这篇中主要是把“礼”与“人情”联系起来，如“礼以饰情”。人的感情的表达是一种自然倾向与要求，但却不能没有文饰。“礼”正好起到了这个作用，来文饰人的感情。但“礼”并不只是情感的表达方式。在《仲尼燕居》中孔子强调“礼乎礼！夫礼所以制中也”。也就是说，理想的人格情欲应与“道”相合。可见，“礼”对于人的一般情感还是有所节制。这两方面是相辅相成、不可分割的。

※ 事例

《曾子问》中曰：“贱不诔贵，幼不诔长，礼也。唯天子称天以诔之。”讲的是，卑贱者不可为尊贵者写诔文，晚辈不可为长辈写诔文，这是礼的规定。只有对天子，假称天的名义为他作诔文。因此，作为一名臣子，如果没有特殊的贡献，国君是不会为他写诔文的。

唐太宗为魏徵写碑文

唐太宗贞观十七年，郑文贞公魏徵病得很重，卧床不起。唐太宗派使者前去问询，并赐给魏徵良药。送药的人往来不断。唐太宗又派李安俨住在魏徵府第里，一有情况便马上报告。唐太宗还与太子一同到魏徵住处探望，并对魏徵说，想要把衡山公主嫁给他的儿子魏叔玉。

正月十七日，魏徵辞世，唐太宗命令九品以上文武官员都去吊丧，并赐给手持羽葆的仪仗队和吹鼓乐队，让魏徵陪葬昭陵。魏徵的妻子裴氏说：“魏徵一生节俭朴素，现在用一品官的礼仪安葬，这不是魏徵所希望的事。”因此全都推辞不接受，只用布车载着灵柩去安葬。

在为魏徵出丧时，唐太宗登上禁苑西楼，望着魏徵的灵车痛哭不已，非常悲痛。他还亲自为魏徵撰写碑文，并书写墓碑。后来，唐太宗经常思念魏徵，对左右侍臣说："人们用铜做镜子，可以正衣帽；用历史做镜子，可以看到社会的兴衰更替；用人做镜子，可以知道自己的得失。魏徵去世，我失去了一面镜子啊！"

文王世子

※ 原文

文王之为世子，朝于王季日三。鸡初鸣而衣服，至于寝门外，问内竖之御者曰："今日安否？何如？"内竖曰："安。"文王乃喜。及日中又至，亦如之。及莫[1]又至，亦如之。其有不安节[2]，则内竖以告文王，文王色忧，行不能正履。王季复膳，然后亦复初。食上，必在[3]视寒暖之节[4]。食下，问所膳，命膳宰曰："末有原。"应曰："诺。"然后退。

武王帅[5]而行之，不敢有加焉。文王有疾，武王不说冠带而养。文王一饭，亦一饭；文王再饭，亦再饭。旬有二日乃间。

文王谓武王曰："女何梦矣？"武王对曰："梦帝与我九龄。"文王曰："女以为何也？"武王曰："西方有九国焉，君王其终抚诸。"文王曰："非也。古者谓年龄，齿亦龄也。我百，尔九十，吾与尔三焉。"文王九十七乃终。武王九十三而终。

※ 注释

1 莫：通"暮"。2 节：这里指平日饮食起居。3 在：察。4 节：适度。5 帅：遵循。

※ 译文

周文王在做太子的时候，每天向他父亲请安三次。鸡刚叫头遍就穿好衣服，来到父亲的寝门外，问值班的宫内小臣说："今天父亲身体怎样？"值班的小臣回答说："身体大安。"文王就很高兴。等到中午又来到父王的居处，像早上一样向小臣打听父王的身体情况。到了黄昏又一次到父王的居处，像早上一样请安。如果王季身体不安适，小臣告诉文王，文王就马上露出担心的表情，行走时都不能正常地迈步。王季恢复正常的饮食，文王才回复到平时的样子。每当饭菜送上来时，文王一定要亲自察看饭菜冷热是否适度。食毕，饭菜撤下，一定问吃了些什么，命令膳宰说："所食之余，不要再进。"膳宰答应说："是。"文王才离开。

后来，武王侍奉父亲文王，也遵循文王的样子去做，而不敢希求比文王做得更好。文王有了疾病，武王不脱冠、不解带地一直守在身边小心看护。文王吃一口饭，武王也吃一口饭；文王吃两口饭，武王也吃两口饭。这样一直过了十二天，文王才痊愈。

文王对武王说："你做了个什么梦？"武王回答说："我梦见了天帝给我九颗牙齿。"文王又问道："你以为这个梦有什么暗示吗？"武王说："西方有九个国家，君王最终将拥有这九国。"文王说："不是这个意思。古代称年齿为龄，齿也就是年龄。我将活一百岁，你大概只有九十岁。我给你三岁吧。"结果文王活到九十七岁而死，武王活到九十三岁而死。

※ 原文

成王幼，不能莅阼[1]。周公相，践阼而治。抗[2]世子法于伯禽，欲令成王之知父子、君臣、长幼之道也。成王有过，则挞伯禽，所以示成王世子之道也。《文王之为世子》也。

凡学世子，及学士，必时。春夏学干戈，秋冬学羽籥，皆于东序。小乐正学干，大胥赞之；籥师学戈，籥师丞赞之。胥鼓《南》。春诵[3]，夏弦[4]，大师诏之。瞽宗秋学礼，执礼者诏之。冬读《书》，典《书》者诏之。礼在瞽宗，《书》在上庠。

※ 注释

1 莅阼：指天子即位，治政。阼：指阼阶，为人主所登之阶。2 抗：举出。3 诵：诵读歌词。4 弦：用琴瑟等弦乐器演奏。

※ 译文

成王年幼，不能身临堂上南阶的主位来治理国政。他的叔父周公旦任丞相，代替天子治理天下。周公举出太子应遵守的法规要求伯禽，目的是要让成王从伯禽身上懂得父子、君臣、长幼之间关系的种种道理。成王如有了过错，周公就鞭打伯禽，这样一来成王就懂得做太子的道理。以上是《文王之为世子》篇。

凡教太子，以及教学士，必须按照季节的不同进行。春季、夏季教他们以干戈为舞具的武舞，秋季、冬季教他们以羽籥为舞具的文舞。教学的地点都是在太学的东序中。小乐正教执干舞，由大胥协助他；籥师教执戈舞，籥乐师丞协助他。由大胥击鼓伴舞，用的是《南》的乐曲。春天诵读《诗》，夏天教弹琴，这两项都是由乐官太师来教。秋天在太学中的瞽宗进行礼的教育，由掌礼官来教。冬季教读《书》，由掌管典籍的官员来教。教礼在太学中的瞽宗进行，教《书》在太学中的上庠进行。

※ 原文

凡祭与养老乞言、合语之礼，皆小乐正诏之于东序。大乐正学舞干戚，语说[1]、命乞言，皆大乐正授数，大司成论说在东序。凡侍坐于大司成者，远近间三席。可以问，终则负墙。列事[2]未尽，不问。

凡学，春官释奠于其先师，秋冬亦如之。凡始立学者必释奠于先圣、先师，及行事必以币。凡释奠者必有合也，有国故则否。凡大合乐，必遂养老。

凡语于郊者，必取贤敛才焉：或以德进，或以事举，或以言[3]扬[4]。曲艺皆誓[5]之，以待又语。三而一有焉，乃进其等，以其序，谓之“郊人”，远之。于成均，以及取爵于上尊也。

始立学者，既兴器，用币，然后释菜，不舞不授器，乃退，傧[6]于东序，一献，无介[7]、语可也。《教世子》也。

※ 注释

1 语说：语即指合语；说指解释阐明义理。2 事：熟悉世务和吏治。3 言：善于辞令、能应对，可以为使。4 扬：提拔录用。5 誓：谨。6 傧：以宾礼招待宾客。7 介：辅助傧相行礼的人。

※ 译文

凡是学校举行祭祀和养老而请老人发表高论、相互交谈的礼仪，都由小乐正在太学的东序中进行教授。大乐正教拿盾牌和大斧进行武舞，合语、乞言，都是由大乐正指定学习的篇目，由大司成在东序进行讲授。凡是陪坐大司成的，其坐席和大司成之间要间隔三席的距离。不懂的可以向大司成提问，但问完之后，就要赶紧退到靠墙的位置上。如果大司成正在谈论事情还没有结束，就不能打断他的话而提问。

所有的学校，春季要由掌教的官员举行释奠礼以祭祀先师。秋季和冬季也是如此。凡开始建学校，一定要以释奠礼祭祀先圣和先师。在行释奠礼时必须用币帛。凡行释奠礼，一定要合乐，如果国家遭逢变故，则不用合乐了。凡是举行大规模的舞乐时，必须同时举行养老礼。

凡是到乡学对学士进行考课评议的人，一定要进行选取贤德、收罗人才的工作：有的因品德优异获得录取，有的因熟悉世务懂得吏治而获得录取，有的因善于言辞应对而获得录取。即使对怀有小技能的人，献其三技而有一技可用，就可以从他们的同等人中被进用，并按照技艺的高低排列名次，这种人被称为“郊人”，仍被疏远而不加重用。若天子来大学行饮酒礼时，“郊人”亦可以在堂上的酒樽中取酒。

诸侯国初建学校，要在礼器上涂上牲血，用币帛祭祀先圣先师，然后举行释菜礼，既不用舞蹈，也不授给作为舞具的器物。祭祀结束，大家纷纷退出，在太学的东序招待宾客，仅对宾客行一献之礼，可以不为宾设介，也不行旅酬礼。以上是《教世子》篇。

※ 原文

凡三王教世子，必以礼乐。乐所以修内也，礼所以修外也。礼乐交错于中，发形于外，是故其成也怿[1]，恭敬而温文。立大傅、少傅以养之，欲其知父子、君臣之道也。大傅审父子、君臣之道以示之；少傅奉世子以观大傅之德行而审喻之。大傅在前，少傅在后，入则有保，出则有师，是以教喻而德成也。师也者，教之以事，而喻诸德者也。保也者，慎其身以辅翼之，而归诸道者也。《记》曰：“虞夏商周有师、保，有疑、丞[2]。设四辅及三公，不必备，唯其人。”语使能也。君子曰：“德，德成而教尊，教尊而官正，官正而国治。”君之谓也。

※ 注释

1 怿：愉快。2 疑、丞：皆官名。疑，负责为太子辨疑解惑的官；丞，负责记载太子的起居言行的官。

※ 译文

凡夏商周三代教育太子，一定要用礼乐来进行教育。乐是用来陶冶内心的，礼是用来规范举止的。礼乐交互作用于心中，然后通过外在的行为表现出来，因而能成就愉悦的心境，恭敬温和文雅的气质。设立太傅、少傅等职来影响教导太子，使他懂得父子君臣之间的道理。做太傅的要明辨父子、君臣之间的道理，以为太子做榜样；做少傅的侍奉太子，要让他处处观察太傅的品德行为，并能解释给太子听。太傅在前做榜样，少傅在后做讲解，入宫有保氏负责教导，出宫有师氏负责教导，随时随地对其进行教育，从而塑造良好的品德。师氏的职责，是教导太子应做些什么，并阐明其中的所体现的各种德行给太子听。保氏的职责，是审慎自身的言行来辅助太子，并使太子的思想行为合于道德的规范。古书《记》中说："虞夏商周各代，在太子周围设立师、保、疑、丞等官职。设立四辅和三公这些官职，不一定非要全部设立，主要是看有没有合适的人选。"这话是说必须选用能真正胜任教育太子的官。君子说："太子要修养德行，德行修养好了，教育就会受到尊崇，教育受到尊崇，官风就能廉正，官风廉正，国家就能治理好。"这是针对国君而言的。

※ 原文

君之于世子也，亲则父也，尊则君也。有父之亲，有君之尊，然后兼天下而有之，是故养世子不可不慎也。行一物而三善皆得者，唯世子而已，其齿于学之谓也。世子齿[1]于学，国人观之曰："将君我，而与我齿让，何也？"曰："有父在则礼然。"然而众知父子之道矣。其二曰："将君我，而与我齿让，何也？"曰："有君在则礼然。"然而众著于君臣之义也。其三曰："将君我，而与我齿让，何也？"曰："长长也。"然而众知长幼之节矣。故父在斯为子，君在斯谓之臣，居子与臣之节，所以尊君、亲亲也。故学之为父子焉，学之为君臣焉，学之为长幼焉。父子、君臣、长幼之道得而国治。语曰："乐正司业[2]，父师司成，一有元良，万国以贞。"世子之谓也。《周公践阼》也。

※ 注释

1 齿：年龄。2 业：诗书等学业。

※ 译文

国君对于太子来说，论亲是父亲，论尊是国君。有做父亲的亲爱之心，有做国君的尊贵地位，然后才可以统治天下，所以对太子的教育不能不慎重啊。人世间，做一件事能获得三项好处的，只有太子罢了，就是指太子在学校中能按年龄长幼与同学排列尊卑次序。太子在学校中能做到以年龄大小与同学论尊卑，国人看到后，就说："将来他做我们的国君，而现在和我们以长幼为序，这样谦让为的是什么呢？"有人说："因为他有父亲在，礼该如此。"这样就使人民懂得父子关系的道理了。其二，人们还会问："将来他要做我们的国君，而现在和我们以长幼为序，这样谦让为的是什么呢？"有人说："因为有国君在，礼该如此。"这样就使人民明白了君臣之道了。其三，人们说："将来他要做我们的国君，而现在和我们以长幼为序，这样谦让为的是什么呢？"有人说："这是尊敬年长者，礼该如此。"这样就使人民懂得了长幼之间关系的秩序。父亲在，太子的身份是儿子；国君在，太子的身份是臣下，他处在儿子和臣下的地位，就必须遵守儿子和臣下应有的礼节，即对国君尊敬，对父母孝顺。

所以要教导他父子之道、君臣之道、长幼之道；懂得了父子、君臣、长幼之道；国家就可以治理好了。俗话说：“乐正主管太子诗书的教育，大师主管太子的品德教育，一人德行善良，天下就可以走上正道。”就是针对太子说的。以上是《周公践阼》篇。

※ 原文

庶子之正于公族者，教之以孝弟[1]、睦友、子[2]爱，明父子之义，长幼之序。其朝于公，内朝则东面，北上；臣有贵者以齿。其在外朝，则以官，司士为之。其在宗庙之中，则如外朝之位，宗人授事，以爵，以官。

其登馂、献、受爵，则以上嗣[3]。

其公大事[4]，则以其丧服之精粗为序，虽于公族之丧亦如之，以次主人。若公与族燕，则异姓为宾，膳宰为主人。公与父兄齿。族食，世降一等。

其在军，则守于公祢。公若有出疆[5]之政，庶子以公族之无事者守于公宫：正室守太庙，诸父守贵宫贵室，诸子诸孙守下宫下室。

※ 注释

1 弟：通“悌”。2 “子”通“慈”。3 上嗣：嫡长子。4 公大事：指国君的丧事。5 出疆：离开本国，如参加朝觐会面等事。

※ 译文

庶子的政务是管理国君族人及卿大夫的子弟，教导他们孝悌、睦友、慈爱等伦理道德，使他们明白父子之间的道德规范，长幼之间的尊卑次序。国君的族人朝见国君，如果在寝门内朝见，则面向东而立，以北为上位；公族中的臣即使有地位尊贵的，也要按照年龄长幼排列次序。如果在寝门外朝见国君，那就以官爵的高低列位，负责班位的是司士。如果在国君的宗庙中朝见国君，班位就如同在外朝的位次一样，由宗人分派祭祀的事务，根据爵位的高低来排列位次，按照官职来分派祭祀时所担任的职事。

宗庙祭祀时，上堂吃尸所剩下的饭食、行献酒礼和受爵礼，都由嫡长子进行。

国君有丧事，排列的次序就按丧服所规定的亲属关系为标准，一切同族人办丧事班列的次序也都是这样，以主人为排头，其后按亲疏的关系一个一个往下排。如果国君和族人举行燕饮礼，异姓的人算是宾客，膳宰代表主人向客人献酒。在排座次时，国君与同族的父老兄弟们统一按年龄大小为序。国君与同族人举行燕食礼，族人与国君的亲缘关系远一辈就减少一次参加的机会。

国君的族人如果在军中，就守护在随行的神主旁边。国君如离开本国去外国朝觐，庶子就率领国君同族中没有正式职务的人，担任守卫国君宫廷宗庙的职责：卿大夫的嫡子守卫太祖庙，族人的父辈们守卫四宗庙，让族人的子孙辈守卫别庙。

※ 原文

五庙之孙，祖庙未毁，虽为庶人，冠、取妻必告；死必赴；练、祥则告。族之相为也，宜吊不吊，宜免不免，有司罚之。至于賵、赙、承、含，皆有正焉。

公族其有死罪，则磬[1]于甸人。其刑罪，则纤[2]刺亦告[3]于甸人。公族无宫刑。狱成，有司谳于公，其死罪，则曰："某之罪在大辟[4]。"其刑罪，则曰："某之罪在小辟。"公曰："宥之。"有司又曰："在辟"。公又曰："宥之。"有司又曰："在辟。"及三宥，不对，走出，致刑于甸人。公又使人追之曰："虽然，必赦之。"有司对曰："无及也。"反命于公。公素服，不举，为之变，如其伦[5]之丧，无服，亲哭之[6]。

※ 注释

1 磬：指绞死。2 纤（jiān）：通"针"，刺。3 告：通"造"，适，到。4 辟：罪。5 伦：亲疏之序。6 亲哭之：亲自哭于异姓之庙。

※ 译文

凡是高祖的子孙，只要祖庙还在，即使他已沦为平民，在举行冠礼、结婚等大事时，一定要向国君禀告；有死丧也一定讣告；为死者举行大祥祭或小祥祭等也需要禀告。族人之间互相往来，如应该吊问而不去吊问，应该戴丧冠而不戴丧冠，主管公族事务的官员都要处罚违礼者。至于当行賵、赙、赠、含等礼，都有具体规定。

与国君同族的人犯了死罪，就交给甸人将他缢死。如果犯的是当用刑的罪，或刺或割，也到甸人处行刑。但对待国君族人绝不用宫刑。每个罪案判决后，官员向国君报告，族人犯的是死罪，报告时就说："某人所犯的罪属于大的刑罚。"族人所犯的是用刑的罪，就说："某人所犯的罪属于小的刑罚。"国君说："宽免他吧。"执行官员说："他犯的是大的刑罚，不能赦免。"国君又说："宽免他吧。"有关官员再一次说："他触犯法律，不能赦免。"等到国君第三次要求从宽，官员就不再回答而直接跑出去，将犯人送到甸人处行刑。国君派人追上他说："即使如此，我还是要求宽免。"官员说："已经晚了。"并回头向国君报告已经用刑。国君为死者穿素服，不听音乐，为死者改变日常生活，就如同自己的亲属有丧，不为死者服丧，亲自到异姓官员的家庙去哭死者。

※ 原文

公族朝于内朝，内亲也；虽有贵者以齿，明父子也。外朝以官，体[1]异姓也。宗庙之中，以爵为位，崇德也；宗人授事以官，尊贤也。登馂、受爵以上嗣，尊祖之道也。丧纪以服之轻重为序，不夺人亲也。公与族燕则以齿，而孝弟之道达矣。其族食世降一等，亲亲之杀[2]也。战则守于公祢，孝爱之深也。正室守大庙，尊宗室而君臣之道著矣；诸父诸兄守贵室，子弟守下室，而让道达矣。五庙之孙，祖庙未毁，虽及庶人，冠、取妻必告，死必赴，不忘亲也；亲未绝而列于庶人，贱无能也。敬吊临、赙、赗，睦友之道也。古者庶子之官治，而邦国有伦；邦国有伦，而众乡方矣。公族之罪，虽亲不以犯[3]有司，正术也，所以体百姓也。刑于隐者，不与国人虑兄弟也。弗吊，弗为服，哭于异姓之庙，为忝祖远之也；素服，居外，不听乐，私丧之也，骨肉之亲无绝也。公族无宫刑，不翦[4]其类也。

※ 注释

1 体：连接为一体。2 杀：等差。3 犯：干扰。4 翦：绝。

※ 译文

同族的人在内朝朝见国君，因为这是内亲；即使有地位高贵的，仍按年龄为序，用以显明父辈子辈的关系。在外朝朝见，则以官位高低为序，这是表示团结异姓官员。在宗庙之中朝见，则以爵位的高低来排列位次，这是为了尊崇品德高尚的人；负责祭祀的宗人分派事务时也以官阶的高低为先后，这样做是为了尊重贤才。上堂所尸所剩下的饭食、行受爵礼而由嫡长子进行，这就体现尊敬祖先的道理。丧事以丧服的轻重来排定丧位，这体现了不（以疏者）夺亲者的亲情。国君和族人燕饮以长幼排列坐席，这是表示孝悌之道。国君与族人燕饮的次数随关系的亲疏来区分，这就体现了国君对亲属远近有等级差别。作战时守卫随军的迁朝神主，这表明公族对祖先孝爱之情。以嫡子们守卫太庙，这是尊崇宗室，君臣之间的道义也就从而得以显明；族人的父兄辈守卫国君的正寝，族人的子弟们守卫四亲庙，而由子侄和宗弟守护别庙，这是表明了贱当让贵的道理。凡是五庙祖先的子孙，只要祖庙还在，即使他已沦为平民，在举行冠礼、结婚等大事时，一定要向国君禀告，死丧一定讣告，这是表示国君不忘记自己的亲属；与国君的亲属关系还没有断绝，但已沦为平民，这表明国君鄙视无能之人。族人中有死丧，国君要亲临吊问并赠送车马、财帛助葬，这表明国君与族人和睦友好。古代只要庶子官称职，那么国内人与人之间的关系就非常顺当；国内人与人的关系顺当，民众就知道努力的方向了。族人犯了罪，即使是国君的至亲也不能因此而干扰司法的工作，这是正确贯彻法令，并且以此说明族人和其他百姓在刑法面前一律平等。行刑于甸人之处，这是为了不在公共场合与一般关系疏远的国民一起处治自己的本族兄弟。国君对于被处决的族人，不去吊问，不穿丧服，只在异姓官员的家庙里哭他，是为了避免玷辱自己的祖先而疏远他；为死者身穿白色的衣服，居住在外寝，不听音乐，这是表明国君私下的哀悼，因为骨肉的至亲关系并没有断绝。对族人国君不处以宫刑，这是为了不断绝他的后代。

※ 原文

天子视学，大昕鼓征，所以警[1]众也。众至，然后天子至。乃命有司行事，兴[2]秩节[3]，祭先师、先圣焉。有司卒事反命，始之养也。适东序，释奠于先老，遂设三老、五更、群老之席位焉。适馔[4]省醴[5]，养老之珍具，遂发咏焉。退修之以孝养也。反。登歌《清庙》，既歌而语，以成之也：言父子、君臣、长幼之道，合德音之致，礼之大者也。下管《象》，舞《大武》，大合众以事，达有神，兴有德也。正君臣之位，贵贱之等焉，而上下之义行矣。有司告以乐阕[6]，王乃命公、侯、伯、子、男及群吏曰："反养老幼于东序。"终之以仁也。

是故圣人之记事也，虑之以大，爱之以敬，行之以礼，修之以孝养，纪之以义，终之以仁。是故古之人一举事，而众皆知其德之备也。古之君子举大事必慎其终始，而众安得不喻焉？《兑命》曰："念终始典于学。"

※ 注释

1 警：起。2 兴：举。3 秩节：常礼。4 馔：菜肴。5 醴：酒。6 阕：乐曲终止。

※ 译文

天子视察学校那天，一大早就敲鼓召集学士，这是要大家做好准备，迅速前来。众人都到齐后，天子才到场。于是就命令官员开始行事，按照常礼，祭奠先师、先圣。执事人员报告祭奠完毕，于是开始行养老礼。天子来到东序，用释奠之礼祭祀先代的老人，紧接着就铺设三老、五更及群老的座席。天子亲自去看为养老礼准备的各种菜肴、酒，以及各种珍美食品，于是乐队唱歌迎宾，举行养老之礼。天子退下去捧着酒食献上，这样来体现对老人的孝养。天子返席坐定。乐队登堂唱《清庙》之歌。歌毕，诸老人谈说做人的道理，以充分阐释天子养老的重要意义：所谈论的都是关于父子、君臣、长幼关系的各种道理，以与《清庙》诗所歌颂的文王的美德相配合，这是养老之礼中最重要的部分了。接着，堂下用管乐器吹奏乐曲《象》，跳着《大武》的舞蹈，集合广大学士都来参加跳舞。这是发扬文王武王的精神，推行他们的德行，从而正确树立君臣之位、明确贵贱之间的差等，这样上下之间的行为准则就能很好地贯彻执行。这时执事人员报告歌舞结束，天子于是命令参加的公、侯、伯、子、男爵及群吏们说：

“回去后都要在东序这样举行养老之礼。”这样天子对老年人的仁爱之心就普施于天下了。

因此圣人处理事情，都从大处考虑，对老人爱而尊敬，依礼行事，亲行孝养之礼，言谈都围绕义理，而又能用仁爱之心来结束所做的事。因此古代的圣人办一件事，民众就都能从中看出他的德行完备了。古代的君子办大事都一定慎始善终，民众怎能不从中了解到君子的完备德行呢？《说命》中说：“要始终常想着学校的（养老礼）。”

※ 原文

《世子》之《记》曰：“朝夕至于大寝之门外，问于内竖曰：‘今日安否？何如？’内竖曰：‘今日安。’世子乃有喜色。其有不安节，则内竖以告世子，世子色忧，不满容[1]。内竖言‘复初’，然后亦复初。朝夕之食上，世子必在，视寒暖之节。食下，问所膳。羞，必知所进，以命膳宰，然后退。若内竖言疾，则世子亲齐玄[2]而养。膳宰之馔，必敬视之；疾之药，必亲尝之。尝馔善，则世子亦能食；尝馔寡，则世子亦不能饱。以至于复初，然后亦复初。”

※ 注释

1 不满容：稍有不安的表情。2 齐玄：齐，通“斋”，斋戒。玄，玄端，冠和衣都是黑色。

※ 译文

《世子》之《记》说：“太子早晚都到父王正寝的门外，向宫里的侍候小臣打听：“今日父王身体如何？”宫中小臣回答说：“今日安康。”太子听后面露喜色。倘若父王有所不适，宫中小臣将这一情况告诉太子，太子面带愁容。等到宫中小臣告诉他父王已经恢复正常，然后太子才能恢复平日的神情。早晚奉食时，太子一定亲自察看饭菜冷热是否适度。食毕饭菜撤下来，一定要打听父王吃了哪些菜肴，要知道下顿所送的菜肴，向膳宰嘱咐后，然后才离去。倘若宫中小臣说父王有了疾病，太子就穿上斋戒时的衣服，亲自侍奉。对于膳宰所做的饭菜，一定要小心地察看；治病的药，太子一定亲自尝过后再给父王吃。父王吃的饭菜比以前多，太子也跟着多吃；父王吃的饭菜比以前少，太子也跟着少吃。直等到父王完全恢复正常，然后太子也就可以恢复原来的生活。”

※ 解读

世子即帝王与诸侯的嫡长子，由于他是天下或侯国的大宗，所以他的素质影响着社稷的兴衰。本篇主要记述世子培养道德、修饰言行的方法，并说明世子侍奉君父所应有的态度与行为。

“凡三王教世子，必以礼乐。乐所以修内也，礼所以修外也。礼乐交错于中，发形于外，是故其成也怿，恭敬而温文。”为什么三王在教育后代时必须采用礼乐，这是因为采用“乐”可以提高一个人的内在修养，而通过“礼”的学习，可以使自己的外在表现更加突出。礼乐的熏陶，可以使一个人言行一致，从内到外都受到良好的教养。通过对礼乐的学习，一个人的行为、言辞都将更加有修养，这就是礼乐潜移默化的作用。

※ 事例

在《周公践阼》中针对培养太子的重要性引用俗语曰：“一有元良，万国以贞。”这句话的意思是：“一人德行善良，天下都得端正。”那么，对于一个普通人来说，只要能处处行善，那么自己就能走上正道，且获益匪浅。

俞良臣净意修道

俞良臣，江西人。家境贫寒，但事事行善。考试连考七次都没有考中。四个儿子三个女儿，先后五个去世，只留下一个儿子一个女儿，但儿子又于8岁时突然失踪了。妻子因悲痛过度，双目失明。在除夕之夜，忽然有一个姓张的人来访，指出他的毛病，虽然处处行善，但都是敷衍浮沉。故劝他只需行善，而不务求名利，不图回报，不论事情大小，都要踏踏实实，认真去做，切不可自欺，这样就会有很好的效果。元旦那天，良臣拜祷天地，誓改前非，别号净意道人，叩头流血，敬发誓愿。从此一言一行，都如鬼神在旁，不敢欺诳。一切善行，不论大小，都欢喜行持。三年过去了，到万历二年，经过同乡推荐，进京就职于张江陵宰辅馆。第二年即登科，中进士。突然有一天，发现了失散多年的儿子。夫人也因重获儿子，双目重见光明。在他还乡后，还是竭力行善事。后来儿子结婚，连生七子，全部都是登科及第，而他自己也活到88岁。

礼运

※ 原文

昔者仲尼与于蜡宾，事毕，出游于观之上，喟然而叹。仲尼之叹，盖叹鲁也。言偃在侧曰："君子何叹？"孔子曰："大道之行也，与三代之英，丘未之逮[1]也，而有志焉。大道之行也，天下为公，选贤与能，讲信修睦。故人不独亲其亲，不独子其子，使老有所终，壮有所用，幼有所长，矜寡孤独废疾者，皆有所养；男有分，女有归；货恶其弃于地也，不必藏于己；力恶其不出于身也，不必为己。是故谋闭而不兴，盗窃乱贼而不作，故外户而不闭，是谓大同。"

"今大道既隐，天下为家，各亲其亲，各子其子，货力为己，大人世及以为礼，城郭沟池以为固，礼义以为纪，以正君臣，以笃父子，以睦兄弟，以和夫妇，以设制度，以立田里，以贤勇知，以功为己。故谋用是作，而兵由此起。禹、汤、文、武、成王、周公，由此其选也。此六君子者，未有不谨于礼者也，以著其义，以考[2]其信，著有过，刑仁讲让，示民有常。如有不由此者，在执者去，众以为殃。是谓小康。"

※ 注释

1 逮：音"代"，赶得上。2 考：成就。

※ 译文

从前，仲尼作为陪祭者参加蜡祭，事情结束后，到外面宗庙的楼台上游览时，不禁发出叹息声。仲尼的叹息，大概是因为鲁国。言偃在旁边问道："您为什么叹息呢？"孔子说："大道实行的时代，和三代英明之主所处的时代，我都没有赶得上，而有书记载那时的情况。大道实行的时代，天下是公共的，选拔贤能的人治理天下，人们之间讲究信用，和睦相处。所以人们不单单爱戴自己的父母也爱戴别人的父母，不单单疼爱自己的儿子也疼爱别人的儿子，使老年人能安享天年，壮年人能发挥作用，小孩子能得到良好的教育，年老失去妻、儿、丈夫，年少失去父亲的人和残疾人都能得到供养；男人致力于自己的职分，女人出嫁建立家庭；厌恶财物被丢弃浪费，但不必把它占为己有；厌恶有力气偷懒不用，但并不必是为了自己。因此，阴谋权术被扼制而不得施展，抢劫偷盗杀人越货的事不会发生，外出可以不用关门，这就叫作大同社会。"

"当今社会大道已经隐没不行了，天下成了君王一家的天下，人们各自爱戴各自的父母，各自疼爱各自的子女，财物和人力都据为己有，天子诸侯把世袭作为礼，修建城郭、开掘护城河来坚固防守，把礼义作为纲纪，用来使君臣关系确定，使父子关系淳厚，使兄弟关系和睦，使夫妇关系和谐，并且以此设立制度，划分田地和住宅，把勇猛、聪明的人当作贤人，为自己建立功业，故阴谋诡计由此产生，战争也由此而起。夏禹、商汤、周文王、周武王、周成王、周公，就是用礼义治国的杰出人物。这六位君子，没有不恪守礼制的，借以彰明礼的意义，用它来考察人们的信用，明察过失，刑法仁厚而讲究谦让，向民众显示治国有常法。如果有不遵循礼义的，做君主的将被罢黜，民众将把他看成是祸殃。这就叫作小康社会。"

※ 原文

言偃复问曰："如此乎，礼之急也？"孔子曰："夫礼，先王以承天之道，以治人之情，故失之者死，得之者生。《诗》曰：'相鼠有体，人而无礼；人而无礼，胡不遄[1]死！'是故夫礼，必本于天，殽[2]于地，列于鬼神，达于丧、祭、射、御、冠、昏、朝、聘。故圣人以礼示之，故天下国家可得而正也。"

言偃复问曰："夫子之极言礼也，可得而闻与？"孔子曰："我欲观夏道，是故之杞，而不足征[3]也，吾得《夏时》焉。我欲观殷道，是故之宋，而不足征也，吾得《坤乾》[4]焉。《坤乾》之义，《夏时》之等，吾以是观之。"

※ 注释

1 遄：音"船"，快，迅速。2 殽："效"的假借字。3 征：证明。4《坤乾》：殷人运用阴阳占筮的书。

※ 译文

言偃又问道："这样的话，礼真的那么急需吗？"孔子说："礼，是先王继承天道，来陶冶人的情操的。所以，失去礼必然死亡，遵行礼才能生存。《诗经》上说：'看那老鼠有肢体，做人反而没有礼；做人反而没有礼，为何不快点死去呢！'因此，礼必须以天为根本，效法于地理，取法于鬼神，贯穿于丧事、祭祀、射箭、驾车、冠礼、婚礼、朝礼、聘礼等之中。所以圣人用礼来昭示民众，天下国家就可以治理好了。"

言偃又问道："您那么极力推崇礼，可以告诉我们它到底是什么吗？"孔子说："我想知道夏朝的礼，所以到杞国去，而发现杞国的文献不能证明夏朝的礼，我从那里只获得了一部名为《夏时》的历书。我想知道殷商的礼，所以到宋国去，而发现宋国的文献不能证明殷商的礼，我从那里只获得了一部名为《坤乾》的书。《坤乾》中所体现的事物变化的道理，《夏时》中所记载的四时运动的程序，我就依据这些来考察夏、殷时代的礼。"

※ 原文

孔子曰："於呼，哀哉！我观周道，幽、厉伤之。吾舍鲁何适矣！鲁之郊、禘，非礼也。周公其衰矣。杞之郊也，禹也；宋之郊也，契也：是天子之事守也。故天子祭天地，诸侯祭社稷。

"祝嘏莫敢易其常古，是谓大假[1]。祝嘏辞说，藏于宗、祝、巫、史，非礼也，是谓幽国。盏、斝[2]及尸君，非礼也，是谓僭君。冕、弁、兵革，藏于私家，非礼也，是谓胁君。大夫具官，祭器不假，声乐皆具，非礼也，是谓乱国。故仕于公曰臣，仕于家曰仆。三年之丧，与新有昏者，期不使。以衰裳入朝，与家仆杂居齐齿，非礼也，是谓君与臣同国。故天子有田以处其子孙，诸侯有国以处其子孙，大夫有采以处其子孙，是谓制度。故天子适诸侯，必舍其祖庙，而不以礼籍入，是谓天子坏法乱纪。诸侯非问疾吊丧，而入诸臣之家，是谓君臣为谑。是故礼者，君之大柄也，所以别嫌明微，傧鬼神，考制度，别仁义，所以治政安君也。故政不正则君位危，君位危则大臣倍，小臣窃。刑肃而俗敝，则法无常，法无常而礼无列，礼无列则士不事也。刑肃而俗敝，则民弗归也。是谓疵国。"

※ 注释

1 假：指大。2 斝：音"甲"，一种大口圆腹，下有三锥形足的青铜酒器。

※ 译文

孔子说：“这是多么可悲啊！我考察周朝治理天下之道，从幽王和厉王时期就败坏了，如果我舍弃鲁国，我将去向何处呢？鲁国现在举行的郊祭天之礼和禘祭之礼，不合乎礼。周公创制的礼到他子孙手里就衰微了。杞行郊祭天之礼，用禹配祭；宋国行郊祭天之礼，用契配契：这是从前的天子的祭礼而子孙应当继续遵守的。所以只有天子才有权祭祀天地，诸侯只能祭祀本国的社稷之神。

告神词和祝福词不敢改变沿用的常规，这称为礼中最大的礼。把告神词和祝福词说的礼文，只是收藏在宗、祝、巫、史等官那里，不符合礼，这称为幽暗之国。用盏、斝向尸君献酒，不符合礼，这称为僭礼之君。国君的衮冕、皮弁和保卫国君的兵器、甲胄放在私人家中，不符合礼，这称为被劫胁之君。大夫家中有执事官吏，祭器齐全不需向人借用，声乐器具齐备，不符合礼，这称为乱礼之国。因此，为国君效力的官叫做臣，为士大夫效力的叫作仆。为父母服丧三年的臣和新结婚的臣，一年之内国君不派他差事。如果臣穿着丧服进朝，或身为大夫和家仆杂居等列，这也不符合礼，这称为君臣共同拥有国家。因此天子有田地就安置他的子孙，诸侯有封国就安置他的子孙，大夫有封地就安置他的子孙，这称为制度。因此天子到诸侯那里去，必然在诸侯的祖庙里下榻，而如果天子不依照礼册上的规定就擅自进入祖庙，这称为天子败坏礼法、变乱纲纪。诸侯如果不是为了探视疾病或吊丧而进入到臣下的家里，这称为君臣戏谑。所以，礼是国君用来治理国家的重要手段，是用来辨别疑惑，洞察幽微，敬奉鬼神，考察制度，辨别不同对象而运用仁或义的，是用来治理国政而安定君位的。因此，如果政治不端正君位就会动摇，君位动摇大臣就会悖逆，小臣就会窃权。如果刑法严峻而礼俗败坏，法律就会波动不定，法律不定而礼（又因败坏而）不能区分上下等级，礼不能区别上下等级做官为士的就会不会忠于职事。刑法严峻而礼俗败坏，那么民众就不会归心于国家。这称为病国。”

※ 原文

“故政者，君之所以藏身也。是故夫政必本于天，殽以降命。命降于社之谓殽地，降于祖庙之谓仁义，降于山川之谓兴作[1]，降于五祀之谓制度，此圣人所以藏身之固也。

“故圣人参于天地，并于鬼神以治政也。处其所存，礼之序也；玩其所乐，民之治也。故天生时，而地生财，人其父生，而师教之：四者君以正用之，故君者立于无过之地也。”

※ 注释

1 兴作：建设。

※ 译文

“因此国政，是国君用来安身的。因此，国政必须以天理为根本，遵照天理下达政令。政令根据土地需要来下达称为地利，政令根据祭祀祖庙需要来下达称为仁义，根据利用山川需要来下达称为兴制作，根据建造宫室的需要来下达称为制度，这些就是国君用来牢固安身的国政。

“因此圣人参照天地，比照鬼神来治理国政。处在圣人所存在的时代，到处是礼的秩序；体味圣人所引以为乐的，是民众得到治理。因此天产生四时，而地生出财富，人由父母生养，由师长教育：这四方面，国君只需恰当地运用它们，因此做国君的就可以立于无过失的境地。”

※ 原文

“故人者，其天地之德，阴阳之交，鬼神之会，五行之秀气也。故天秉阳，垂日星。地秉阴，窍于山川。播五行于四时，和而后月生也。是以三五而盈，三五而阙。五行之动，迭相竭也。五行、四时、十二月，还相为本也。五声、六律、十二管，还相为宫也。五味、六和、十二食，还相为质也。五色、六章、十二衣，还相为质也。

“故人者，天地之心也，五行之端也，食味，别声，被色而生者也。故圣人作则，必以天地为本，以阴阳为端，以四时为柄[1]，以日、星为纪，月以为量，鬼神以为徒，五行以为质，礼义以为器，人情以为田，四灵以为畜。以天地为本，故物可举也。以阴阳为端，故情可睹也。以四时为柄，故事可劝也。以日、星为纪，故事可列也。月以为量，故功有艺[2]也。鬼神以为徒，故事有守也。五行以为质，故事可复也。礼义以为器，故事行有考也。人情以为田，故人以为奥[3]也。四灵以为畜，故饮食有由也。”

※ 注释

1 柄：犹权。2 艺：标准，准则。3 奥：犹主。

※ 译文

“因此人体现了天地的德行、阴阳的交会、鬼神的妙合，并荟萃了五行的秀气。因此天持阳性，日月星辰普照大地。地持阴性，山川通气。把五行分布于一年的四季，四季和顺而后生出十二个月。因此十五天而月盈满，又十五天而月亏缺。五行的运行，相互交替而尽。五行、四季、十二个月，周而复始。五声、六律、十二律管，交替应用来确定宫音的音高。五味、六和、十二个月的食物，交替地以五味为本味。五色、六章、十二个月的衣服，也是交替地以五色为本色。

“因此，人是天地的心脏，五行的发端，是品尝五种味道、辨别五种声音、兼备五种颜色而产生出来的。因此圣人制定法则，必然以天地的德行为根本，以阴阳交会为开端，以四季当行的政令作为权衡，以太阳、星辰的运行来计时，以十二月来计量事功，以鬼神为依傍，以五行运行的规律为本体，以礼义作为工具，以人情作为田地，以四灵作为家禽。以天地德行为根本，因此可以包容万物。以阴阳为开端，因此可以洞察人情。以四季当行的政令作为权衡，因此做事就有了努力的目标。以日、月的运行来纪时，因此做事情可以有条理。以十二月来计量事功，因此所当完成的事功就有了标准。以鬼神为依傍，因此政事就可以守而不失。以五行运行的规律为本体，因此凡事都可以周而复始。以礼义为工具，因此行事就会有成效。以人情为田地，因此人是被治理的主要对象。以四灵为家禽，因此民众的饮食就有了来源。”

※ 原文

“何谓四灵？麟、凤、龟、龙谓之四灵。故龙以为畜，故鱼鲔不淰；凤以为畜，故鸟不獝；麟以为畜，故兽不狘；龟以为畜，故人情不失。

“故先王秉蓍、龟，列祭祀，瘗缯，宣祝嘏辞说，设制度，故国有礼，官有御，事有职，礼有序。

“故先王患礼之不达于下也。故祭帝于郊，所以定天位也。祀社于国，所以列地利也。祖庙，所以本[1]仁也。山川，所以傧鬼神也。五祀，所以本事也。故宗、祝在庙，三公在朝，三老在学，王前巫而后史，卜、筮、瞽[2]、侑[3]皆在左右。王中心无为也，以守至正。故礼行于郊，而百神受职焉。礼行于社，而百货可极焉。礼行于祖庙，而孝慈服焉。礼行于五祀，而正法则焉。故自郊、社、祖庙、山川、五祀，义之修而礼之藏也。”

※ 注释

1 本：这里有体现的意思。2 瞽：乐师。3 侑，用奏乐或献玉帛劝人饮食的人，即膳宰。

※ 译文

“什么是四灵？麟、凤、龟、龙称为四灵。因此把龙作为家畜，鱼类就会被统率而不会被惊走；把凤作为家畜，鸟类就不会被惊飞；把麟作为家畜，兽类就不会被惊跑；把龟作为家畜，人情就会被准确无误地占卜出来。

“因此先王持着蓍草、龟甲，按照顺序进行祭祀，埋葬祭品，宣读祝词和嘏辞，建立制度，因此国家有了礼制，官吏有了职权，做事有了职分，礼制有了秩序。

“因此先王担心礼不能通达于天下。因此在郊外祭祀天帝，用来确定天至高无上的地位。在国都祭祀社神，用来列举土地养民的功劳。祭祀祖庙，用来体现仁爱。祭祀山川，用来敬奉鬼神。祭祀五祀，用来体现人事。因此宗祝应处在宗庙之中，三公应处在朝堂之上，三老应处在学校之内。天子前有巫师后有史官，卜师、乐师、膳宰都在左右，天子的心中无须操劳杂务，用来坚守正道。因此在郊外祭祀天帝，众神就会忠于职守。祭祀社神，各种物品都能尽其所用。祭祀祖庙，孝敬慈爱就会让人信服。祭祀五祀，各种法令规则就会得到端正。因此祭天、祭社、祭祖庙、祭山川，直到祭五祀，就是修养和坚守礼义。”

※ 原文

“故礼义也者，人之大端也，所以讲信修睦，而固人之肌肤之会，筋骸之束[1]也；所以养生送死，事鬼神之大端也；所以达天道，顺人情之大窦[2]也。故唯圣人为知礼之不可以已也。故坏国、丧家、亡人，必先去其礼。”

※ 注释

1 肌肤之会、筋骸之束：肌肤、筋骸紧密联系，不可分开。此处是借喻人类社会关系不散乱全靠礼义的维系。2 窦：水道。

※ 译文

“因此礼义，是人类做一切事情最基本的出发点。是用来讲究信用和睦相处，就像坚固人的肌肤和筋骸的联系一样，使人类社会更团结；是用来供养活着的人、送走死去的人、祭祀鬼神的最基本的出发点；是用来通达天理、顺适人情的重要渠道。因此只有圣人才知道礼是不可以停止的。所以那些败国、丧家、身败名裂的人，必然是首先摒弃了礼义。”

※ 原文

“故礼之于人也，犹酒之有糵也：君子以厚，小人以薄。故圣人修义之柄，礼之序，以治人情。故人情者，圣王之田也，修礼以耕之，陈义以种之，讲学以耨之，本仁以聚之，播乐以安之。故礼也者，义之实也，协诸义而协，则礼虽先王未之有，可以义起也。义者，艺之分，仁之节也。协于义，讲于仁，得之者强。仁者，义之本也，顺之体也，得之者尊。故治国不以礼，犹无耜而耕也；为礼不本于义，犹耕而弗种也；为义而不讲之以学，犹种而弗耨也；讲之于学而不合之以仁，犹耨而弗获也；合之以仁而不安之以乐，犹获而弗食也；安之以乐而不达于顺，犹食而弗肥也。四体既正，肤革充盈，人之肥也。父子笃，兄弟睦，夫妇和，家之肥也。大臣法，小臣谦廉，官职相序，君臣相正，国之肥也。天子以德为车，以乐为御，诸侯以礼相与，大夫以法相序，士以信相考，百姓以睦相守，天下之肥也，是谓大顺。大顺者，所以养生送死，事鬼神之常也。故事大积焉而不苑，并行而不缪，细行而不失，深而通，茂而有间，连而不相及也，动而不相害也，此顺之至也。故明于顺，然后能守危也。”

※ 译文

“因此礼对于人来说，就好比是酿酒时用的曲糵那么关键：君子用以酿造醇厚的酒，而小人用以酿造薄酒。因此先贤圣王以修持礼义、规范秩序来治理人情世故。因此人情世故好比是先贤圣王的田地，修持礼义是在耕耘，陈叙义种植，施行教育来锄草，坚持仁义凝聚人心，播扬音乐来安抚民众。因此礼是根据义确定的制度，应将礼合于义而使二者结合起来，礼即使在先王的时候还没有，也可以根据义来制定。义，是法则有分别的依据，是施行仁道的节度。使义与法则相结合，并据以讲究仁道的运用，能这样做的就会强大。仁，是义的根本，是顺的骨干，能得到仁的人就会受到尊重。治理国家不讲求礼义，就好比耕地没有农具一样；制定礼不根据义，就好比耕种没有种植一样；根据义而不施行教育，就好比种地没有锄草一样；施行教育违背了仁的要求，就好比除草后却不去收获一样；合乎仁的要求却不用音乐来安定民心，就好比是有了收获却不食用一样；用音乐来安定民心而不通达于顺，就好比吃了东西不能长胖一样。四肢端正，皮肤饱满，这是人的肥。父子忠厚纯正，兄弟和睦相处，夫妻恩爱有加，这是家庭的肥。大臣公正无私，小臣廉洁奉公，官职上下有序，君臣相互信任，这是国家的肥。天子以施行仁德为车，以礼乐制度为驾驶的车夫，诸侯之间以礼相待，大夫之间以法度规范秩序，士人之间以信誉相交，百姓之间以和睦相守，这是天下的肥，这就是所说的大顺。大顺，就是养生送死，侍奉鬼神的常礼。因此国事成堆而无阻滞，众事同时施行而不发生错误，细小的事情也不遗漏，深积的事而能贯通，繁杂的事而有条理，事与事连贯而不互相牵扯，实行起来不互相妨害，这便是‘顺’的最高境界。只有明确了‘顺’的目标，而后才能保持自我警惕。”

※ 原文

“故礼之不同也，不丰也，不杀也，所以持情而合[1]危也。故圣王所以顺，山者不使居川，不使渚者居中原，而弗敝也；用水、火、金、木，饮食必时；合男女，颁爵位，必当年德，用民必顺。故无水、旱、昆虫之灾，民无凶、饥、妖孽之疾。故天不爱其道，地不爱其宝，人不爱其情。故天降膏露，地出醴泉，山出器车，河出马图，凤皇、麒麟皆在郊棷[2]，龟、龙在宫沼，其余鸟兽之卵胎，皆可俯而窥也。则是无故，先王能修礼以达义，体信以达顺，故此顺之实也。”

※ 注释

1 合：闭合，防止。2 棷（zōu）：通“薮”，生长着许多草的湖泽。

※ 译文

“礼的不同，既不能有所增加，也不能有所减少，用来维持（贵贱不同的）人情，而保持自我警惕之心。圣王之所以能够做到“顺”：不使居住在山区的人到河边居住，不让居住水渚的人到中原居住，这样就不会破坏人们的生活习俗；使用水、火、金、木等生活资料和饮食，必须顺应季节的变化；男婚女嫁、授予爵位，必须依照人的年龄和德行；使用民力必须顺应农时。因此没有水、旱、昆虫等自然灾害，民众没有饥荒、饥饿和妖孽等祸事。因此天不隐藏养民之道，地不隐藏养民之宝，人不隐藏真实之情。因此天降雨露，地涌甘泉，山出造车的器材，河里有龙马负《图》而出，凤凰、麒麟都出现在郊外的湖泽中，龟和龙都在宫殿的池沼里畜养，其他鸟的卵和怀胎的兽，都能随地看到而不受惊吓。这种太平景象的实现，只是由于先王能谨修礼而通达义，体现诚信而顺应天理，因此获得这种天下大顺的结果。”

※ 解读

《礼运》篇是借子游和孔子的问答，而说明从上古以来，礼制随着生活方式的改变，逐渐演进的历程，以及“礼”在人们生活中所担负的维系道德人心和社会秩序的功能。开篇提出了“大同”的理想，然后着重去论证“礼”在“小康”社会发展、演变、完善的总过程。本篇针对周朝末期不合“礼”的行为进行了揭露和批判，并反复强调“礼”的运用规律及运用“礼”来统治社会的重要性。

毋庸置疑，“礼”从古至今都是非常重要的，“人而无礼，不知其可”。从古代的“礼法”，到现在的“以德治国”，我们能找到相通之处。“夫礼，先王以承天之道，以治人之情，故失之者死，得之者生”，“礼义也者，人之大端也”。孔夫子的话虽然显得那么高深莫测，让人敬畏，但其中隐含的道理确实是显而易见的。

※ 事例

本篇中讲道：“大臣守法，小臣廉洁，官职井然有序，君臣相处以正道，国家才会强大富裕。”而一个人的清廉是怎么得来的呢？做官可以使一个人获得很多的利益，那怎么才能做到清廉呢？

教子廉分明好消息

唐朝有个人叫崔元，在做补员外郎时，母亲卢氏对他说：“我听有人说，凡是儿子在外做官的，如果有人来说他贫乏而不能生存，这是个好消息；如果说他财源很充足，这却是个坏消息。我曾见亲戚中有很多做官的，大多将钱物寄给父母，老人家只知道高兴，根本不问这些东西是从哪里得来的；如果这些不是通过正当的渠道得来，那与强盗有什么区别！即使无大过错，难道内心就不觉得惭愧吗？现在你拿着国家的俸禄，如果不能忠清，怎么对得起上天！”元谨遵母训，即以清廉自励。卢氏所谓消息的好坏，难道不就是吉凶的分别？这话真的足以引发我们的深思！

礼器

※ 原文

礼器[1]，是故大备。大备，盛德也。礼释回，增美质，措则正，施则行。其在人也，如竹箭之有筠也，如松柏之有心也。二者居天下之大端矣。故贯四时而不改柯易叶。故君子有礼，则外谐而内无怨，故物无不怀[2]仁，鬼神飨德。

先王之立礼也，有本，有文。忠信，礼之本也；义理，礼之文也。无本不立，无文不行。

礼也者，合于天时，设于地财，顺于鬼神，合于人心，理万物者也。是故天时有生也，地理有宜也，人官有能也，物曲[3]有利也。故天不生，地不养，君子不以为礼，鬼神弗飨也。居山以鱼鳖为礼，居泽以鹿豕为礼，君子谓之不知礼。故必举其定国之数[4]，以为礼之大经。礼之大伦，以地广狭；礼之薄厚，与年之上下。是故年虽大杀，众不匡惧，则上之制礼也，节矣。

※ 注释

1 器：具体的功用。2 怀：归。3 物曲：指万物不同的用途。4 定国之数：指国内物产多少之数。

※ 译文

礼能使人修养成器，因此能使人完备。完备，是让人具有完满的德行。礼能使人消除邪恶，完善人的品德，举措符合正道，措施得以实行。人有了礼，就好比竹箭有了青皮，又好比松柏有了坚贞的木心，表皮和木心是竹子和松柏生长于天下的最基本的条件，所以万物经历了春夏秋冬而不改变其枝叶的茂盛。因此，君子有了礼，就能使外人和谐而家人无怨憾，这样的人才能得到天下人的敬仰，连鬼神也宴享他的祭品。

先王制定礼，既有根本，又有文饰。忠信，是礼的根本；义理，是礼的文饰。没有根本，礼就不能成立；没有文饰，礼就无法施行。

礼，是合乎天时，配合地的物产，顺应鬼神意旨，切合人的心理，而治理万物的。因此天的不同时令有生物，土地的不同条件各有所产，人的官职各有所能，万物各有不同的用途。凡不是天生、地长的东西，君子都不会用来行礼的，因为鬼神也不享用。居住在山中，却使用水里的鱼鳖来行礼；居住在水滨，却使用山里的鹿和猪来行礼，这样做，君子也认为他是不懂礼的。所以一个国家必须根据自己国内物产的多少，作为行礼的基本条件。行礼的大的类别，是根据所拥有土地的大小而定的；礼的厚薄，要依据年成的好坏而定。这样，有了制度保证，即使在年成不好的时候，民众也不会担心不能行礼，因为先王制定礼制是有变通调节的。

※ 原文

礼，时为大，顺次之，体[1]次之，宜次之，称次之。尧授舜，舜授禹，汤放桀，武王伐纣，时也。《诗》云：“匪革其犹，聿追来孝。”天地之祭，宗庙之事，父子之道，君臣之义，伦也。社稷、山川之事，鬼神之祭，体也。丧、祭之用，宾客之交，义也。羔、豚而祭，百官皆足；大牢[2]而祭，不必有余：此之谓称也。诸侯以龟为宝，以圭为瑞。家不宝龟，不藏圭，不台门，言有称也。

礼有以多为贵者。天子七庙，诸侯五，大夫三，士一；天子之豆二十有六，诸公十有六，诸侯十有二，上大夫八，下大夫六；诸侯七介[3]，七牢；大夫五介，五牢；天子之席五重，诸侯之席三重，大夫再重；天子崩七月而葬，五重，八翣；诸侯五月而葬，三重，六翣；大夫三月而葬，再重，四翣：此以多为贵也。

※ 注释

1 体：指不同的祭祀对象。2 大牢：以牛、羊、猪三牲为祭品。3 介：随同国君或大夫前来朝觐的官员。

※ 译文

礼，以合天时为最重要，其次要顺乎伦常，又其次是体现区别，又其次要适宜，又其次要与身份相称。尧把位传给舜，舜把位传给禹，商汤放逐夏桀，武王讨伐商纣，这些都是合天时而行的。《诗经》上说："不是为了急行己道，追述祖业而来行孝。"以天地的祭祀为先，宗庙的祭祀为后，遵循父子关系的道理，君臣间的大义，种种体现天理的礼事，就是礼所顺应的伦常。对社稷、山川、鬼神的祭祀，对象不同，礼也有所不同，这就叫作体现区别。丧葬祭祀及宾客交往所需的费用，都必须合乎礼。大夫及士的祭祀，仅用一只羔羊、一头小猪，但这也足够参加祭祀的人分享；天子国君的祭祀，用牛、羊、猪三牲，但不会浪费：这便是礼与身份相称。诸侯可以收藏龟甲和圭璧，当作吉祥宝物，大夫家中不能收藏龟甲、圭璧，也不能修筑起台门。这是说礼与身份要相称。

礼有以多为贵的。如天子为祖先建七庙，诸侯建五庙，大夫建三庙，士只建一庙；天子吃饭设二十六豆，诸公设十六豆，诸侯设十二豆，上大夫设八豆，下大夫设六豆；诸侯朝见天子，有七个副员帮助传话，主国馈以七大牢；大夫朝见天子则只有五个副员帮助传话，主国馈五大牢；天子的座席有五重，诸侯的有三重，大夫的只有两重；天子去世，七个月以后才能下葬，葬时，棺下的草垫和棺上的厚板各有五重，翣扇用八把；诸侯去世，五个月后便下葬，葬时棺下的草垫和棺上的厚板各用三重，翣扇用六把；大夫去世，三个月便下葬，葬时棺下的草垫和棺上的厚板各有两重，翣扇用四把：这些都是以多为贵的例子。

※ 原文

有以少为贵者。天子无介，祭天特牲[1]，天子适诸侯，诸侯膳以犊；诸侯相朝，灌用郁鬯，无笾豆之荐；大夫聘礼以脯醢[2]；天子一食，诸侯再，大夫、士三，食力无数；大路繁缨一就，次路繁缨七就；圭、璋特，琥、璜爵；鬼神之祭单席；诸侯视朝，大夫特，士旅之：此以少为贵也。

有以大为贵者。宫室之量，器皿之度，棺椁之厚，丘封之大，此以大为贵也。

有以小为贵者。宗庙之祭，贵者献以爵，贱者献以散；尊者举觯，卑者举角；五献[3]之尊，门外缶，门内壶，君尊瓦甒：此以小为贵也。

有以高为贵者。天子之堂九尺，诸侯七尺，大夫五尺，士三尺，天子、诸侯台门：此以高为贵也。

有以下为贵者。至敬[4]不坛，扫地而祭；天子、诸侯之尊废禁，大夫、士棜禁：此以下为贵也。

※ 注释

1 特牲：祭天只用一只牛。2 脯醢：干肉和肉酱类的食品。3 五献：子男飨礼时献酒五次。4 至敬：这里指祭天的郊祀之礼。

※ 译文

礼有以少贵的。天子无副手。在最隆重的祭天仪式，却只用一头牛。天子到诸侯国视察，诸侯也只用一牛犊招待；诸侯相互朝见，就只用郁鬯相献，不进献脯醢等食物；大夫出国访问，只用脯醢款待。在食礼上，天子一食便告饱，诸侯则两食，大夫和士三食，而从事体力劳动的下人则没有数量限制，吃饱为止；殷代祭天所用的大车，只用一圈繁缨来装饰马匹，平常杂事所用的车马却用七圈；圭璋是玉中最贵重的物品，因而进献时要单独进献，而次一等的琥、璜，则需在晋爵时一道进献；祭祀鬼神只用一层席；诸侯临朝时，对大夫须个别地行拜见之礼，而对士则向众人行一次拜见之礼：这些都是以少为贵的例子。

礼有以大为贵的。宫室的规模，器皿的容量，棺椁的厚度，坟丘的高大：这些都是以大为贵的例子。

礼有以小为贵的。在宗庙祭祀时，向尊贵者献酒用爵，向低贱者献酒用散；尊者举起较小的觯尝酒，卑者举起较大的觯尝酒；在诸侯举行“五献”时，放置酒器的方法，是把最大的盛酒器缶置于门外，较大的壶置于门内，而君的樽用的是较小的瓦：这些都是以小为贵的例子。

礼有以高位为贵的。天子殿堂的堂基高九尺，诸侯的堂高七尺，大夫的堂高五尺，士的堂高三尺；天子和诸侯建造台门：这些都是以高位为贵的例子。

礼有以低下为贵的。祭祀最尊贵的天不筑坛，只是把地扫除干净而祭；天子、诸侯设尊不用禁，大夫、士的尊放在棜禁上：这些都是以低下为贵的例子。

※ 原文

礼也者，犹体也，体不备，君子谓之不成人。设之不当，犹不备也。礼有大，有小，有显，有微。大者不可损，小者不可益，显者不可揜，微者不可大也。故经礼[1]三百，曲礼[2]三千，其致一也，未有入室而不由户者。

君子之于礼也，有所竭情尽慎，致其敬而诚若，有美而文而诚若。君子之于礼也，有直而行也，有曲而杀也，有经而等也，有顺而讨也，有摲而播也，有推而进也，有放而文也，有放而不致也，有顺而摭[3]也。

三代之礼，一也，民共由之。或素或青，夏造殷因。

周坐尸，诏侑武方，其礼亦然，其道一也。夏立尸而卒祭。殷坐尸。周旅酬六尸。

曾子曰："周礼其犹醵[4]与。"

※ 注释

1 经礼：指礼的纲要、大节。2 曲礼：指礼的条目、细节。3 摭：拾取。4 醵：众人凑钱喝酒。

※ 译文

礼，就好比人的身体，身体不完备，君子就称之为不成人。礼如果设置得不适当，那就像身体不完备一样。礼有规模盛大的大礼，也有形式短小的小礼，有的礼，意义是明显的，有的礼意义是微妙的。该大的礼不能减损，该小的礼不能增加，意义明显的不必掩盖，意义微妙的不必张扬。礼的纲领有三百条之多，礼的细节有三千，其基本精神都是一样的，都是以诚为基本精神。这就像人要进屋，不可不经过门一样。

君子对于礼，是竭尽自己的真情和实意的，表达内心的敬意是出于诚，完成外在的美好文饰也是出于诚。君子对于礼，有的直接顺着自己的情感实行，有的则要克制自己才能实行，有的是不分贵贱一律等同的，有的却要从尊到卑、顺次减损的，有的是除其上者而及于下者的，有的却是自下而上、逐级推进的，有的是向上仿效而更加文饰的，有的却是向上仿效而不敢超越最高标准的，还有自上而下依顺序有所取舍的。

夏、商、周三代的礼，（要靠诚心来实行）都是一致的，民众共同遵循它。三代虽然有的崇尚白色，有的崇尚青色，但（礼的基本原则却是从）夏代开始制定，而从殷代沿袭下来。

周代祭祀时让尸坐着，告尸、劝尸无常规，礼仪与殷代也是相同的，行礼时都需要怀有诚心也是一致的。夏代让尸站着受享，直到祭祀结束。殷代让尸坐着受祭。周代还把六亲祖庙之尸聚集到太庙，自上而下地举酒酬送。曾子说："周代的礼，就好像是众人凑钱一块儿饮酒。"

※ 原文

天道至教，圣人至德。庙堂之上，罍尊在阼，牺尊在西，庙堂之下，县鼓[1]在西，应鼓[2]在东。君在阼，夫人在房；大明生于东，月生于西；此阴阳之分，夫妇之位也。君西酌牺、象，夫人东酌罍尊。礼，交动乎上；乐，交应乎下：和之至也。

礼也者，反其所自生。乐也者，乐其所自成。是故先王之制礼也以节事，修乐以道志。故观其礼乐，而治乱可知也。蘧伯玉曰："君子之人达。"故观其器而知其工之巧，观其发而知其人之知。故曰"君子慎其所以与人者"。

※ 注释

1 县鼓：大鼓。2 应鼓：小鼓。

※ 译文

天的（日月阴阳等的运行）规律是对人的最高的教诲，圣人的德行是最高的德行。宗庙举行祭祀时，在庙堂之上，罍樽置于东阶，牺樽置于西阶。在庙堂之下，大鼓置于西面，小鼓置于东面。国君站在堂上东阶的主位，夫人立在西房中；太阳从东方升起，新月在西方出现：这就是阴阳的分界，从而反映在祭礼中夫妇的位置。然后国君来到西阶从牺樽、象樽中酌酒，夫人则来到东阶从罍樽中酌酒。礼，夫妻交替进行在堂上；乐，东西交相应和在堂下：这是和谐的最高境界。

礼，教人回溯自己所由产生的根本。乐，教人欢乐自己所取得的成功。因此先王制定礼用来调节人们的行事，修习音乐用来引导人们宣达心志。所以观察一国的礼乐，便可以知道其国家治理的情况。蘧伯玉说：“君子都明达事理。”所以观察器物，便能知道工匠的技巧；观察一个人的外在的表现，便能知道这个人的才智。因此说“君子都十分慎重所用来与人交接的礼乐”。

※ 原文

大庙之内敬矣。君亲牵牲，大夫赞币而从。君亲制祭，夫人荐盎。君亲割牲，夫人荐酒。卿大夫从君，命妇[1]从夫人。洞洞乎，其敬也！属属乎，其忠也！勿勿乎，其欲其飨之也！纳牲诏于庭，血毛诏于室，羹定诏于堂；三诏皆不同位，盖道求而未之得也。设祭于堂，为祊乎外。故曰：“于彼乎，于此乎。”

一献质，三献文，五献察，七献神。

大飨，其王事与。三牲、鱼、腊，四海九州岛之美味也；笾豆之荐，四时之和气也；内金[2]，示和也；束帛加币，尊德也；龟为前列，先知也；金次之，见情也；丹、漆、丝、纩、竹、箭，与众共财也。其余无常货，各以其国之所有，则致远物也。其出也，《肆夏》而送之，盖重礼也。

祀帝于郊，敬之至也。宗庙之祭，仁之至也。丧礼，忠之至也。备服器，仁之至也。宾客之用币，义之至也。故君子欲观仁义之道，礼其本也。

※ 注释

1 命妇：指卿大夫之妻。2 内金；指诸侯贡纳的金。内：通“纳”。

※ 译文

在太庙里祭祖是特别恭敬的。国君亲自将牲牵入，大夫协助国君持着币帛跟随在后。国君亲自制作祭物，国君夫人献上盎齐之酒。然后国君又亲自割取牲体，国君夫人再次献酒。卿大夫们跟随着国君，命妇们跟随着国君夫人，气氛庄严隆重，人们是那么诚心又恭敬，专心又忠诚，十分勤勉地一献再献，希望祖先们来饮享丰盛的祭品。牵牲入庙时，在庭中向神禀告，杀牲后荐血毛时，在室内禀告，进荐煮熟的食物时，在堂上禀告。三次禀告不在同一个地方，意味着祖先的神灵还没有找到。正祭设在堂上，而祊祭却设在门外，好像是在问："举行祭礼或在那里，或在这里。"

举行一献之礼还显得比较质朴粗略，举行三献之礼，仪式就稍加文饰了，举行五献，仪式就更加显盛了，举行七献之礼，就好像神灵真的在眼前了。

在太祖庙中举行的大飨之礼，只有天子才能举行。祭祀用的三牲鱼腊，是收集了四海九州岛的美味；笾豆中盛放的各种供品，也是包罗了四季和顺之气的产物；四方国君的贡金显示着天子和国君们的和睦融洽；贡献的币帛加上玉璧，表示对于美德的尊重；贡品排列的次序以龟在最前面，因为龟可以预知吉凶；金属放在第二位，体现了重视君臣和乐之情；再次是丹砂、油漆、蚕丝、棉絮、做箭杆的小竹等物，表示天子与民众共有这些财物。其余贡品则没有固定的品种，都是各国就其所有而贡献的特产，显示着天子能够招致远方之物。国君乡礼完毕后，诸侯起身，堂下便奏起《肆夏》为他们送别，显示礼节的隆重性。

在郊外祭祀天帝，体现着最高的崇敬；在宗庙里祭祀先人，体现着极端的仁爱；举行丧礼，体现着极端的忠心；随葬物品的完备，表现了对死者极大的孝敬；宾客交际总送币帛，体现了极高的道义。所以，君子要观察仁义之道，就必须以礼作为根本。

※ 原文

君子曰："甘受和，白受采，忠信之人，可以学礼。苟无忠信之人，则礼不虚道。是以得其人之为贵也。"

孔子曰："诵《诗》三百，不足以一献。一献之礼，不足以大飨。大飨之礼，不足以大旅。大旅具矣，不足以飨帝。毋轻议礼！"

子路为季氏宰。季氏祭，逮闇[1]而祭，日不足，继之以烛。虽有强力之容，肃敬之心，皆倦怠矣，有司跛倚以临祭，其为不敬大矣。他日祭，子路与。室事交乎户[2]，堂事交乎阶[3]，质明而始行事，晏朝而退。孔子闻之，曰："谁谓由也而不知礼乎？"

※ 注释

1 闇：指天亮之前。2 交乎户：指室外的人把祭品送到室门，交给室内的人献尸。3 交乎阶：指堂下的人把祭品备好，在台阶处交给堂上的人。

※ 译文

君子说："甜味可以接受而调和各种味道，白色可以接受而调和各种色彩；只有具有忠信品质的人，才可以教他礼。如果是没有忠信品质的人，礼也不会虚假地附从他。所以说教化以能够得到忠信品质的人才为最重要。"

孔子说："能诵读《诗经》三百篇，也不足以行一献之礼；能行一献之礼，不足以行在太庙合祭先王的大飨礼；能行大飨礼，却未必能行祭祀五帝的大旅礼；大旅礼能实行得十分完备，也未必能行祭天礼。所以切不可轻率地议论礼。"

子路做季孙氏的家臣头子。以前季孙氏举行宗庙祭祀，都是天未亮就开始了，忙了一天还没完，又点起火把继续祭祀。即使是身强力壮，有虔诚恭敬之心的人，也都疲惫不堪了。以至于执事人员靠着柱子歪歪倒倒地执掌祭事，那简直是大不敬啊！后来有一次子路参与庙祭，室事在门口交接，堂事在阶下交接。天亮开始祭祀，到傍晚就结束。孔子听到这件事，说道："谁能说子路不懂得礼呢？"

※ 解读

《礼器》篇讲的是由"礼"的外表形式观察所得，探索"礼"的内涵精神，同时提出时、顺、体、宜、称五种立礼原则。

"大明生于东，月生于西，此阴阳之分，夫妇之位也。"由太阳、月亮的区别、不同，反映到男女关系上，就是夫妇之别，在祭祀上就是夫妇所站之位的不同。用"礼"来治理国家，在客观上是通过不断地对自我社会身份的强调。以其认同自己的社会角色，自己社会角色的不同，对自我而言，是有区别的，一定要注意是什么角色，才能做什么事，而不能偏差。也就是说："名""分"受到"礼"的特别重视。孔子曾在论语中说过："必也正名乎！""名不正则言不顺；言不顺则事不成，事不成则礼乐不兴；礼乐不兴则刑罚不中；刑罚不中则民无所措手足。"可以看出在孔子的眼中，以及他所代表的儒家人士中，只有名正言顺，一切事情才能顺理成章，礼乐才能繁荣，国家才能兴盛。

※ 事例

《礼器》篇中尤其指出："忠信，是礼的根本；义理，是礼的文饰。没有根本，礼就不能成立；没有文饰，礼就无法施行。"可见，信义对于"礼"的顺利实施来说可谓是举足轻重的，甚至在危机时刻还能帮助自己化险为夷，这就是我们所说的"以礼服人"。

解扬誓死守义

解扬是晋国的大夫。宣公十五年，楚国围攻宋国，宋国向晋国求援，晋国便派解扬出使宋国，告诉他们晋国将出动全部军队前来解救。但在半路上，解扬被郑国人活捉了，并被送到楚国。楚国想贿赂解扬，于是给了他很多钱，让他说晋国不来救宋国了。起初解扬不答应，但最后被强迫三次才不得不答应下来。很快楚人让解扬登上城楼，向城下的宋人喊话。结果，解扬没有听从按照楚人贿赂他时让他说的话说，却趁此机会完成了要宋人知道晋君就要起兵援救宋国的命令。

这一下惹恼了楚人，他们要把解扬杀掉，但只听解扬回答说："君能够下达命令，这就是义；臣能够接受命令，这就是信。信能载义而行，就是利。你们要买通我，这是不知命。我答应你们，是为了完成晋君的命令。我死了但完成了任务，是尽了我的责任。你们也有忠实的臣下，我能够死得其所，又有什么别的请求呢？"听了他的一番话，楚国人大受启发，于是就放他回到了晋国。（评析：解扬不惧生死，并非亡命之徒的表现。亡命之徒无惧，是因为其不知天命与天理，也不虑及他人与他事，所以只求一死，别无所忧。大勇大义之人不同。他以信义为本，深知最大的获得，必是坚守信义之后的获得，而非舍弃信义之后的获得。这也是对于"礼"的最好的践行。）

郊特牲

※ 原文

郊特牲，而社稷大牢。天子适诸侯，诸侯膳用犊。诸侯适天子，天子赐之礼大牢。贵诚之义也。故天子牲孕弗食也，祭帝弗用也。大路繁缨一就，先路三就，次路五就。郊血，大飨腥，三献爓，一献孰。至敬不飨味，而贵气臭也。诸侯为宾，灌用郁鬯，灌用臭也。大飨尚腶修[1]而已。

大飨，君三重席而酢焉。三献之介，君专席而酢焉。此降尊以就卑也。

飨、禘有乐，而食、尝无乐，阴阳之义也。凡饮养阳气也，凡食养阴气也。故春禘而秋尝，春飨孤子，秋食耆老，其义一也，而食、尝无乐。饮，养阳气也，故有乐。食，养阴气也，故无声。凡声，阳也。

鼎俎奇而笾豆偶，阴阳之义也。笾豆之实，水土之品也，不敢用亵[2]味而贵多品，所以交于旦明[3]之义也。

※ 注释

1 腶修：一种用香料配制成的干肉。2 亵：熟悉。3 旦明：“旦”有诚恳的意思，“明”有恭敬的意思。

※ 译文

在郊外祭天要用一头牛犊，而祭社神和稷神就要用牛、羊、猪三牲。天子巡视诸侯之国，诸侯招待天子进膳宰杀牛犊。诸侯去朝见天子，天子赏赐给他们牛、羊、猪三牲作为宴礼。这些都体现了以诚为贵的意思。因此天子的膳食不用怀孕的牲畜，祭祀天帝也不使用它们。天子祭天乘坐的大路车，繁系在马腹、缨系在马的前胸各一匝，先路车繁系在马腹、缨系在马的前胸各三匝，次路车繁系在马腹、缨系在马的前胸各五匝。祭天用的是牲血，祭祀先王用的是生的牲肉，祭祀社、稷、五祀之神用的是半生的牲肉，祭祀其他的小神用熟肉。崇高的神灵不享用人间的食物，而贵在享用气味。诸侯之间互为宾客时，用郁鬯来招待，这就是用的郁鬯的气味。天子用大飨礼宴请诸侯，也要用加有作料的干肉来招待。

诸侯举行大飨宾客之礼时，主君坐在三重席上接受宾客的酢酒。宾客的副手向主君进献酢酒，主君要坐在一重席上接受，这就是降尊就卑的意思。

春天宴飨烈士遗子和禘祭宗庙要有音乐伴奏，而用食礼招待老人和用尝祭祭祀宗庙不用音乐伴奏，这体现了阴阳的义理。凡是飨礼目的在于涵养阳气，凡是食礼目的在于涵养阴气。因此春天举行禘祭，秋天举行尝祭，春天用飨礼来招待烈士的遗子，秋天用食礼来款待老人，他们的意思是一样的，只是食礼和尝祭不用音乐伴奏罢了。飨礼，是涵养阳气的，所以有音乐；食礼，是涵养阴气的，所以没有音乐。凡是乐声，都属于阳。

设鼎俎是奇数而设笾豆是偶数，这也体现了阴阳的不同义理。笾豆盛放的多是水中土中生长出来的物品，不敢用人所常吃的美味食物，也以种类繁多为贵，这样来体现以虔敬之心交接神明的意思。

※ 原文

宾入大门而奏《肆夏》，示易以敬也，卒爵而乐阕，孔子屡叹之。奠酬而工升歌，发德[1]也。歌者在上，匏竹在下，贵人声也。乐由阳来者也，礼由阴作者也，阴阳和而万物得。

旅币无方，所以别土地之宜，而节远迩之期也。龟为前列，先知也；以钟次之，以和居参之也；虎豹之皮，示服猛也；束帛加璧，往德也。

※ 注释

1 发德：乐工对宾主歌功颂德。

※ 译文

在飨礼时，宾客进入大门就演奏《肆夏》，表示主人对宾客的和悦和尊敬。主人饮完一爵酒音乐才停止，孔子曾经多次赞叹过这种礼仪。把酬酒放置于一边，而这时乐工登堂演出，对宾主歌功颂德。唱歌的人在堂上，匏竹等乐器在堂下，这是以人声为贵的缘故。音乐来源于阳气，礼仪来源于阴气，阴阳相合而万物得到生长。

诸侯朝见天子进献的贡品没有规定限制，以此来区别他们各地的特产，只规定限制远近地区的朝贡日期。把龟甲放在朝贡物品的最前面，以此来预知祸福吉凶；把钟放在其次，以此来体现和谐相处；朝贡的虎豹皮，体现德行能使凶猛的人驯服；朝贡加璧的束帛，体现天子的德行使四方的人都去归顺。

※ 原文

诸侯之宫县，而祭以白牡，击玉磬，朱干设锡，冕而舞《大武》，乘大路，诸侯之僭礼也。台门而旅树[1]，反坫，绣黼、丹朱中衣，大夫之僭礼也。故天子微，诸侯僭；大夫强，诸侯胁。于此相贵以等，相觌以货，相赂以利，而天下之礼乱矣。诸侯不敢祖天子，大夫不敢祖诸侯，而公庙之设于私家，非礼也，由三桓始也。

天子存二代之后，犹尊贤也。尊贤不过二代。

诸侯不臣寓公[2]，故古者寓公不继世。

君之南乡，答阳之义也。臣之北面，答君也。

大夫之臣不稽首，非尊家臣，以辟君也。

大夫有献弗亲。君有赐不面拜，为君之答己也。

※ 注释

1 旅树：旅，过道。树，屏障。2 寓公：指诸侯因丧国而寓居他国。

※ 译文

诸侯的家室像宫殿一样四面悬挂乐器，用白色的雄性牲畜祭祀，敲打玉磬，拿着敷有金属饰物的红色盾牌，头戴礼帽跳《大武》的舞蹈，乘坐天子的大路车，这是诸侯僭礼的行为。营建台门并在过道上设立屏障，在堂上设反坫，穿衣领绣有黼纹而用红色的缯镶边的中衣，这是大夫僭越礼的行为。因此，天子衰微，诸侯僭越；大夫强横，诸侯受威胁；那么上下之间同样尊贵，互相拿着财物相见，互相以利益相贿赂，那么天下的礼就混乱了。诸侯不敢设立天子的祖庙，大夫不敢设立诸侯的祖庙，把国君的宗庙竟设立在大夫家里，不符合乎礼，这在鲁国是从三桓氏开始的。

当代天子要保存前二代王朝的后裔，这体现了天子仍然尊奉前二代的先贤。但是尊奉先贤不能超过二代。

诸侯不敢把寄居在本国的别国诸侯当作臣子，但是可以把他的儿子当作臣子，因此古代寓公没有继承人。

国君朝南而坐，表示面对阳气的意思。臣下面北而立，表示面对国君随时候命的意思。

大夫的家臣不对大夫行稽首礼，并不是因为尊重家臣，而是避免把大夫当作国君的嫌疑。

大夫不能亲自把礼物进献给国君。国君有赏赐，大夫不当面拜谢，这是为了免去国君的回拜之礼。

※ 原文

乡人禓[1]，孔子朝服立于阼，存室神也。

孔子曰："射之以乐也，何以听？何以射！"孔子曰："士使之射，不能则辞以疾，县弧之义也。"

孔子曰："三日齐，一日用之，犹恐不敬。二日伐鼓[2]，何居！"

孔子曰："绎之于库门内，祊[3]之于东方，朝市之于西方，失之矣。"

社祭土而主阴气也，君南乡于北墉下，答阴之义也。日用甲，用日之始也。天子大社，必受霜露风雨，以达天地之气也。是故丧国之社屋之，不受天阳也。薄社北墉，使阴明也。社所以神地之道也。地载万物，天垂象。取财于地，取法于天，是以尊天而亲地也。故教民美报焉。家主中霤，而国主社，示本也。唯为社事，单出里；唯为社田，国人毕作；唯社丘乘[4]共粢盛：所以报本反始也。

季春出火为焚也，然后简其车赋[5]，而历其卒伍，而君亲誓社，以习军旅，左之，右之，坐之，起之，以观其习变也。而流示之禽，而盐[6]诸利，以观其不犯命也，求服其志，不贪其得。故以战则克，以祭则受福。

※ 注释

1 禓（shāng）：强鬼，此处指驱除强鬼之祭。即所谓傩。2 伐鼓：敲鼓取乐。指斋戒时不专心。3 祊（bēng）：亦属绎祭。案祊当在庙门外西室，即在西塾的外塾之室中。可见绎与祊皆在庙门外西塾进行，一在堂而一在室。4 丘乘：按井田制来划分的基层组织。5 赋：兵赋，缴纳的兵甲车马等。6 盐（yàn）：喜爱，贪慕。

※ 译文

乡里人举行驱除强鬼之祭，孔子穿着朝服站在庙堂的阼阶上，来使庙堂里的神灵安存。

孔子说："射箭的时候配上音乐，那怎么来听，怎么来射呢？"孔子说："士人，国君让他射箭，如果他不会，就以患病来推辞，这是因为作为男子生下来就当在门外左边悬挂弓弧以显示将来必有善射的本领。"

孔子说："斋戒三天，祭祀用一天，还恐怕不够恭敬。而在斋戒三天中有两天敲鼓取乐，这是做什么！"

孔子说："绎祭设在库门内，祊祭设在庙门东边，朝市设在市内西边，这些做法都失于礼。"

社祭是祭祀土地神而以阴气为主的。国君站在北城墙下朝南而祭，是面对阴气的意思。祭社神要选择甲日，这是选择日期开始的一天。天子的太社，必须接受霜露风雨，来通达天地的阴阳之气。因此亡国的社祭要建屋来遮住，使之不能接受天的阳气。殷朝的薄社只开北墙，只使朝阴的一方接受光线。社祭是用来设立土地神的方法。大地孕育万物，上天垂示星象。从大地获取生活所需之材，从天象获取万物生长的法则，因此要尊敬天而亲近地，因此要教导人们赞美天地之德并且来回报它们。家里主祭中霤之神，而国家就主祭社稷之神，这是告诉人们立家立国的根本。只要是祭祀社稷，里巷中的每家都要出一个人参加。只有祭祀社稷，才举行田猎，全城人都要参加；只要是祭祀社稷之神，每个丘乘的人都要供应祭祀所用的谷物：这样做是用来报答大地而追思万物的初始。

春三月用火焚烧野草，然后挑选车马兵甲，清点军队的人数，由国君亲自率领在社坛前宣誓，开始操练军队，让军队向左向右，坐下起立，来观察军队的应变能力。驱逐禽兽示知田猎的目标，用好处来诱惑军士，来观察他们是不是会违反军令。要求他们服从君主的意志，不贪图私利。这样的军队作战才能取胜，用猎物祭祀才能得到神灵的赐福。

※ 原文

天子适四方，先柴。

郊之祭也，迎长日之至也，大报天而主日也。兆于南郊，就阳位也。扫地而祭，于其质也。器用陶匏，以象天地之性也。于郊，故谓之"郊"。牲用骍，尚赤也。用犊，贵诚也。郊之用辛也。周之始郊日以至。

卜郊，受命于祖庙，作龟于祢宫，尊祖亲考之义也。卜之日，王立于泽，亲听誓命，受教谏之义也。献命库门之内，戒百官也，大庙之命戒百姓也。祭之日，王皮弁以听祭报，示民严上也。丧者不哭，不敢凶服，泛埽反道，乡为田烛，弗命而民听上。祭之日王被衮以象天；戴冕，璪十有二旒，则天数也；乘素车，贵其质也；旗十有二旒，龙章而设日月，以象天也。天垂象，圣人则之，郊所以明天道也。帝牛不吉，以为稷牛。帝牛必在涤[1]三月，稷牛唯具，所以别事天神与人鬼也。万物本乎天，人本乎祖，此所以配[2]上帝也。郊之祭也，大报本反始也。

※ 注释

1 涤：古代饲养祭祀用的牛羊的房子。2 配：在祭祀时附带被祭。

※ 译文

天子到四方去巡视，先要烧柴祭天。

在郊外祭天，是为了迎接一年中白昼开始变长的那一天，用隆重的祭礼来报答上天，把白天作为祭祀的主要对象。在国都的南郊占卜选择祭祀的位置，这体现了靠近阳位来祭祀。扫干净地面来行祭礼，体现了祭天的朴实。祭器用没有雕饰的陶器和匏瓢，体现了天地自然的本性。因为祭天是在郊外进行的，所以也称作“郊”，祭牲用红色的牛，这体现了崇尚红色。祭牲用牛犊，体现了以诚为贵。祭天在辛日进行，这是因为周朝开始祭天是在冬至进行的。

祭天要先占卜日期，祭告祖庙表示受命于祖先，然后再用龟甲在父庙中占卜，这是尊敬先祖亲近先父的意思。占卜那天，天子站立在湖泽旁边，亲自听取卦相预示的天命，这是取义于听从祖先的教诲或劝阻的意思。在库门内颁布郊祭之事，这是命令大小官员进行准备工作。又在大庙里发布命令，通知亲族准备。祭祀那天，天子戴着皮革做成的帽子听取有关祭祀的情况，这是表示民众要尊敬天子。这天，服丧的人不能哭，不能穿着孝服，各处都要扫除干净，并且要用新土覆盖道路，乡里的民众要在田头点燃火把。这是不用命令而民众自觉遵守的。祭祀那天，天子披上衮服象征天，戴上冕冠，垂着十二串玉片做成的冕绳，这是效法天有十二个月之数；乘坐没有金玉雕饰的车子，这表示崇尚它的质朴；旗帜边缘悬垂着十二条装饰品，旗上面刺有龙纹、日月的图案，来象征天。上天垂示天象，圣人效法它。祭天是用来彰明天道的。如果祭天用的牲牛不好，就用祭祀社稷的牲牛来代替。祭天用的牲牛必须在饲养祭牲的地方三个月，祭祀社稷用的牲牛只需要准备够数就行了，以此来区别祭祀天神和祭祀人神。万物以天为根本，人以始祖为根本，这就是用始祖和上帝配祭的原因。在郊外祭天，就是隆重地报答上天而缅怀自己的始祖。

※ 原文

冠义。始冠之缁布之冠也。大古冠布，齐则缁之。其緌[1]也，孔子曰：“吾未之闻也。冠而敝之可也。”嫡子冠于阼，以著代也。醮于客位，加有成也。三加弥尊，喻其志也。冠而字之，敬其名也。委貌，周道也；章甫，殷道也；毋追，夏后氏之道也。周弁、殷冔、夏收。三王共皮弁、素积[2]。无大夫冠礼，而有其昏礼。古者五十而后爵，何大夫冠礼之有？诸侯之有冠礼，夏之末造也。天子之元子，士也，天下无生而贵者也。继世以立诸侯，象贤也。以官爵人，德之杀也。死而谥，今也。古者生无爵，死无谥。

礼之所尊，尊其义也。失其义，陈其数，祝史[3]之事也。故其数可陈也，其义难知也。知其义而敬守之，天子之所以治天下也。

※ 注释

1 緌（ruí）：下垂的帽带，用彩色丝绳制作，缀在冠缨的两端，系在冠后垂在领下。2 素积：腰间有褶皱的衣裳。3 祝史：即太祝，在接神时诵读祝祷之辞。祝史不同于祝、史，它们不是同一个概念。

※ 译文

冠礼的意义。最初加的冠是缁布冠。上古的时候人们用白布做成冠，祭祀的时候就染成黑色由此而成缁布冠。至于冠上的帽带，孔子说："我从来没听说过这种东西。黑布冠在行冠礼之后就可以弃之不戴了。"嫡子应站在阼阶行冠礼，来表明他是传宗接代的人；冠者在堂的正中位行醮礼，这表明尊重冠者已经具备了成人的资格。三次加冠一次比一次郑重，这是告诉冠者要有上进的志向；行冠礼以后人们用他的字来称呼他，这是尊重父母给他取的名字。委貌，周朝时人们所戴的冠；章甫，殷朝时人们所戴的冠；毋追，夏朝时人们所戴的冠。周朝人们戴弁冠，殷朝人们戴冔冠，夏朝人们戴收冠。三代都戴皮弁和穿腰间有褶皱的衣裳。没有大夫的冠礼，而有大夫的婚礼。古时候，人到五十岁以后才能授予爵位，那时怎么可能有大夫的冠礼呢？诸侯要行冠礼，是从夏朝末期开始的。天子的太子，行冠礼时要用士礼，这表示天下没有生来就尊贵的人。诸侯的后裔世袭成为诸侯，是为了让他们效法他们祖先的贤德，而不是说他们生来就尊贵。用官爵封赏人，是根据功德的大小来确定官爵的等级。人死了就规定谥号，这是现在的做法。古时候如果人活着没有爵位，死后就不给他封谥号。

礼之所以显得尊贵，在于它的义理。失却了它的义理，只知道陈列它的条文，这是祝史的事。因此礼的条文可以很容易陈列，但是它的义理却很难理解。能理解礼的义理而恭敬地坚守它，这就是天子能够用之来治理天下的原因。

※ 原文

天地合，而后万物兴焉。夫昏礼，万世之始也。取于异姓，所以附远厚别也。币必诚，辞无"不腆[1]"，告之以直信。信，事人也。信，妇德也。壹与之齐，终身不改，故夫死不嫁。男子亲迎，男先于女，刚柔之义也，天先乎地，君先乎臣，其义一也。执挚以相见，敬章别也。男女有别，然后父子亲。父子亲，然后义生。义生，然后礼作。礼作，然后万物安。无别无义，禽兽之道也。壻亲御授绥[2]，亲之也。亲之也者，亲之也。敬而亲之，先王之所以得天下也。出乎大门而先，男帅女，女从男，夫妇之义，由此始也。妇人，从人者也：幼从父兄，嫁从夫，夫死从子。夫也者，夫也。夫也者，以知帅人者也。玄冕齐戒，鬼神阴阳也。将以为社稷主，为先祖后，而可以不致敬乎？共牢而食，同尊卑也。故妇人无爵，从夫之爵，坐以夫之齿。器用陶匏，尚礼然也。三王作牢，用陶匏。厥明，妇盥馈。舅姑卒食，妇馂余，私之也。舅姑降自西阶，妇降自阼阶，授之室也。昏礼不用乐，幽阴之义也，乐，阳气也。昏礼不贺，人之序也。

※ 注释

1 腆：丰厚。2 壻亲御授绥：婿到女家迎亲，上车前把上车的拉手交给女子，并亲自驾车，在车轮转动三周后再交给御者。

※ 译文

天地相配合，然后万物就产生了。婚礼，是子孙后代的开始。娶异姓之女，这样来使疏远的宗族关系变得和睦亲密。订婚的聘礼必须能体现诚意，不能说“礼不够丰厚”这样的客套话，要正直诚信地相告。诚信，是侍奉人的本分。诚信，是妇人的美德。一旦为人妻，就终身不变心，即使丈夫死了也不改嫁。结婚时，男方要亲自去迎接女方，男方要在女方之前，这体现了阳刚阴柔的意思。就像天在地之前，君在臣之前，它们的意思一样。男子迎亲时要拿着见面礼和女子见面，这样来表现夫妇之间相敬如宾。男女有别，然后父子才能去相亲。父子相亲，然后产生出有关父子关系的原则。父子关系的原则产生了，然后礼才据此制定出来。礼制定出来，然后万物才能各安其所。没有区别而又没有原则，那是禽兽的相处之道。男子迎亲时，亲自驾车，把上车用的拉手交给女子，这表现了对女子的亲近。对妻子亲爱就是使妻对自己亲爱。夫妇之间尊敬而亲近，这是先王取得天下的重要原因。走出女方大门，男子走在前面，女子跟着男子，夫妇的含义从现在就开始显露了。妇人，是顺从人的人：年幼时要顺从父兄，出嫁后要顺从丈夫，丈夫死后要顺从儿子。夫，就是丈夫。丈夫，就是用自己的智慧来领导别人的人。婚礼时要穿着祭服斋戒，是表示以祭祀鬼神一样的虔敬态度来对待夫妇婚礼。将要与妇共同成为祭祀社稷的主祭人，并为祖先传宗接代，难道可以不用虔敬的态度来对待婚礼吗？夫妇共用餐具用餐，说明夫妇尊卑相同。因此妇人没有爵位，只是随着丈夫的爵位，座次也是按照丈夫的辈分排列。夫妇共餐用陶匏，自古以来的礼制都是这样的，夏、商、周时代就制定了夫妇共用餐具的礼制，就是用的陶匏。新婚的第二天，新娘梳洗后要去向公婆行馈食礼。公婆吃完饭，新娘要吃公婆吃过的食物，这表示公婆对新娘的宠爱。（行馈食礼后）公婆从西边台阶走下堂，新娘从东边台阶走下堂，这表示公婆已经把主持家务的权力交给了新娘。婚礼不能用音乐，这是为了便于深思婚礼的意思。音乐，属阳气。婚礼不进行宴飨庆贺，这表示婚礼是人世代相传的秩序。

※ 原文

有虞氏之祭也，尚用气。血、腥、爓祭，用气也。殷人尚声，臭味未成，涤荡其声，乐三阕，然后出迎牲。声音之号，所以诏告于天地之间也。周人尚臭，灌用鬯臭，郁合鬯臭，阴达于渊泉。灌以圭璋，用玉气也。既灌，然后迎牲，致阴气也。萧[1]合黍稷，臭阳达于墙屋，故既奠，然后焫萧合羶芗。凡祭慎诸此。魂气归于天，形魄归于地，故祭求诸阴阳之义也。殷人先求诸阳，周人先求诸阴。诏祝于室，坐尸于堂，用牲于庭，升首于室，直祭祝于主，索祭祝于祊。不知神之所在，于彼乎？于此乎？或诸远人乎？祭于祊，尚曰求诸远者与。祊之为言倞[2]也。肵之为言敬也。富也者福也。首也者直也。相，飨之也。嘏，长也，大也。尸，陈也。毛、血，告幽全之物也。告幽全之物者，贵纯之道也。血祭，盛气也。祭肺、肝、心，贵气主也。祭黍稷加肺，祭齐加明水，报阴也。取膟膋[3]燔燎、升首，报阳也。明水、涚[4]齐，贵新也。凡涚，新之也。其谓之明水也，由主人之絜著此水也。君再拜稽首，肉袒亲割，敬之至也。敬之至也，服也。拜，服也。稽首，服之甚也。肉袒，服之尽也。祭称“孝孙”“孝子”，以其义称也。称“曾孙某”，谓国、家也。祭祀之相，主人自致其敬，尽其嘉，而无与让也。腥，肆，爓，腍祭，岂知神之所飨也？主人自尽其敬而已矣。举斝、角，诏妥尸。古者尸无事则立，有事而后坐也。尸，神象也，祝将命也。缩酌用茅，明酌也；盏酒涚于清；汁献涚于盏酒。犹明、清与盏酒于旧泽之酒也。祭有祈焉，有报焉，有由辟焉。齐之玄也，以阴幽思也。故君子三日齐，必见其所祭者。

※ 注释

1 萧：艾蒿，一种含有香气的草本植物。2 倞（liàng）：索求。3 膋（liáo）：牲畜肠里的脂肪。4 涚（shuì）：过滤，清洗。

※ 译文

有虞氏时的祭祀，崇尚用“气”，用牲血、生的牲肉、半生不熟的肉，这都是用的它们的气息。殷朝人崇尚用声音来祭祀，在未杀祭牲之前，先演奏音乐，在演奏了三个乐章之后，再出来迎接祭牲。号呼的声音，是用来祭告天地之间的鬼神的。

周朝人崇尚用气味来祭祀，用鬯酒灌地来降神，把郁金香和在鬯酒中，气味可以通达到地下。用圭璋等玉器盛酒灌地降神，使香气中混合着玉的气息。灌地以后，然后再出来迎接祭牲，这是先用气味来祭献地下的鬼神。把艾蒿和黍稷放在一块儿焚烧，强烈的香气充满屋子，在祭奠过后，用祭牲的肠腊合着艾蒿焚烧发出的香气，祈求鬼神降临。凡是祭祀，都必须谨慎地这样。人死后魂气到了天上，形体到了地下，因此祭祀是向阴阳拜告召唤鬼神的意思。殷朝人先向阳处求魂，周朝人先向阴处求魂。祭祀时，由祝在室中祭告神灵，在堂上献尸，在庭院中宰杀祭牲，并把牲头进献到室中的神位前面，正祭是由祝在神主前面献上祝词，祭祀的最后是在宗庙门内设祭的地方献上祝词。没有人知道神灵在哪里。在那儿？在这儿？还是在远离人们的地方而不在庙中呢？在宗庙门外求索神灵而祭祀，大概可以说求索远离人的神而祭吧？“祊”的意思就是“索求”。“肵”的意思就是“恭敬”。“富”就是“福”。“首”就是“正直”。“相”就是“劝先尸享用祭品”的意思。“嘏”就是“长久而广大”的意思。“尸”就是“陈列”。用牲毛和牲血祭祀神灵，是向神灵祭告祭牲没有伤病。祭告祭牲没有伤病，体现了重视祭牲纯正为贵的道理。用牲血祭祀，来体现祭牲的生气旺盛。用祭牲的肺、肝、心来祭祀，贵在它们都是生气充盈之物。用黍稷和肺祭祀，用浊酒加上净水祭祀，这是来报答地下的神灵。用祭牲的肠脂和着艾蒿焚烧，供奉牲头，这是报答天上的神灵。用净水使浊酒变得清澈，都是贵在新洁。凡过滤酒，都是为了使酒新洁。之所以称为“明水”，是因为主人的明洁之心由此表现出来了。国君行再拜稽首礼，并袒露左臂亲自切割牲肉，这表示对神灵的尊敬到了顶点。尊敬到了顶点，就是对神灵的顺服。拜，就是表示对神灵的顺服。稽首而拜，就是对神灵非常顺服。袒露左臂，就是对神灵的彻底顺服。祭祀时自称“孝子”“孝孙”，是根据人伦义理而自称的。祭祀时自称“曾孙某”，这是国君或大夫祭祀祖先而自称的。祭祀时的“相”，是主人在祭祀时向尸表达自己敬意的，因此只是在祭告尸享用祭品时尽量做到完善，而无须告诉尸与主人互行揖让之礼。祭祀时进献生肉、牲体、半生不熟的肉、熟肉，怎么能知道神灵已经享用了呢？主人只要尽到自己的虔诚恭敬之心就行了。尸进入室中时，要举起斝和角祝告，主人要祭告拜请尸安坐。古时尸没有什么事的时候就站立着，有事的时候才坐下。尸，是代表神灵的，而由祝传达辞命。祭祀的澧酒要用茅草过滤使它变得清澈透明，在此之前还要用明酌相掺；盏酒用清酒掺和就像鬯酒用盏酒掺和一样，然后再过滤，也像清酒和盏酒掺和在陈年酿制的醇酒之中。祭祀的时候，有祈福的，有答神的，有消弭灾祸的。斋戒的时候要穿黑色的衣服，以使人们沉浸在幽思之中。因此，君子斋戒三天，他一定能在祭祀时看到他所要祭祀的亲人。

※ 解读

本篇的主要内容是罗列各种祭礼中应该注意的事项，并讨论某些仪式设置的原则和用意。

本篇提出了一个论点："诸侯不敢祖天子，大夫不敢祖诸侯。"这也就是说，即使有很尊贵的地位，在当时等级森严的社会中还是不能乱祭，诸侯不能设立天子的祖庙，大夫不能设立诸侯的祖庙。你是什么身份，就只能做什么事情，而不能乱，即使是祭祀，也要遵礼。

这篇文章还明确地提出了"尊贤重能"。如"天子之元子，士也。天下无生而贵者也。继世以立诸侯，象贤也。以官爵人，德之杀也。死而谥，今也。古者生无爵，死无谥。"天下没有一生下来就尊贵的人，天子及诸侯的继承人封为天子或诸侯，是因为能尊重与效法先人的德行，关键是自己有德有才。古代即使有德有才的贤能，活着也无爵，死后也无谥，但一样地"贵"，所谓"贵"就是指有德有才、贤明。主张"贵有能""尊有贤"。"能"和"德"并非单方面的自然天成，这一切都取决于自我的修养。这里宣扬的是尊贤的思想，批判的是天命、血统论。这其实也是向"尊尊、贵贵"世俗观念挑战。

※ 事例

《郊特牲》篇中讲到：进献祭祀的物品时，不能用人们所常吃的美味食物，也不以物品种类繁多为贵，重在体现以虔敬之心交接神明的意思。

唐羌谏免贡美味

在很早就有这个惯例，岭南地区向朝廷进贡鲜龙眼和荔枝，十里设一个驿站，五里设一个岗亭，日夜不停地向宫中传送，以备祭祀时使用。公元103年，即汉和帝永元十五年，临武县令汝南人唐羌上书说："我听说，在上位的人不因享受美味而为有德，在下位的人不因进贡美味而为有功。我看到交趾州的七郡进贡鲜龙眼等物，使者飞奔使众鸟惊飞，风尘弥漫；南方州郡土地炎热，毒虫猛兽在路上到处可见，传送贡物的人甚至会因此遭到各种不测而死亡。已死的人不能复活，后来的人仍可挽救。而将这两种水果献上殿堂，也不一定能使人延年益寿。"于是和帝下诏说："边远地区进贡珍奇的美味，本是用来供奉宗庙、祭祀祖先的。如果因此造成伤害，岂不是违背了爱护人民的本意！现在下令：太官不再接受此类贡品！"

内则

※ 原文

父母在，朝夕恒食，子、妇佐馂；既食恒馂。父没母存，冢子[1]御食，群子、妇佐馂如初。旨、甘、滑，孺子馂。

在父母、舅姑之所，有命之，应“唯”，敬对。进、退、周旋慎齐；升、降、出、入揖游[2]。不敢哕噫、嚏咳、欠伸、跛倚、睇视，不敢唾洟，寒不敢袭，痒不敢搔。不有敬事，不敢袒裼；不涉不撅。亵衣衾不见里。父母唾洟不见。冠带垢，和灰请漱；衣裳垢，和灰请澣；衣裳绽裂，纫箴请补缀。五日则燂[3]汤请浴，三日具沐。其间面垢，燂潘请靧；足垢燂汤请洗。少事长，贱事贵，共帅[4]时。

※ 注释

1 冢子：嫡长子。2 揖游：揖，俯身。游，行。3 燂：烧热。4 帅：率，遵循。

※ 译文

父母都健在的时候，平时吃早、晚饭，儿子、媳妇就要在旁劝食并吃他们吃不完的某种食物；等父母吃完饭后，总是要再吃父母吃剩的食物。如果父亲去世而母亲还健在，就由嫡长子陪母亲吃饭，而由其他儿子和媳妇在旁劝食，并将母亲吃不完的某种食物吃掉，如同父亲在世时一样。父母吃剩下的好吃、甜美柔滑的食物，让幼儿吃。

在父母、公婆居住的地方，他们有什么吩咐，就立即恭敬地回答“是”，然后回答。在他们面前前进、后退、转身，态度都要谨慎庄重；上堂、下堂、出去、进来都要先行揖礼并且从容不迫。不能在他们面前打嗝、打喷嚏或咳嗽、伸懒腰、独脚站立或依靠身子，不能斜着眼睛看人，不能吐唾沫或擤鼻涕，若天气变冷，也不能当着父母的面加衣裳，身上痒也不敢抓挠。不是为父母、公婆劳作的事，就不能袒露胳膊；不是涉水，就不能把衣服撩拨起来。比较脏的内衣和被子的里子也不要裸露出来让人看见。如发现地面有父母的口水和鼻涕就要立即清除干净。他们的冠带脏了，要用草木灰清洗干净；衣服脏了，也要用草木灰清洗干净；衣服破了，要穿好针线，为父母缝补。五天烧一次温水让父母洗澡，每三天烧一次温水请父母洗头。在这期间，如果父母的脸脏了，就烧淘米水请他们清洗；脚脏了，就烧温水为其清洗干净。年龄小的尊崇年龄大的，身份低贱的尊崇身份显贵的，都像上面这样。

※ 原文

父母有过，下气怡色，柔声以谏。谏若不入，起敬起孝，说则复谏；不说，与其得罪于乡党州闾，宁孰谏。父母怒，不说而挞之流血，不敢疾怨，起敬起孝。

父母有婢子，若庶子、庶孙，甚爱之，虽父母没，没身敬之不衰。子有二妾，父母爱一人焉，子爱一人焉，由衣服饮食，由执事，毋敢视父母所爱，虽父母没，不衰。子甚宜其妻，父母不说，出。子不宜其妻，父母曰：“是善事我。”子行夫妇之礼焉，没身不衰。

父母虽没，将为善，思贻父母令名，必果；将为不善，思贻父母羞辱，必不果。

※ 译文

即使父母有过错，儿子也要低声下气、和颜悦色地进行劝谏。如果劝谏还不听，就要对父母更恭敬、更孝顺，等到父母高兴后，再进行劝谏；如果父母对此感到不高兴，这时与其让父母因为有错而得罪乡党州闾，还不如继续劝谏。如果父母发怒而鞭打自己，直至头破血流，也不能怨恨他们，反而要变得更加恭敬和孝顺。

父母有宠爱的奴婢和庶子、庶孙，而很喜爱他们，即使父母去世了，一直到自己老死之前（都要像父母活着时一样）对他们怀着敬重心情而不改变。儿子有两个妾，父母喜爱其中一个，儿子喜爱另一个，那么儿子对于自己所喜爱的妾，从衣服饮食，到所派的活计，都不能和父母喜爱的那个相比，即使父母去世了，也不改变。儿子特别宠爱他的妻子，可是父母不喜欢她，那就应该把她休掉。儿子不喜欢他的妻子，而父母却说：“她能很好地侍奉我们。”儿子也要对她行夫妇之礼，至死不渝。

父母虽然去世了，子女在做善事时，想到这将会给父母留下好名声，就一定要做成；而在将做坏事时，想到这样将会给父母留下羞辱，就一定不要去做。

※ 原文

曾子曰："孝子之养老也，乐其心，不违其志，乐其耳目，安其寝处，以其饮食忠养之，孝子之身终。终身也者，非终父母之身，终其身也。是故父母之所爱亦爱之，父母之所敬亦敬之，至于犬马尽然，而况于人乎？"

凡养老，五帝宪[1]，三王有乞言。五帝宪，养气体而不乞言，有善则记之，为惇史。三王亦宪，既养老而后乞言，亦微其礼[2]。皆有惇史。

※ 注释

1 宪：效法。2 微其礼：指养老乞言时不敢坚持，不敢迫切。

※ 译文

曾子说："孝子赡养老人，要使老人从心里感到快乐，不违背老人的意愿，要使老人的耳目都愉悦，居处感到安适，在饮食方面，用老人喜欢吃的饮食来悉心赡养，直至孝子身终。这里的终身，并不是指父母终身，而是指终孝子自己之身。因此父母所爱的自己也所爱，父母所敬的自己也尊敬，就连父母所爱的狗马也是如此，更何况对父母所爱之人呢？"

凡举行养老之礼，五帝时代是效法老人的德行，三王时代（不但效法德行），又请老人对国政发表意见。五帝时代只效法老人德行，是为了颐养老人的气息和身体，因此不请老人们对国政发表意见，但把老人中好的德行记录下来，作为惇厚者之史。三王时代也效法老人的德行，是在养老礼举行完毕，而后请老人对国政发表意见，但这只是要求稍微举行一下请求发表意见的礼仪。三王时代也都记载有惇厚者之史。

※ 原文

子能食食，教以右手。能言，男"唯"，女"俞"，男鞶革，女鞶丝。六年，教之数与方名。七年，男女不同席，不共食。八年，出入门户，及即席饮食，必后长者，始教之让。九年，教之数日，十年，出就外傅，居宿于外，学书记，衣不帛襦袴，礼帅初，朝夕学幼仪，请肄简、谅。十有三年，学乐，诵诗，舞《勺》。成童，舞《象》，学射、御。二十而冠，始学礼，可以衣裘帛，舞《大夏》，惇行孝弟，博学不教，内[1]而不出。三十而有室，始理男事，博学无方，孙友视志。四十始仕，方物出谋发虑，道合则服从，不可则去。五十命为大夫，服官政。七十致事。

凡男拜，尚左手。

女子十年不出，姆教婉娩、听从，执麻枲，治丝茧，织纴组，学女事，以共衣服。观于祭祀，纳酒、浆、笾、豆、菹、醢，礼相助奠。十有五年而笄，二十而嫁，有故[2]二十三年而嫁。聘则为妻，奔则为妾。

凡女拜，尚右手。

※ 注释

1 内：通“纳”，指内心蕴蓄美德。2 有故：指父母之丧。

※ 译文

在小孩能吃饭时，要教他使用右手。开始学说话时，要教男孩说“唯”，女孩说“俞”，给男孩佩戴用皮革制成的小囊，给女孩佩戴用丝织成的囊。孩子到了六岁时，要教他识数和辨别方向。七岁时，男孩、女孩就不再同席吃饭。八岁时，开始教他们礼让，进出门户和就席而坐，必须让长者在先而自己在后。九岁时，教他计算日期。十岁时，（男孩）就要出外求学，住宿在外，学习写字和记事，不穿帛做的衣裤，遵循以前在家学习的谦让之礼，每天向老师请教初级的礼仪，所向老师请教学习的，贵在简要而信实。十三岁时，要学习音乐，诵读诗篇，学习《勺》舞。到了成童时，就学习《象》舞，并练习射箭和驾车。二十岁举行冠礼，开始学习成人之礼，这时可以穿裘帛的衣服，并学习《大夏》舞，学习尊敬老人和顺服长上的道理，广博地学习而不可为师教人，努力吸收知识而不可为人谋事。三十岁娶妻成家，开始掌管男子的事务，广博地学习而没有固定的内容，要与朋友和顺相处，并注意观察他们的志向。四十岁开始做官，根据事物自然之理而定计谋、出主意，如果志同道合就顺从，不合就离去。五十岁受命为大夫，可以独当一面处理政事。七十岁辞官退休。

凡是男子行拜礼，左手应放在右手上面。

女子到了十岁就不再出门，由女师教她们如何温婉柔顺、听从尊长的教诲，教她们纺麻织布、煮茧缫丝，纺织缯帛丝绦，等女人活计，以供给衣服。教她们参观祭祀，学习捧入纳酒、浆、笾、豆、菹、醢等祭品和祭器，按照祭礼的要求帮助大人放置祭品和祭器。到了十五岁许嫁而举行笄礼，在二十岁时出嫁，如果这时遭遇父母丧事，就到二十三岁出嫁。接受男家的聘礼而出嫁的女子就是妻，没有接受聘礼而嫁的就是妾。

凡女子行拜礼，都是右手放在左手上面的。

※ 解读

《内则》篇大致是记述在家庭生活中，为人子女应如何侍奉父母公婆的许多细则，同时涉及饮食及教养子女的方法等问题。

这篇文章在结尾时说：礼对男女要求是不相同的，在孩提时就对他们进行教育，各自遵守不同的礼制，不能没有区别，各自该怎么做就怎么做，否则就认为是没有教养。不仅是自己没有教养，就连父母也被认为是没有教养的。因此从小对他们的教育很重要。而随着年龄的长大，这种男女有别就更为明显，因此在交谈、做事等行为上都必须注意。就连行礼时也不同，男子行礼时左手应放在右手上面，而女子行礼时则是右手放在左手上面。就连这么一个细微的动作都要求得如此之严格，可想而知在古代礼有多么严格的规范。

在古代，“礼”是每个人都应该遵守的法则，因此，对于礼的学习，古人十分重视，他们知道，懂礼的人将处处受人尊敬。

※ 事例

《内则》篇主要是从一些小事上要求我们注意礼。因为只有在小事上都严格要求自己，最终才能成为一个贤者。女人也是如此。

刘后以身禀奏

汉主刘聪把贵嫔刘娥立为皇后之后，要为她建造宫殿。廷尉陈元达恳切地劝谏：“天生百姓并为他们树立君主，是让君主管理他们，并不是用千万百姓的生命去满足一个人的穷奢极欲。光文皇帝刘渊身穿粗布，皇后妃嫔也不穿绫罗绸缎，拉车的马匹不喂粟谷，这是爱惜百姓的缘故。陛下即位以来，已经建造了四十多处宫殿，加上一再兴兵作战，军粮运输不停，饥馑、疾病流行，造成百姓死的死，逃的逃。如今您还想大兴土木，这难道是做百姓父母的想法吗？”

刘聪听了勃然大怒，说：“朕身为天子，建造一个殿堂，你竟敢胡说八道扰乱大家的情绪，不杀掉你，朕的殿堂就建不成！”于是发出命令：“拖出去杀了！连他的妻子一起在东市悬首示众。”当时刘聪在逍遥园的李中堂里，而陈元达在进谏之前已先用锁将自己锁在堂下的树上，听到刘聪欲诛杀自己和家人，他大声呼喊：“我所说的，是为社稷大业考虑，而陛下却要杀掉我。汉朝朱云说：‘我能够与龙逢、比干同游，这就满足了！’”

大司徒任凯，光禄大夫朱纪、范隆，骠骑大将军河间王刘易等人一起叩头叩得出血，说：“陈元达为先帝刘渊所赏识，受命于汉之初，即使把他安排在门下，他也一直尽忠竭虑，知无不言。今天他所说的话虽然有些狂妄直率，但希望陛下能够宽容他。”刘聪沉默不语。

刘皇后听说后，暗中命令随从们停止对陈元达的刑罚，亲笔写了奏疏给刘聪，说：“现在宫室已经齐备，用不着再营建新的，四海还没有统一，应当珍惜百姓的财力。直言进谏的忠臣固然不顾自己的性命，而拒绝进谏的君主也是不考虑自身的性命。陛下为我营建宫殿而杀劝谏的大臣，这样，使忠良之臣缄口不言是因为我，远近都产生怨恨愤怒也是因为我，公私两方面的困窘弊害都是因为我，使国家社稷面临危险还是因为我，天下的大罪都集中到我的身上，我怎么能承担得起呢？我观察发现，自古以来造成国破家亡的，没有不从妇人开始的。我心里常常为之痛心，想不到今天自己也会这样，使得后世的人看我，就像看古人一样！我实在没有颜面再伺候您，希望您允许我死在这个殿堂里，以弥补陛下的过错！”刘聪看完后脸色都变了。

任凯等人仍然流着泪不停地叩头。刘聪这才慢慢地说：“朕近年来，因为中了点风，有点喜怒无常。陈元达是忠臣，朕却没有看出来，各位却能够为了他磕破头，确实是股肱辅弼之臣呀。”说着便叫陈元达上来，把刘皇后的奏疏给他看，说：“在外有像您这样的人辅佐，在内有像皇后这样的人辅佐，我还有什么可忧虑的呢？”于是赏赐给任凯等人不同数量的稻谷与布帛，把逍遥园改称为纳贤园，李中堂改称为愧贤堂。

玉藻

※ 原文

天子玉藻[1]十有二旒，前后邃[2]延[3]，龙卷[4]以祭。玄端而朝日于东门之外，听朔于南门之外。闰月则阖门左扉，立于其中。

皮弁以日视朝，遂以食[5]，日中而馂[6]，奏而食。日少牢，朔月大牢，五饮：上水、浆[7]、酒、醴、酏。卒食，玄端而居。动则左史书之，言则右史书之。御瞽几声之上下[8]。年不顺成，则天子素服，乘素车，食无乐。

※ 注释

1 玉藻：玉指古代帝王贵族冕前垂旒上所穿的玉，藻是垂旒上穿玉的五彩丝绳，合称玉藻。2 邃：深。指延前后皆长出于冕而深邃。3 延：是覆盖于冕上的木板，其表蒙以玄色的布，则里为纁色。4 龙卷：即龙衮，画龙于衮衣。天子之礼服。5 食：指朝食。早餐叫“朝食”，下午一顿叫“夕食”。6 馂：吃剩下的食物。7 浆：即酢浆，用糟酿成的酒类，味酸。8 声之上下：指音乐之声的哀、乐。古人认为政治清平则乐声乐，政令昏暴则乐声哀。

※ 译文

天子所戴的冕上有用彩色丝绳贯穿的十二串玉珠，旒在延的前后长长地垂挂着，身上穿着有龙形图案的衮服去祭祀宗庙。在春分这一天，天子头戴玄冕、身穿玄衣，在东门之外举行朝日之礼。每月初一，天子穿玄衣、戴玄冕在南门外的明堂里处理政事。如果是闰月，那就把明堂门的左边的门关上，站在门内处理政事。

天子平日戴着白鹿皮弁视朝，退朝以后吃早饭，中午吃早餐剩余的食物，吃饭时要奏乐。天子平日膳食用羊猪二牲，每月初一这一天则要用牛羊豕三牲。天子的饮料有五种：以水为上，其次是浆、酒、甜酒和粥汤。中午吃过以后，就换上玄端服休息闲居。天子的行动都由左史记录下来，他的言论都由右史记录下来。天子身旁侍御的乐工察辨音乐之声的高下，以了解政令的得失。年成不顺，遇到灾害，天子就要穿素服，乘没有油漆的素车，进餐时不演奏音乐。

※ 原文

诸侯玄端以祭，裨冕以朝，皮弁以听朔于大庙，朝服以日视朝于内朝。朝，辨色始入。君日出而视之，退适路寝听政，使人视大夫。大夫退，然后适小寝，释服。又朝服以食，特牲，三俎[1]，祭肺。夕深衣，祭牢肉。朔月少牢，五俎，四簋[2]。子卯，稷食，菜羹，夫人与君同庖。

君无故不杀牛，大夫无故不杀羊，士无故不杀犬豕。君子远庖厨，凡有血气之类，弗身践也。至于八月不雨，君不举。年不顺成，君衣布，搢本[3]，关梁不租，山泽列[4]而不赋，土功不兴，大夫不得造车马。

卜人定龟，史定墨，君定体。

君羔幦[5]，虎犆[6]。大夫齐车鹿幦，豹犆；朝车。士齐车鹿幦，豹犆。

※ 注释

1 特牲，三俎：特牲，猪；三俎，猪、鱼、腊，腊，干肉。2 簋（guǐ）：盛饭食之器。3 本：指士所用的竹笏，用象牙装饰其下端。国君本应用象笏。穿衣、插竹笏都是表示贬损自责的意思。4 列：通“迾”，遮遏的意思。5 幦：覆于车轼上的皮。6 犆：缘饰、镶边。

※ 译文

诸侯到宗庙祭祀祖先时，穿着玄冕之服；去朝见天子时，要穿裨服、戴冕；到太庙行听朔之礼时，身穿皮弁服，平日在内朝视要穿戴朝服。群臣上朝，在天色微明可以辨色时，就开始进宫等待。国君在日出时视朝，与群臣相见，然后退到路寝听政。国君派人到路寝门外视看大夫。大夫无事，全部退走，那么国君就回到自己的燕寝，脱掉朝服，换上玄端。在吃早饭时，国君要换上朝服进餐，吃的是猪、鱼、腊三俎，将食之前先祭祀，感谢神灵。国君在吃晚饭时，要身穿深衣，将进食之前，先祭牢肉。每月初一用羊、猪二牲，吃的是五俎四簋，即羊、豕、鱼、腊、肤五俎和黍、稷各二簋。逢到子卯忌日，国君则只吃饭食和菜羹，表示借鉴 。国君的夫人和国君共同进餐，不另外杀牲。

没有特别的缘故，国君不杀牛，大夫不杀羊，士不杀犬豕。君子要远离厨房，凡是有血有气的动物，都不忍亲自动手宰杀。如果一连八个月都不下雨，灾情如此严重，那么国君吃饭就不演奏音乐。年成不顺，国君要穿麻布之衣，腰带间插竹笏；在关口和桥梁处不收租税，山泽只划分出禁区和开放区（以让民众获取生活资料）而不征赋税，不再大兴土木，大夫也不许制造新车。

凡是占卜，由卜人选定占卜所当用的龟甲，用火烧灼，由太史根据裂纹的大小、宽窄、纵横、深浅、曲直等兆纹进行染墨使之明显。由国君观看整个兆象的形体以判定其吉凶，从而决定事情进行与否。

国君的斋车用羔皮覆轼，用虎皮镶边。大夫的斋车、朝车，士的斋车都用鹿皮覆轼而用豹皮镶边。

※ 原文

君子之居恒当户，寝恒东首。若有疾风，迅雷，甚雨。则必变[1]，虽夜必兴，衣服、冠而坐。日五盥，沐稷而靧粱，栉用椫栉，发晞用象栉。进机，进羞，工乃升歌。浴用二巾：上絺下绤。出杅[2]，履蒯席，连用汤，履蒲席，衣布，晞身，乃屦，进饮。将适公所，宿齐戒，居外寝，沐浴。史[3]进象笏[4]，书思对命。既服，习容观，玉声，乃出，揖私朝，辉如也，登车则有光矣。

天子搢珽[5]，方正于天下也。诸侯荼[6]，前诎后直，让于天子也。大夫前诎，后诎，无所不让也。

侍坐则必退席，不退，则必引而去君之党[7]。登席不由前，为躐[8]席。徒坐[9]不尽席尺。读书、食，则齐，豆去席尺。

※ 注释

1 变：整顿仪容、改变姿势。2 杅（yú）：浴盆。3 史：大夫之史，掌管文史一类事。4 象笏：大夫用的笏以象牙为本。5 珽：或称大圭，天子所用，长三尺，上终葵首。终葵，方如锥头。6 荼：诸侯所用，上圆下方。7 党：处所。这里指君所坐之处。8 躐：逾越。9 徒坐：空坐，指不在饮食或读书时坐在席上。

※ 译文

君子居处总是对着门户，向着明亮的地方。睡觉时总是头向东，因为东方是充满生气的方向。如果有烈风、打雷、暴雨时，则必庄敬严肃，即使是夜里也一定起身，穿戴整齐，恭恭敬敬地坐着，因天变而有所敬畏。每天要洗手五次，用淘稷的水洗头发，用淘粱的水洗脸，洗过的头发要用白木梳梳理，头发干了就用象牙梳来梳。然后喝一点酒，吃一点东西，这时乐工就升堂唱歌，边吃边听。洗澡要用两条毛巾，擦洗上身用细葛巾，下身用粗葛巾。洗后，从浴盆出来，站在蒯草编的席子上，用热水冲洗双脚，然后再站到蒲席上，穿上麻布衣服以吸身上的水，然后穿上鞋，就喝酒听歌。臣子将要去朝见国君，必须前一天就斋戒沐浴，独自居住在正寝。史官呈上象笏，把想要回答国君的话写在上面，以准备向国君报告或回答国君的问题。朝服穿戴已毕，要练习自己的仪容神态举止是否得当，使佩玉之声和行步举止的节拍相合，然后才出发。在庭中揖见家臣，显出神采奕奕的样子，登车时更显出光彩照人的样子。

天子插的笏叫作珽，四角方正，这是向天下人表示天子的端方正直。诸侯插的笏叫作荼，上面的两角是圆的，下面两角是方的，这是表示诸侯应让于天子。大夫的笏上下四角都是圆的，表示他（对天子、诸侯）处处都必须退让。

臣陪坐于君必须退坐在君旁边的席上，如果不退坐在旁边的席上，就必须退到君所亲近的人的后边去坐。登席入座不应该由前面跨上去，而应该由后面上，否则就叫作逾越席，大为失礼。无事而坐的时候，身体离开席前缘一尺左右。在读书、进食时，要坐得与席的前沿平齐，盛食物的器皿放在席前距席一尺的地方。

※ 原文

若赐之食，而君客之，则命之祭，然后祭。先饭，辩尝羞，饮而俟。若有尝羞者[1]，则俟君之食，然后食。饭，饮而俟。君命之羞，羞近者[2]。命之品尝之，然后唯所欲。凡尝远食，必顺近食。君未覆手[3]，不敢飧。君既食，又饭飧。饭飧者，三饭也。君既彻，执饭与酱，乃出授从者。

凡侑食[4]，不尽食。食于人不饱。唯水、浆不祭，若祭为已偞[5]卑。

君若赐之爵，则越席再拜稽首受，登席，祭之，饮卒爵而俟，君卒爵，然后授虚爵。君子之饮酒也，受一爵而色洒如也，二爵而言言斯；礼已三爵，而油油，以退。退则坐取屦，隐辟而后屦：坐左纳右，坐右纳左。

凡尊，必上玄酒[6]。唯君面尊。唯飨野人皆酒。大夫侧尊用棜。士侧尊用禁。

※ 注释

1 尝羞者：指膳宰，先尝食。2 羞近者：食近身的菜肴。3 覆手：吃饱以后用手抹拭口边。4 侑食：这里指侍食于尊者。5 傑（xiè）：同“偞”，谓为势所压，惧而自卑。6 玄酒：水。虽不用，设之，示不忘古。或说上古无酒，以水当酒。

※ 译文

国君赐给臣子吃饭，臣子可以不祭饮食神，如果国君以客礼待臣，那么臣子应在得到国君的命令以后才祭。祭毕，臣子要先遍尝各种食品，然后饮水洁口而等待国君进食。如果有膳宰尝食，那么被赐食的臣子就无须尝食了，就等国君先吃，然后自己再吃。臣吃饭前，饮水以等待君先吃。国君命令臣吃菜，臣就吃靠近身前的。国君命令臣遍尝菜肴，臣才得以一一品尝，然后根据自己的嗜好进食。凡是尝远处的食物，要从近处的食品顺次吃过去。臣子陪侍国君吃饭，国君还未用手抹嘴，臣子不能用水泡饭劝君吃。在国君吃水泡饭以后，臣子才又吃水泡饭，但也只吃三口。国君的饭菜都撤下去以后，侍食的臣子才可以端着饭与酱，出去交给自己的随从，这表示自己十分珍视国君的赏赐。

劝尊者吃饭，自己不能把食物吃光。别人请你吃饭，不要吃饱。在地位相当的人家吃饭，吃各种食物前都应该先祭一下，只有水、浆可以不祭。如果水、浆也祭的话，那就太降低自己的身份了。

国君如果赐给侍宴的臣子喝酒，臣子就要越过自己的座席，再拜稽首礼，恭敬地接过来，然后回到自己的座席，先祭而后饮，饮干以后，等国君也饮干，然后把空酒杯递给赞者。君子饮酒，饮第一杯时脸色庄重，饮第二杯时态度温和恭敬；按礼，臣子侍君宴饮，饮酒止于三杯，三杯饮过，则和悦恭敬地告退。退的时候要跪坐拿起脱下的鞋，到隐僻处而后穿鞋：穿右脚鞋时跪左腿，穿左脚鞋时跪右腿。

凡是陈设酒樽，必以玄酒为上。只有在国君宴请大臣的时候，才能将酒樽放在国君的对面。只有请乡野平民饮酒时，才全部用酒而不用玄酒。在宴客的时候，酒樽不能正对着主人，大夫要放在旁侧的棜上。士将酒樽，放在旁侧的禁上。

※ 原文

始冠缁布冠，自诸侯下达。冠而敝之可也。玄冠，朱组缨，天子之冠也。缁布冠，缋緌，诸侯之冠也。玄冠，丹组缨，诸侯之齐冠也。玄冠，綦组缨，士之齐冠也。缟冠，玄武，子姓之冠也。缟冠，素纰，既祥之冠也。垂緌五寸[1]，惰游之士也。玄冠，缟武，不齿之服也。居冠属武，自天子下达，有事然后緌。五十不散送[2]。亲没不髦。大帛不緌。玄冠紫，自鲁桓公始也。

※ 注释

1 垂緌五寸：緌的长度，大约吉冠长一尺二寸，祥冠长一尺，惰游之士则又减半以表示一种耻辱。2 散送：起殡以后送葬人腰间的麻绳散垂，到葬毕才绞起来。五十岁可不行此礼。

※ 译文

行冠礼时，第一次加的冠是缁布冠，从诸侯到士人都是如此。这种缁布冠在行冠礼后就不再戴，随它去敝弃。天子行冠礼时，第一次加的冠则是玄冠，以朱红色的丝带为缨。诸侯虽是用缁布冠，但是配有彩色的缨带。玄冠而用丹红色的丝带做缨，这是诸侯斋戒用的冠。玄冠而用青黑色的帛做缨，这是士斋戒用的冠。用白色的生绢制冠而冠卷是玄色，这种上半示凶、下半示吉的冠，是孙子在祖父去世以后父亲丧服未除而自己已经除服时戴的。用白色的生绢制冠，用白绫做冠两边及冠圈下缘的镶边，这是孝子在大祥祭以后戴的冠。强令惰游者戴的冠和孝子大祥以后戴的冠一样，只是下垂的只有五寸长，让他们头戴凶冠，加以污辱。那些不服从教化而不再录用的人所戴的冠则是玄冠，以生绢做冠圈。平日闲居时戴的冠，把下垂的冠带分别固定在冠圈两侧，上自天子下至平民都如此，到有事时才垂下来。满五十岁的人，有了丧事，不必散麻送葬。父母去世以后，做子女的就不要再戴髦了。用白缯制的素冠没有下垂的冠带。玄冠配上紫色的垂带，这是自鲁桓公开始的。

※ 原文

君衣狐白裘，锦衣以裼[1]之。君之右虎裘，厥左狼裘。士不衣狐白。君子狐青裘，豹褎，玄绡衣以裼之；麛裘，青豻褎，绞衣以裼之；羔裘，豹饰，缁衣以裼之；狐裘，黄衣以袭之。锦衣狐裘，诸侯之服也。犬、羊之裘不裼。

不文饰也不裼。裘之裼也，见美也。吊则袭[2]，不尽饰也。君在则裼，尽饰也。服之袭也，充[3]美也。是故尸袭，执玉圭袭。无事则裼，弗敢充也。

笏，天子以球玉，诸侯以象，大夫以鱼须文竹[4]，士竹本象可也。见于天子，与射，无说笏[5]。入大庙说笏，非古也。小功不说笏，当事免则说之。既搢必盥，虽有执于朝，弗有盥矣。凡有指画于君前，用笏。造受命于君前，则书于笏。笏，毕[6]用也，因饰焉。笏度二尺有六寸，其中博三寸，其杀六分而去一。

※ 注释

1 裼：通“袒”，古代丧服。2 袭：在裼衣外面加上衣，掩盖裼衣的文绣。3 充：覆盖。4 鱼须文竹：大夫之笏以竹为之，而饰以鲛鱼之皮。“须”当为

"颁"之误，"颁"通"斑"，鱼斑，鲛鱼皮有斑纹，用以饰笏；文：饰。5 说笏：指不在手，又不插带。说：通"脱"。笏或者拿在手上，或者插在大带中。6 毕：尽。言指画、记事尽用笏。

※ 译文

国君穿狐白裘的时候，要用锦衣罩在上面作为裼衣。国君右面的卫士穿虎皮裘，左面的卫士穿狼皮裘。士不能穿狐白裘。君子穿着青狐裘，用豹皮镶上袖口，加黑色绡衣作为裼衣；或穿麛裘，用青豻皮作为袖口，加苍黄色的裼衣；或穿羔皮裘，以豹皮为袖口，配上黑色的裼衣；或穿狐裘，就配上黄色的裼衣。狐裘外加锦衣为裼衣，这是诸侯之服。犬羊之裘不加裼衣。

凡不需文饰的情况下，都不需要显露裼衣。在裘衣外面加上裼衣，并且解开上服，把裼衣露出一部分来，这是为了表现它的华美。在吊丧的时候要掩好正服前襟，不显露裼衣的文饰。在国君面前则要袒露裼衣，这是为了尽量表现文饰，体现敬君之心。掩好正服前襟，是为了覆盖住裼衣之美。因此充当尸应当掩好正服前襟，拿玉圭的时候应当掩好正服前襟。在一般情况下就应当袒露出裼衣，而不敢将裼衣覆盖住。

天子的笏用美玉制成，诸侯的笏以象牙制成，大夫的笏用竹子制成而饰以斑纹的鲛鱼之皮做装饰，士的笏用竹制成而以象牙镶在下部。诸侯、士大夫在朝见天子的时候，在参加射礼的时候，笏都不可离身。到太庙中祭祀时也应带上笏，不带笏是不合古礼的。为死者服小功之丧时不要脱笏，当必须袒免哭踊的时候可以不带笏。臣朝君时，把笏插进绅带以后一定要洗手，洗过以后，到了朝廷上拿笏的时候就无须再洗了。臣子凡在国君面前回话，每当有所指画时，不宜直接用手比画，要用笏。在国君面前接受命令，则记在笏上。笏不管指画、记事都要用到，因而按身份地位施以不同的装饰。笏的长度是二尺六寸，中间宽三寸，两端各削减三寸的六分之一。

※ 原文

凡侍于君，绅垂，足如履齐，颐霤，垂拱[1]，视下而听上，视带以及袷，听乡任左。

凡君召以三节：二节以走，一节以趋。在官不俟屦，在外不俟车。

士于大夫，不敢拜迎，而拜送。士于尊者先拜，进面[2]，答之拜，则走。士于君所言大夫，没矣则称谥若字，名士；与大夫言，名士，字大夫。

于大夫所有公讳[3]，无私讳[4]。凡祭不讳，庙中不讳[5]，教学临文不讳。

古之君子必佩玉，右徵、角，左宫、羽，趋以《采齐》，行以《肆夏》，周还中规，折旋中矩，进则揖之，退则扬之，然后玉锵鸣也。故君子在车则闻鸾、和之声[6]，行则鸣佩玉，是以非辟之心，无自入也。君在不佩玉，左结佩，右设佩；居则设佩，朝则结佩；齐则绮[7]结佩，而爵韠。凡带必有佩玉，唯丧否。佩玉有冲牙。君子无故玉不去身。君子于玉，比德焉。天子佩白玉而玄组绶[8]。公侯佩山玄玉[9]而朱组绶。大夫佩水苍玉[10]而纯组绶。世子佩瑜玉而綦组绶。士佩瓀玟而缊组绶。孔子佩象环五寸而綦组。

※ 注释

1 颐霤，垂拱：上身前倾时，头微前伸，两颊下垂有似屋檐。霤，屋檐。2 先拜，进面：言往见尊者，当先在门外拜，然后进门相见。3 公讳：指已故国君之名。4 私讳：指已故父母之名。5 庙中不讳：谓祭有祝福的祷辞，其中有先君之名，不避讳。6 鸾、和：都是铃。鸾在车衡，和在车轼。7 绮：屈折。8 玄组绶：即以玄色丝带为绶。绶：穿佩玉的丝带。9 山玄玉：玉色像山的玄色而杂有纹理。10 水苍玉：玉色像水的青色而杂有纹理。"纯"当作"缁"。比"玄"深的黑色。

※ 译文

凡陪侍国君，在国君面前要毕恭毕敬，上身要前倾，绅带下垂，脚好像踩着衣裳的下边一样，（要低头而使）下巴下垂如同屋檐般探出，两手交拱垂在下面，目光向下，耳朵却注意倾听国君的讲话。视线应在国君的腰带以上、衣领以下，听国君讲话时，要把头侧过来，用左耳听。

国君派使者宣召臣下，共有三个符节：如果事情紧急，就用两个符节，这时臣子要奔跑赴命，如果事情不太紧急，就用一个符节，这时臣子要快步行走以赴命。只要国君召见臣子，不论事情缓急，都要赶快前往；如果正在朝廷办事之处，那要不等穿鞋就去；如果不在朝廷办事之处，那就应不等备好车马就去。

士在大夫来看自己的时候，不能出大门外拜迎，因为拜迎是身份相等的人之间的礼节，只在大夫走的时候才可以拜送。士拜见卿大夫时，卿大夫在门内等候，士在门外先拜，然后进门见面，若卿大夫在门内答拜，士要赶紧避开，不敢当礼。士在国君的处所谈话，提到已故的大夫，就称他的谥号或字，不能直呼其名，提到已故的士，则直称其名。士与大夫谈话时，提到活着的士时可直称其名，提到活着的大夫时可称呼其字。

士在大夫面前谈话，只避开国君的名字，而不避开大夫家的私讳。凡祭祀群神读祝祷辞不避讳，在宗庙中祭祀祖宗在祭辞中不避讳，在老师教学生的时候以及对书中的文字可以不避讳。

古时候的君子身上都挂玉佩，走路时右边的玉发出的声音像徵声和角声，左边的玉发出的声音像宫声和羽声。在路寝门外至应门快走时音乐演奏《齐乐》，在路寝门内至堂上行走时，音乐演奏《肆夏》，反转回行所走的路线要成弧形，拐弯时所走的路线方如矩，前进时身体略俯像作揖一样，后退时身体略仰，这样，玉佩在行走时就发出铿锵的鸣声。所以君子乘车的时候，能听到鸾铃与车轼上的铃声相应，步行的时候，就听到腰间挂玉佩的鸣声，因此种种邪辟恶念就无从进入君子的心中了。士大夫在国君面前不能挂玉佩，左、右两边都要佩带备国君有事时所需的东西；所到之处都要带佩玉，朝见国君时左边就要再系结备国君有事时所需用的东西。斋戒时穿上下一色的玄端服，配上黑色的蔽膝，这时要把玉用绶带结住，而且要把绶带向上折收起来，使左右玉佩不能碰击发声。从天子到士在革带上都挂有玉佩，只有服丧时不挂玉佩。玉佩间一块是冲牙。君子没有特殊的原因，玉佩是不离身的，因为君子是以玉来比喻一个人的德行的。天子佩白玉，用玄色丝带为绶。公侯佩青黑如山色的玉，用朱红色的丝带为绶。大夫佩水苍色的玉，用黑色丝带为绶。世子佩美玉，用彩色的丝带为绶。士佩似玉般的美石，用赤黄色的丝带为绶。孔子闲居时佩直径五寸的象牙制作的环，用杂彩丝带为绶。

※ 原文

童子之节也，缁布衣，锦缘，锦绅，并纽，锦束发，皆朱锦也。肆束及带，勤者有事则收之，走则拥之。童子不裘，不帛，不屦絇[1]，无缌服[2]，听事不麻，无事则立主人之北，南面。见先生，从人而入。

侍食于先生、异爵者，后祭，先饭。客祭，主人辞曰：“不足祭也。”宾飧[3]，主人辞以“疏[4]”。主人自置其酱，则客自彻之。一室之人，非宾客，一人彻。壹[5]食之人，一人彻。凡燕食，妇人不彻。

食枣、桃、李，弗致于核。瓜祭上环，食中，弃所操。凡食果实者，后君子；火孰者，先君子。

有庆，非君赐不贺。有忧者，勤者有事则收之，走则拥之。

※ 注释

1 絇（qú）：鞋头上的装饰，如鼻翘起。2 缌服：缌麻之服，五服中最轻的一种丧服，血缘关系疏远的亲属去世后所服。3 飧（sūn）：用饮料浇饭。按礼，在吃饱饭以后，再用汤浇饭吃三口，叫“三飧”。4 疏：粗。5 壹：犹聚。

※ 译文

童子的礼节，穿黑布深衣，用彩色织锦镶边，绅及大带围腰交接处都要用锦镶边，束发布条也要用彩色锦带，以上全都用朱红色的织锦。系纽丝带的剩余部分及垂下的绅带，有事情要做的时候就用一只手挽起来，需要快跑的时候就用双手抱住。童子不穿皮裘，不穿丝帛，鞋头上没有装饰。如果族中有丧事，童子只服斩衰、齐衰、大功、小功，不服缌麻三月，这时他就不用穿丧服，只到丧事的人家帮忙干活，身上不加麻绖，童子没有事的时候就站在主人之北，面向南。童子去拜见老师的时候，要跟着成人进去。

陪侍老师或爵位高于自己的人吃饭，尊者祭食后自己再祭，而尝饭则自己在先。客人祭食的时候，主人要谦逊推辞说："饭菜不丰盛，不值得行祭。"客人用汤浇饭吃时，主人要推辞说"粗茶淡饭，不值得吃饱"的话相推辞。为表示敬客，主人要自己动手陈设酱，吃过后，客人要自己动手将它撤下去。同事而共居一室的人一起吃饭，不分宾主，饭后，由年纪轻的一个人撤去食具。大家偶尔一起共聚吃饭，吃完以后，也由其中年纪轻的人把食具撤下去。凡是一般的早饭、晚饭，妇女就不必动手撤食具。

吃枣、桃、李的时候，不要把核扔在地上。吃瓜的时候要先祭，祭时把有瓜蒂的一段削成环状，然后吃瓜的中间部分，而把手拿着的部分扔掉。凡吃干鲜果实时，要请君子先吃；凡吃熟食，自己要先尝食，再请君子食用。

家中有喜庆之事，如果不是国君赏赐，就不祝贺。有忧愁之事的人，只要积极地去面对，事情就能迎刃而解，如果逃避则更多的事情便会接踵而来。

※ 原文

孔子食于季氏，不辞，不食肉而飧。

君赐车马，乘以拜；赐衣服，服以拜。赐，君未有命，弗敢即乘服也。君赐，稽首，据掌致诸地。酒肉之赐，弗再拜。凡赐，君子与小人不同日。

凡献于君，大夫使宰，士亲，皆再拜稽首送之。膳于君，有荤、桃、茢[1]。于大夫去茢，于士去荤。皆造于膳宰。大夫不亲拜，为君之答己也。

大夫拜赐而退，士待"诺"而退；又拜，弗答拜。大夫亲赐士，士拜受，又拜于其室。衣服，弗服以拜。敌者[2]不在，拜于其室。凡于尊者有献，而弗敢以闻。士于大夫不承贺，下大夫于上大夫承贺[3]。亲在，行礼于人称父。人或赐之，则称父拜之。

※ 注释

1 荤、桃、茢：荤指姜一类有辛味的食品；茢：笤帚。辛味可除去秽气，桃是鬼所畏惧的，笤帚用以扫除不祥。2 敌者：爵位相当者。3 承贺：接受别人的亲贺。

※ 译文

孔子在季氏家中吃饭，不行推辞礼，还没有吃肉就直接用水泡饭吃。

国君赏赐臣下车马，臣下在拜受之后，第二天要乘着所赐的车马去拜谢国君；国君赏赐给臣下衣服，臣下在拜受之后，第二天要穿着所赐衣服再去拜谢国君。凡是国君所赐之物，如果没有国君的命令，是不能乘驾这个车马、穿这些衣服的，只能把它们收起来，不敢（私自）使用。拜谢国君的时候，要行稽首礼，用两只手掌着地而使头触地。如果国君赏赐的东西是酒肉，那就只在当时拜受，不需要第二天再登门拜谢。为了慎重尊卑名分，凡君行赏赐，赏赐君子与赏赐小人不在同一天。

凡献礼物给国君，大夫派家宰去进献，士则亲自去进献，都要行再拜稽首礼，然后把礼物相送。献美味的食品给国君，要伴以荤、桃和笤帚。而献美食给大夫，则减去笤帚，只用荤和桃，送食物给士，则再减去荤，只用桃枝伴送就可以了。食物都献到食官那里。大夫不亲自进献，是为了避免国君答拜自己。

大夫去拜谢国君的赏赐时，只在国君门口请小臣进去通报，这样，大夫就可以走了。士则要在门口等到小臣出来说“国君知道了”，然后才能回去；临走的时候还要拜谢国君这个回话，而国君则不需要出来向士答拜。大夫亲自将东西赏赐给士，士拜谢接受，第二天又到大夫家中去拜谢。如果大夫赏赐给士的是衣服，第二天去拜谢时，并不需穿在身上。身份相当的人来赠送东西，受赠者当面拜谢，如果当时自己不在家，回家以后第二天一定要登门拜谢。凡是进献东西给尊者，不能直接说献给某人，只能说是赠给从者之类。士的家中如果有喜庆之事，不敢接受大夫亲自来庆贺，下大夫家中有喜事，可以接受上大夫亲自来庆贺。如果父亲健在，自己与人行礼，都要以父亲的名义。人家送给自己东西，也要以父亲的名义拜谢。

※ 原文

礼不盛，服不充[1]。故大裘不裼，乘路不式。

父命呼，“唯”而不“诺”，手执业则投之，食在口则吐之，走而不趋。亲老，出不易方，复不过时。亲瘠[2]，色容不盛，此孝子之疏节也。父没而不能读父之书，手泽存焉尔；母没而杯圈不能饮焉，口泽之气存焉尔。

君入门，介拂阒，大夫中枨与阒之间，士介拂枨。宾入不中门，不履阈。公事自西，私事自东。

君与尸行接武[3]，大夫继武，士中武，徐趋[4]皆用是。疾趋[5]则欲发，而手足毋移。圈豚行不举足，齐如流。席上亦然。端行[6]颐霤，如矢。弁行[7]剡剡[8]起屦。执龟玉，举前曳踵，蹜蹜[9]如也。凡行容惕惕[10]，庙中齐齐，朝廷济济翔翔。

※ 注释

1 充：掩盖，犹袭，在裼衣外面再加上衣。不裼，是充美于内。盛礼主子内心的恭敬，而不在外表的华美，所以礼盛则服充。不充，就是裼。2 瘠（jí）：病。3 接武：接武，谓一次举足迈出的距离只是足迹的一半，人的足迹长一尺二寸，是一次只迈出六寸的距离，这是因为尊者行步尚徐缓。以下大夫和士行走所迈出的距离依次加倍。案这是指在君庙中行步之仪。武，足迹。4 徐趋：慢慢走叫“行”，快走叫“趋”，很快地走叫“走”，“徐趋”就是“行”，也就是下文的“圈豚行”。5 疾趋：相当于“趋”或“走”。6 端行：趋。7 弁行：走。8 剡剡：身体竖起的样子。9 蹜（sù）蹜：举步促狭的样子。10 愓愓：直而迅速。

※ 译文

举行不太隆重的盛礼，礼服就（要袒开前襟而）不覆盖（里面文饰美丽的裼衣），而举行盛礼则相反。所以天子行祭天大礼时，穿黑羔大裘就不袒露里面的裼衣，乘玉路车经过门闾时，也不像平常那样俯身凭轼示敬。

父亲使人叫儿子，儿子要急声应“唯”（而立即前往），而不缓声应“诺”（而不动身），手头有事要赶紧停下来，嘴里有食物要立即吐出来，要迅速地跑过去而不是快步走到父亲跟前。父母年老，做儿子的外出不要改变所去的地方，回家也不要超过预定的时间，免得他们牵挂。父母生病，儿子面有忧色而顾不上讲究仪容，这只是孝子孝心的粗略的表现（还不足称至孝）。父亲去世后，自己不忍心翻阅父亲读过的书籍，因为上面有父亲生前的手迹；母亲去世后，自己不忍心使用她用过的饮器，因为有她的口泽气息留在上面。

两君相见时，来访的国君（从阒的西边）入门，上介紧靠着入门，大夫介而从阒与西枨的正中间入门，士介挨着西枨入门。邻国来聘的卿大夫进门时不能由正中，而应由稍偏东靠近阒的地方，脚不能踩门槛。如果是公事，那就从阒的西边进入，这是用宾礼。如果是私事来见主国的国君，那就从阒的东边进入，这是用臣见君之礼。

在宗庙中，国君与尸在行走时步子小，速度慢，后脚的脚印要压住前脚脚印的一半，这叫“接武”；大夫行走时步子稍大，速度稍快，后脚脚印和前脚脚印相连，这叫“继武”；士走时步子更大，速度更快，前后两脚之间相隔一足的距离，这叫“中武”。国君、大夫、士行礼时的徐趋步伐都是如此。在疾趋的时候，脚跟抬起离地，步子大小犹如平常，而速度加快，这时要注意手足不要摇摆。在圈豚行的时候足不离地，衣裳下摆不离地，像水流一样快而稳地行进。在入席或离席时，步伐也应如此。直线急趋时身体端直，头微前倾，两颊下垂如屋檐，走的路线要如箭一般直。在急切疾趋时，脚离地，身体竖起。手中持有龟、玉等宝器的时候，走路要徐趋，举起足尖，足跟在地面上拖过去，脚步紧密而小心翼翼。君子平时在道路上行走时，身体姿势要端正，步伐要快；在宗庙中行走，神态要恭敬诚恳，在朝廷里行走，神态要庄敬严肃。

※ 原文

君子之容舒迟，见所尊者齐遬。足容重，手容恭，目容端，口容止，声容静，头容直，气容肃，立容德，色容庄，坐如尸，燕居告温温。凡祭，容貌颜色如见所祭者。丧容累累[1]，色容颠颠[2]，视容瞿瞿[3]梅梅[4]，言容茧茧[5]。戎容暨暨[6]，言容谘谘，色容厉肃，视容清明。立容辨卑毋讇，头颈必中，山立，时行，盛气颠[7]实扬休[8]，玉色。

凡自称，天子曰“予一人”，伯曰“天子之力臣”。诸侯之于天子曰“某土之守臣某”，其在边邑曰“某屏之臣某”，其于敌以下曰“寡人”，小国之君曰“孤”，摈[9]者亦曰“孤”。

上大夫曰“下臣”，摈者曰“寡君之老”。下大夫自名，摈者曰“寡大夫”。世子自名，摈者曰“寡君之嫡”。公子曰“臣孽”。士曰“传遽之臣[10]”，于大夫曰“外私”。大夫私事使，私人摈则称名，公士摈则曰“寡大夫”，“寡君之老”。大夫有所往，必与公士为宾[11]也。

※ 注释

1 累累：羸乏。2 颠颠：忧思的样子。3 瞿瞿：惊惧。4 梅梅：看不清。5 茧茧：轻微。6 暨暨：果毅的样子。7 颠：通“阗”，填塞。8 休：美。9 摈：助主人行礼者。宾主行礼，有介传客人的话，有摈传主人的话，都称为“摈”。10 传遽之臣：谓传递紧急公事的驿使。士以此作为谦称。11 宾：即“摈”。以公士为宾即以公士为介。

※ 译文

君子的神态要从容闲雅，见到尊长的时候要迅速迎侍，举足要缓慢稳重，举手要恭慎，目不斜视，口不妄言，声不粗厉，头不偏斜，屏气敛息，站立时显出很有德行修养的样子，面容庄重矜持，坐的时候像尸一样庄重，闲处的时候，如果教育人或使唤人时，态度要和善，不要让人感到害怕。君子进行祭祀时，容貌脸色要恭敬温和，就像看见所祭的先人一样。君子为双亲居丧时，身体形态要显得瘦弱疲惫，脸色要显得很忧伤，眼神要显得惊惧不安而又模糊不清，说话的声音要细微无力。君子身穿戎装的时候，要刚毅果敢，发号施令要严明，表情威严，眼神清亮明察。站立的姿态要谦卑而又不近于谄媚，头颈一定保持正直，像山一样挺立，毫不动摇，该行动的时候才行动，全身内气充盛，而其阳刚之美发扬于外，脸色刚强坚定有如玉色。

天子自称为“予一人”，州伯自称为“天子之力臣”，诸侯对于天子自称“某个地方的守臣某”，如果诸侯在边邑，则自称“某方的藩卫之臣某”，诸侯对于和自己身份相当或自己的臣民，则自称“寡人”，小国的国君对于与自己地位相当的国君以及自己的臣民，自称“孤”，摈者在向天子报告时也称他为“孤”。

诸侯的上大夫在自己国君前自称“下臣”，如果出使他国，摈者代他传话时称他为“寡君之老”。诸侯的下大夫在自己国君前直接称自己的名，如果出使他国，摈者称他为“寡大夫”。诸侯的世子对自己国君自称其名，出使时摈者称他为“寡君之嫡”。诸侯的庶子对自己的国君自称“臣孽”。士在国君面前自称为“传遽之臣”，在他国大夫面前自称为“外私”。大夫为国君的私事而出使他国，用自己的家臣传话时，就直称大夫的名。大夫如果是奉君命出使，由公士为傧相，向主国传话时就称“寡大夫”，或“寡君之老”。大夫奉命出使行聘礼，一定与公士一起做主国的宾。

※ 解读

《玉藻》篇主要记述天子、诸侯、大夫、士等人在生活起居方面应随时注意的一些事项，还涉及衣服、饮食、容貌、称谓等内容。

例如，本篇有一节记述：“孔子食于季氏，不辞，不食肉而飧。”这简单的一件事，季氏没有按照待客之礼来致辞，孔子就怪他失礼，“不曾吃肉就直接用饮料浇饭吃。”这表明孔子处处以礼来严格要求自己，并希望所有的人也必须依礼来行事。孔子认为是君子就必须懂得“礼”，只有懂得礼，你才能按照“礼”的标准去做，这才是一个君子的作为。而作为现代人，有多少人了解孔子所说的君子的行为呢？也正因为如此，我们才有必要通过学习“礼”，使自己对“礼仪”懂得更多一些，待人接物做得更好一些。

※ 事例

在《玉藻》篇中，讲到古代社会有所避讳，如：“于大夫所有公讳，无私讳。凡祭不讳，庙中不讳，教学临文不讳。”下面我们就来看看运用有无避讳而破的一个案件。

“邱”与“丘”

在广西苍梧县有一个人叫余阿吕，有一天他到衙门状告邱以诚。余阿吕说，康熙五十九年，邱以诚曾卖身给自己的父亲当奴仆。他父亲去世后，因家道中落养不起奴仆，所以就让邱以诚外出谋生。如今邱以诚发达了，而余家却更穷了，余阿吕要求邱以诚拿钱来赎身，结果遭到邱以诚的殴打。

邱以诚对此指控满口否认。他说自己是开米店的，余阿吕曾经多次前来赊米，长期欠钱不还，自己向他讨债时才发生殴斗，根本不存在什么卖身为奴的事。然而余阿吕手中却有一张邱以诚的卖身契，经县官比对，认为笔迹和邱以诚的很相似。

邱以诚痛哭流涕，坚决不承认，县官一时感到不好处理。这时他手下一个办事的人把卖身契拿过来仔仔细细看了几遍，马上断定卖身契是伪造的。

这个人的理由是，“邱”姓本来没有单耳旁，雍正年间为了避孔子的讳，才改为“邱”字。据余阿吕所言，卖身契写于康熙年间，康熙是雍正的爹，所以当时根本还没有避讳的事，“丘”就应该写作“丘”，而卖身契上写的却是“邱”，显然是不可能的。县官再次审问余阿吕，他已经无法抵赖，只好承认卖身契是托人仿照邱以诚的笔迹伪造的。

大传

※ 原文

上治祖祢，尊尊也；下治子孙，亲亲也；旁治昆弟；合族以食，序以昭缪。别之以礼义，人道竭矣。

圣人南面而听天下，所且先者五，民不与焉。一曰治亲，二曰报功，三曰举贤，四曰使能，五曰存爱。五者一得于天下，民无不足，无不赡者。五者一物纰缪，民莫得其死。圣人南面而治天下，必自人道始矣。立权、度、量，考文章，改正朔，易服色，殊徽号，异器械，别衣服，此其所得与民变革者也。其不可得变革者，则有矣：亲亲也，尊尊也，长长也，男女有别，此其不可得与民变革者也。

※ 译文

向上整治好祭祀祖和父的位次，体现尊敬尊贵者的原则；向下整治好子孙们的远近亲疏关系，体现亲爱血缘亲属的原则；从旁整治好同族亲兄弟、堂兄弟的亲疏关系；在宗庙内会合同族人举行食礼，按照昭、穆的次序排列座次。依据礼仪来区别上述各种关系，这样人道伦常就都体现出来了。

圣人执掌政权治理天下，必须首先注意五件事，而有关民众的事务还不在内。第一是治理好本族的亲属关系，第二是酬报有功之臣，第三是选拔贤良之士，第四是任用有才干的能人，第五是存心爱护民众。这五件事在全国范围内都能做好，那么民众就没有不满足的，没有不富足的。这五件事如果哪一件有差错，那民众就会死而不得其所。所以圣明的君王治理天下，一定要从人道伦常做起。制定度、量、衡，考订礼法制度，改革历法，变更所推崇的颜色，采用不同于前代的徽章旗号，改良器具军械，使之易于往昔，区别各阶级各等级的衣服，这些都是能够与民众一起加以变革的。但是，也有不能因时而改变的，如亲近亲属，尊敬尊贵者，顺从长上，男女有别，这些都是不能与民众随意变革的。

※ 原文

其夫属乎父道者，妻皆母道也。其夫属乎子道者，妻皆妇道也。谓弟之妻妇者，是嫂亦可谓之母乎？名者，人治之大者也，可无慎乎！

服术[1]有六：一曰亲亲，二曰尊尊，三曰名，四曰出入，五曰长幼，六曰从服。

从服有六：有属从，有徒从，有从有服而无服，有从无服而有服，有从重而轻，有从轻而重。

自仁率亲等而上之，至于祖，名曰轻。自义率祖顺而下之至于祢，名曰重。一轻一重，其义然也。

※ 注释

1 服术：丧服的原则。

※ 译文

丈夫属于父辈的，其妻就属母辈。丈夫属于子辈的，其妻就属于媳妇辈。如果有人称呼弟弟的妻子为妇，这样对嫂不也可以称为母了吗？所以说，称谓，是端正人伦最重要的，怎么能不特别慎重呢？

服丧就其原则而言有六条：第一是依据有血缘关系的亲人服丧而制定的，如子为父母等；第二是依据尊敬尊者原则对君长服丧，如臣为君；第三是依据有名分关系的异姓服丧，如为叔母、伯母等；第四是根据家族中女子出嫁或未嫁而相应制定的不同服制；第五是根据成年人和未成年人服丧的不同；第六是因从服关系而服。

从服有六条原则：有从某人与死者产生间接亲属关系而为之服丧的，有徒从某人而为死者服丧的，有本当从服而不得服的，有所从的人不得服而从者有服的，有从服重服的人而服轻服的，有从服轻服而服重服的。

从恩爱的角度循着父母一代一代往上数，直至祖先们，恩爱的程度逐渐减轻。从义理的角度循着祖先们顺序往下数，直到先父，愈远的祖先就愈当受到尊重。或恩重义轻，或义重恩轻，都出于情理之当然。

※ 原文

自仁率亲等而上之，至于祖；自义率祖顺而下之，至于祢。是故人道亲亲也。亲亲故尊祖，尊祖故敬宗，敬宗故收族[1]，收族故宗庙严，宗庙严故重社稷，重社稷故爱百姓，爱百姓故刑罚中，刑罚中故庶民安，庶民安故财用足，财用足故百志成，百志成故礼俗刑，礼俗刑然后乐。《诗》云：“不[2]显不承，无斁[3]于人斯。”此之谓也。

※ 注释

1 收族：将族人团结在一起。2 不：通“丕”，大的意思。3 无：不嫌弃。

※ 译文

如果从爱心出发来分别亲疏关系，那就得沿着父母往上一级一级地推至远祖；但如果从道义出发来看，就应沿着远祖往下一级一级推至先父。所以说人的本性是亲爱自己的亲属的。亲爱亲属就会上推到尊敬祖先，尊敬祖先自然就会尊敬祖先留下的宗子，尊敬宗子就会团结聚拢族人，团结聚拢族人宗庙之中就严整有序，宗庙尊严自然国家社稷也就能够得以保重，保重社稷自然也就深知热爱百姓，热爱百姓自然刑罚就能公正合理，刑罚公正合理，人民就能安居乐业，人民安居乐业，各种财用就会丰足，财用丰足，各种愿望才能实现，各种愿望都实现，各种礼仪就有一定规范，礼仪有规范然后人民就生活安乐了。《诗经》中有这样的话：“文王的功绩伟大而光辉，不断地将其发扬光大，后人就永远敬重他。”说的就是这种情况。

※ 解读

在《大传》篇中，以着重论述治理天下必须以亲亲为基础，并由此而推及宗法及服制等问题。例如讲到丧服可以表示亲疏关系，其不同丧服制定的原则有六条：“一曰亲亲，二曰尊尊，三曰名，四曰出入，五曰长幼，六曰从服。”这里所谓的“亲亲”是指有血缘关系的亲属，如父母、夫妻、子女、兄弟、叔伯等家庭成员，这是从血缘关系来确定丧服的。“尊尊”是指有尊卑地位关系，如诸侯、卿大夫、士等人，这是从政治权力关系中来确定丧服的。“名”是根据嫁到本家族的异姓女子的称谓而制定的丧服，“名”指有名分而无血缘关系的人。“出入”是指家庭成员中女子出嫁或未嫁而应穿的丧服。“长幼”是根据长幼或成年与否而规定的丧服。“从服”是指并无直接亲属关系，而随从于亲属，主要包括有属从，有徒从，有从有服而无服，有从无服而有服，有从重而轻，有从轻而重六种，也有规定的丧服。

从上面这些可以看出你无论是什么身份，在遇到丧事时，都有你所应该穿的丧服，而且因为等级不同，服丧的原则也不同。从服丧的原则上就可以看出等级的差异性。这稳定了当时的政权地位和人的社会地位。你的身份地位是什么，你该做什么事，不能越级，只能一切按规定办。

※ 事例

《大传》中讲：圣人在就王位而治理天下时，首先要做的有五件事：一是整治亲属关系；二是报答有功之臣；三是荐举贤人；四是任用有才能的人；五是存心爱护民众。唐太宗公开论功行赏就是一例。

唐太宗唯才是举

唐太宗曾与群臣当面确定功臣长孙无忌等人的爵位和封邑，命令陈叔达在殿下唱名公布。唐太宗说："朕授予你们的功劳赏赐，如果有不恰当的地方，你们可以自己申诉。"于是各位将领竞相争功，议论纷纷。

淮安王李神通说："臣在关西起兵，首先回应义旗。现在房玄龄、杜如晦等人只能舞文弄墨，功劳却超过了我，臣心中难以服气。"唐太宗说："义旗刚刚举起时，叔父虽然最先起兵响应，但也是想躲避灾祸。等到窦建德占领山东，叔父全军覆没；刘黑闼重新集合残部，叔父望风而逃。房玄龄等人运筹帷幄，深谋远虑，安定了大唐天下，论功行赏，本来功劳就该在叔父之上。叔父是皇室至亲，我确实非常爱您，但也不能徇私赏赐，与勋臣同等对待啊！"各位将领都说："陛下行赏非常公平，即使是淮安王也不袒护，我们这些人怎么能不安本分呢？"于是众臣都心悦诚服。

房玄龄曾说，秦王府的老部下没有升官的都埋怨说："我们这些人在皇帝身边侍候，已有很多年了，现在授官，反而不如前太子东宫和齐王府的人了。"唐太宗说："君王大公无私，所以能让天下人心服。朕与你们平常的衣食，都取之于百姓。因此设置官位规定职守，都是为了民众，应当选择贤能之人来任用，岂能按照新人旧人的标准来选拔人才呢？如果新人有才能，旧人无才能，又怎能放弃新人而任用旧人呢？"

少仪

※ 原文

闻始见君子者，辞曰："某固愿闻名于将命者[1]。"不得阶[2]主。适者曰："某固愿见。"罕见，曰："闻名。"亟见，曰："朝夕。"瞽曰："闻名。"

适[3]有丧者曰："比。"童子曰："听事。"适公卿之丧，则曰："听役于司徒。"

君将适他，臣如致金玉货贝于君，则曰："致马资于有司。"敌者曰："赠从者。"

臣致禭[4]于君，则曰："致废衣于贾人。"敌者曰："禭。"亲者兄弟，不，以禭进。

臣为君丧纳货贝于君，则曰："纳甸[5]于有司。"

赗马入庙门。赙马与其币、大白兵车，不入庙门。赙者既致命，坐委[6]之，摈者举之。主人无亲受也。

受立，授立不坐。性[7]之直[8]者，则有之矣。

※ 注释

1 将命者：出入传话的人。2 阶：进。3 适：通"敌"，地位相等者。4 禭：送给死者的衣服。5 甸：田。臣受田于君，应将田地的出产献给国君。6 委：置放。7 性：通"生"。8 直：指个子高。

※ 译文

听说第一次去拜见君子或有地位的人时，应该这样致辞说：“我非常希望将自己名字通报给您的传命人。”不能直接说进告主人。如果来客与主人地位相当，就说：“我很想见到您的传命人。”平时很少见面的，（不论尊卑都）在求见时就说：“某愿将自己的名字通报给您的传命人。”如果经常与对方见面，就说：“某愿早晚把自己的名字告诉您的传命人。”如果是盲人要求求见，就说：“某愿将自己名字通报给您的传命人。”

到有丧事的人家去吊丧，就应该说：“某愿像您的下属那样供驱使。”未成年的小孩到丧家就说：“某愿听从您的下属的吩咐为您做事。”去参加公卿的丧礼，应该说：“我是来听候司徒的吩咐的。”

国君将要到别国去，臣下如果要赠送金玉财物宝贝给国君，就应该说：“送一点养马的费用给随从主管人员。”如果出国使臣与自己的身份相当，就应该说：“这点东西送给您的随从人员。”

国君去世了，臣下送殓衣给国君，应该说：“我来送一些废衣物给管理人员。”如果死者与自己地位相等，那就直说：“我来送寿衣。”如果与死者的关系是大功以上的近亲，那就直接将寿衣陈列到房中就是了，不需要通过传话的人。

大臣为了国君的丧事，向嗣君赠送财货宝贝来帮助办理国丧，应该说：“这是交纳给主管部门所应缴纳的田野之物。”

送给丧家马，意在供驾灵车出葬，因此可以牵入祖庙大门。而赠给生者办丧事的马及币帛、插有太白旗的兵车，意在资助丧家，都不能进入祖庙大门。赠赙财物的人在说明来意以后，跪坐着将所赠财物陈放在地上，由接待宾客的人从地上拿起来收藏。丧家主人不亲自接受赠物。

接受对方礼物时，一般都要站立接受，同样，在赠送对方礼物时，也要站着，不要坐着赠送。如果天生是个身材高大的人，那就要跪着向人授物了。

※ 原文

始入而辞曰：“辞矣。”即席，曰：“可矣。”排阖说[1]屦于户内者，一人而已矣。有尊长在则否。

问品味曰：“子亟食于某乎？”问道艺曰：“子习于某乎？子善于某乎？”

不疑在躬，不度民械，不愿于大家，不訾重器[2]。

泛埽曰埽，埽席前曰拚[3]。拚席不以鬣[4]。执箕膺擖[5]。

不贰问。问卜筮曰：“义与？志与？”义则可问，志则否。

尊长于己逾等，不敢问其年。燕见，不将命。遇于道，见，则面，不请所之。丧俟事，不犆[6]吊。侍坐弗使，不执琴瑟，不画地，手无容，不翣[7]也。寝，则坐而将命。侍射，则约矢。侍投，则拥矢。胜，则洗而以请。客亦如之。不角，不擢马。

执君之乘车则坐，仆者右带剑，负良绥[8]申之面，拖诸幦[9]。以散绥升，执辔，然后步。

请见不请退。朝廷曰退。燕游曰归。师役曰罢。

※ 注释

1 说："说"通"脱"。2 訾：说坏。重器：宗庙之宝器。3 拚（fèn）：扫除。4 鬣：扫帚。5 揲（yè）：箕舌实谓畚箕口。6 犆：同"特"，单独一个人。7 翣：扇子。8 良绥：君绥。君登车时拉的绳子。9 幦：车轼上覆盖的皮。

※ 译文

宾客刚进入大门的时候，接待宾客的人就告诉主人说："请您向客人致谦让之辞，让宾客进入。"及至宾主升堂，各自就席的时候，接待宾客的人就说："各位请坐，不必辞让了。"如果坐席设在室内，在宾主入室时，只有地位最尊或年龄最长的一个人可以把鞋脱在室内席侧，其余的人都应脱在户外。如果室内原来已经有尊长，则后来的人都要把鞋脱在户外。

宾主之间如果询问对方的口味爱好，就说："您经常吃某种食物吗？"而询问对方的学问、技能时要说："您在研究某种学问吗？您擅长某种技能吗？"

对自己的一言一行都有充足的自信，不猜度人家有多少器物，不希冀自己也成为大富贵人家，不考虑别人家有多少贵重器物。

室内外都打扫叫作"扫"，只扫坐席前面的一点叫作"拚"。扫除席上的污物不用扫地的笤帚。拿畚箕时要把箕舌对着自身。

在问卜占筮的时候，不可因为占筮的结果不合自己的意愿而再占卜一次。在占卜之前，要问他："你所求卜的是合乎正义呢，还是个人的私心杂念？"如果是合乎正义的事，就可以再问下去；如果是个人的私心杂念，就不要再问了。

对于辈分比自己高的尊长，不能询问他的年龄。私下去见尊长时，也不要让接待宾客的人再进去传话。在路上遇到尊长，如果尊长已经看见自己了，就上前请安答话，但不要询问他到哪儿去。尊长家中有丧事，要等到大殓以后，主人朝夕哭的时候才去吊唁，其他时候不单独去吊丧。在陪侍尊长坐谈时，没有尊长的吩咐不要拿起琴瑟来弹奏，不要涂画地面，不要玩弄自己的手指，再热也不要摇扇子。当尊长寝卧的时候，有事要跪下为尊长传话，不能站着与尊长说话。在陪侍尊长射箭时，要一次将四支箭取在手中。在陪侍尊长行投壶礼时，则必须把四支箭都握在手上。在射箭和投壶时，如果卑幼者获胜了，那就洗爵斟酒，到尊长席前请他喝下这杯罚酒。主人与宾客比试射箭或投壶时，如果是客人输了，那么主人也应该这样做。位卑年幼者请尊长喝罚酒，不能使用罚酒专用的酒杯“角”，而应用平常献酬用的爵。位卑年幼者在投壶中如果得了二马，也不能撤去尊长的一马以凑成自己的三马。

驾车人握着君车的马缰绳（等候君乘车时）就坐着，把剑挂在右边，把良绥从背后绕过来伸到前面，（使绥的末端）拖到覆盖车轼的幦上。驾车人是抓着散绥上车的，上车后抓起马缰绳，然后驾车行（五步再停下等待君）。

位卑的人对于尊者可以请求见面，但既见面之后，不能主动请退。从朝廷上散朝叫作“退”。闲暇游玩后回家叫作“归”。军事行动或劳役活动结束回家叫作“罢”。

※ 原文

侍坐于君子，君子欠伸，运[1]笏，泽[2]剑首，还屦，问日之蚤莫，虽请退可也。

事君者，量而后入，不入而后量。凡乞假于人，为人从事者亦然。然，故上无怨，而下远罪也。

不窥密，不旁[3]狎，不道旧故，不戏色。

为人臣下者，有谏而无讪，有亡而无疾，颂而无謟，谏而无骄，怠则张而相之，废则埽而更之，谓之社稷之役。

毋拔来，毋报往，毋渎神，毋循枉[4]，毋测未至。

士依于德，游于艺。工依于法，游于说[5]。

毋訾衣服成器，毋身质言语。

言语之美，穆穆皇皇。朝廷之美，济济翔翔。祭祀之美，齐齐皇皇。车马之美，匪匪翼翼。鸾和之美，肃肃雍雍。

※ 注释

1 运：玩弄。2 泽：摩拭。3 旁：犹妄。4 枉：邪曲。5 说：指论规矩法式。

※ 译文

陪侍君子坐谈的时候，如果见到君子打哈欠、伸懒腰，或转弄笏板，或抚弄剑柄，或调转鞋子，或者问天色早晚，这时候陪坐的人就应该请求退下了。

侍奉国君的人，有什么建议，要自己先衡量一下是否能行，不要先入朝奏请，然后才考虑是否能行。凡是向别人乞求借贷，或者替别人办事，也都应该如此。这样侍奉君主，国君对自己就无所怨恨，自己也可以远离罪责。

不要窥视别人的隐秘之处，不要与不正派的人亲近，不讲别人不太光彩的旧事，不要对别人有嬉笑侮慢的神态。

做臣子对国君只能当面劝谏，而不能背后讥笑，如果劝而不听，那么就应该辞职离开，但却不应该心生怨恨，国君有德应当称颂，但必须切合实情，不能变成谄媚，国君有过应当劝谏，且诚心诚意，但不能傲慢无礼。国君懈怠时，要鼓励他，帮助他。如果国政已经败坏，臣下应扫除弊政而更创新政。只有这样，才能称得上是有助于国家社稷的作为。

凡做一件事，不要仓促动手，也不要随意放弃。对神不能亵渎，也不可依循邪途，对于未来的事不要妄加猜测。

作为士人要依据道德行事，经常研习六艺。作为工匠，要依据规矩尺度行事，努力学习有关技术原理。

不要诋毁别人的衣服、器具，对于可疑的传闻，不要妄加证实。

语言之美，在于恭敬温和而符合正道。朝廷之美，在于威仪厚重宽舒，即隆重安详。祭祀之美。在于诚恳恭敬，心系鬼神。车马之美，在于腾跃如飞而强健有力车上鸾铃与和铃之美，在于其鸣声的清脆和庄重和谐。

※ 原文

问国君之子长幼，长，则曰“能从社稷之事[1]矣”；幼，则曰“能御”，“未能御”。问大夫之子长幼，长，则曰“能从乐人之事矣”；幼，则曰“能正于乐人”，“未能正于乐人”。问士之子长幼，长，则曰“能耕矣”；幼，则曰“能负薪”，“未能负薪”。

执玉、执龟筴[2]不趋。堂上不趋。城上不趋。武车不式。介者不拜。

妇人吉事，虽有君赐，肃拜[3]。为尸坐则不手拜，肃拜。为丧主[4]则不手拜。

葛绖而麻带。

取俎，进俎，不坐。

执虚如执盈，入虚如有人。

凡祭于室中、堂上无跣。燕则有之。

未尝[5]不食新。

仆于君子，君子升、下则授绥。始乘则式。君子下行，然后还立。

※ 注释

1 社稷之事：指祭祀、军旅等事。2 筴：同“策”，指卜筮用的蓍草。3 肃拜：下跪，手不至地，低头而拜。妇人以肃拜为正。或说肃拜不下跪。4 为丧主：丈夫与长子之丧。5 尝：把新鲜食物荐祭于宗庙，谓之尝。

※ 译文

有人向国君询问他儿子的年龄，如果已经长大成人，国君就回答说："他已经能够参与祭祀社稷的事了。"如果他年纪还轻，就回答说："他已经能够做些事情了。"或者说："他还不能做什么事。"有人向大夫询问他儿子的年龄，如果已经长大成人，大夫就回答说："他已经能从事乐人的事了。"如果年龄还小，就说："他已经能够接受乐师的教育了。"或者说："他还不能去接受乐师的指正。"有人向士询问他儿子的年龄，如果已经长大成人，士就回答说："他已经能够耕种了。"如果他年龄还小，就说："他已经能背柴禾了。"或者说："他还不能背柴禾。"

手中拿着圭璋等礼玉，或者龟甲、蓍草等卜筮用物，都不快步走。在堂上不快步走。在城墙上不快步走。在兵车上的时候不行轼礼。身穿甲胄时不行拜礼。

妇女在行吉礼时，即使是拜谢国君赏赐，都是肃拜，即跪下来直身低头引手而拜。妇人作尸坐着时，也不用手拜礼，而用肃拜礼。如果妇人作为丧主，行拜时就不用手拜礼，更不用肃拜礼，而是磕头即稽颡礼。

妇人在百日祭之后，脱掉头上的粗首绖，改用葛绖，但腰间仍系麻绖带。

祭祀时，从俎上取肉或者把肉放到俎上去剁，都不用坐下。

手里拿着空器皿时，要像拿着装满了东西的器皿一样小心，进入空房间时就如同进入有人的房间一样郑重。

凡在室中或堂上进行祭祀，都不能脱鞋。唯有行宴礼时，才能把鞋脱于堂下而后升堂畅饮。

未曾进献新物祭祀宗庙，就不吃新物。

为有地位的君子驾车，驾车人在君子登车或下车时，都要主动把绥交给君子。君子尚未上车之前，驾车人要手扶车前横木俯身行轼礼。君子下车步行了，驾车人就旋转车身，站立（等待君子离去）。

※ 原文

乘贰车则式，佐车则否。贰车者，诸侯七乘，上大夫五乘，下大夫三乘。

有贰车者之乘马，服车，不齿。观君子之衣服，服剑，乘马，弗贾。

其以乘壶[1]酒，束修[2]，一犬赐人若献人，则陈酒，执修以将命，亦曰乘壶酒，束修，一犬。其以鼎肉，则执以将命。其禽加于一双，则执一双以将命，委其余。犬则执绁，守犬、田犬，则授摈者，既受乃问犬名。牛则执纼，马则执靮[3]，皆右之。臣[4]则左之。车则说绥，执以将命。甲若有以前之，则执以将命，无以前之，则袒櫜[5]奉胄。器则执盖。弓则以左手屈韣执拊。剑则启椟，盖袭之，加夫襓与剑焉。笏、书、修、苞苴[6]、弓、茵、席、枕、几、颎、杖、琴、瑟、戈有刃者椟，荚、籥[7]，其执之，皆尚左手。刀卻刃授颖[8]。削授拊。凡有刺刃者，以授人则辟刃。

乘兵车，出先刃，入后刃。军尚左，卒尚右。

宾客主恭，祭祀主敬，丧事主哀，会同主诩[9]。

军旅思险，隐情以虞[10]。

※ 注释

1 乘壶：四马曰乘，故四壶酒亦称乘壶。2 束修：十条干肉。3 靮（dí）：马缰绳。4 臣：俘虏。5 櫜（gāo）：盛甲衣的套子。6 苞苴：蒲包，用以装鱼肉等物。7 籥：古代一种管乐器。8 颖：镮。9 诩：敏而勇。10 虞：臆度、料想。

※ 译文

随从官员乘坐贰车，有时要凭轼致敬，乘坐佐车就不要凭轼致敬。贰车，数量因人而异，诸侯七辆，上大夫五辆，下大夫三辆。

对于贰车，不要议论马的老幼和车的新旧。观看有爵位的衣服、佩剑、乘马时，不要估价。

如果用四大壶酒、十条干肉、一只食用狗赠送人，或者以这些东西献给尊者，都是把酒壶和狗陈列在地上，手持干肉进去向接待宾客的人说明自己奉命而来致送礼物。说："送来四壶酒、一捆干肉、一只狗。"如果赠送已经解割，可置于鼎的肉，那就手持着肉进去传达辞命。如果赠送的是禽鸟，且数量在一双以上，就手持一双进来表明来意，其余的都放在门外。送来的是狗，就要手牵着系狗的绳子。如果所送的是看家狗、猎狗，则在给主人拜受以后，就交给摈者，摈者接过来以后就询问狗的名字。如果赠送牛、马，也都要牵着缰绳，且只能用右手。如果所献的是俘虏，那就用左手抓住他的右袖。如果赠送的是车，就解下车上用以登车的挽绳，手捧着传达辞命。赠送甲胄时，如果还有其他较轻的礼品，就先送去较轻的礼品传达辞命；如果没有其他财物，就把袋子打开，露出盔甲，而捧着头盔去传达辞命。赠送有盖的器物时，就拿着盖子进去传达辞命。送弓时则把弓衣褪下，左手抓着弓把，右手执着弓角一端传达辞命。送剑时就打开剑匣的盖，把匣盖合在剑匣的下面，然后把剑衣垫在匣内，剑放在剑衣上。凡赠送笏板、书册、干肉、鱼肉、弓、褥子、席子、枕头、警枕、几案、手杖、琴、瑟、用木盒装着的有刀刃的戈、占问吉凶用的蓍草、籥等物给人，双手拿的时候都要左手在外，在前或在上。送刀给人时，要把刀刃向后，把刀环递给对方。送弯刀给人时，则把刀柄递给对方。凡是有锋刃的东西，在送给对方时都不要把锋刃正对着对方。

乘坐在兵车上的战士，出境时刀刃向前，入境时刀刃向后。军队中的行列，将军的位置以左为上，士卒的队列以右为上。

接待宾客，以容貌谦恭有礼为主，举行祭祀，以内心诚敬为主，操办丧事，以内心悲哀为主，诸侯谈判时，要表现出言辞敏捷，态度果敢为主。

行军打仗时，要首先想到可能出现的种种危险，对自己这方面的军情严加保密，而且经常揣度对方的意图。

※ 原文

燕侍食于君子，则先饭而后已。毋放饭。毋流歠[1]。小饭而亟之。数噍[2]。毋为口容。客自彻，辞焉，则止。

客爵居左。其饮居右。介爵[3]、酢爵、僎爵[4]，皆居右。

羞濡鱼者进尾，冬右腴[5]，夏右鳍，祭。

凡齐，执之以右，居之以左。

赞币自左，诏辞自右。

酌尸之仆，如君之仆。其在车，则左执辔，右受爵，祭左右轨[6]、范[7]，乃饮。

凡羞有俎者，则于俎内祭。

君子不食圂[8]腴[9]。

小子走而不趋，举爵则坐，立饮。

凡洗必盥。

牛羊之肺，离[10]而不提[11]心[12]。

凡羞有湆者，不以齐。

为君子择葱薤，则绝其本末。

羞首者，进喙，祭耳。

※ 注释

1 流歠：大口地喝。歠（chuò），饮。2 数（shuò）噍：多咀嚼，噍同“嚼”。3 介爵：主人献介之爵。介，助宾行礼者。4 僎爵：主人献给僎的爵。“僎”通“遵”，指乡人中来观礼的卿大夫。5 腴：鱼腹。6 轨：车毂末端。7 范：车轼前面掩舆的板。8 圂（huàn）：同“豢”。指用米谷喂养的猪、犬一类家畜。9 腴，指肠胃。10 离：割。11 提：割断。12 心：中央。

※ 译文

平时陪侍君子吃饭，要在君子开始吃之前先吃，而在君子吃完之后再停止吃饭。不要把手里的剩饭再放到盛饭的器皿中去。不要大口大口地喝汤。吃饭时要小口小口地吃，而且迅速下咽。食物在口中要多咀嚼。不要在吃饭时剔牙。

饭后，客人动手撤去食具，主人要发话劝阻，客人也就停止动手。

主人酬宾时，宾应接过来但不饮，而是放在自己的左边。主人初献之爵，宾将一饮而尽，所以放在右边。主人献给介的爵、宾回敬主人的爵以及主人献给前来观礼乡大夫的爵，都放在其座位的右边。

平常吃鲜鱼时，要把鱼尾朝前，冬季要让鱼肚朝着人的右侧，夏天要让鱼鳍朝着人的右侧，行食前祭礼用鱼腹部的肉块。

凡是用盐、梅等调味的食羹酱饮，盛在器皿中端上来时，用右手拿着，而把羹菜等放在左边。

国君将授币帛时，相礼者应从国君的左边代君授出币帛；国君传达诏令辞命时，相礼者应从国君的右边代国君传达辞命。

在给为尸驾车的人斟酒时，其礼节如同为国君驾车的人斟酒。如果尸的驾车人已经在车上，就左手拿着缰绳，右手接过酒杯，先用酒祭左右车毂头，以及车轼前面，求神保佑助平安行驶，然后喝尽余酒。

凡进上的食物，有用俎盛食物的，就在俎内行食前祭礼。

君子不吃猪狗的肠子。

未成年的弟子在参加各种礼节时，只能奔走供役使，而不能趋步；如果得到酒将饮，就先坐祭，然后站起来喝掉。

凡洗酒杯之前一定先洗手。

牛羊的肺切开时，中央部分不切断，便于食前撕下举祭，先祭后食。

凡佳肴有大羹的，食用前就不再加盐梅之类的调味品来调味。

为君子选择大葱、薤菜的时候，要把根、梢都去掉。

凡所进膳馐有牲头的，要把牲嘴部对着尊者。尊者如果要行食前祭礼，就先割下牲耳来祭一祭饮食神。

※ 原文

尊者，以酌者之左为上尊。尊壶者面其鼻。

饮酒者、禨者、醮者，有折俎[1]不坐。

未步爵，不尝羞。

牛与羊、鱼之腥，聂[2]而切之为脍。麋、鹿为菹，野豕为轩，皆聂而不切。麕为辟鸡，兔为宛脾，皆聂而切之。切葱若薤实之，醯以柔之。

其有折俎者，取祭肺，反之，不坐[3]。燔[4]亦如之。尸则坐。

衣服在躬而不知其名[5]为罔[6]。

※ 注释

1 折俎：解割牲体盛于俎上。2 聂：切成片。3 不坐：指取祭及返还时均不坐，因为俎高，坐着取不方便。4 燔：炙肉。5 名：指衣服的制度、等级等。6 罔：无知。

※ 译文

在堂上设酒樽的人，应以斟酒人的左方之尊为上尊。而设樽、设酒壶者要使樽、壶的鼻嘴朝前向着尊长者。

相聚饮酒以及洗过头以后饮酒，冠礼中向加冠后的青年敬酒，凡是有折俎的时候，都不能坐着饮酒。将折俎撤下，人们才能坐饮。

主人与宾客敬酒、回敬酒、酬酒时未饮酒，不尝菜肴。

牛、羊、鱼的生肉，先切成薄片，再细切成丝。麋、鹿肉切得很粗腌上叫菹，野猪肉切成大片腌上叫轩，都不再细切成丝。麕肉细切成肉丝叫“辟鸡”，兔肉细切成肉丝叫“宛脾”，都是先切成片而后再细切成丝。再把大葱或薤菜切碎，和肉一起浸在醋中，使肉变得柔软。

如果有盛着解割了牲体的俎，宾客就从俎中取肺行食前祭礼，祭后又把肺放回俎中。都是站着取出、放回，只有行祭时才跪坐在席上。从俎中取烤肉行祭时也是如此。在做这些事时尸坐着。

衣服穿在自己的身上，却不知道它的名称，就是无知。

※ 原文

其未有烛而有后至者，则以在者告。道瞽亦然。

凡饮酒为献主者，执烛抱燋[1]，客作而辞，然后以授人。执烛不让，不辞，不歌。

洗盥、执食饮者，勿气。有问焉，则辟、咡而对。

为人祭曰“致福”。为己祭而致膳于君子曰“膳”。祔[2]、练[3]曰“告”。

凡膳、告于君子，主人展[4]之，以授使者于阼阶之南，南面再拜稽首送。反命，主人又再拜稽首。其礼，大牢则以牛左肩、臂、臑折九个；少牢则以羊左肩七个；犆豕则以豕左肩五个。

国家靡敝，则车不雕几，甲不组縢，食器不刻镂，君子不履丝屦，马不常秣。

※ 注释

1 燋：引火的火炬，俗称“引火”。2 祔：新死者附祭于先祖。3 练：三年之丧第十一个月祭于家庙。4 展：省视。

※ 译文

人们薄暮聚会，还没有点上烛火，有人后来，主人应当把在座的人一一告诉后来的人。为盲人做向导时也是这样。

饮酒时作为献酒的主人，拿来已经点燃的烛和引火的火炬，这时客人要起身辞谢，主人然后把烛和火炬都交给仆人。执烛饮酒，不再和客人相互谦让，不再起身辞谢，不再唱歌表达情意。

为尊长冲洗酒杯，为尊长舀水洗手，以及为尊长送食物、饮料时，不要使自己的气息触及尊长与其器皿。如果尊长有所询问，则要把嘴巴偏向一侧回话。

代人做主祭，将所余祭肉送人时，要说："把祭祀之福送给您。"如果是自己家里进行祭祀，将所余祭肉送人时，则应该说："送点美味给您尝尝。"如果是祔、练等祭时，将所余祭肉送人时，则说："我刚刚举行了祔（或练）祭，特来禀告。"

凡是送祭肉给国君，主人要亲自检查所送的物品，然后在东阶南面交给使者，并且面向南再拜稽首为使者送行。使者完成任务回来，主人又在东阶南面堂下，面向南再拜稽首礼，接受使者复命。所致送的礼数是：如果祭祀时用大牢，那就送牛的左肩、臂、臑共九段；如果祭祀时用少牢，就送羊的左前腿折为七段置于俎中；如果祭祀时只用一只猪，那就送猪的左肩斫为五段送给君子。

当国家财政拮据、人民生活困难时，国君制造车子不要雕刻、油漆，制造铠甲不要用丝织来连缀装饰，制作饮食器皿不雕刻花纹，君子不穿丝织造的鞋，马不经常用谷物来喂养。

※ 解读

《少仪》篇杂记与人交往之间许多应该注意的琐细行为规范，与《曲礼》篇的内容性质比较相近，但此篇以少者事长、卑者事尊的事例较多。

如"尊长于己逾等，不敢问其年。燕见，不将命。遇于道，见，则面，不请所之……"仅为面见比自己辈分高的尊长就制定了如此详细的礼节：不能随便询问人家的年龄，拜见时不用摈者通报，路上偶尔相遇，尊长看见了自己，就要上前行礼，看不见则回避，不要烦扰人家，更不能贸然问人家去往何处。举手投足全受礼的制约。

再如"毋拔来，毋报往"。也就是说在你决定去做一件事时，一定要想好再做，切记不能仓促动手，也不能随意放弃，不可急进急退，忽冷忽热。这是因为不管这件事是困难还是容易，只要你决定去做，就一定要坚持到底，但你在做决定之前，一定要想好这件事你能不能做，你应该怎么做？不能想做就做，而不加思考。如果莽撞地做事，第一，不是君子应该有的态度，没有一点矜持感。第二，成功的概率很小，最终只能使自己碰得头破血流，而不会有所收获。

※ 事例

凡做一件事，不要仓促动手，也不要随意放弃。

刘邦出师有名败项羽

楚汉战争时，刘邦率军东向讨伐项羽，决心与西楚霸王一争天下，结果连连受挫，被项羽打得落花流水。当刘邦率领的汉军到达洛阳新城时，被一位自称董公的老人拦住了去路。董公为刘邦献策说：“‘顺德者昌，逆德者亡’，行军打仗要师出有名，要善于在不利的局势中寻找对己有利的战机。项羽杀死义帝，百姓共愤，我们何不打着公开为义帝发丧的旗号，兴仁义之师，伐有罪之人，这样天下军民必然群起响应。”刘邦听后恍然大悟，立即传令大军就地驻扎，搭设灵堂，为义帝发丧。

刘邦还借此机会，列举项羽逼迫义帝的种种罪行，号令天下有识之士群起讨伐项羽。他联合诸侯各王组成反楚联军进抵彭城城下。不久彭城就成了刘邦的囊中之物，这为他打败项羽、统一天下奠定了坚实的基础。

刘邦不愧为一代优秀政治家，他不仅擅用人才，而且还善于为自己的政治野心造势。这使得天下英才皆被他笼络怀中。“顺德者昌，逆德者亡”，有了这身合法的外衣，有了天下人的大力支持，刘邦的机会便来了，在战局中迅速由被动变为主动，最终打败了项羽，建立了大汉王朝。

学记

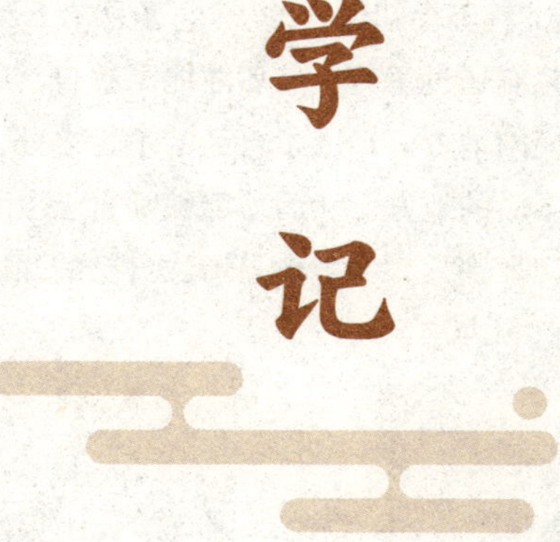

※ 原文

发虑宪，求善良，足以謏闻[1]，不足以动众。就[2]贤体[3]远，足以动众，未足以化民[4]。君子如欲化民成俗，其必由学乎。

玉不琢，不成器。人不学，不知道。是故古之王者，建国君[5]民，教学为先。《兑命》曰：“念终始典于学。”其此之谓乎。

虽有嘉肴[6]，弗食，不知其旨[7]也。虽有至道，弗学，不知其善也。是故学然后知不足，教然后知困。知不足，然后能自反也。知困，然后能自强[8]也。故曰教学相长也。《兑命》曰：“学学半[9]。”其此之谓乎。

※ 注释

1 謏闻：小有声名。2 就：接近。3 体：体察。4 化民：指转移人心风俗。化，教化，教育。5 君：这里的意思是统治。6 肴：带骨头的肉。7 旨：甘美的味道。8 强：勉励。9 学学半：意思是说教人是学习的一半。

※ 译文

启发合乎法则的思考，广为征求善良的人，这样做只能使自己小有名声，却不足以感动大众。如果亲近贤者，体察疏远者，就能够感动大众，但却不足以教化大众，改变民心。君子如果想要教化大众、转变民心，形成良好的风俗，就必须从教育着手。

玉石不经过琢磨，就不能成为有用的器物。人不通过学习，就不懂得道理。因此，古代的君王建立国家，治理民众，都把教育放在首位。《尚书·兑命》中说："要自始至终想着学习。"大概就是说的这个意思吧。

虽然有好的菜肴，但不吃，就不会知道它的美味。虽然有最好的道理，但不去学习，就不知道它好在何处。所以只有通过学习，然后才能了解自己的不足；只有通过教别人，才能知道自己有哪些不懂的地方。知道了自己的不足之处，然后才能反过来要求自己加强学习；知道了自己不懂的地方，然后才能勉励自己。所以说教和学是相互促进的。《尚书·兑命》说："教别人，一半也是增长自己的知识。"这句话说的就是这个道理。

※ 原文

古之教者，家有塾[1]，党有庠[2]，术有序[3]，国有学。比年入学，中年考校。一年视离经辨志[4]，三年视敬业乐群，五年视博习亲师，七年视论学取友，谓之小成。九年知类通达，强立而不反，谓之大成。夫然后足以化民易俗，近者说服，而远者怀之，此大学之道也。《记》曰："蛾子时术之[5]。"其此之谓乎。

大学始教，皮弁祭菜[6]，示敬道也。《宵雅》肄三[7]，官其始也。入学，鼓箧[8]，孙[9]其业也。夏、楚[10]二物，收其威也。未卜禘不视学，游其志也。时观而弗语，存其心也。幼者听而弗问，学不躐等也。此七者，教之大伦也。《记》曰："凡学，官先事，士先志。"其此之谓乎。

※ 注释

1 家：这里指"闾"，二十五户人共住一巷称为闾。塾：闾中的学校。2 党：五百家为党。庠：党的学校。3 术：同"遂"，一万二千五百家为遂。序：设在遂中的学校。4 离经：断句读。辨志：辨别书中的主要意义。5 蛾子：小蚂蚁。术：学习。6 皮弁：礼服。菜：用作祭品的芹藻之类。7 宵雅；即《诗经》中的《小雅》。肄：练习。三：《小雅》中的《鹿鸣》《四牡》《皇皇者华》三首诗。这三首诗都是关于国君宴乐，慰劳其臣及臣下侍奉国君之事。8 鼓箧：击鼓召集学生，打开书箧取书。9 孙：同"逊"，恭顺。10 夏、楚：体罚学生用的木条。

※ 译文

古时教学，二十五家则有塾，一党则有庠，一遂则有序，一国则有大学。每年都有新生入学，每隔一年考核其学习情况。入学第一年结束时，考查其读经断句的能力，辨别他的学习志趣，第三年考查他是否专心于学业，是否乐于和同学相处，第五年考查他是否广博学习、敬爱师长，第七年考查他对学术的见解，能否选择有益的人做朋友。如果能做到这些，就叫作“小成”。第九年考查他能否知识畅达，触类旁通，遇事有主见不为外物所左右而又不违反师教，这就叫作“大成”。学业大成然后才能教化民众，改变风俗，使近处的人心悦诚服，使远处的人都来归附，这就是大学教育的宗旨。古书《记》上说：“蚂蚁之子时时衔土（也能造成土堆）。”说的就是这个道理。

大学开学的时候，士子穿着皮弁服，用藻菜祭祀先圣、先师，以显示敬重道术。教学生练习《小雅》中的《鹿鸣》《四牡》《皇皇者华》三首诗，开始引导学生懂得做官入仕的志向。入学授课时，先击鼓召集学生，然后打开书箱取书，要他们谦虚谨慎地对待学业。用夏和楚两样教鞭来笞罚不听教的学生的，使他们有所畏惧，整顿威仪。（天子、诸侯）没有通过占卜举行禘祭之前，不视察学校，考查学生，目的是让学生按自己志向努力学习。教师要经常观察学生的学习而不轻易开口解说，使学生存疑问于心（而激励独立钻研的精神）。年幼的学生只听（年长的学生向老师请教问题）而不随便提问题，这是因为学习应当循序渐进而不能越级。以上七项就是教学的大原则。古书《记》上说：“凡是教学，学官要先安排好有关学校管理的事项，学生要先树立学习的志向。”这话说的就是这个道理。

※ 原文

大学之教也时，教必有正业，退息必有居。学，不学操缦[1]，不能安弦[2]；不学博依，不能安诗；不学杂服，不能安礼；不兴其艺，不能乐学。故君子之于学也，藏焉，修焉，息焉，游焉。夫然故，安其学而亲其师，乐其友而信其道，是以虽离师辅[3]而不反。《兑命》曰：“敬，孙[4]，务[5]，时，敏，厥修乃来。”其此之谓乎。

今之教者，呻[6]其占毕[7]，多其讯言[8]及于数，进而不顾其安[9]，使人不由其诚，教人不尽其材，其施之也悖，其求之也佛[10]。夫然故，隐其学而疾其师，苦其难而不知其益也。虽终其业，其去之必速。教之不刑[11]，其此之由乎。

※ 注释

1 操缦：学习弹奏杂乐。2 安弦：懂得音乐。安，指因熟练而轻松自如之意。3 辅：指朋友。4 孙：同“逊”，谦虚。5 务：必须来，到达。6 呻：诵读。7 占毕：这里指课本。占：同“苫”，竹简。毕：竹简。8 多其讯言：一味灌输知识。讯，告知。9 安：适应。10 佛：同“拂”，违背。11 刑：成，成功。

※ 译文

大学的教学要按照季节进行教学内容的安排，所教的都必须是先王的经典，课后休息必须有一定的处所。学习（当循序渐进），不练习指法，就不能演奏乐曲；不广博地学习各种比兴的方法，就不能写好诗；不学习各种杂事之礼，就不能学好礼仪；不喜欢所学的技艺，就不能好学。所以君子心里常常想着学业，每天学而不辍，休息或闲暇时也念念不忘，如果能这样，就能学懂课业并尊敬师长，乐于同朋友交往并信守正道，即使离开了师长和朋友，也不会违背他们的教诲。《尚书·兑命》中说："敬重所学的道，恭顺地对待学业，时时刻刻不停止努力，学过的道理就迅速去实行，那么所修的学业就一定能成功。"说的就是这个道理吧。

如今教书的人，只知道念诵书本，又多向学生提问（来掩盖自己的空虚），解说又无定见，只顾急于追求快速进步，而不管学生能否理解，不是诚心地教育学生，不能把自己的知识毫无保留地传授给学生，教授学生的内容本身就错误百出，向学生提高自然答非其解。因此，学生便对学习感到痛苦，厌恶老师，只感到学习的困难而不知道学习的益处。他们虽然勉强完成了学业但学到的东西很快就忘了。教育的不成功，原因就在这里吧！

※ 原文

大学之法，禁于未发之谓"豫[1]"，当其可之谓"时"，不陵[2]节[3]而施[4]之谓"孙[5]"，相观而善之谓"摩"。此四者，教之所由兴也。

发然后禁，则扞格[6]而不胜[7]。时过然后学，则勤苦而难成。杂施而不孙，则坏乱而不修。独学而无友，则孤陋而寡闻。燕朋[8]逆其师。燕辟[9]废其学。此六者，教之所由废也。

君子既知教之所由兴，又知教之所由废，然后可以为人师也。故君子之教喻也，道[10]而弗牵[11]，强[12]而弗抑[13]，开[14]而弗达[15]。道而弗牵则和，强而弗抑则易，开而弗达则思。和、易以思，可谓善喻矣。

学者有四失，教者必知之。人之学也，或失则多，或失则寡，或失则易，或失则止。此四者，心之莫同也。知其心，然后能救其失也。教也者，长善而救其失者也。

※ 注释

1 豫：同"预"，防备。2 陵：超过。3 节：限度。4 施：教。5 孙：同"逊"，顺。6 扞格：互相抵触。7 胜：克服。8 燕朋：轻慢而不庄重的朋友。9 燕辟：指宠幸的女子小人。10 道：同"导"，引导：11 牵：强逼。12 强：勉励。13 抑：压制。14 开：启发。15 达：犹"尽"。

※ 译文

大学的教育方法是，在学生不正当的欲望发生之前就加以禁止，叫作“预防”，当学生可以教育的时候及时进行教育，这叫作“适时”，不超越阶段进行教育，叫作“顺序”，使学生相互观摩，学习他人的长处，叫作“观摩”。以上四条，就是教育取得成功的方法。

坏事发生了再去禁止，就会抵触而难以奏效。适宜的学习时期已经过去了，才来学习，则学起来很费力而不易取得成就。教育时不按部就班、循序渐进，而是杂乱无章，则学生的学习就会搞得杂乱以至无法收拾。单独学习而没有朋友一起商量，就会孤陋寡闻。与不好的朋友相交往，就会导致不听师训。闲逛不学好就荒废学业。以上六个方面，是导致教育失败的原因。

君子只有既知道了教育获得成功的原因，又知道了导致教育失败的原因，然后才可以做别人的老师。所以君子在教育和引导学生时，只加引导，而不是强迫服从，对学生多加鼓励，而不是制抑学生的进取精神，讲解时在于启发而不是全部讲透。只引导而不强迫，就能使学生无抵触情绪，多鼓励而不压抑学生的进取精神，则学生学习时就会感到比较容易，只启发而不全部讲透，则学生就会善于思考。能使师生关系和谐，使学习容易成功，使学生善于思考，就可以说是善于教育人了。

学生可能有四种过失，当老师的一定要知道。人在学习的时候，有的失于贪多，有的失于过狭，有的失于见异思迁，有的失于浅尝辄止。这四种过失的产生，是人心理不同的缘故。做老师的一定要先了解学生的心理，然后才能纠正他们的过失。教育的目的，就在于发扬学生的优点，而纠正他们的过失。

※ 原文

善歌者，使人继其声。善教者，使人继其志。其言也约而达，微而臧[1]，罕譬而喻，可谓继志矣。

君子知至学[2]之难易，而知其美恶[3]，然后能博喻。能博喻然后能为师，能为师然后能为长，能为长然后能为君。故师也者，所以学为君也。是故择师不可不慎也。《记》曰：“三王[4]四代[5]唯其师。”此之谓乎。

凡学之道，严师为难。师严然后道尊，道尊然后民知敬学。是故君之所不臣于其臣[6]者二：当其为尸[7]则弗臣也，当其为师则弗臣也。大学之礼，虽诏于天子，无北面，所以尊师也。

※ 注释

1 臧：善。2 至学：求学。3 美恶：这里指天资的高下。4 三王：指夏禹、商汤、周文王和周武王。5 四代：指虞、夏、商、周四个朝代。6 不臣于其臣：不用对待臣下的礼节来对待其臣。7 尸：祭主。

※ 译文

善于唱歌的人，能使听者随着歌声唱起来。善于教学的人，能够使学生继承他的治学志向。老师言辞简约而通达，含蓄而精妙，少用比喻而使人容易明白，这样就能够使学生继承他的志向了。

君子知道求学有难有易，又知道学生资质的高低，然后才能够因材施教。能做到这一点，才能当老师，能当老师，然后才能做官吏，能当官吏，然后才能做国君。学生跟着老师学习，也就是学习做国君的德行。因此选择老师不可以不谨慎。古书《记》上说："虞、夏、商、周四代三王，无不以择师为重。"大概说的就是这个道理吧。

凡从师学习的原则最难做到的是尊敬教师。教师受到尊敬，那么他所传的道术才能受到尊重，道术受到尊重，人们才会严肃认真地对待学习。所以国君不敢把臣当作是自己的臣来对待的情况有两种：当臣充当尸的时候不敢把他看作是臣，另一种是臣子当君主的老师时，也不应以臣下之礼来待他。按照大学的礼，即使是对天子讲课，老师也不必按臣礼面朝北，这是为了表示尊敬老师。

※ 原文

善学者，师逸而功倍[1]，又从而庸[2]之。不善学者，师勤而功半，又从而怨之。善问者如攻[3]坚木，先其易者，后其节[4]目[5]，及其久也，相说以解。不善问者反此。善待问者如撞钟，叩之以小者则小鸣，叩之以大者则大鸣，待其从容[6]然后尽其声。不善答问者反此。此皆进学之道也。

记问之学，不足以为人师。必也其听语[7]乎。力不能问然后语之；语之而不知，虽舍之可也。

良冶[8]之子必学为裘。良弓[9]之子必学为箕。始驾[10]马者反之，车在马前。君子察于此三者，可以有志于学矣。

※ 注释

1 逸：安闲，这里指费力小。功：效果。2 庸：功劳。3 攻：治，指加工处理木材。4 节：树的枝干交接处。5 目：纹理不顺处。6 从容：同"舂容"，即撞钟。7 听语：听取学生的问题并解答。8 冶：冶铸金属的工匠。9 弓：这里指造弓的匠人。10 始驾：开始训练小马驾车。

※ 译文

善于学习的学生，老师很轻松而教学效果却双倍，并且把功劳归于老师教导有方。不善于学习的学生，老师很辛勤而教学效果却只有一半，并且还怨恨老师。善于提问的人，就像加工处理坚硬的木材，先从容易处理的地方下手，然后处理节疤和纹理不顺的地方，时间长了，问题就解决了。不善于提问的人与此相反。善于回答问题的老师，就像撞钟一样，轻轻敲击则钟声较小，重重敲击则钟声大响，打钟的人一定要从容不迫有间隙，然后钟声才会余音悠扬（问题也就迎刃而解了）。不善于回答问题的老师则与此相反。这些都是增进学问的方法。

只凭记忆力掌握书本上的各种知识而不加领会，这种人不够资格当老师。当老师的人，一定要善于听取学生的提问，并能够予以解答，或者学生的才力不能回答老师的提问，然后再加以开导。如果老师开导了还是不懂，那就暂时先放一放，等以后再讲。

优秀铁匠的儿子，一定会用零碎的兽皮补缀成裘衣。优秀弓匠的儿子，一定会把柳条弯曲编成箕畚。刚开始学驾车的小马，一定要先把它系在车的后面，让它跟在车后面逐步适应。君子懂得了这三件事中的道理，就可以立定求学的志向了。

※ 原文

古之学者比物丑类[1]。鼓无当[2]于五声[3]，五声弗得不和。水无当于五色[4]，五色弗得不章。学无当于五官[5]，五官弗得不治。师无当于五服[6]，五服弗得不亲。

君子：“大德不官，大道不器，大信不约，大时[7]不齐。察于此四者，可以有志于学矣。”

三王之祭川也，皆先河而后海，或源也，或委[8]也，此之谓务本。

※ 注释

1 比物丑类：比较同类事物，以做到触类旁通。丑：比。2 当：比得上。3 五声：指古代音乐中的宫、商、角、徵、羽五大音阶。4 五色：青、黄、赤、白、黑五种颜色。5 五官：指司徒、司马、司空、司士、司寇，此处泛指政府各部门之官职。6 五服：斩衰、齐衰、大功、小功、缌麻五种丧服。它们分别用以表示血缘关系的亲疏远近。7 大时：天时。8 委：众水汇集之处。

※ 译文

古代的学者以同类事物相比，从而触类旁通。比如，鼓的声音并不相当于五声中的哪一声，但是当乐器演奏时，没有鼓则五声就没有和谐的节奏。水的颜色并不相当于五色中的哪一种，但是当绘画的时候，没有水则五色就不鲜明。有学问并不等于就可以做官，可是做官的如果没有学问就做不好工作。老师并不相当于五服中的哪一种亲属，但是五服之亲如果没有老师的教诲，则它们之间的感情就不知道怎样相亲和。

君子说："具有伟大德行的圣人，并不专门担任某一种官职，懂得大道理的人并不偏于一器之用，最大的诚信不需要订立盟约，把握大时机的人不要求一切行动都整齐划一。能懂得这四种道理，就有志于学之本了。"

夏商周三代君王祭祀河流，都是先祭河后祭海，因为河是海的源头，海是河的汇聚，这就叫作致力于根本。

※ 解读

《学记》是一篇完整地阐述教学原理的文章，全面记述古代太学中教学的目标、方法、效果及原则、步骤等理论，并检讨教学上所以有得失、成败的缘由，反映了儒家的教育思想和施教方针，对后世有很大影响。

西方哲学家洛克曾提出了"白板说"。他认为，人的心灵天生就像一张白纸，后来通过经验积累和学习，便在白纸上画出了各种图画。《学记》提出"玉不琢，不成器，人不学，不知义"，与"白板说"旨意是相同的；玉石是自然生成的，但要成为有用的玉器，还得要经过打磨加工。这就说明后天学习的重要性。但同时也强调学习需要恒心和毅力。悟性和天赋虽然也重要，但仅仅凭它们，还远远不够。最主要的还得靠勤奋和执着的精神。古人所说的"勤能补拙"，说的正是这个意思。精诚所至，金石为开。悟性与天赋再加上有恒心和毅力，就没有办不到的事情。

在这篇文章中还讲到教师在教学中不应该急于求成，照本宣科，不能对受教育者素质不加分析，没有区别而一律"填鸭"。应该因材施教、启发诱导。受教育者之间也应相互切磋、取长补短。教学方法直接关系到教和学的效果。其实不光教育是这样，几乎一切实践活动都有个方法问题。

※ 事例

《学记》中说到学问对于一个人的成长是很重要的，但并不是要搞一刀切，要求每个人都成名成家，因为那是不可能的。对此，《学记》中也特别强调因材施教在教学中的重要性。下面，就让我们看看我国古代最伟大的教育家孔子是如何因材施教的吧。

孔子因材施教

孔子总是在了解学生情况的基础上，根据学生的具体情况，有针对性地进行教育。有一次，子路问孔子说：“听到一个很好的主张要立即去做吗？”孔子回答说：“家里有父兄，怎么能自作主张呢？”而当冉求问同样的问题时，孔子却回答说：“当然应该去做！”在一旁的公西华听后很不理解，认为老师的讲话前后不一致。孔子却解释说：“子路遇事轻率鲁莽，所以要抑制他一下，使他谨慎些；而冉求遇事却畏缩不前，所以要鼓励他大胆地去做。”针对学生智能的高低，孔子也进行了不同的教学。他认为：“中人以上，可以语也；中人以下，不可以语也。”教学要讲究由浅入深，因人而异。还有一次，孟懿子问孔子什么叫作“孝”，孔子回答说：“无违。”当时由于孟懿子的理解能力有限，所以就没有进一步要求解释“无违”的意思，因此孔子也就没有讲下去。后来，樊迟则向孔子问起什么叫“无违”，由于樊迟的理解能力已达到相应的水平，所以孔子才进一步具体说明“无违”就是父母生前死后都要按礼的规定对待他们，不能违反。针对学生不同年龄层次的特点，孔子也有不同的教学侧重点。“少之时，血气未定，戒之在色；及其壮也，血气方刚，戒之在斗；及其老也，血气既衰，戒之在得。”

乐记

※ 原文

音之起，由人心生也。人心之动，物使之然也。感于物而动，故形于声。声相应，故生变。变成方[1]，谓之音。比[2]音而乐[3]之，及干[4]戚[5]羽[6]旄[7]谓之乐。

乐者，音之所由生也，其本在人心之感于物也。是故，其哀心感者，其声噍以杀[8]；其乐心感者，其声啴以缓[9]；其喜心感者，其声发以散[10]；其怒心感者，其声粗以厉；其敬心感者，其声直以廉；其爱心感者，其声和以柔。六者非性也，感于物而后动。是故先王慎所以感之者。故礼以道[11]其志，乐以和其声，政以一其行，刑以防其奸。礼、乐、刑、政，其极一也，所以同民心而出治道也。

※ 注释

1 方：指规律、规则。2 比：组合。3 乐：这里指演奏乐曲。4 干：盾牌。5 戚：一种斧子。6 羽：野鸡羽毛。7 旄：牛尾。这些东西都是跳舞时用的道具。8 噍以杀：急迫短促。9 啴以缓：舒展和缓。10 发以散：焕发而舒畅。发：振奋。散：奔放。11 道：同“导”，诱导。

※ 译文

大凡音乐的产生，都是从人心中产生的。而人心的活动，都是由于受到外物的触发。人心有感于外物而产生活动，因而表现为声音。各种声音相互应合，由此产生变化。由变化形成一定的曲调，就称之为歌曲。将歌曲进行演奏和歌唱，配上干戚羽旄进行舞蹈这就叫作乐。

乐，是由声音产生的，而其根源则在于人心对外物的感受。因此，心中有哀伤的感受，发出的声音便急促而低沉；心里有快乐的感情，发出的声音便振奋而奔放；心里有感而产生喜悦之心的，发出的声音就昂扬而爽朗；心里有愤怒的情感，发出的声音便粗犷而激越；心里有崇敬的情感，发出的声音便庄重而正直；心里有爱恋的情感，发出的声音便和顺而温柔。以上六种情感并非出自人的天性，而是受到外物的激发而产生的活动。所以先王十分重视让人心感动的事物。所以用礼来引导人们的志向，用音乐来调和人的情感，用政令来统一人们的行为，用刑罚来防止人们做坏事。礼、乐、刑和政，最终目的只有一个，就是用来统一民心，把社会治理好。

※ 原文

凡音者，生人心者也。情动于中，故形于声。声成文，谓之音。是故治世之音安，以乐其政和。乱世之音怨，以怒其政乖[1]。亡国之音哀，以思其民困。声音之道与政通矣。

宫为君，商为臣，角为民，徵为事，羽为物，五者不乱，则无怗懘[2]之音矣。宫乱则荒，其君骄。商乱则陂，其官坏。角乱则忧，其民怨。徵乱则哀，其事勤。羽乱则危，其财匮。五者皆乱，迭相陵，谓之“慢”，如此，则国之灭亡无日矣。

郑卫之音[3]，乱世之音也，比[4]于慢矣。桑间濮上之音，亡国之音也，其政散，其民流，诬上行私而不可止也。

※ 注释

1 乖：违背、紊乱。2 怗懘（zhān chì）：敝败不和貌。3 郑卫之音：指被孔子视为“淫”声的郑国、卫国的民间音乐。4 比：接近于。

※ 译文

一切音乐都产生于人的内心。情感在心中激荡，便通过声音表现出来。声音变化而成曲调，就叫作歌曲。所以太平盛世的音乐安详而快乐，其政治便是和谐的。混乱社会的音乐哀怨而愤怒，其政治便是紊乱的。将要亡国的音乐哀伤而忧思，其人民的生活也是困苦的。所以音乐的道理，是与政治相通的。

五音之中，宫好比君，商好比臣，角好比民，徵好比事，羽好比物，五音不混乱，便不会有不和谐的声音。宫音混乱便显得荒淫，好比国君骄横。商音混乱便显得倾颓，好比官吏腐败。角音混乱便显得忧伤，好比民众有怨恨。徵音混乱便显得哀苦，好比工作劳累。羽音混乱便显得危急，好比资财匮乏。如果五音都混乱，互相交替陵越，就叫作“慢音”。像这样，就离国家的灭亡不远了。

郑、卫的音乐，是混乱社会的音乐，类似于慢音。桑间濮上的音乐，是亡国的音乐，有这种音乐的国家一定政事涣散、民众流离，做官的人欺上瞒下、徇私枉法成风而且无法禁止。

※ 原文

凡音者，生于人心者也。乐者，通伦理者也。是故知声而不知音者，禽兽是也。知音而不知乐者，众庶是也。唯君子为能知乐，是故审声以知音，审音以知乐，审乐以知政，而治道备矣。是故不知声者，不可与言音。不知音者，不可与言乐。知乐，则几于礼矣。礼乐皆得，谓之有德。德者，得也。是故乐之隆，非极音也。食飨[1]之礼，非致味也。《清庙》[2]之瑟，朱弦而疏越[3]，壹倡[4]而三叹，有遗音者矣。大飨之礼尚玄酒[5]而俎腥鱼。大羹不和[6]，有遗味者矣。是故先王之制礼乐也，非以极口腹耳目之欲也，将以教民平[7]好恶，而反人道之正也。

※ 注释

1 食飨：古代祭祀祖先的礼仪。2《清庙》：宗庙。3 朱弦：朱红色熟丝作的弦，发音沉浊。疏越：疏通底孔，使声音迟缓。疏：疏朗。越：瑟底部的孔。4 倡：同“唱”。5 玄酒：水。上古祭祀时用水。6 大羹不和：大羹，祭祀时用的肉汁；不和，不用盐及五味来调和。7 平：节制。

※ 译文

一切音乐，都产生于人的内心。所谓“乐”，是和伦理相通的。所以，只懂得声音不懂得音调的，便是禽兽。只懂得音调而不懂得音乐的，便是普通百姓。只有君子才懂得音乐。因此，由审察声音进而懂得音调，由审察音调进而懂得音乐，由审察音乐进而懂得政治，这就具有完备的治国之道。所以不懂得声音的人，不可与他讨论歌曲；不懂得歌曲的人，不可与他讨论音乐。懂得了乐，就接近懂得礼了。礼和乐都懂，就叫作有德。德，也就是“得到”的意思。所以音乐的兴盛，并不是好听到极点的音乐。举行食礼和飨礼，不一定要用味道极其鲜美的祭品。弹奏《清庙》所用的瑟，用音色沉浊的朱弦和底部有稀疏孔眼的，一个人领唱，三个人应和，演唱完毕还有余音值得回味。举行大飨礼，崇尚玄酒，盘中盛的是生肉生鱼，肉汁也不调味，食物的味道也没有达到完美，吃过之后还有余味。所以，先王制礼作乐，目的并非为了满足人们口腹耳目的欲望，而是用礼乐来教导民众爱憎分明，回到做人的正道上来。

※ 原文

人生而静，天之性也。感于物而动，性之欲也。物至知知，然后好恶形焉。好恶无节于内，知诱于外，不能反躬，天理灭矣。夫物之感人无穷，而人之好恶无节，则是物至而人化物也。人化物也者，灭天理而穷人欲者也。于是有悖逆诈伪之心，有淫泆作乱之事。是故强者胁弱，众者暴寡，知者诈愚，勇者苦怯[1]，疾病不养，老幼孤独不得其所，此大乱之道也。

是故先王之制礼乐，人为之节。衰麻[2]哭泣，所以节丧纪也。钟鼓干戚，所以和安乐也。婚姻冠笄，所以别男女也。射乡食飨，所以正交接也。礼节民心，乐和民声，政以行之，刑以防之。礼、乐、刑、政四达而不悖，则王道备矣。

※ 注释

1 苦怯：使怯懦的人感到困苦。2 衰麻：指丧服。

※ 译文

人从生下来就是无情欲的，这是天生的本性。感受到外物而产生情欲，这也是人性的本性中的欲望所致。外物不断地来影响人，心智就会有所知觉，然后心中便形成了爱好和厌恶。如果对爱好和厌恶在心中没有节制，心智受到外物的引诱，又不能时常自我反省，这样人所禀赋的天性就要灭绝了。外物给予人的感受是无穷尽的，若是人对自己的好恶又不能加以节制，那么外物一来，人就随物而变化了。所谓人随物化，也就是灭绝天性而放纵个人的欲望。这样一来，人们便会有叛逆诈伪的心理产生，有淫佚作乱的事情出现。因而，以强凌弱、以多欺少，聪明的欺骗老实的，胆大的坑害怯弱的，生病得不到调养，孤寡老幼无所依靠，这是大乱的形势呀。

所以先王制定礼乐，用以节制人们的欲望。制定丧服制度和有关哭泣的礼仪，用来节制人们的丧事。钟鼓干戚等乐舞器具，用来调节人们对安乐的享受。制定婚礼、冠和加笄礼等，用来区别男女。制定大射、乡饮酒，食、飨等礼，用来调整人们的交往。用礼来节制民众的心智，用乐来调和民众的声音，用行政力量来推行国家的政策措施，用刑罚手段来防范不轨行为。礼、乐、刑、政四个方面，畅通而不矛盾，这样王道政治的要求具备了。

※ 原文

乐者为同，礼者为异。同则相亲，异则相敬。乐胜[1]则流[2]，礼胜则离[3]。合情饰貌者，礼乐之事也。礼义立，则贵贱等矣。乐文同，则上下和矣。好恶著，则贤不肖别矣。刑禁暴，爵举贤，则政均矣。仁以爱之，义以正之，如此则民治行矣。

乐由中出，礼自外作。乐由中出故静[4]，礼自外作故文。大乐必易，大礼必简。乐至则无怨，礼至则不争。揖让[5]而治天下者，礼乐之谓也。暴民不作，诸侯宾服[6]，兵革不试，五刑[7]不用，百姓无患，天子不怒，如此则乐达矣。合父子之亲，明长幼之序，以敬四海之内，天子如此，则礼行矣。

※ 注释

1 胜：超过、过分。2 流：散漫随便。3 离：隔阂、不亲近。4 静：安静。这里指潜移默化的影响。5 揖让：礼让。6 宾服：服从，归顺。7 五刑：指墨、劓、剕宫、大辟五种刑罚。

※ 译文

乐的作用是调和好恶情感，礼的作用是区别差异。能同一便相互亲近，有差异便相互尊敬。乐超过了限度，就会流于散漫不恭敬；礼超过了限度，就会造成隔离不亲近。调和感情，检束仪容，便是礼乐的功用。礼义确立了，贵贱等级才能区分。乐章的形式统一，上下便能和睦相处。好恶的标准明确了，贤与不肖就容易区别。用刑罚禁止暴乱，用赏爵举拔贤能，政事就公平合理了。用仁来爱护民众，用义来端正百姓，这样民众就能治理好了。

乐由内心产生，礼体现于外表。乐由内心产生所以能够潜移默化，礼体现于外表，所以形成仪节制度。盛大的音乐一定是平易的，大礼一定是简朴的。乐教通行于内心则民众没有怨恨，礼教通行则民众没有纷争。古代圣王所以能用谦恭礼让的态度治理天下，就是运用了礼乐。不出现违法作乱的人，诸侯都来归顺，不必使用武力，不动用多种刑罚，百姓自然没有忧患，天子不专横，这就表明乐教普遍实行了。父子相互亲睦，长幼秩序分明，使天下的人都互相尊敬。天子如果能这样做，就是礼教普遍实行了。

※ 原文

大乐与天地同和，大礼与天地同节。和故百物不失，节故祀天祭地，明则有礼乐，幽则有鬼神，如此则四海之内合敬同爱矣。礼者殊事[1]，合敬[2]者也。乐者异文[3]，合爱[4]者也。礼乐之情同，故明王以相沿也，故事与时并，名与功偕。

故钟鼓管磬[5]，羽籥干戚[6]，乐之器也。屈伸俯仰[7]，缀兆舒疾[8]，乐之文也。簠簋俎豆[9]，制度文章[10]，礼之器也。升降上下，周还[11]裼[12]袭[13]，礼之文也。故知礼乐之情者能作，识礼乐之文者能述。作者之谓“圣”，述者之谓“明”。“明圣”者，述作之谓也。

乐者，天地之和也；礼者，天地之序也。和，故百物皆化，序，故群物皆别。乐由天作，礼以地制。过制则乱，过作则暴。明于天地，然后能兴礼乐也。

论伦无患[14]，乐之情也；欣喜欢爱，乐之官也。中正无邪，礼之质也；庄敬恭顺，礼之制[15]也。若夫礼乐之施于金石[16]，越于声音，用于宗庙社稷，事乎山川鬼神，则此所与民同也。

※ 注释

1 殊事：规定高低贵贱的差别。2 合敬：使人们相互敬重。3 异文：用不同艺术形式影响人心。4 合爱：使人们相互亲近。5 钟鼓管磬：都是古代的乐器。6 羽籥干戚：都是古代舞蹈时的道具。7 屈伸俯仰：指舞蹈的各种姿势。8 缀兆舒疾：缀，指舞蹈的行列；兆，指舞者活动的区域。舒疾，指舞蹈节奏的舒缓、疾速。9 簠簋俎豆：都是古代祭祀或宴饮时盛食物的器皿。10 制度文章：指各种礼仪的规定。11 周还：同“周旋”，指回旋的动作。12 裼：袒开上衣。13 袭：掩住上衣。14 论伦无患：意思是和谐而不乱。15 制：指职能。16 金石：钟、磬一类的东西。

※ 译文

盛大的音乐与天地调和一致，大礼与天地有同样的节序。大乐能与天地自然地调和一致可以保持万物不会丧失其生长本性，大礼能与天地具有自然的秩序因此可以运用来祭祀天地。人间有礼乐教化，阴间有鬼神助人成事，这样，四海之内的人就能相亲相爱了。礼用来规定人的高低贵贱的差别，使人们相互敬重。乐用不同形式来影响人心，使人们相互亲近。礼和乐的目的都在于使人相敬相爱，所以历代英明的君王都以礼乐相沿袭，他们制礼作乐都依据时代的变化，为礼乐命名都要与王者的功绩相称。

所以，钟鼓管磬，羽籥干戚，都是乐的器具。屈伸俯仰等舞姿，排列聚散和舒缓急速的动作，都是乐的表现形式。簠簋俎豆等器具和各种规格规定，都是礼的工具。升降、上下、回旋、袒衣掩衣，都是礼的表现形式。所以，懂得礼乐功用的人才能创制礼乐，了解礼乐形式的人才能传授礼乐。能创制礼乐的人叫作“圣”，能传授礼乐的人叫作“明”。“明”和“圣”，就是传授和创制礼乐的意思。

乐，所表现的是天地间的和谐；礼，所表现的是天地间的秩序。因为和谐，所以万物都能化育生长；因为有秩序，万物又各有区别。乐依照天的规律制作，礼依照地的规律制作。礼制定得有错误，就会引起各种秩序的混乱，乐的制作得有错误就会导致文乐和武乐不分。只有明白天地的规律，然后才能兴起礼乐。

和谐而不丧失原则，是乐内在的精神；让人高兴欢喜，是乐的功能。中正无邪，是礼的本质；庄重恭敬，是礼对人的节制。至于运用乐器来表现礼乐，发出声音，用于宗庙社稷的祭祀活动，祭祀山川鬼神，这些是天子与民众共同使用的。

※ 原文

王者功成作乐，治定制礼。其功大者其乐备，其治辩者其礼具。干戚之舞，非备乐也；孰亨而祀[1]，非达礼也。五帝殊时，不相沿乐。三王异世，不相袭礼。乐极则忧，礼粗[2]则偏[3]矣。及夫敦乐而无忧，礼备而不偏者，其唯大圣乎。

天高地下，万物散殊，而礼制行矣。流而不息，合同而化，而乐兴焉。春作夏长，仁也；秋敛冬藏，义也。仁近于乐，义近于礼。乐者敦和[4]，率[5]神而从天；礼者别宜，居鬼而从地。故圣人作乐以应天，制礼以配地。礼乐明备，天地官[6]矣。

天尊地卑，君臣定矣。卑高已陈，贵贱位矣。动静有常，小大殊矣。方[7]以类聚，物[8]以群分，则性命不同矣。在天成象，在地成形，如此，则礼者天地之别也。

地气上齐[9]，天气下降，阴阳相摩，天地相荡，鼓之以雷霆，奋之以风雨，动之以四时，暖之以日月，而百化兴焉。如此，则乐者天地之和也。

化不时则不生，男女无辨则乱升：天地之情也。

※ 注释

1 孰亨而祀：指用熟食祭祀。孰，同“熟”。亨，同“烹”。2 粗：过分，无限度。3 偏：偏邪。4 敦和：增进调和。5 率：循，跟随。6 官：职守。7 方：指禽兽之属。8 物：指草木之属。9 齐：同“跻”上升。

※ 译文

帝王创业成功才创作音乐，政治安定才制定礼。功劳巨大，所以他的乐就完善，治理安定，所以他的礼也就完备。只有干戚之舞，不能算是完备的乐；用熟食祭祀，不能算是至上的礼。五帝三王彼此不同时代，因而沿用不同的礼乐。乐走向极端便会使人忧虑，礼制定得粗略不周就会出现偏差。至于能够使乐隆重而没有忧虑，使礼完备却没有偏差的，大概只有圣人才能做到吧。

天在上，地在下。万物各不相同，礼就是按照这种差异制定的。天地之气流动不停，调和万物一同进化，乐就是依据这种规律兴起的。春生夏长，体现着天地仁的精神；秋收冬藏，体现着天地义的精神。仁接近于乐，义接近于礼。乐的作用是增进和同，跟随着神而归属于天；礼的作用是辨别差异，跟随着鬼而归属于地。所以圣人作乐来顺应天，制礼来配合地。礼乐制定得明确完备，也就是天地万物各自发挥其职能了。

根据天尊地卑的现象，君臣的关系就依此确定了。根据高山低泽的分布情况，贵贱的名位也就确定了。根据自然界运动和静止的常态，大小事物也就区分开来了。万物按照类别聚集，异类按照群属区分，那么它们的天性和长短就显示出来了。在天上有日月星辰之象，在地上有万物的不同形态。这样，就没有必要用礼来反映天地之间的各种区别。

地气上升，天气下降，阴阳二气互相摩擦，天地之气互相激荡，再加上雷霆来鼓动，风雨来振奋，四时来运转，以及日月来照耀，于是万物便化育而生长了。这样，就有必要用乐来反映天地间的和谐。

化育不合时节，就不会生长；男女不加区分，就会造成社会的混乱：这就是天地的情理。

※ 原文

及夫礼乐之极乎天而蟠[1]乎地，行乎阴阳而通乎鬼神，穷高极远而测深厚。乐著大始，而礼居成物。著不息者，天也。著不动者，地也。一动一静者，天地之间也。故圣人曰“礼乐云”。

昔者舜作五弦之琴[2]，以歌《南风》[3]。夔[4]始制乐，以赏诸侯。故天子之为乐也，以赏诸侯之有德者也。德盛而教尊，五谷时熟，然后赏之以乐。故其治民劳者，其舞行缀[5]远；其治民逸者，其舞行缀短。故观其舞知其德，闻其谥知其行也。

《大章》，章之也。《咸池》，备矣。《韶》，继也。《夏》，大也。殷周之乐尽矣。

天地之道：寒暑不时则疾，风雨不节则饥。教者，民之寒暑也，教不时则伤世；事[6]者，民之风雨也，事不节则无功。然则先王之为乐也，以法治也，善则行象[7]德矣。

※ 注释

1 蟠：盘曲、分布。2 五弦之琴：相传为舜制作的乐器，琴有宫、商、角、徵、羽五根弦。3《南风》：远古诗歌的名称。4 夔：人名，相传为舜乐官，后世把他尊为乐祖。5 行缀：歌舞行列中人所处的位置。6 事：指制度。7 象：吻合，符合。

※ 译文

礼乐上达于天，而下托于地，随着阴阳之气流行，跟鬼神相通，要测度它的道理真是极高深又幽远。乐与天为一体，礼与地为一体。一动一静，就生成了天地间万事万物。所以圣人常常提起效法天地的怎么说“礼”，怎么说“乐”。

从前，舜创制五弦琴，用来演唱《南风》诗。夔最初创制乐，用来赏赐给诸侯。因此，天子创制乐的目的，是用来赏赐给有德行的诸侯的。诸侯品德完善，政教严明，不失农时，五谷丰登，这样天子才把乐赏赐给他。所以，诸侯治理不好民众，使他们劳苦，赏赐的歌舞行列就稀疏而远；诸侯治理好民众，使他们安闲，赏赐的歌舞行列就稠密而短。因此，观察舞蹈行列，就会知道诸侯的德行如何，好比听到他的谥号，就知道他的行为如何。

《大章》，便是表彰尧的德行。《咸池》，便是歌颂黄帝德行完备的。《韶》，便是歌颂舜能继承尧的德政。《夏》，便是歌颂禹能发扬光大尧舜之德。殷周两代的乐都是赞扬能够尽到人为的努力。

依照天地运行的规律：寒暑不适就出现疾病；风雨不调和就会出现饥荒。教育，对于民众就像风雨的变化一样，不及时施教就会有伤世风；事功对于民众就像自然的风雨，没有节制就难见功效。因此，从前的君王创制乐，是当作治理民众的一种方法，恰当地适用乐教，就会使民众的行为符合德行的要求。

※ 原文

夫豢豕为酒，非以为祸也，而狱讼益繁，则酒之流生祸也。是故先王因为酒礼。壹献之礼，宾主百拜，终日饮酒而不得醉焉，此先王之所以备酒祸也。故酒食者，所以合欢也。乐者，所以象德也。礼者，所以缀淫也。是故先王有大事，必有礼以哀之；有大福，必有礼以乐之：哀乐之分，皆以礼终。乐也者，圣人之所乐也，而可以善民心，其感人深，其移风易俗，故先王著[1]其教焉。

夫民有血气[2]心知[3]之性，而无哀乐喜怒之常，应感起物而动，然后心术形焉。是故志微、噍杀[4]之音作，而民思忧；啴谐[5]、慢易[6]、繁文、简节[7]之音作，而民康乐；粗厉、猛起、奋末、广贲之音作，而民刚毅；廉直、劲正、庄诚之音作，而民肃敬；宽裕、肉好[8]、顺成、和动之音作，而民慈爱；流辟、邪散、狄成、涤滥之音作，而民淫乱。

※ 注释

1 著：设立，建立。2 血气：指性格、气质。知：同“智”。4 噍杀：急促。5 啴谐：和谐。6 慢易：缓慢轻松。7 简节：节奏宽简。8 肉好：圆润。

※ 译文

本来人们养猪酿酒，不是制造灾祸，然而诉讼纠纷日益增多，都是由于饮酒过度而引出的祸端。所以先王为此制定了饮酒礼。光是“一献”的礼，就要求宾主互相多次拜饮，这样即使整天饮酒，也不会醉倒，这就是先王用以防备饮酒惹祸的办法。酒食，是用来使大家欢聚的。乐，是用来体现道德的。礼，是用来制止人们的越轨行为的。所以先王遇到死丧的大事，必定有一定的礼来表现哀悼；遇到吉庆的喜事，也必定有一定的礼来表达欢乐：悲哀和欢乐的程度，最终都要符合礼。乐是圣人所喜欢的，它可以使民心向善，深刻地感动人心，使民风习俗改变，因此，从前的君王设立了专门机构来实施乐教。

虽然人人都有性格、气质、心智这些本性，但喜、怒、哀、乐的情感却没有规律，人心受到外物的刺激而产生反应，然后才表现为一定的情感。因此，发生细微、急速的音乐，人的情感就忧伤；发生和谐舒展、轻松和缓、音色华美、节奏宽简的音乐，人的内心就安详乐观；发生粗犷激越、豪迈奔放、昂扬振奋、宏大愤激的音乐，人的情感就刚强坚毅；发生清明正直、刚正有力、庄重真诚的音乐，人的情感就严肃恭敬；发生宽畅从容、圆润洪亮、流利活泼、平和顺畅的音乐，人的内心就充满慈爱之情；发生放荡、散乱、轻佻、淫秽的音乐，人的内心就淫乱。

※ 原文

是故先王本之情性，稽之度数，制之礼义。合生气之和，道五常之行，使之阳而不散，阴而不密，刚气不怒，柔气不慑。四畅交于中而发作于外，皆安其位而不相夺也。然后立之学等，广其节奏，省其文采，以绳德厚。律小大之称，比终始之序，以象事行[1]，使亲疏、贵贱、长幼、男女之理，皆形见于乐，故曰“乐观其深矣”。

土敝[2]则草木不长，水烦[3]则鱼鳖不大，气衰则生物不遂，世乱则礼慝[4]而乐淫。是故其声哀而不庄，乐而不安，慢易以犯节，流湎[5]以忘本[6]，广[7]则容奸，狭则思欲[8]，感条畅[9]之气，而灭平和之德，是以君子贱之也。

凡奸声感人，而逆气应之。逆气成象，而淫乐兴焉。正声感人，而顺气应之。顺气成象，而和乐兴焉。倡和有应，回邪曲直各归其分，而万物之理，各以类相动也。是故君子反情以和其志，比类以成其行，奸声乱色不留聪明[10]，淫乐慝礼不接心术，惰慢邪辟之气不设于身体，使耳目鼻口心知百体，皆由顺正，以行其义。

※ 注释

1 事行：指下文所谓亲疏、贵贱、长幼、男女等人伦关系。2 土敝：土地贫瘠。3 烦：动荡不宁。4 慝：败坏。5 流湎：沉溺。6 忘本：丧失法度。7 广：指节奏缓慢。8 狭：指节奏急促。9 条畅：同“涤荡”。逆乱。10 聪明：听觉和视觉。

※ 译文

所以先王作乐，以人的性情为根本出发点，考求音律的度数，用礼义加以节制。配合天地之气的和谐，遵循五行的运转，使其阳气奋发而不至于流散，阴气收敛而不至于闭塞，刚气坚强而不至于暴怒，柔气和顺而不至于畏缩。这四个方面通畅地交融于心中，而表现于外表，都各得其所而不互相侵害。然后制定学习的等级，逐渐增益音乐的节奏，审查音乐的表现文采，用以衡量品德的深厚。配合音律的大小高低，排列乐章的先后次序，用来表现人伦关系，使亲疏、贵贱、长幼、男女之间的伦理关系都体现于乐舞之中。所以说：通过乐可以深刻地观察社会。

土地贫瘠草木就不能生长，水流不安定，鱼鳖就长不大，天地之气衰竭，万物就不能生长，世道混乱，礼就衰败，乐就淫逸。因此这时的音乐，悲哀却不庄重，喜悦却不安详，散漫而不合节拍，放纵而丧失法度，缓慢的节奏中包藏着邪恶，短促的节奏则刺激淫欲。感发出人们的放荡之气，而减少人们的平和之德，因此君子鄙视这样的音乐。

凡是奸邪的声音感染了人，人们就会以悖逆的心气应和。悖逆之气就表现于外，淫邪的音乐就产生了。纯正的声音感染了人，人们就以和顺的心气应和。和顺的心气成为形象，和乐就兴起来了。一唱一和必有反应，邪正曲直各自归属于一定的分类，万物的原理，就是按照各自的类别相应而动的。所以君子回到人的本性来调和人的心志，比照着善恶的差别来成全人的行为，奸邪的声音、淫乱的颜色，不听不看，荒淫的音乐、违礼的言行，心里不去感受，惰慢歪邪的习气，不沾染到身上。使自己的耳目鼻口思想以及整个身体，都随着正气来实行合乎道义的举措。

※ 原文

然后发以声音，而文[1]以琴瑟，动[2]以干戚，饰[3]以羽旄，从以箫管，奋至德之光，动四气之和，以著万物之理。是故清明象天，广大象地，终始象四时，周还象风雨，五色成文而不乱，八风从律而不奸，百度得数而有常，小大相成，终始相生，倡和清浊，迭相为经。故乐行而伦清，耳目聪明，血气和平，移风易俗，天下皆宁。故曰：“乐者，乐也[4]”。君子乐得其道，小人乐得其欲。以道制欲，则乐而不乱；以欲忘道，则惑而不乐。是故君子反情以和其志，广乐以成其教。乐行而民乡方[5]，可以观德矣。

德者，性之端也。乐者，德之华也。金石丝竹，乐之器也。诗言其志也，歌咏其声也，舞动其容也，三者本于心，然后乐器从之。是故情深而文明[6]，气盛而化神。和顺积中，而英华[7]发外，唯乐不可以为伪。

※ 注释

1 文：文饰，这里指伴奏。2 动：指舞蹈。3 饰：装饰道具。4 乐者，乐也：前一“乐”指音乐，后一“乐”指快乐。5 乡方：朝向正道。6 文明：指音乐文采鲜明。7 英华：光华。这里指美好的神采。

※ 译文

然后用声音来抒发，用琴瑟等乐器来演奏，用干戚来舞动，用羽旄来装饰，用箫管来伴奏，焕发出至上道德的光彩，调动起阴阳刚柔四气的和谐，来表明万物的规律。所以这种音乐，清明就像天，钟鼓声洪大就像地，乐章周而复始就像一年四季，舞姿往复周旋流动就像风雨，五声组织严密而不乱，八音配合律而不相凌犯，各种节奏都合乎应有的度数而不失常规。大小音调相辅相成，前后乐章相继相生，有唱有和有清有浊，互相交替形成一定的规律。所以这样的音乐一经流行，就使伦理清楚，使人耳聪目明，心平气和，它能移风易俗，使天下得到安定。所以说："音乐就是使人快乐的。"不过，君子的快乐是因为找到了正道，小人的快乐在于满足了欲望。用正道来控制欲望，这样快乐就不会导致淫乱；为了欲望而忘记正道，就会陷入迷惑而得不到真正的快乐。所以君子回到人的本性来调和志向，推广音乐来完成对人们的教化。乐教完成，人民也就走上了正道，所以从音乐可以观察到德行。

所谓"德行"，是人性的发端。"乐"，是德之光华。金石丝竹是演奏乐的器具。"诗"抒发内心意志，"歌"吟唱心中声音，"舞"表演内心姿态，诗、歌、舞都是从人心中发出的，然后用乐器来跟着配合演奏。所以，情感深厚就会文采鲜明，气度宏大就会变化神奇。有和顺的情感聚积在心中，就会有美好的神采表现在外表，只有音乐所表现的快乐是不好伪装的。

※ 原文

乐者，心之动也。声者，乐之象也。文采节奏，声之饰也。君子动其本，乐其象，然后治其饰。是故先鼓以警戒，三步以见方[1]，再始以著往，复乱[2]以饬归。奋疾而不拔，极幽而不隐。独乐其志，不厌其道，备举其道，不私其欲。是故情见而义立，乐终而德尊，君子以好善，小人以听过，故曰"生民之道，乐为大焉"。

乐也者，施也；礼也者，报也。乐，乐其所自生[3]；而礼反其所自始[4]。乐章德，礼报情反始也。

所谓大辂者，天子之车也；龙旂九旒，天子之旌也；青黑缘者，天子之宝龟也；从之以牛羊之群：则所以赠诸侯也。

※ 注释

1 方：将。三步以见方：指先走三步表示舞蹈将要开始。2 乱：指乐曲的结束部分。3 所自生：指王者赖以建立王业的功德。4 所自始：指祖先。

※ 译文

乐，是内心活动的表现。声音，是乐的表象。文采节奏，是声音的装饰。君子内心有所感动，而又高兴用乐来表现，然后加上文采节奏（制作出乐来）。因此（演奏《武》乐）先要击鼓引起大家的注意，舞蹈开始时要先前进三步以表示舞列行进的方面，第一段舞毕、第二段开始时也要先前进三步以表示舞列所往，舞蹈结束时又要整饬舞列回到开始时的位置。舞蹈的动作迅速而不过快，歌唱的含义深刻而有隐晦。观众各自都欣赏它的内容，而不厌弃它所表现的道义，并能充分利用乐所表现的道义（来进行教化），而不会只为满足个人享受的欲望。因此这样的乐使感情得到表现而道义也得到确立，乐演奏结束而德行受到尊崇，君子因此更乐行善道，小人因此发现自己的过失，所以说“抚育人民的方法，没有比乐教更重要的了”。

乐的作用，有施予；礼的作用，有报答施予。乐，用来欢乐它自身所由产生原因；礼，要求人一直追溯到自己所由产生的始祖（都要报答）。乐表彰功德，礼报答恩情、追念始祖。

所谓“大辂”，那是天子的车子，龙旂下边缀着九条旒的，那是天子的旌旗；有青黑色边缘的龟甲，那是天子的宝龟甲，再加上成群的牛羊：这些就是天子赐给来朝诸侯的礼物。

※ 原文

乐也者，情之不可变者也；礼也者，理之不可易者也。乐统同，礼辨异，礼乐之说，管[1]乎人情矣。

穷本知变，乐之情也；著诚去伪，礼之经也。礼乐偩天地之情，达神明之德，降兴[2]上下之神，而凝是精粗之体，领父子君臣之节。

是故大人举礼乐，则天地将为昭焉。天地欣合，阴阳相得，煦妪覆育万物，然后草木茂，区萌[3]达，羽翼奋，角觡生，蛰虫昭苏，羽者妪伏，毛者孕鬻，胎生者不，而卵生者不殈，则乐之道归焉耳。

乐者，非谓黄钟、大吕、弦歌、干扬也，乐之末节也，故童者舞之。铺筵席，陈尊俎，列笾豆，以升降为礼者，礼之末节也，故有司掌之。乐师辨乎声诗，故北面而弦。宗、祝辨乎宗庙之礼，故后尸。商祝辨乎丧礼，故后主人。是故德成而上，艺成而下；行成而先，事成而后。是故先王有上有下有先有后，然后可以有制于天下也。

※ 注释

1 管：包括，贯通。2 降兴：调动。3 区萌：指植物的萌芽。

※ 译文

乐，表达人的内心的感情，这种感情是不可改变的。礼，反映社会的伦理，这种伦理是永恒不变的。乐的功能在于调和统一，礼的功能在于辨别差异，礼乐的道理，贯通着人情。

追求人心灵的本源，在于了解其变化，这是乐的功能；显明诚敬，除去虚伪的态度，是礼的作用。礼乐依顺天地的规律，贯彻神明的道德，（用于祭祀）可以使天神降而地神出，（用于万物）可使其大小精粗等各种不同的形体都得成就而且端正，（用于人伦）可理顺父子、君臣之间的关系。

所以圣人施行礼乐，天地都将跟着光明。天地也将要为之欣然交合，阴阳交错，化育抚养万物。这样草木就茂盛了，萌芽就出土了，鸟类就奋飞了，兽类就生长了，冬眠的虫子也复苏了，鸟类在孵卵，兽类怀了孕，胎生的不流产，卵生的不破裂这些都要归功于乐的功效呀。

所谓乐，并不仅仅指乐律、弹瑟唱歌、手执干扬而舞等，这些对于乐来说都是次要的，所以让儿童来表演舞蹈。铺设宴席，陈列祭器，按上下进退的动作来行礼，这也是礼的次要部分，所以只需司仪就可以掌管。乐师能清楚地懂得声乐诗歌，所以只能在下位面朝北弹琴。宗祝只不过是了解宗庙的具体礼仪，所以只能站在尸的后面相礼。商祝只懂得丧事的礼仪，所以只能站在主人的后面行礼。所以，成就德行是主要的，懂得技艺是次要的。成就德行的在上位，成就事功的在下位。所以，先王使人们有了上下尊卑的区别，然后才制定礼乐，推行于天下。

※ 原文

魏文侯问于子夏曰：“吾端冕而听古乐，则唯恐卧。听郑卫之音，则不知倦。敢问古乐之如彼何也？新乐之如此何也？”子夏对曰：“今夫古乐，进旅退旅，和正以广，弦匏笙簧[1]，会守拊鼓，始奏以文，复乱以武，治乱以相，讯[2]疾以雅，君子于是语[3]，于是道古，修身及家，平均天下。此古乐之发也。今夫新乐，进俯退俯，奸声以滥，溺而不止，及优、侏儒，獶杂子女，不知父子，乐终不可以语，不可以道古，此新乐之发也。今君之所问者乐也，所好者音也。夫乐者与音相近而不同。”

文侯曰：“敢问何如？”子夏对曰：“夫古者天地顺而四时当，民有德而五谷昌，疾疢不作，而无妖祥，此之谓‘大当’，然后圣人作，为父子君臣，以为纪纲。纪纲既正，天下大定。天下大定，然后正六律，和五声，弦歌诗颂，此之谓德音，德音之谓乐。《诗》云：‘莫其德音，其德克明。克明克类，克长克君。王此大邦，克顺克俾。俾于[4]文王，其德靡悔[5]。既受帝祉，施于孙子。’此之谓也。今君之所好者，其溺音乎？”

※ 注释

1 弦匏笙簧：指各种管弦乐器。2 讯：调解。3 于是语：乐终发表意见说明此乐舞的意义。4 俾于：及于、至于。5 靡悔：无所遗憾。

※ 译文

魏文侯问子夏说："我穿戴礼服礼帽听古代的音乐，就怕很快就睡着了。而倾听郑、卫两国的音乐时，就不知疲倦。请问古乐为什么能让我如此呢？新乐叫我这样，又做何解释？"子夏说："所谓古乐，表演时舞列同进同退，动作严整，乐的气象中和平正而又宽广，弦匏笙簧等乐器，都同时合奏而听从拊和鼓的节制。开始演奏时击鼓，乐曲终结时，鸣铙，用相来调节最后的乐章，用雅来控制音乐的速度。君子用此来说明乐舞的深刻意义，或谈论古代的事迹，内容都是有关通过修身达到和睦家庭，以至于安定天下的，这是演奏古乐的意义。而所谓的新乐，舞蹈人员表演起来弯腰屈体参差不齐，歌和曲的声音淫邪放纵，使人沉溺其中而不能自控，甚至还加上俳优侏儒的演出，表演者像猕猴一样男女混杂，父子不分，音乐结束了，既不能供人座谈，也不能通过它来称述古代事迹。这就是演奏新乐的结果。现在你问的是'乐'，而您所喜欢的是'音'，乐和音虽然相似，但实际上却是不同的。"

魏文侯又问道："那他们是怎样的不同呢？"子夏说："古代的时候，天地和顺，四时风调雨顺，人民有德，五谷丰登，疾病灾难不发生，怪异现象不出现，这样的时代称为'大当'。这时就有圣人出来，制定父子、君臣的关系，作为人们的纲常。纲常确定了，天下就太平了。天下太平了，然后再制定六律，调和五音，演奏乐器来歌唱，创作诗篇来赞颂，这样的音乐，就叫作德音，德音才能成为乐。《诗经》说'他的德音天下无不和应，他的道德在于是非能明。能明是非又能区别善恶，因此能够担任官长，能够作为国君。统治这块广大的国土，能够恭顺而且择善，传到文王，德行无所遗憾，接受上天的福佑，传给子孙后代。'这就是德音的意义。而您所喜欢的大概是那些使人消沉迷惑的溺音吧！"

※ 原文

宾牟贾侍坐于孔子。孔子与之言及乐，曰："夫武之备戒之已久，何也？"对曰："病不得其众也。""咏叹之，淫液之[1]，何也？"对曰："恐不逮事也。""发扬蹈厉[2]之已蚤，何也？"对曰："及时事也。""《武》坐致右宪左，何也？"对曰："非《武》坐也。""声淫及商，何也？"对曰："非《武》音也。"子曰："若非《武》音，则何音也？"对曰："有司失其传也。若非有司失其传，则武王之志荒[3]矣。"子曰："唯。丘之闻诸苌弘，亦若吾子之言是也。"

宾牟贾起，免席[4]而请曰：“夫《武》之备戒之已久，则既闻命矣。敢问迟之，迟而又久，何也？”子曰：“居，吾语汝。夫乐者，象成者也。揔干而山立，武王之事也。发扬蹈厉，太公之志也。《武》乱皆坐，周、召之治也。且夫《武》始而北出；再成而灭商；三成而南；四成而南国是疆；五成而分，周公左，召公右；六成复缀以崇。天子夹，振之而驷伐，盛威于中国也。分夹而进，事蚤济[5]也。久立于缀，以待诸侯之致也。

“且女独未闻牧野之语乎？武王克殷，反商，未及下车，而封黄帝之后于蓟，封帝尧之后于祝，封帝舜之后于陈；下车而封夏后氏之后于杞，投殷之后于宋，封王子比干之墓，释箕子之囚，使之行[6]商容而复其位，庶民弛政，庶士倍禄；济河而西，马散之华山之阳而弗复乘，牛散之桃林之野而弗服，车甲衅而藏之府库而弗复用，倒载干戈包之以虎皮，将帅之士使为诸侯，名之曰‘建櫜’。然后天下知武王之不复用兵也。

“散军而郊射[7]，左射《狸首》，右射《驺虞》，而贯革之射息也；裨冕搢笏，而虎贲之士说剑也；祀乎明堂，而民知孝；朝觐，然后诸侯知所以臣；耕藉，然后诸知所以敬。五者，天下之大教也。食三老、五更于大学，天子袒而割牲，执酱而馈，执爵而酳，冕而揔干，所以教诸侯之弟也。若此，则周道四达，礼乐交通。则夫《武》之迟久，不亦宜乎。”

※ 注释

1 咏叹之，淫液之：指音乐声调漫长、连绵不绝。2 发扬蹈厉：手舞足蹈，奋发威武。3 荒：迷乱。4 免席：避席，离开座席表示尊敬。5 事蚤济：战事早已成功。蚤，通“早”。6 行：寻视、寻访。7 郊射：在郊外学校行郊射礼。

※ 译文

宾牟贾陪伴孔子谈话，孔子跟他谈到乐舞的问题。孔子问：“《武》表演开始前长时间击鼓，以作准备，这是为何？”宾牟贾说：“这是表现武王伐纣时担心不得士众之心。”孔子又问：“舞蹈开始之前先要慢声长歌，歌声连绵不绝，这是为什么？”答道：“这是象征武王担心伐纣的事不能取得成功。”孔子又问：“战舞一开始就迅速激烈地手舞足蹈，这是什么意思呢？”宾牟贾答道：“这是象征武王及时行伐纣之事。”孔子又问：“《武》中的跪，为什么只跪右腿，而支起左腿？”宾牟贾答道：“《武》是没有跪的动作的。”孔子又问：“《武》乐中杂有很多商声，这是为什么呢？”宾牟贾答道：“那不是《武》应有的声音。”孔子又问：“如果不是《武》乐中应有的声音，那是什么声音呢？”宾牟贾答道：“恐怕是乐官传授有差错。如果不是乐官传授有差错，那就是武王的意志已经慌乱（而想要穷兵黑卖武）了。”孔子说：“是啊。我从苌弘那里听到的，也像您说的一样。”

宾牟贾起身，离开席位向孔子请教道：“关于《武》舞开始前总要击鼓准备很久的意义，我的说法已经得到您的肯定了。那么请问《武》乐的每段都很长，一套《武》乐长而又长，是为什么呢？”孔子说：“请坐，我来告诉你。所谓乐，是象征事业成功的。将要开始舞蹈时舞者手持盾牌如山般地屹立，象征武王等待诸侯的到来。舞者奋发威武，手舞足蹈，这表现出太公的雄心壮志。《武》舞的最后一节，全体演员一起跪下，象征周公、召公在战争结束后将实行文治。（再说《武》的结构）：《武》开始的第一章，武王出师北上；第二章武王灭商；第三章武王领兵南下；第四章武王开拓疆土；第五章舞者分为两列，象征周公、召公一左一右辅佐天子；第六章恢复原先的舞位，象征对天子的尊崇。两对舞者振动铃，向四面出击，象征天子的威力震撼中国。分别前进，表示战士已经成功。扮演战士的演员们，长久站在原位上，那表示武王在等待诸侯的到来。”

“再说，你难道没有听说过流传在牧野地方的传说吗？武王讨伐纣王，来到商都，还没来得及下车，就分封黄帝的后裔去统治蓟，分封帝尧的后裔去统治祝，分封舜的后裔去统治陈；下了车后，又把夏的后代封于杞，把殷的后代安置在宋，还修整了比干的墓，释放了被囚禁的箕子，派他看望商容并恢复他的官职。废除商纣王虐待庶民的苛政，商的下级官吏增加一倍的俸禄；然后渡过黄河回到西边后，把战马散放到华山南面，不再用马去打仗，把牛也散放到桃林的郊野，不再让它们为战争服役，把兵车盔甲都涂上牲血收藏到仓库里，不再使用，把盾和矛都倒放着，用虎皮包好，将带兵的将领封为诸侯，这在当时就叫作“建櫜”。这样，天下的人就都知道武王不再用兵打仗了。

“解散了军队，在郊外举行郊射祭之礼，行礼时，在东学中进行就奏《狸首》乐章来配合射箭，在西学中进行就演奏《驺虞》来配合射箭的动作，这样以习武为目的的射箭停止了；大臣们都穿上裨服、戴上礼帽、插上笏板，武士们身上的剑也解除了；在明堂祭祀祖先，而使民众就知道孝悌了；定期朝见天子，诸侯就知道怎么为臣了；天子在藉田中举行耕种仪式，诸侯就知道敬事天帝鬼神了。以上五个方面，是教化天下的重大措施。在大学中举行食礼，供养三老、五更，天子袒露左臂，亲自切割牲肉，拿肉酱，请他们食用，又捧上酒爵请他们进酳酒，还头戴冠冕、手持盾牌为老人们起舞，这就是教导诸侯尊敬长者的悌道。像这样，周朝的政教就便传播四方，礼乐通行天下。由此可知，武乐表演的时间长，不是理所当然的事吗？”

※ 原文

君子曰：“礼乐不可斯须[1]去身。”致[2]乐以治心，则易、直、子、谅之心，油然生矣。易、直、子、谅之心生则乐，乐则安，安则久，久则天，天则神。天则不言而信，神则不怒而威：致乐以治心者也。

致礼以治躬则庄敬，庄敬则严威。心中斯须不和不乐，而鄙诈之心入之矣；外貌斯须不庄不敬，而易慢[3]之心入之矣。故乐也者动于内者也，礼也者动于外者也。乐极和，礼极顺，内和而外顺，则民瞻其颜色而弗与争也，望其容貌而民不生易慢焉。故德辉动于内，而民莫不承听；理发诸外，而民莫不承顺。故曰致礼乐之道，举而错之天下，无难矣。

※ 注释

1 斯须：片刻，须臾。2 致：详审。3 易慢：轻率怠慢。

※ 译文

君子说：“礼乐是片刻不能离开人们的身心的。”通过研究礼乐来调理内心修养，那么平易、正直、慈爱、诚实的心情就自然而然地产生了。那么平易、正直、慈爱、诚实之心产生了就能心情愉快，心情愉快了心里就能安定，心里安定了就能长久地自我修养不息，长久地修养不息就能体达天理，体达天理了就能与神明相通。体达天理就可以不必说话而使人尊信，与神明相通就可以不发怒而有威严：这就是研究乐来提高内心修养的结果。

研究礼来端正自己的容貌仪表，那么态度就会庄重恭敬，态度庄重恭敬了就会显得有威严。心中如有片刻不平和不快乐，那么卑鄙欺诈的心思就会乘虚而入；外貌只要有片刻不庄重不恭敬，那么轻率怠慢的念头就会乘虚而入。所以乐是影响人的内心的，礼是影响人的外表的。乐能使人的内心十分平和，礼能使人的外貌十分恭顺，内心平和而外表恭顺，那么人们只要看到他的脸色，就不会跟他争执了，看到他的容貌，就不会对他产生轻率怠慢的心思了。所以，道德的光辉润泽于内心，人民就不会不顺从；理从外貌上表现出来，人民也不会不顺从他的领导。所以说，运用礼和乐的教化，再把它们推行于天下，天下的治理就不难了。

※ 原文

乐也者，动于内者也。礼也者，动于外者也。故礼主其减，乐主其盈。礼减而进，以进为文。乐盈而反，以反为文。礼减而不进则销，乐盈而不反则放。故礼有报，而乐有反。礼得其报则乐，乐得其反则安。礼之报，乐之反，其义一也。

夫乐者，乐也，人情之所不能免也。乐必发于声音，形于动静，人之道也。声音动静，性术[1]之变尽于此矣。故人不耐无乐，乐不耐无形，形而不为道不耐无乱。先王耻其乱，故制《雅》《颂》之声以道之，使其声足乐而不流，使其文足论而不息[2]，使其曲直、繁瘠廉肉、节奏，足以感动人之善心而已矣，不使放心邪气得接焉，是先王立乐之方也。

是故乐在宗庙之中，君臣上下同听之，则莫不和敬；在族长乡里之中，长幼同听之，则莫不和顺；在闺门之内，父子兄弟同听之，则莫不和亲。故乐者，审一以定和，比物[3]以饰节，节奏合以成文，所以合和父子、君臣，附亲万民也：是先王立乐之方也。

故听其《雅》《颂》之声，志意得广焉；执其干戚，习其俯仰诎伸，容貌得庄焉；行其缀兆，要其节奏，行列得正焉，进退得齐[4]焉。故乐者，天地之命，中和[5]之纪，人情之所不能免也。

※ 注释

1 性术：内在的思想情感。2 息：泯灭。3 物：这里指乐器。4 齐：协调统一。5 中和：不偏不倚，和谐适度。

※ 译文

乐，是影响人的内心的，礼，是影响人的外貌体的。所以礼应该简单，乐应该丰富。礼简单了人们就会努力遵循，人努力遵循礼人就会变得美善；乐丰富了人们就会受陶冶而反回本性，反回本性人就会变得美善。礼简单了人们还不努力遵循就会消灭，乐丰富了人们不能反回本性就会放纵。因此礼要求回报，而乐要求反本。礼得到应有的回报人就会感到快乐，乐使人反回本性就会安定。礼的回报，乐的反本，二者的意义都是一样的。

乐，就是使人快乐，是人情不能缺少的。乐必然要借声音来表达，表现于动作，这是人之常情。声音和动作，人表达情性的方式的变化，都超不出这二者。所以，人不能没有乐，乐不能不表现出来，表现而不符合于道义，就不会不混乱。先前的君王憎恶邪乱，所以创制了《雅》和《颂》的乐歌来加以引导，使声音足以令人表达快乐而不至于放纵，使乐歌的文辞足以表达义理而不回味无穷，使乐曲的曲直、声音洪大或细小、节奏的变化等足以感动人们的善心，不让放纵邪恶的念头来影响人的情感，这就是先王制定音乐的宗旨。

因此，在宗庙里演奏先王之乐，君臣上下一同聆听，大家都平和恭敬；在族长乡里演奏音乐，年长的和年幼的人一同聆听，没有不和谐而孝顺老人的；在家门之内演奏音乐，父子兄弟一同聆听，也没有不和睦亲近的。所以，制定音乐要先确定基调宫音以调和众音，用各种乐器来配合节奏，节奏和谐便形成整个乐章，这样就可以用它来协调君臣父子的关系，使天下的民众相亲相随：这就是先王制定音乐的宗旨。

所以，听到《雅》《颂》的乐歌，会使人心胸变得宽广；拿着盾戚等舞具，学习俯、仰、屈、伸等舞蹈动作，会使人仪态容貌变得庄重；按一定的行列和区域行动，配合着音乐的节奏，行列就会整齐了，一进一退的动作也就协调统一了。所以，音乐仿佛是天地的教化，是使人性保持中和的纲纪，是满足人的情感需要所不可缺少的。

※ 原文

乐者，先王之所以饰[1]喜也。军旅鈇钺者，先王之所以饰怒也。故先王之喜怒，皆得其侪焉。喜，则天下和之；怒，则暴乱者畏之。先王之道，礼乐可谓盛矣。

子赣见师乙而问焉曰："赐闻声歌，各有宜也。如赐者，宜何歌也？"师乙曰："乙，贱工也，何足以问所宜？请诵其所闻，而吾子自执[2]焉。爱者宜歌《商》，温良而能断者宜歌《齐》。夫歌者，直己而陈德也。动己而天地应焉，四时和焉，星辰理焉，万物育焉。故《商》者，五帝之遗声也。宽而静，柔而正者，宜歌《颂》；广大而静，疏达而信者，宜歌《大雅》；恭俭而好礼者，宜歌《小雅》；正直而静，廉而谦者，宜歌《风》。肆直而慈爱，商之遗声也，商人识之，故谓之《商》。《齐》者，三代之遗声也，齐人识之，故谓之《齐》。明乎《商》之音者，临事而屡断；明乎《齐》之音者，见利而让。临事而屡断，勇也；见利而让，义也。有勇有义，非歌，孰能保此？故歌者，上如抗，下如队，曲如折，止如槁木，倨中矩，句中钩，累累乎端如贯珠。

"故歌之为言也，长言之也。说之，故言之；言之不足，故长言之；长言之不足，故嗟叹之；嗟叹之不足，故不知手之舞之，足之蹈之也。"《子贡问乐》。

※ 注释

1 饰：表达。2 自执：自己判断。

※ 译文

所谓乐，是先王用来表达内心喜悦的。军队和武器，是先王用来表示愤怒的。所以先王的喜怒哀乐，都有与之相配的东西来表达。先王喜悦，天下的百姓都跟着和乐；先王愤怒，暴乱的人就畏惧。先王治理天下的办法，在礼乐中可以说是充分地表现出来了。

子贡去见师乙，向他请教说："我听说唱歌要适合各自的个性。像我这样的人，适宜唱什么样的歌呢？"师乙说："我只是个低贱的乐工，怎么敢当您来问适宜唱什么歌呢？但请允许我陈述我的所知，然后由您自己判断吧！宽厚宁静、柔和正直的人适合唱《颂》；心胸开阔而沉静、开朗通达而诚信的人，适合唱《大雅》；恭敬谨慎、注重礼仪的人适合唱《小雅》；正直而安静、清廉而谦逊的人适合唱《国风》；坦率而耿直、慈祥有仁爱的人适合唱《商》；温良而能决断的人适合唱《齐》。歌声直接表达、展示自己的品德的，触动了自己，天地就会有感应，四时就会调和，星辰也会有条不紊，万物就会生长发育。《商》音充满直率和慈爱，是五帝时流传下来的声调，商人还能熟悉它，所以称之为《商》。《齐》，是三代流传下来的声调，齐人还能熟悉它，所以称之为《齐》。通晓《商》音的人，遇事能决断；通晓《齐》音的人，见利而能推让。遇事能决断，这是勇敢的表现；见利能推让，这是重义气的表现。有勇有义，离开了音乐的涵养，还有谁能永远保持下来呢？歌声的旋律，上扬如同极力高举，下放如同重物坠落，歌声回曲时好像突然折断，停止时好像一段枯木，平直时又符合矩尺，弯曲时又如同弯钩，音调连绵不断好像一串珍珠。

“唱歌好像也是一种语言，只是把语言的音调拉长罢了。心中喜悦，所以就说出来了，只说还不行，所以要拉长声调来说，拉长声调说还不行，所以就咏叹起来，咏叹也不够，所以就手舞足蹈起来。”以上是《子贡问乐》篇。

※ 解读

《乐记》是中国古代有关音乐和文艺理论的专著，其中讨论了音乐和文艺的起源、美感效果、社会作用及乐与礼的关系等重要问题。

文章的开头就道出了音乐起源的重要因素：即外在的事物和内在的心灵。所谓外在的事物，就是由我们的感官所感知的，这是音乐及一切形态的文艺产生的本源，心灵的撼动即由这个本源而引起，于是有了用乐或其他文艺形式表达心灵撼动的要求与表现，如果采用乐的形式，这就是所谓“乐由心生”。

“凡音者，生于人心者也。乐者，通伦理者也。是故知声而不知音者，禽兽是也。知音而不知乐者，众庶是也。唯君子为能知乐。”从这段话中我们可以知道乐是和伦理道德相通的，也就是前面所说的“礼中有乐，乐中有礼”。

《乐记》对于音乐在社会生活中的地位和作用的论述，概括起来是“礼辨异，乐统同”。所谓“礼辨异”，就是要把贵贱的等级严格地加以区分，防止相互争夺。所谓“乐统同”，就是不同等级之间，要维持一定的联系，要保持一种和谐的秩序，防止相互怨恨。他们的目的都是一致的，都是为了实现国家的安定，所以说“礼乐之情同”。

《乐记》还阐述了乐与礼的关系：“乐也者，动于内者也；礼也者，动于外者也。”乐是调节内心的，礼是调节外在行为规范的，其目的与本质是一致的。先王作乐的目的是“使贵贱、长幼、男女等亲疏、尊卑、主从之礼，都用音乐表达出来。”也就是说，“乐”必须体现封建等级制度的“礼”。这很符合统治阶级的利益，所以他们就大力提倡礼乐。

※ 事例

《乐记》篇说：“大凡音乐的产生，都是从人心中发生的。”在古代，音乐尤其能反映出一个人的内心世界，通过音乐完全可以明白鼓乐者的心思。俗话说：言为心声。在古代也可以说是“乐为心声”。从白居易的《琵琶行》中就可以明显感受到这一点。

琵琶行

只见她拧转轴子，拨动了两三下丝弦，还没有弹成曲调，就已经充满了情感。每一弦都在叹息，每一声都在沉思，好像在诉说不得意的身世，低着眉随手继续地弹啊弹，说尽了那无限伤心的事情。轻轻地拢，慢慢地捻，又抹又挑，开头弹的是《霓裳》，后来弹的是《六幺》，粗弦嘈嘈，好像是疾风骤雨，细弦切切，好像是儿女私语。嘈嘈切切，错杂成一片，仿佛大珠小珠落满了玉盘。花底的黄莺间间关关一叫得多么流利，冰下的泉水幽幽咽咽——流得多么艰难！流水冻结了，也冻结了琵琶的弦子，弦子冻结了，声音也就暂时停止了。另外却流露出一种潜藏在内心深处的愁怨，这时候没有声音，却比任何有声音时更让人激动。突然爆破一只银瓶，水浆并迸，骤然杀出一队铁骑，刀枪轰鸣。曲子弹完了，收回拨子从弦索中间划过，四根弦发出同一个声音，好像撕裂绢帛。东边西边的船舫里都静悄悄没人说话，只看见一轮秋月在江心闪耀银波。（解析：可以说，一段音乐诉尽了琵琶女平生的不得志，音乐比语言更能表达出她人生的悲惨，这也是音乐表达人的心声优于语言的一个方面。）

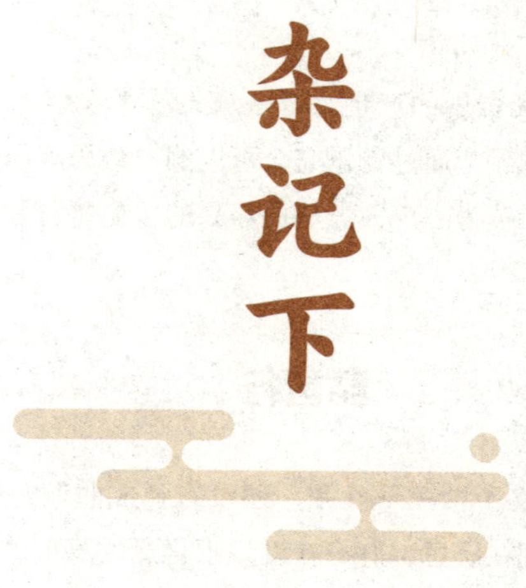

杂记下

※ 原文

曾子问曰:“卿大夫将为尸于公,受宿[1]矣,而有齐衰内丧,则如之何?”孔子曰:“出舍乎公宫以待事,礼也。”孔子曰:“尸弁冕而出,卿、大夫、士皆下之。尸必式[2]。必有前驱。”

父母之丧,将祭,而昆弟死,既殡而祭。如同宫,则虽臣妾,葬而后祭。祭,主人之升降散等,执事者亦散等,虽虞祔亦然。

自诸侯达诸士,小祥之祭,主人之酢也,哜之。众宾、兄弟则皆啐之。大祥,主人啐之,众宾、兄弟皆饮之可也。

凡侍祭丧者,告宾祭荐而不食。

子贡问丧,子曰:“敬为上,哀次之,瘠为下。颜色称其情,戚容称其服。”请问兄弟之丧,子曰:“兄弟之丧,则存乎书策矣。”

君子不夺人之丧,亦不可夺丧[3]也。

※ 注释

1 宿:邀请的意思。2 式:通“轼”。此指在车上倚着轼作为答礼。3 夺丧:自己剥夺哀情。指体弱不能依礼守丧。

※ 译文

曾子问道："国君将要在宫中举行祭祀，事前请卿大夫来做祭祀的尸，他已经接受了邀请并斋戒了，这时突然遇到自己家族中有服齐衰的丧事，那该怎么办呢？"孔子说："那就应该离开家，住到国君的公馆里等待举行祭祀，这是合乎礼的。"孔子又说："做尸的人冠戴而出家门，卿大夫遇到他，都要下车致敬，做尸的人在车内也要倚靠着车轼作为答礼。做尸的人出门，必定有人在前面开道。"

父母的丧事，到了即将举行小祥或大祥的时候，又遇到兄弟的死丧，那么就要等兄弟入棺听殡后，再为父母举行小祥祭或大祥祭。如果后死的人与父母同住在一起，即使后死的人是臣妾，也要等将之埋葬之后再为父母举行小祥祭或大祥祭。遇到上面这种特殊的情况，举行祥祭时，主人上下台阶要用"散等"而升降，协助祭祀的人也用"散等"步法，即使是举行虞祭和祔祭时也要这样。

从诸侯到士，举行小祥祭时，主人举酒献宾客，宾客回敬主人，主人只用嘴唇沾一下。众宾和兄弟接受主人献酒时，也只能沾一点。到大祥祭时，主人接受宾客的敬酒时，可以沾一点，而众宾和兄弟对于主人的献酒，就可以整杯地饮用。

凡是陪侍丧家举行祭祀的赞礼人，当赞礼者告诉宾客祭荐时，宾客只祭而不食用。

子贡问怎样为父母守丧。孔子说："诚心守丧是最重要的，其次是有哀伤的表情，哀伤得枯槁憔悴为最下。守丧时，容颜要和哀情相称，悲伤的容貌要和所穿的丧服相称。"子贡又问怎样为兄弟守丧。孔子说："有关兄弟的丧礼，书本上已有记载了，照着做就是了。"

有德行的君子既不剥夺他人守丧的哀情，也不可被人剥夺守丧的哀情。

※ 原文

曾申问于曾子曰："哭父母有常声乎？"曰："中路婴儿失其母焉，何常声之有！"

卒哭而讳。王父母、兄弟、世父、叔父、姑、姊、妹，子与父同讳。母之讳，宫中讳。妻之讳，不举诸其侧。与从祖昆弟同名则讳。

以丧冠者，虽三年之丧可也。即冠于次，入哭踊三者三，乃出。

※ 译文

曾申问曾子说："哭父母有一定的声调吗？"曾子说："就像小孩子在半路上找不到母亲时哭泣一样，哪有什么一定的声调呀？"

从卒哭祭祀开始，就避免直称死者的名。父亲避讳称他已死去的祖父母、兄弟、伯父、叔父、姑及姊妹的名，儿子与父亲所避讳的名相同。母亲为其娘家已故亲属所避讳的人名，所以全家人在家中都不要直呼其名。妻子为其亲所避讳的名，只要不在她们身旁直呼其名。如果母亲和妻子所避讳的人名中有和自己的曾祖兄弟同名的，那么全家人在别的地方都要避讳直称。

即将行冠礼而遇到丧事，就穿着丧服加冠，即使遇到三年之丧也是可以加冠的。在丧次加冠后，就到灵堂里哭踊，每哭三踊，连哭三次，才走出灵堂。

※ 原文

君子有三患：未之闻，患弗得闻也；既闻之，患弗得学也；既学之，患弗能行也。君子有五耻：居其位无其言[1]，君子耻之；有其言无其行，君子耻之；既得之而又失之，君子耻之；地有余而民不足，君子耻之；众寡均而倍焉，君子耻之。

孔子曰："凶年则乘驽马[2]，祀以下牲。"

恤由之丧，哀公使孺悲之孔子学士丧礼，士丧礼于是乎书。

子贡观于蜡。孔子曰："赐也，乐乎？"对曰："一国之人皆若狂，赐未知其乐也。"子曰："百日之蜡，一日之泽，非尔所知也。"

张而不弛，文、武弗能也。弛而不张，文、武弗为也。一张一弛，文、武之道也。

※ 注释

1 言：主意，政见。2 驽马：最下等的马。

※ 译文

君子有三种忧虑：第一是对于自己没有听说过的知识，担心不能听到；第二是对自己已经听说过的知识，担心不能学会它；第三是对自己已学会的知识，担心不能付诸实践。君子又有五种羞耻：第一是身居官职但无所谏言，君子感到羞耻；第二是虽有所主见但不能实施，君子感到羞耻；第三是已经得到的东西却又无故丧失了，君子感到羞耻；第四是所管辖的土地很多但人民逃散，地有余而民不足，君子感到羞耻；第五是物力人力彼此相等，但他人的功绩要多于自己，君子感到羞耻。

孔子说："遇到灾荒之年，只能骑最不好的马，祭祀时要降下一等用牲。"

鲁国士人恤由去世，鲁哀公派孺悲到孔子那里学习有关士的丧礼，从此士丧礼就记录下来了。

子贡观看了年终蜡祭的狂欢活动。孔子问他道："赐，你觉得他们快乐吗？"子贡说："一国的人都像疯子一样，我不觉得有什么快乐的。"孔子说："人民辛苦一年了，只有这一天受国君的恩赐才能这样，你是不理解他们的快乐呀！"

只知道紧张工作而不懂得放松，即使文王、武王也吃不消。一味地放松而不懂得紧张工作，文王、武王也不愿意这样做。有张有弛，是文王、武王的工作方法呀！

※ 解读

“君子有三患：未之闻，患弗得闻也；既闻之，患弗得学也；既学之，患弗能行也。”这三种忧虑是逐层推进的，君子的必备品质之一就是“好学”，并且要做到“学而不厌”，因为即使勤学好问，也深知自己所学的知识有限，不能事事皆知，因此他们无时无刻不在学习，遇到新的知识，总是尽力去学习，直到自己完全掌握，并且能够运用。君子总想无所不知，“朝闻道，夕死可矣”，对知识如饥似渴地追求，目的就是利用知识来“经世致用”，来“博施于民而能济众”，他们最值得我们学习的地方，就是那种孜孜不倦的学习精神，以及不耻下问，直到弄懂并运用到实践中去的精神。

※ 事例

知识是来源于随时随地的学习，只有随时随地的学习，你才能与实践密切联系起来，才能适应社会。

夜半听棋知不足

王积薪是唐代翰林棋待诏，是当时有名的棋手。他在学成下棋技术以后，自以为天下无敌手。有一次他游览京城，住在旅店里。晚上熄灯后，他听到店主人的老妇隔墙招呼她的媳妇说：“这么好的夜晚，时间难消遣，下一局棋吧。”媳妇说：“好啊！”于是她们就开始下起了盲棋。王积薪听老妇人说：“我在第几道下子。”媳妇说：“我在第几道下子。”各人说了几十道。最后老妇人说：“你输了。”媳妇说；“这一局输给你了。”王积薪暗暗记下她们下子的步骤，第二天照着次序，重新摆出那盘棋的局势，她们下子用意之深，布局之妙，都令他自叹弗如。从此他悟出艺无止境的道理，再也不认为自己天下无敌手。

任何技艺都是学无止境的。山外有山，人外有人，每个人都需要不断地学习。刘伯温说：视而不见的人喜欢说自己的长处，听而不闻的人喜欢说人家的短处。喜欢说自己长处的人，不能正确认识自己；喜欢说别人短处的人，不能正确对待别人。不能正确认识自己的人，就什么也看不见；不能正确对待别人的人，就什么也听不到。什么也看不见的人，可说是瞎子；一个人如果没有自知之明而狂妄自大绝无好处。

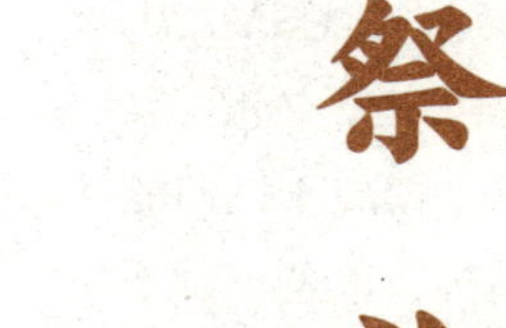

祭义

※ 原文

祭不欲数，数则烦，烦则不敬。祭不欲疏，疏则怠，怠则忘。是故君子合诸天道，春禘，秋尝。霜露既降，君子履之，必有凄怆之心，非其寒之谓也。春雨露既濡，君子履之，必有怵惕[1]之心，如将见之。乐以迎来，哀以送往，故禘有乐而尝无乐。

致齐于内，散齐于外。齐之日，思其居处，思其笑语，思其志意，思其所乐，思其所嗜。齐三日，乃见其所为齐者。

祭之日，入室僾然[2]必有见乎其位，周还出户肃然必有闻乎其容声，出户而听忾然必有闻乎其叹息之声。

是故先王之孝也，色不忘乎目，声不绝乎耳，心志嗜欲不忘乎心。致爱则存，致悫[3]则著[4]，著存不忘乎心，夫安得不敬乎！

※ 注释

1 怵惕：心中震动的样子。2 僾然：恍惚可见的样子。3 悫：诚实。4 著：指死者的形象清晰地出现。

※ 译文

祭祀次数不可太频繁，太频繁了就显得倦烦，倦烦了就失去对神灵的敬意；但祭祀次数也不可太稀疏了，太稀疏就显得怠慢，怠慢了就是遗忘神灵了。所以君子按照天地四时的变化规律，春天举行禘祭，秋天举行尝祭。秋天，霜露覆盖大地，君子走在这霜露上，心中必然产生一种凄怆的心情，这倒并非是天气寒冷所造成的，而是想起了自己死去的亲人。春天雨露滋润大地，君子走在这雨露上，必然会有一种震惊的心情，好像将会见到死去的亲人。人们以欢乐的心情迎接春天到来，以哀伤的心情送别秋天归去，所以春天禘祭有乐而秋天尝祭不舞乐。

祭祀之前必须进行斋戒，致斋的三天中昼夜都在室内，散斋的七天可以在外进行。在致斋的日子里，要时刻思念死者在世时的起居、谈笑、思想、爱好、口味等。致斋三天之后，眼前就好像真的见到所要祭祀的祖先了。

到了祭祀那天，主人进入室内，隐约地似乎看见了祖先安处在神位上；主人转身出门时，心中一惊，似乎真的听见了祖先的说话声，出门聆听，似乎还可听到祖先的叹息声。

所以先王对逝去亲人的孝心是，祖先的容颜时刻在眼前，他们的声音时刻在耳边回荡，他们的心意、爱好时刻记在心上。由于对祖先的爱已达到极点，所以祖先就永远活在心中，由于对祖先极为虔诚，所以祖先的形象就永远显著，祖先的存在和形象在心中永不淡忘，怎能不虔敬呢！

※ 原文

仲尼尝，奉荐而进，其亲也悫，其行也趋趋以数。已祭，子赣问曰：“子之言祭，济济[1]漆漆[2]然。今子之祭，无济济漆漆，何也？”子曰：“济济者，容也，远也。漆漆者，容也，自反[3]也。容以远，若容以自反也，夫何神明之及交，夫何济济漆漆之有乎？反馈，乐成，荐其荐俎，序其礼乐，备其百官，君子致其济济漆漆，夫何慌惚[4]之有乎？夫言，岂一端而已？夫各有所当也。”

孝子将祭，虑事不可以不豫，比时具物不可以不备，虚中[5]以治之。宫室既修，墙屋既设，百物既备，夫妇齐戒，沐浴，盛服，奉承而进之，洞洞乎[6]，属属乎[7]，如弗胜，如将失之，其孝敬之心至也与。荐其荐俎，序其礼乐，备其百官，奉承而进之。于是谕其志意[8]，以其慌惚以与神明交。“庶或飨之，庶或飨之”，孝子之志也。孝子之祭也，尽其悫而悫焉，尽其信而信焉，尽其敬而敬焉，尽其礼而不过失焉，进退必敬，如亲听命，则或使之也。孝子之祭可知也：其立之也敬以诎，其进之也敬以愉，其荐之也敬以欲，退而立如将受命，已彻而退敬齐之色不绝于面。孝子之祭也，立而不诎固也，进而不愉疏也，荐而不欲不爱也，退立而不如受命敖也，已彻而退无敬齐之色而忘本也。如是而祭，失之矣。孝子之有深爱者必有和气，有和气者必有愉色，有愉色者必有婉容。孝子如执玉，如奉盈，洞洞属属然，如弗胜，如将失之。严威、俨恪，非所以事亲也，成人之道也。

※ 注释

1 济济：仪表整齐的样子。2 漆漆：神情矜持的样子。3 自反：注意自我形象。4 慌惚：指与神明交接时的精神状态。5 虚中：心中不存杂念。6 洞洞乎：诚恳的样子。7 属属乎：专心的样子。8 谕其志意：通过祝词向鬼神表达意思。

※ 译文

孔子秋季在为亡亲举行尝祭时，亲自捧着祭品进献，容貌质朴，行走时步子急促。祭祀之后，子贡问道：“您曾说祭祀时应该仪态从容、神情矜持，而今天您的祭祀却没有端庄修整的样子，这是为什么呢？”孔子说：讲究威仪，是容貌，是表示关系疏远。修饰整饬，也是容貌，是自我修饰。讲究容貌而表示疏远，或讲究容貌而自我修饬，还怎么和神明结交呢？亲自祭祀父母，怎么可能仪态从容、表情矜持呢？而当国君的宗庙大祭，我们作为宾客去参加时，反馈之礼完毕，奏起了音乐，荐出木豆和牲体，有顺序地安排礼乐，大夫百官济济一堂，自然应该表现出仪态从容，神情矜持，哪能有什么与神灵相交相感应的恍惚心境呢？说话怎能一概而论？所谓的仪态神情都应当针对不同的情况呀。”

孝子举行祭祀之前，考虑事情不能不预先准备。祭祀时，一切器物不可以不周全，而且要虚心敬意地去做这些准备。宫室修理一新，墙壁设置妥当，各种物品都筹备齐全。之后，主祭夫妇就穿上礼服斋戒沐浴，手捧祭品而献尸，神情恭敬，小心谨慎，好像承受不了手中供品的重量，担心将要失手，这是由于孝敬的心情达到了极点。进献上牲体，并井然有序地安排音乐，百官宾客都按照礼来协助，通过祝词表达心意，恍惚中仿佛真与神灵相交感通。“希望父母来享用这些祭品，父母或许在享用这些祭品”，这就是孝子的心意。孝子的祭祀，要尽心于笃实，因而行动也无不笃实，要尽心于诚信，因而行动也无不诚信；要尽心于恭敬，因而举止无不恭敬，尽心于礼仪，因而礼仪没有过失。孝子行祭中，一进一退，都毕恭毕敬，好像父母就在眼前，听从于父母的教命。从孝子的祭祀中，可以知晓他的心情：他站立时，恭敬地屈身，他往前走时，恭敬且面带喜悦，他进献祭品时，恭敬地希望神灵享用。在献后退下来时，如同将要上前听候吩咐。撤掉祭品而退时，恭敬庄重的神色一直留在脸上。相反，如果孝子祭祀的时候，站在那儿不弯腰，那就显得固陋不知礼了；往前走时而不愉悦，那就显得和亲人的神灵疏远了，进献供品时而不流露出希望神灵享用的表情，那就说明对祖先不是真心爱戴，献后而退并不像还要听候吩咐的样子，那就显得傲慢了，撤掉祭品退走时，没有恭敬的神色，那就显得忘记了祖先。像这样，那就失去祭祀的意义了。孝子对父母有着深沉的爱，心中必然表现出和悦之色，有和悦之气，必然就有愉悦的神色，有了愉悦的神色，必然就会有温顺的仪容。孝子在祭祀时其神态好像手上捧着一块玉，又好像手里捧着一碗水，虔诚而又专心，仿佛自己承受不了祭品的重量，生怕从手中落下。相反，那种威严庄重的仪容，不是孝子用来侍奉父母的态度，那只是成人在某种场合相交往的态度。

※ 原文

曾子曰："孝有三：大孝尊亲，其次弗辱，其下能养。"公仪明问于曾子曰："夫子可以为孝乎？"曾子曰："是何言与！是何言与！君子之所为孝者，先意承志，谕父母于道。参直养者也，安能为孝乎？"曾子曰："身也者，父母之遗体也，行父母之遗体，敢不敬乎。居处不庄，非孝也。事君不忠，非孝也。莅官不敬，非孝也。朋友不信，非孝也。战阵无勇，非孝也。五者不遂，裁及于亲，敢不敬乎。亨孰羶芗[1]，尝而荐之，非孝也，养也。君子之所谓孝也者，国人称愿[2]然，曰：'幸哉，有子如此！'所谓孝也已。众之本教曰孝。其行曰养。养可能也，敬为难。敬可能也，安[3]为难。安可能也，卒为难。父母既没，慎行其身，不遗父母恶名，可谓能终矣。仁者，仁此者也。礼者，履[4]此者也。义者，宜此者也。信者，信此者也。强者，强此者也。乐自顺此生，刑自反此作。"曾子曰："夫孝，置之而塞乎天地，溥[5]之而横乎四海，施诸后世而无朝夕[6]，推而放诸东海而准，推而放诸西海而准，推而放诸南海而准，推而放诸北海而准。《诗》云：'自西自东，自南自北，无思不服。'此之谓也。"曾子曰："树木以时伐焉，禽兽以时杀焉。夫子曰：'断一树，杀一兽，不以其时，非孝也。'孝有三：小孝用力，中孝用劳，大孝不匮。思慈爱忘劳，可谓用力矣。尊仁安义，可谓用劳矣。博施备物，可谓不匮矣。父母爱之，嘉而弗忘。父母恶之，惧而无怨。父母有过，谏而不逆。父母既没，必求仁者之粟以祀之。此之谓礼终。"

※ 注释

1 亨孰羶芗：亨，同烹。指煮熟牲肉和黍稷。2 愿：仰慕。3 安：指安然行之，不勉强。4 履：实践。5 溥：通"敷"，散布。6 无朝夕：没有时间限制。

※ 译文

曾子说："孝可以分为三等：大孝使父母受到社会上的尊重，次等是孝子为人处世不使父母蒙羞，下等是只能赡养父母而已。"公明仪问曾子道："你可以称得上孝子了吗？"曾子说："哪儿的话！哪儿的话！君子所谓的孝，父母没有想到的，儿子就先为他想到并做到了；父母有什么心思，儿子可以按照父母的意志去做。同时使父母的意志合于正道。而我只不过做到赡养父母罢了，怎能称得上是孝呢？”曾子说：“身体，是父母的遗体，用父母的遗体来生活行动，怎敢不慎重呢？日常起居不庄重，就是不孝。侍奉君主不忠诚，就是不孝。做官不慎重，就是不孝。与朋友交往不讲信用，就是不孝。在战场上不勇敢，就是不孝。如果不能做到以上五个方面，也就等于给父母带来了祸殃，怎敢不慎重呢？如果只是在祭祀的日子里，煮一点牲肉黍稷奉献一下，那也不能算作‘孝’，只能叫作‘养’。君子所说的孝子，就是全国人都称赞羡慕他，而且说：‘多幸福呀！有这样的儿子！’像这样才算是孝。教化人民的根本就是孝。而具体行为则是从养开始的。供养是很容易的，但有敬意的供养就不容易了。有敬意的供养是可能做到的，但使父母安乐就不容易做到了；使父母安乐可以做到的，但终身孝敬就不容易做到了。父母去世之后，依然十分小心自身的行为，不给父母蒙上恶名，这样就可以称得上是终身孝敬了。仁，就是要以孝为本。礼，就是用礼仪来实现孝。义，就是用道义来合乎孝。信，就是用诚信来证实孝。强，就是在孝的方面强于人。快乐是由于顺着孝道而产生的，刑罚就是由于违反孝道而招致的。”曾子说：“孝道，树立起来，就充塞于天地之间，散布开来，就横贯四海，传播到后代就永远存在。推广到东海可以作为道德准则，推广到西海也可以作为道德准则，推广到南海可以作为道德准则，推广到北海也可以作为道德准则。《诗经》上说：‘从西到东，从南到北，没有不遵从。’说的就是这种情况。”曾子说：“树木要在一定的时节进行砍伐，禽兽也要在一定的时节进行捕杀。孔夫子说过：‘砍一棵树，杀一头兽，如果不根据一定的时候，就不是孝。’孝有三等：小孝用力气，中孝用功劳，即动心思行孝，大孝无处不在，即孝心永不衰竭。思念父母的慈爱，努力供养而忘掉自己的劳苦，就可以称得上是用力了；能尊尚仁德，安然地按照正道行事，使父母不因自己而蒙受耻辱，这称得上是用劳了。如果德泽普施于天下，使天下万物丰盛，以此来祭祀父母，那便称得上无处不在了。父母喜爱自己，自己便永记在心。父母厌恶自己，自己要戒惧谨慎，但没有一点怨恨。父母有了过错，要婉言规劝而不能抗拒顶撞。父母死后，一定以自己劳动的收获来祭祀，这就叫作能依礼把孝道实行到底。”

※ 原文

乐正子春下堂而伤其足，数月不出，犹有忧色。门弟子曰：“夫子之足瘳[1]矣，数月不出，犹有忧色，何也？”乐正子春曰：“善如尔之问也！善如尔之问也！吾闻诸曾子，曾子闻诸夫子曰：‘天之所生，地之所养，无人为大[2]。父母全而生之，子全而归之，可谓孝矣。不亏其体，不辱其身，可谓全矣。故君子顷步而弗敢忘孝也。’今予忘孝之道，予是以有忧色也。壹举足而不敢忘父母，壹出言而不敢忘父母。壹举足而不敢忘父母，是故道而不径[3]，舟而不游，不敢以先父母之遗体行殆。壹出言而不敢忘父母，是故恶言不出于口，忿言不反于身，不辱其身，不羞其亲，可谓孝矣。”

※ 注释

1 瘳（chōu）：病愈。2 无人为大：没有比人更大。3 径：走捷径。

※ 译文

乐正子春一次从堂上下来时扭伤了脚，一连几个月都没出门，脸上还带有忧虑的神色。他的弟子说：“老师您的脚已经好了，却一连数月都不出门，脸上还带着忧虑的神色，这是为何呢？”乐正子春说：“你问得好啊！你问得好啊！我曾听我老师曾子说过，他听孔子说：‘天之所生、地之所养的一切生物，没有比人更伟大的了。父母把我们完整地生下来，我们也要使自己完整地归还于他，这样才称得上是孝。不损伤自己的肉体，不辱没自己的人格，这才称得上是完整的。所以君子哪怕是走半步路，也不敢忘记保全身体的孝道。’而我一时竟忘记了保全身体的孝道，以至于扭伤了脚，所以我很忧虑。君子应该每抬一次脚都不敢忘记父母，每说一句话都不敢忘记父母。每抬一次脚不敢忘记父母，所以走路要走平坦大路而不抄捷径，过河要乘船而不游泳，不敢用已故父母的遗体去冒险。每说一句话都不敢忘记父母，所以从来不口吐恶言，自然也就不会招惹别人的辱骂。自身不受侮辱，父母也就不会蒙受羞耻，这样可以称得上是孝了。”

※ 原文

孝子将祭祀，必有齐庄之心以虑事，以具服物，以修宫室，以治百事。及祭之日，颜色必温，行必恐，如惧不及爱[1]然。其奠之也，容貌必温，身必诎，如语焉而未之然。宿者[2]皆出，其立卑静以正，如将弗见然。及祭之后，陶陶[3]遂遂[4]，如将复入然。是故悫善不违身，耳目不违心，思虑不违亲，结诸心，形诸色，而术省[5]之，孝子之志也。

建国之神位，右社稷而左宗庙。

※ 注释

1 惧不及爱：担心不能见到所爱的人。2 宿者：指应邀前来助祭的宾客。3 陶（yáo）陶：神情恍惚的样子。4 遂遂：随行的样子。5 术省：追忆、反省。

※ 译文

孝子将要祭祀时，必须怀着谨慎而庄重的心来考虑祭事，来筹备祭服和祭品，来修整庙室，处理各种有关祭祀的事。到了祭祀那天，脸色一定要温和，但走路必须谨慎，好像担心见不到亲人的样子。孝子祭奠时，面容一定要温顺，身体要卑屈，好像跟亲人说话而尚未得到答复的样子。请来助祭的宾客都已出去时，孝子要卑恭而默然地站在那儿，好像即将看不见亲人的样子。祭祀结束后，孝子要显出深深思念的神情，好像亲人随时还要再进去的样子。因此，孝子（祭祀时那种态度）忠厚善良一直没有离开身体，（祭祀时的）所见所闻不忘于心，心中的思虑总不能离开亲人，这种感情郁结于心，流露于外，因而反复的思念，这就是孝子的心态啊！

建立国家的神位，社神稷神的神应在右边，而列祖列宗的神则在左边。

※ 解读

这篇文章主要是从祭祀的角度，来说明祭祀的义理由来和作用，由于祭是孝养的延长，故而进一步推论孝亲敬长之道。

曾子说："孝有三，大孝尊亲，其次弗辱，其下能养。"在这里"亲"主要指的是父母，也就是对父母最大的孝就是使父母受到尊敬，不仅受到自己的尊敬，而且因自己德行功业卓著而使父母受到人们的尊敬。其次，对父母的孝就是不能使父母的名声受辱。最下等的孝就是仅能赡养父母。

为什么要孝敬父母呢？这主要是因为自己的身体来自于父母，没有父母，就没有自己。父母不仅生育自己，而且父母又是自己的"启蒙教师"，没有父母的教诲，自己就难以"成人"。孝敬父母也就是对父母生养教育之恩的报答，这是人之本性。按照曾子的说法，小孝用力，中孝用功劳，大孝无处不在，父母死后不忘祭祀，这就叫作能依礼把孝道实行到底。这些对于现在的人来说，都很有现实针对性。

※ 事例

"尽其信而信焉，尽其敬而敬焉，尽其礼而不过失焉。"我们知道君子讲究"诚信"，而小人却不那么做。现在我们就来看一个不讲"诚信"的人所得到的下场吧！

"贼"

有一位青年画家，住在一间狭小的房子里，靠画人像为生。

一天，一个富人经过那里，看他的画工细致，便请他画一幅人像。双方约好酬劳是一万元，之后两人还签了合同。

一个星期后，人像完成了，富人到年轻画家那里取画。富人欺他年轻又未成名，不肯按照原先的约定付钱，他心想：画中的人像是我，这幅画如果我不买，那么绝没有人会买。我又何必花那么多钱来买呢？

于是富人赖账，他说只愿花三千元买这幅画。青年画家愣住了，据理力争，要求富人遵守约定。

“我只能花三千元买这幅画，你别再啰唆了。”富人说：“我最后再问你一次：三千元，卖不卖？”青年画家知道富人故意赖账，心中愤愤不平，他坚定地说：“不卖！我宁可不卖这幅画，也不愿受你的侮辱。将来我一定会要你为今天的失信付出十倍的代价！”富人悻悻然离去了。

经过这件事后，画家搬离了这个地方。他重新拜师学艺，十几年后，终于闯出了一片天地，成为一位在艺术界知名的人物。

有一天，富人的几个朋友突然都不约而同地和他谈起一件怪事：“这些天我们去参观一位成名艺术家的画展，其中有一幅画标价十万，画中的人物跟你长得一模一样。好笑的是，这幅画的标题竟然是‘贼’！”

富人也很奇怪，不明白天下怎么会有这么巧的事，过了一会儿，他猛然想起了从前那幅他没买的画像……

最后，富人不得不找到那位画家，花了十万元买回了自己的人像画。

经解

※ 原文

孔子曰："入其国，其教可知也。其为人也，温柔敦厚，《诗》教也；疏通知远，《书》教也；广博易良[1]，《乐》教也；絜[2]静精微，《易》教也；恭俭庄敬，《礼》教也；属辞比事，《春秋》教也。故《诗》之失，愚；《书》之失，诬；《乐》之失，奢；《易》之失，贼[3]；《礼》之失，烦；《春秋》之失，乱。其为人也，温柔敦厚而不愚，则深于《诗》者也；疏通知远而不诬，则深于《书》者也；广博易良而不奢，则深于《乐》者也；絜静精微而不贼，则深于《易》者也；恭俭庄敬而不烦，则深于《礼》者也；属辞比事而不乱，则深于《春秋》者也。"

※ 注释

1 易良：和易善良。2 絜：简约。3 贼：害。

※ 译文

孔子说："进入一个国家，对这个国家的教化情况就可以知晓了。如果那个国家的人民温和柔顺、性情敦厚，那就是受了《诗》的教化；如果那里的人民开明通达、博古通今，那就是受了《书》的教化；如果那里的人民心胸宽广、轻松和善，那就是受到了《乐》的教化；如果那里的人民安详沉静、细致入微，那就是受了《易》的教化；如果那里的人民谦恭节俭、庄重严肃，那就是受了《礼》的教化；如果那里的人民善于辞令、议论是非，那就是受了《春秋》的教化。但是，这种教化要有节制。过分了，则《诗》的教使人愚钝不明；《书》的教过分，就会使人知识失实；《乐》的教过分会使人奢侈浪费；《易》的教过分，就会使人相互伤害；《礼》的教化强调得过分，就会使人变得纷繁琐碎；《春秋》的教化强调得过分，就会使人乱伦犯上。如果为人既能温和柔顺、淳朴忠厚而又不愚钝不明，那就是深刻地理解了《诗》教；如果为人既能开明通达、博古通今而又不浮夸，那就是深刻地理解了《书》教；如果为人既能心胸宽广、轻松和善而又不奢侈浪费，那就是深刻地理解了《乐》教；如果为人既能安详沉静、细致入微而又不互相伤害，那就是深刻地理解了《易》教；如果为人既能谦恭节俭、庄重严肃而又不纷繁琐碎，那就是深刻地理解了《礼》教；如果为人既能善于辞令、议论是非而又不乱伦犯上，那就是深刻地理解了《春秋》教。”

※ 原文

天子者与天地参，故德配天地，兼利万物，与日月并明，明照四海而不遗微小。其在朝廷，则道仁、圣、礼、义之序；燕处，则听《雅》《颂》之音；行步，则有环佩[1]之声；升车，则有鸾和[2]之音。居处有礼，进退有度，百官得其宜，万事得其序。《诗》云：“淑[3]人君子，其仪不忒[4]。其仪不忒，正是四国。”此之谓也。

发号出令而民说谓之和，上下相亲谓之仁，民不求其所欲而得之谓之信，除去天地之害谓之义。义与信，和与仁，霸王之器也。有治民之意而无其器，则不成。

※ 注释

1 环佩：佩戴在身上的玉佩。2 鸾和：挂在车衡和车轼上的两种铃。3 淑：善。4 忒：差错。

※ 译文

天子是与天、地并列为三，所以天子的德行能与天地相配，能使万物都受益，光辉与日月齐明，光芒普照四海无微不至。天子在朝廷上，讲的是仁、圣、礼、义的道理；休息时，就听《雅》《颂》的音乐；走路时，身上则伴随着玉佩相撞的声音；乘车时，车上伴随着鸾和的鸣声。起居有礼仪，进退有分寸，各级官吏都安排恰当，各种事情都有条不紊。《诗经》上说：“善良的君子，礼仪没有差错。礼仪没有差错，就能正确领导四方各国。”说的就是这种情况啊。

天子发号施令，而能使人民感到喜悦，这就叫作“和”，上上下下的人相亲相爱，这就叫作“仁”，人民不必主动提出要求便能得到所希望的东西，这就叫作“信”，消灭天地之间害人的东西，这就叫作“义”。“义”与“信”，“和”与“仁”，都是实现霸王之业的工具。只有治民的心意，而没有相应的工具，那么事情还是做不成的。

※ 原文

礼之于正国也，犹衡[1]之于轻重也，绳墨之于曲直也，规矩之于方圜[2]也。故衡诚[3]县，不可欺以轻重；绳墨诚陈，不可欺以曲直；规矩诚设，不可欺以方圜；君子审礼，不可诬以奸诈。是故隆[4]礼、由[5]礼，谓之有方[6]之士；不隆礼、不由礼，谓之无方之民。敬让之道也。故以奉宗庙则敬，以入朝廷则贵贱有位，以处室家则父子亲、兄弟和，以处乡里则长幼序。孔子曰：“安上治民，莫善于礼。”此之谓也。故朝觐之礼，所以明君臣之义也；聘问之礼，所以使诸侯相尊敬也；丧祭之礼，所以明臣、子之恩也；乡饮酒之礼，所以明长幼之序也；昏姻之礼，所以明男女之别也。夫礼，禁乱之所由生，犹坊止水之所自来也。故以旧坊为无所用而坏之者，必有水败；以旧礼为无所用而去之者，必有乱患。故昏姻之礼废，则夫妇之道苦，而淫辟之罪多矣；乡饮酒之礼废，则长幼之序失，而争斗之狱繁矣；丧祭之礼废，则臣、子之恩薄，而倍死忘生者众矣；聘、觐之礼废，则君臣之位失，诸侯之行恶，而倍畔侵陵之败起矣。故礼之教化也微，其止邪也于未形，使人日徙善远罪而不自知也，是以先王隆之也。《易》曰：“君子慎始。差若毫厘，缪以千里。”此之谓也。

※ 注释

1 衡：秤。2 圜：同“圆”。3 诚：审，认真。4 隆：尊重。5 由：依循。6 方：道。

※ 译文

用礼来治理国家，就好比用秤来称轻重，用墨绳来校正曲直，用规矩来画方圆。因此，只要把秤认真地悬起，那么是轻是重就无法骗人了；只要把墨绳认真拉起，那么是曲是直就瞒不了别人了；只要把规矩认真地陈设出来，那么是方是圆就一目了然了；君子如果能认真地依照着礼来治理国家，那么就不会被奸邪的伎俩所欺骗了。因此，重视礼、遵循礼，就叫作有道之士；不重视礼、不遵循礼，就叫作无道之民。（所谓道）就是指的恭敬谦让的态度。在宗庙里奉行礼，就必然会虔诚恭敬，在朝廷上奉行礼，就必然会使尊贵的人和卑贱的人都安心于自已的职位，在家庭里奉行礼，就必然会使父子亲密、兄弟和睦，在乡邻里奉行礼，就必然会使长幼有序。孔子说：“要想安定君主的地位，治理人民，就没有比用礼更好的了。”说的就是这个道理。因此，诸侯按期朝拜天子，目的是为了明确君臣之间的道义的；诸侯与诸侯之间按期行聘问之礼，目的是为了使诸侯之间相互尊敬；而制定丧礼、祭礼，则是为了表明臣和子对君和父的情分的；制定乡饮酒之礼，是为了表明长幼有序的；制定婚姻之礼，是为了明确男女之间的区别。这些礼，都是为了禁绝祸乱产生的根由，就好像用堤防来阻止洪水的到来一样。所以，如果认为旧的堤防已经没用，而把它毁掉，那就必定会发生水灾；如果认为古代的礼已经没用，而把它废掉，那就必定会产生淫乱邪僻的罪恶。因此，如果废掉婚姻之礼，那么夫妻形式就将流于粗滥，而奸淫不轨的罪行就会增多；如果废掉乡饮酒之礼，那么长幼无序，争吵斗殴的案件就会频繁发生；如果废掉丧礼、祭礼，那么臣子对君父的恩情就会淡薄，从而背叛死者、忘记君父的人必定很多；如果废掉朝觐、聘问之礼，那么君臣的身份就乱了次序，诸侯的行为就将十分恶劣，于是相互背叛、相互侵害的祸乱就会不断发生。所以礼对人的教化作用，是在不知不觉中进行的，它能在邪恶尚未形成的时候就加以防止，它能使人们在不知不觉中走向善良，远离罪过。因此，以前的圣王都特别重视礼。《易》上说："君子慎重地对待事情的开始。因为如果开始差了毫厘，到以后就要谬之千里了。"说的就是这个道理。

※ 解读

"六经"包括：《诗》《书》《易》《礼》《乐》《春秋》，构成了古代文化的主体，成为中国文化的源头。孔子把社会的教化和"六经"密切地联系了起来。他认为《诗经》可以使人们温和柔顺、性情敦厚；《书经》可以使人们开明通达、博古通今；《易经》可以使人们安详沉静、细致入微；《礼经》可以使人们谦恭节俭、庄重严肃；《乐经》可以使人们心胸宽广、轻松和善，以促进社会和谐；《春秋》则可以使人们善于辞令、议论是非。可见，"六经"的基本内容都是用来教导人们，使其行为合乎礼仪教化规范的。因此，可以说，"六经"是实施"礼治"的重要依据，有了"六经"，人们就有了安身立命的根本原则，人们对于"六经"的学习，从根本上促成了"礼"在社会管理中的具体运用。总体来看，"六经"为"礼治"提供了系统的理论指导，而从另一方面来说，"礼治"的实践又为深入理解，甚至检验"六经"理论提供了正确的途径。

※ 事例

《经解》篇中，孔子特别强调了礼、乐对于国民的教化作用，衡量一个国家的文明程度，在很大程度上是看礼在这个国家是否得到了有效的遵循。唐代可以说是我国历史上社会经济文化高度繁荣的时期，社会的文明程度也是空前的，礼、乐在这里得到了有效的实施，起到了很好的教化作用。

路不拾遗

唐朝的时候，有一个做买卖的人途经河北武阳，不小心把一件心爱的衣服给丢在了路上。他走了几十里后才发觉，心中很难过，想着这下子肯定被人捡走了，尽管很不舍得，但还是打算放弃。这时有人劝慰他说："不要紧，我们武阳境内是路不拾遗的，你不妨回去找找看，一定可以找得到。"那人听后半信半疑，心里直犯嘀咕：这可能吗？但转而又一想，找找也无妨。于是就又掉头往回走，又走了几十里，果然发现他失去的衣服正完好地躺在路中央。至此，他才真正对当时良好的社会风气有了重新的认识。（注：唐朝时期，由于各种礼的有效实施，百姓的素质可以说达到了相当的高度，因此受到了全世界的认可。至今，国外的华侨被称为"唐人"，华侨的聚居地被称为"唐人街"，就在于唐朝的文明得到了全世界的肯定。）

哀公问

※ 原文

哀公问于孔子曰："大礼何如？君子之言礼，何其尊也？"孔子曰："丘也，小人，不足以知礼。"君曰："否。吾子言之也。"孔子曰："丘闻之，民之所由生，礼为大。非礼无以节事天地之神也，非礼无以辨君臣、上下、长幼之位也，非礼无以别男女、父子、兄弟之亲，昏姻、疏数[1]之交也。君子以此之为尊敬然，然后以其所能教百姓，不废其会节[2]。有成事[3]，然后治其雕镂、文章黼黻以嗣。其顺之，然后言其丧筭，备其鼎俎，设其豕腊，修其宗庙，岁时以敬祭祀，以序宗族，即安其居，节丑[4]其衣服，卑其宫室，车不雕几，器不刻镂，食不贰味，以与民同利。昔之君子之行礼者如此。"公曰："今之君子胡莫行之也？"孔子曰："今之君子，好实无厌，淫德不倦，荒怠傲慢，固民是尽[5]，午[6]其众以伐有道，求得当欲，不以其所。昔之用民者由前，今之用民者由后，今之君子莫为礼也。"

※ 注释

1 疏数：亲疏。2 会节：犹言"期节"，指举行各项礼仪的时间规定。3 有成事：指教化有了成效。4 丑：粗、陋。5 固民是尽：非把民众的财力耗尽不可。固，固执。尽，指耗尽财力。6 午：通"忤"，违逆。

※ 译文

鲁哀公问孔子说："大礼是怎样的呢？君子说到礼时，为什么那样尊敬？"孔子说："我孔丘只是个小人物，还不够资格了解礼。"鲁哀公说："不！先生您还是说说吧！"孔子于是说道："我孔丘听说人所赖以生存的，礼是最重要的。没有礼，就无以指导祭祀天地间的神灵，没有礼，就不能辨明君臣、上下、长幼的身份地位，没有礼，就不能区别男女、父子、兄弟之间的不同感情，以及婚姻和社会交往的亲疏关系。因此，君子对礼特别尊敬、重视，然后君子就尽自己的能力来教导民众，使他们不失时节地进行各种礼的活动。教导有了成效之后，然后置办雕刻的礼器，绘制各种色彩花纹的礼服，来区别尊卑上下的等级。百姓顺从之后，再言明服丧的礼数，准备好祭祀用的器具和供品，修建宗庙，按年按季地来虔敬地举行祭祀，并借以排列宗族里长幼亲疏的秩序，于是君子自己则安定在所居住的地方，有节制地穿起俭朴的衣服，住房不求高大，日常所乘的车子上不雕饰花边，祭器上不刻镂图纹，饮食也很简单，以这种方式来和民众同甘共苦。从前的君子就是这样实行礼教。"鲁哀公接着又问道："现在的君子，为什么没有这样行礼呢？"孔子说："如今的君子都喜好财富，而不知满足，淫乐无度，荒淫懒惰而态度傲慢，非把民众的财力耗尽不可，违背众人的心愿讨伐好人，只求满足自己的欲望而不择手段。从前君主是依照前面所说的行礼，而如今的君子却是照刚才所说的这一套做的，所以如今的君子没有肯认真行礼的了。"

※ 原文

孔子侍坐于哀公。哀公曰："敢问人道谁为大？"孔子愀然作色而对曰："君之及此言也，百姓之德也，固臣敢无辞而对。人道政为大。"公曰："敢问何谓为政？"孔子对曰："政者，正也。君为正，则百姓从政矣。君之所为，百姓之所从也。君所不为，百姓何从？"公曰："敢问为政如之何？"孔子对曰："夫妇别，父子亲，君臣严，三者正，则庶物从之矣。"公曰："寡人虽无似也，愿闻所以行三言之道，可得闻乎？"孔子对曰："古之为政，爱人为大。所以治爱人，礼为大。所以治礼，敬为大。敬之至矣，大昏为大。大昏至矣。大昏既至，冕而亲迎，亲之也。亲之也者，亲之也。是故君子兴敬为亲，舍敬是遗亲也。弗爱不亲，弗敬不正。爱与敬，其政之本与。"公曰："寡人愿有言。然冕而亲迎，不已重乎？"孔子愀然作色而对曰："合二姓之好，以继先圣之后，以为天地、宗庙、社稷之主，君何谓已重乎？"公曰："寡人固[1]。不固，焉得闻此言也？寡人欲问，不得其辞，请少进。"孔子曰："天地不合，万物不生。大昏，万世之嗣也，君何谓已重焉？"孔子遂言曰："内以治宗庙之礼，足以配天地之神明；出以治直言[2]之礼，足以立上下之敬。物耻[3]足以振之，国耻足以兴之。为政先礼，礼其政之本与。"孔子遂言曰："昔三代明王之政，必敬其妻、子也，有道。妻也者，亲之主也，敢不敬与？子也者，亲之后也，敢不敬与？君子无不敬也。敬，身为大。身也者，亲之枝也，敢不敬与？不能敬其身，是伤其亲。伤其亲，是伤其本；伤其本，枝从而亡。三者，百姓之象也。身以及身，子以及子，妃以及妃：君行此三者，则忾[4]乎天下矣，大王之道也。如此，则国家顺矣。"

※ 注释

1 固：孤陋。2 直言：犹"正言"，指发布政令。3 物耻：犹言"事耻"，指臣子做事有失职。4 忾：通"迄"，遍及。

※ 译文

孔子在鲁哀公身旁陪坐。鲁哀公说："请问治理人的办法最重要的是什么呢？"孔子露出严肃庄重的面容说："您能问到这个问题，那便是百姓的福分了。臣岂敢不认真回答呢？治理人的办法，行政是最重要的。"鲁哀公问："请问什么是行政呢？"孔子回答说："所谓'政'，就是'正'的意思。君主如果能做到正，那么百姓就会听从您的政教了。国君的所作所为，就是百姓所效法的榜样。国君不做的事，百姓怎能随从效法呢？"哀公说："请问应该怎样行政呢？"孔子说："夫妻之间有分别，父子之间有恩情，君臣之间相敬重，这三者都做得好，那么其他一切事情也就上正道了。"哀公说："寡人虽然不肖，但愿意洗耳恭听做到这三点的方法，可以说给我听听吗？"孔子说："古人行政，首要的是做到爱人。要做到爱人，礼是最重要的。要实行礼，首先要恭敬。而恭敬的表现，则在于国君的大婚之礼。重视国君的大婚之礼就是敬意的最高表现。大婚的婚期到来时，君主要头戴冠冕，身穿礼服亲自去迎娶，这是要表示对于对方的亲爱。所以君子以恭敬的态度迎亲，如果舍弃恭敬的态度，那就丢掉亲爱的诚意。没有爱，关系就不亲密，不恭敬，行为就不端正。所以仁爱和恭敬，大概就是行政的根本吧！"哀公说："寡人想问一句，像您说的这样，国君要穿戴礼服亲自去迎娶，是不是过于隆重了？"孔子严肃地回答："婚姻是两姓结合相亲好，以继续祖先圣君的后嗣，以担当祭祀天地、宗庙、社稷的主祭人，您怎么能说过于隆重了呢？"哀公说："寡人太孤陋了，不孤陋，怎么能听到这样的话呢。我想再问，但一时又找不到适当的词语，那就请您接着说吧！"孔子说："天地二气不结合，万物就不能生长。国君大婚，就是为了永续后嗣，您怎么能说这样过于隆重了呢？"孔子接着说道："国君和夫人，在内，主持宗庙祭祀之礼，足可以和天地神明相配；在外，主持发布政教之礼，足以建立起上下相敬的关系。这样事有耻辱足以刷清，国有耻辱足以振兴。行政要以行礼为先，行礼是行政的基础。"孔子接着又说道："从前夏商周三代圣明天子行政，都很尊重他们的妻和子，这是有道理的。所谓'妻'，是祭祀祖先的主祭人（之一），怎敢不敬重她呢？所谓‘子’，是双亲的后代，怎敢不尊敬他呢？所以君子（对妻和子）没有不敬重的。敬，尤其以敬重自身为最重要。因为自己的身体是父母的分枝，怎敢不自敬自重呢！不能敬重自己，也就是伤害了父母；伤害父母；就是伤害了自身的根本；伤害了根本，那分枝也就从而灭亡了。国君自身和妻、子这三者组成的家庭，也是百姓家庭的基本模式。国君由敬重自身推及百姓，由敬重自己的儿子推及百姓的儿子，由敬重自己的妻子推及百姓的妻子：君子如能施行这三种教化，礼就会遍行于天下，这是先王们所实行的道理。能这样做，整个国家就理顺了。”

※ 原文

公曰：“敢问何谓敬身？”孔子对曰：“君子过言[1]则民作辞[2]，过动则民作则。君子言不过辞，动不过则，百姓不命而敬恭。如是则能敬其身。能敬其身，则能成其亲[3]矣。”

公曰：“敢问何谓成亲？”孔子对曰：“君子也者，人之成名也。百姓归之名，谓之‘君子之子’，是使其亲为君子也，是为成其亲之名也已。”

孔子遂言曰：“古之为政，爱人为大。不能爱人，不能有其身。不能有其身，不能安土。不能安土，不能乐天。不能乐天，不能成其身。”公曰：“敢问何谓成身？”孔子对曰：“不过乎物[4]。”

公曰：“敢问君子何贵乎天道也？”孔子对曰：“贵其不已。如日月东西相从而不已也，是天道也；不闭其久，是天道也；无为而物成，是天道也；已成而明，是天道也。”

公曰：“寡人惷愚冥烦，子志之心也。”孔子蹴然[5]辟席而对曰：“仁人不过乎物，孝子不过乎物，是故仁人之事亲也如事天，事天如事亲，是故孝子成身。”

公曰：“寡人既闻此言也，无如后罪何？”孔子对曰：“君之及此言也，是臣之福也。”

※ 注释

1 过言、过动：指言语、行动有过失。2 作辞：称道其言辞。作则：作为法则。3 成其亲：意思是说给父母争得了荣誉，成就了父母的美名。4 不过乎物：指任何事情没有过错。物：犹“事”。5 蹴然：肃敬的样子。

※ 译文

哀公说：“请问什么叫作尊敬自身呢？”孔子答道：“君子说错了话，民众仍然当作说得对，君子做错了事，民众也会当作准则。所以，君子不说错话，不做错事，那么民众不用国君命令，就会恭敬服从了。这样就叫能尊敬自身。能尊敬自身，实际上也就能成就自己父母的名声了。”

哀公说：“请问什么叫作成就父母的名声呢？”孔子答道：“所谓‘君子’，是成名的人。百姓如果能给他名声，称他为‘君子之子’，那么也就是使他的父母成为‘君子’了，这就是成就了父母的名声。”

孔子又接着说道：“古代行政，以爱人为最重要。不能爱人，他就不能保住自身；不能保住自身，也就不能安居在土地上；不能安居在土地上，就不能以天赐的命运为乐，就不能成就自身。”哀公说：“请问什么叫成就自身呢？”孔子答道：“做任何事都不要越过事理，便是成就了自身。”

哀公又说：“请问君子为什么要尊崇天的法则呢？”孔子答道：“这是崇拜它的运动没有止境。比如日月东升西落永远不会停止，这就是天的法则；不闭塞而永恒地生育万物，这就是天的法则；看起来不做什么成就万物，而就是天的法则；已成就的万物都清楚而分明，这就是天的法则。”

哀公说：“我真是愚蠢顽固得很，您心里是知道的。”孔子恭敬不安地离开坐席，严肃地回答道：“仁人做事没有越过事理的，孝子做事也没有越过事理的。所以仁人侍奉父母如同侍奉上天一样，侍奉上天又像侍奉父母一样，所以孝子能够成就自身。”

哀公说：“我已经听取了您的这番高论，恐怕以后做事还是有过失，那该怎么办呢？”孔子答道：“您能担心将来的过失，这就是我们做臣下的福气了。”

※ 解读

本篇是记述鲁哀公向孔子问礼、问政之事，内容主要是关于为政先礼、礼为政教之本的理论解说。在孔子看来，礼是人们生活时所必须遵循的原则，礼可以让人们有节制地侍奉天地神明，可以让人们辨明君臣、上下、长幼的身份，可以用来区别男女、父子、兄弟之间的感情，以及人际关系等。所以国君只有特别重视礼，才能更好地来教化民众，让他们按照时节来正确地进行礼的活动，这样就能做到不误农时、民心所向，那么，国家的治理也就是轻而易举的事情了。

关于施行政治，孔子则认为，只要处理好君臣、父子、夫妻之间的感情，那么其他的事情就很好办了。具体说来，也就是助人伦，成教化。人伦中，婚姻之礼是很讲究的，就连国君婚娶也如此。身为一国之君，必须亲自穿戴礼服前去迎娶，因为两性结为夫妻，本身就是为传宗接代，而国君结婚，更是为千秋万世帝业生育后继者，所以要隆重。

国君不管对内对外，都要做到以礼而行，那么臣子有什么失职的地方，就可以用礼来纠正，所以从这个层面上来说，国君施行政治要以礼为先，因为礼是国政的根本。

※ 事例

“非礼无以节事天地之神也，非礼无以辨君臣、上下、长幼之位也，非礼无以别男女、父子、兄弟之亲，婚姻、疏数之交也。”可见“礼”的重要性。礼的重要性如果表现在感情婚姻上，就是“为情守义”。刘庭式迎娶盲妻便是一例。

刘庭式钟情盲妻

刘庭式在未考举时，决定娶本乡的一名女子，但并未送聘礼。考举之后，这一女子忽然眼睛瞎了，而女家生活又非常贫寒，就不再提婚事了。有人劝他再娶，他笑笑说：“我已经心许了她，岂可负我初心！”随后就迎娶盲女为妻，生了好几个孩子。妻子先死，他也不续娶。东坡居士苏轼问道：“哀生于爱，爱生于色，今君爱从何生？”他说：“我只知道我的妻是去世了。倘因色可以生爱，则色衰便可弛爱。那些扬袂倚市、目挑而心招的都可为妻，便不成话！”东坡深感其言。刘庭式的几句话，足以说明其钟情守义的高尚情操。

仲尼燕居

※ 原文

仲尼燕居[1]，子张、子贡、言游侍，纵言至于礼。子曰："居，女三人者，吾语女礼，使女以礼周流[2]，无不遍也。"子贡越席而对曰："敢问何如？"子曰："敬而不中礼谓之野，恭而不中礼谓之给[3]，勇而不中礼谓之逆。"子曰："给夺[4]慈仁。"

子曰："师，尔过，而商也不及。子产犹众人之母也，能食之，不能教也。"子贡越席而对曰："敢问将何以为此中者也？"子曰："礼乎礼，夫礼所以制中也。"子贡退。

※ 注释

1 燕居：坐着休息。2 周流：周旋流动、到处运用。3 给：伪巧。4 夺：混淆。

※ 译文

孔子在家休息，弟子子张、子贡、子游三人陪侍着老师，闲谈中谈到了礼。孔子说："坐下吧，你们三个人，我来跟你们讲讲礼，使你们将礼运用到各处，无所不至。"子贡马上站起来，离开坐席答道："请问礼该怎样做呢？"孔子说："表示诚敬而不合乎礼，叫作鄙野，一味恭顺而不合乎礼，叫作巴结，好逞勇敢而不合乎礼，叫作逆乱。"孔子又说："巴结容易混淆仁慈。"

孔子说："子张，你有时会做得过头，而子夏则往往做得不够。郑国的子产好像是众人的母亲，只会喂养而不能够教育。"子贡又站起来离开坐席，问道："请问怎样才能做到恰到好处的'中'呢？"孔子说："礼啊礼，这个礼就是用来使人的言行适中的。"子贡退下。

※ 原文

言游进曰："敢问礼也者，领恶而好全者与？"子曰："然。""然则何如？"子曰："郊、社之义，所以仁鬼神也；尝、禘之礼，所以仁昭穆[1]也；馈奠[2]之礼，所以仁死丧也；射、乡之礼，所以仁乡党也；食、飨之礼，所以仁宾客也。"子曰："明乎郊、社之义，尝、禘之礼，治国其如指诸掌而已乎。是故以之居处有礼，故长幼辨也；以之闺门之内有礼，故三族和也；以之朝廷有礼，故官爵序也；以之田猎有礼，故戎事闲[3]也；以之军旅有礼，故武功成也。是故宫室得其度，量鼎得其象[4]，味得其时，乐得其节，车得其式，鬼神得其飨，丧纪得其哀，辩说得其党[5]，官得其体，政事得其施，加于身而错于前，凡众之动得其宜。"

※ 注释

1 昭穆：指不同辈分的祖先。2 馈奠：以食品奠祭初死的人。3 闲：通"娴"，娴熟。4 得其象：指符合礼所规定的标准式样。5 党：类。

※ 译文

子游上前问道："请问所谓礼，是不是就是治理邪恶、保全良好的美德？"孔子说："是这样的。"子游说："那么，又该怎样去治理邪恶，保全美德呢？"孔子说："郊天祭地的意义，就是对鬼神表示仁爱；秋尝夏禘的宗庙祭礼，就是对祖先表示仁爱；馈赠祭奠之礼，就是对死者表示仁爱；乡射、乡饮酒之礼，就是对乡邻里民众表示仁爱；食飨之礼，就是对宾客表示仁爱。"孔子说："如果能明白郊天祭地的意义，懂得秋尝夏禘的宗庙祭礼，那么，对于治理国家的事就可以了如指掌了。所以，日常起居就有了礼，从而长幼也分辨清了；因此，家庭内部就有了礼，一家三代就能和睦了；朝廷上有了礼，从而官职和爵位就有了秩序；用于田猎而有了礼，从而军事演习就能熟练；用于军队里而有了礼，作战就能取得胜利了。因为有了礼，宫室得以有了尺度，量具和祭器得以有了标准式样，五味调和也得以与四时相配，音乐得以有了节奏，车辆得以符合规律，鬼神各自得到了享祀，丧事能够表达适当的悲哀，辩论谈话得以有伦有类，百官得以各守其职，政事得以顺利施行。将礼运用于自身的行动和眼前的一切事情，这样一切就都能做得恰到好处了。"

※ 原文

子曰："礼者何也？即事之治也。君子有其事，必有其治。治国而无礼，譬犹瞽之无相[1]与？伥伥[2]乎其何之？譬如终夜有求于幽室之中，非烛何见？若无礼，则手足无所错，耳目无所加，进退揖让无所制。是故以之居处，长幼失其别，闺门三族失其和，朝廷官爵失其序，田猎戎事失其策，军旅武功失其制，宫室失其度，量鼎失其象，味失其时，乐失其节，车失其式，鬼神失其飨，丧纪失其哀，辩说失其党，官失其体，政事失其施，加于身而错于前，凡众之动失其宜，如此则无以祖洽于众也。"

※ 注释

1 相：扶助盲人的人。2 伥伥：茫然失去方向的样子。

※ 译文

孔子说："礼是什么呢？礼就是对事物的治理。君子有君子的事，一定有其治事的礼。治理国家如果没有礼，那就好像盲人没有扶助的人，茫茫然地失去了方向，不知道该往哪儿走；又好比整夜在暗室里摸索，没有火把能看见什么呢？如果没有礼，那么手脚都将不知该往哪儿放，耳目也不知道该怎么使用，进退揖让就没有规矩。这样一来，日常起居就没大没小，长幼不分，家庭内部就会三代不和睦，朝廷上官爵就丧失了秩序，田猎中就会失去指挥，军队打仗就将失去控制，宫室建造就没有尺度，量具和祭器就丧失式样，五味也不能与四时调和，奏乐也失去了节制，车辆也不合规格，鬼神就失去了祭祀，丧事就不能表达悲哀，谈话不合身份场合，百官分工失当，政事不能顺利实施，自身的举动和眼前的一切事情，都不适宜，像这样就没有办法先做表率而协和天下民众。"

※ 原文

子曰："慎听之，女三人者，吾语女礼。犹有九焉，大飨有四焉。苟知此矣，虽在畎亩之中，事之圣人已。两君相见，揖让而入门，入门而县兴[1]。揖让而升堂，升堂而乐阕。下管《象》《武》，《夏》《籥》序兴，陈其荐俎，序其礼乐，备其百官，如此而后君子知仁焉。行中规，还中矩，和鸾中《采齐》，客出以《雍》，彻以《振羽》，是故君子无物而不在礼矣。入门而金作，示情也。升歌《清庙》，示德也；下而管《象》，示事也。是故古之君子，不必亲相与言也，以礼乐相示而已。"

子曰："礼也者，理也。乐也者，节也。君子无理不动，无节不作。不能《诗》，于礼缪。不能乐，于礼素[2]。薄于德，于礼虚。"子曰："制度在礼，文为[3]在礼，行之其在人乎。"

子贡越席而对曰："敢问夔[4]其穷[5]与？"子曰："古之人与？古之人也。达于礼而不达于乐谓之素，达于乐而不达于礼谓之偏。夫夔达于乐而不达于礼，是以传于此名也，古之人也。"

※ 注释

1 县兴：悬挂的乐器，一起演奏。2 素：质朴，没有文采。3 文为：符合礼仪的行为。4 夔：传说夔是尧的乐正，精通音乐。5 穷：不通。意谓夔只精通于音乐，不通于礼。

※ 译文

孔子说："认真听着吧！你们三个人，我对你们说礼是怎么回事。礼有九项之多，其中的大飨之礼，就可再分为四项，如果有人通晓了这些礼，即使他是个种田人，只要能照礼行事，他就是个圣人了。当两位国君相见时，相互作揖谦让，然后进入庙门。进入庙门时，乐师用所悬的乐器奏起音乐。两人又相互作揖谦让，分别登上大堂，登上大堂，各就各位时，钟鼓之声也刚好停下了。这时大堂下又有管乐奏起《象》的乐曲，《武》和《夏》《籥》的舞曲一个接一个进行。摆设鼎俎供品，按照顺序安排礼乐，百官执事一应俱全。这样做了以后，来访国君就感到了主国国君的盛情厚意。转圈而行圆如规，直行拐弯方如矩，连车上的铃也合着《采齐》乐曲的节拍，客人出去时，奏起《雍》曲以送别，撤去席上的供品时则奏起《振羽》的乐章，所以君子的一举一动，没有一件事不符合礼。进门时钟鼓齐鸣，是表示主人欢迎的情意；登堂时演唱歌颂文王的《清庙》之诗，是表示国君崇敬文王的崇高美德；堂下吹起《象》的乐曲，是表示国君崇敬文王、武王的功业。所以，古代两君相见，不必用言语交谈，只用礼乐就可以互相传达情意了。"

孔子说："所谓礼，就是道理；所谓乐，就是节制。君子无理不能行动，无节制不妄做。如果不懂得赋诗言志，行礼就难免会出现差错。如果不能用音乐来配合，那么礼就显得质朴枯燥了。如果道德浅薄，那么礼就流于空洞的形式了。"孔子又说："一切制度，都是由礼规定了的，一切文饰也都是由礼规定了的。但要实行它，还得要靠人啊。"

子贡离开座席，问道："照您前面所说的，夔是不是也不能算作通于礼呢？"孔子说："你问的夔是那个古代的人吗？他是古代的人啊。通晓礼而不通晓音乐，叫作素；通晓音乐而不通晓礼，就叫作偏。夔，就是只通晓音乐，而不太通晓礼，所以只流传下了'夔'这个名字，是古代的人啊。"

※ 原文

子张问政。子曰：“师乎，前，吾语女乎。君子明于礼乐，举而措之[1]而已。”子张复问。子曰：“师，尔以为必铺几筵升、降、酌献、酬、酢，然后谓之礼乎？尔以为必行缀兆，兴羽、籥[2]，作钟鼓，然后谓之乐乎？言而履之，礼也。行而乐之，乐也。君子力此二者，以南面而立，夫是以天下太平也。诸侯朝，万物服体，而百官莫敢不承事矣。礼之所兴，众之所治也。礼之所废，众之所乱也。目巧之室[3]则有奥[4]阼，席则有上下，车则有左右，行则有随，立则有序，古之义也。室而无奥阼，则乱于堂室也；席而无上下，则乱于席上也；车而无左右，则乱于车也；行而无随，则乱于涂也；立而无序，则乱于位也。昔圣帝明王、诸侯，辨贵贱、长幼、远近、男女、外内，莫敢相逾越，皆由此涂出也。”三子者既得闻此言也于夫子，昭然若发矇矣。

※ 注释

1 举而措之：指把礼乐施行于政治。2 羽、籥：跳舞的道具。3 目巧之室：指不用尺度，只凭眼力测量建成的房子。4 奥：室中的西南角，是尊贵的位置。

※ 译文

子张问到怎样行政。孔子说：“子张，你上前来，我对你说。君子通晓礼乐，拿来运用到行政上就可以了。”子张又问孔子这是怎么回事。孔子说：“子张，你以为必须摆下案几、铺下筵席、上下走动、献酒进馔、举杯酬酢，那才叫作礼吗？你以为一定要排下队列、挥舞羽籥、鸣钟敲鼓，这才叫作乐吗？其实，说的话能实行，这就是礼。实行了并能使人感到愉快，这就是乐。君子努力做到这两点，用以站在统治地位上，就能使天下太平，诸侯都来朝拜，万事都顺从道理，百官没有人敢不奉公从事的。礼教兴起，百姓就会服从治理。礼教毁坏，民众就要犯上作乱。一座只凭眼力测量建造的房屋，也都有堂奥和台阶之分，坐席有上下之别，车轮有左右之分，走路则要前后相随，站立也要讲求尊卑次序。这是自古就有的道理。如果房屋不分堂奥和台阶，那么尊卑长幼的位置在室中就乱了；坐席不分上下，尊卑长幼的位置在席上就乱了；乘车不分左右，尊卑长幼的位置在车上就乱了；走路不分前后，尊卑长幼的位置在路上就乱了；站立不分次序，那么尊卑长幼的位置在站立时就乱了。从前圣明的帝王和诸侯，都要分辨贵贱、长幼、远近、男女、内外的次序，没有人敢超越，都是根据礼乐的道理而得来的。”三位弟子听了孔子这样一席话，心中豁然开朗，好像瞎子重见光明了一样。

※ 解读

《仲尼燕居》篇内容是记述孔子为弟子讲论礼乐政教之道，主要就礼对社会政教所具有的指导作用进行详细说明。

孔子对他的三个弟子认真讲解了关于“礼”的内涵和外延。“礼”从根本目的上说就是治理邪恶、保全美德。具体表现在郊天祭地、秋尝夏禘的宗庙祭礼、馈赠祭奠之礼等方面，明白了这些活动的意义，就能很好地治理国家了。日常起居会因此变得有礼，在家里就能做到尊老爱幼，一家数代也就能够和睦相处了；朝廷之上也会因为礼的存在而变得有秩序；军队中也因为有礼而能很好指挥，从而取得战争的胜利。

从行为规范来看，礼制规定了许多项目，而每一项又可以细分为很多小项。但只要掌握了礼的实质，即使是农夫，也能遵照礼来行事，那他就是圣人了。只要懂得了礼，那么两个国君见面，不需要交谈，只要用礼乐就可以相互传达情谊了，这里的“礼”是道理、“乐”是节制。通晓礼而不通晓乐，叫作素，通晓乐而不通晓礼，叫作偏。君子不做没有道理和无节制的事情。

所以，把礼乐拿来放在政治里，国家就可以得到治理了。这里的礼乐并不是非要摆桌敬酒、鸣钟敲鼓，只要是说的话能够兑现，就是礼；兑现后人们感到愉快，就是乐。国君能够做到这两点，那么百姓就会归顺，诸侯就会来朝拜，天下也就可以太平了。

※ 事例

所谓的“言而履之，礼也”。什么是“礼”，简单地说，就是说话做事做到言而有信，这便是“礼”。

重承诺不违千里约

卓恕向太傅诸葛恪辞行。恪问：“什么时候再来？”卓恕将回来的日子约定了，回到家乡会稽去。到了这一天，诸葛太傅大宴宾客，却停箸坐着，说要等卓恕到了才进食。来宾们纷纷议论道：“从建康到会稽，道阻江湖，相去千里，怎么能够确定他必会来！”话还没有讲完，卓恕就到，满座皆惊。试看卓恕随口说了一句，并没有和人订立什么契约，然而他说到哪里，人家就信到哪里；他自己说到哪里，也就能够做到哪里，一个人的信用到了这种程度，在社交场中，当然要比别人有更多的诚信度。

卓恕的这件事，和王修的事有点相像。

孔融有难，对左右的人说：“能够冒难来看我的，只有王修一个人。”话才说罢，王修果然来到。还有一次，王修在南阳游学，住在张奉家里，张奉全家染疫，亲戚中没有来看顾的。王修见到这种情形，便独自留着服侍他们，直等到他们的病好了才走。

范文正公说："不欺二字，终身可依。"

孔子闲居

※ 原文

孔子闲居，子夏侍。子夏曰："敢问《诗》云'凯[1]弟[2]君子，民之父母'，何如斯可谓民之父母矣？"孔子曰："夫民之父母乎，必达于礼乐之原，以致'五至'而行'三无'，以横[3]于天下，四方有败，必先知之，此之谓民之父母矣。"

子夏曰："民之父母既得而闻之矣，敢问何谓'五至'？"孔子曰："志之所至，诗亦至焉；诗之所至，礼亦至焉；礼之所至，乐亦至焉；乐之所至，哀亦至焉，哀乐相生。是故正明目而视之，不可得而见也；倾耳而听之，不可得而闻也，志气塞乎天地。此之谓'五至'。"

※ 注释

1 凯：快乐。2 弟：平易。3 横：推广、普及。

※ 译文

孔子闲居在家休息，弟子子夏在一旁陪伴。子夏说："请问，《诗经》上说'快乐且平易近人的君子，是民众的父母'，怎样才可以称为民众的父母呢？"孔子说："民众的父母，就必须懂得礼乐的原理，达到'五至'，实行'三无'，并用此种精神来普及天下，任何地方出现灾祸，定能预先知道。这样就称得上是民众的父母了。"

子夏说："怎样才称得上民众的'父母'，我已经听懂了，但您说的'五至'又是什么意思呢？"孔子说："君王心里所想到的，诗歌也能表达到；诗歌表达到的，也能通过礼体现到；礼体现到的，乐也能表现到；乐能表现到的，哀情也能表达到，因为哀乐是相依而生的缘故。因此，即使你睁大眼睛去看，也不可能看见，即使侧着耳朵去听，也不可能听到，然而一种志气却是充满于天地之间的。这就叫作'五至'。"

※ 原文

子夏曰："'五至'既得而闻之矣，敢问何谓'三无'？"孔子曰："无声之乐，无体之礼，无服之丧，此之谓'三无'。"子夏曰："'三无'既得略而闻之矣，敢问何诗近之？"孔子曰："'夙夜其命宥密[1]'，无声之乐也。'威仪逮逮[2]，不可选也'，无体之礼也。'凡民有丧，匍匐救之'，无服之丧也。"

子夏曰："言则大矣，美矣，盛矣！言尽于此而已乎？"孔子曰："何为其然也？君子之服之[3]也，犹有五起[4]焉。"子夏曰："何如？"孔子曰："无声之乐，气志不违；无体之礼，威仪迟迟[5]；无服之丧，内恕[6]孔悲[7]。无声之乐，气志既得；无体之礼，威仪翼翼；无服之丧，施及四国。无声之乐，气志既从；无体之礼，上下和同；无服之丧，以畜万邦。无声之乐，日闻四方；无体之礼，日就月将；无服之丧，纯德孔明。无声之乐，气志既起；无体之礼，施及四海；无服之丧，施于孙子。"

※ 注释

1 宥密：宽和宁静。宥，宽和。密，宁静。2 逮逮：安和的样子。3 服之：即从事于此。4 五起：五层含义。5 迟迟：从容不迫的样子。6 恕：指推己及人。7 悲：指恻隐之心。

※ 译文

子夏说："关于'五至'的道理，我已经听懂了，那么，请问什么叫作'三无'呢？"孔子说："没有声音的音乐，没有仪节的礼，以及不穿丧服的丧事。这就叫作'三无'。"子夏说："'三无'的意思，我已经大体知道了，请问有什么诗句跟这'三无'的意思比较接近的？"孔子说："《诗经》上说'日夜秉承天命，宽和而又宁静。'这就近似于没有声音的音乐。'仪表威严宽和，没有挑剔之处'，这就近似于没有仪节的礼。'看见人家有死丧，我就竭力去帮忙'，这就近似于不穿丧服的服丧。"

子夏说："您的这些话说得真是太伟大、太完美、太充分了！您要说的道理应该都在这里了吧？"孔子说："怎么能这样说呢？君子要实行'三无'，还可以从五个方面来阐明它的含义。子夏说："具体情况应该如何呢？"孔子说："没有声音的音乐，说明意志不违背民心；没有仪节的礼，威仪从容不迫；不穿丧服的丧事，哀痛由自己内心推及他人，（这是第一）。没有声音的音乐，表达了心志；没有仪节的礼，威仪恭敬谨慎；不穿丧服的丧事，恩义推及四方之国，（这是第二）。没有声音的音乐，使心志顺从；没有仪节的礼，使上下融洽同心；不穿丧服的丧事，可以容纳万国，（这是第三）。没有声音的音乐，日益传播到四方；没有仪节的礼，日益完善；不穿丧服的丧事，说明纯洁的德行十分明显，（这是第四）。没有声音的音乐，奋发心志；没有仪节的礼，普及四海；不穿丧服的丧事，爱心传播到子孙后代，（这是第五）。”

※ 原文

子夏曰：“三王之德，参于天地。敢问何如斯可谓参于天地矣？”孔子曰：“奉‘三无私’以劳天下。”子夏曰：“敢问何谓‘三无私’？”孔子曰：“天无私覆，地无私载，日月无私照。奉斯三者以劳天下，此之谓三无私。其在《诗》曰：‘帝命不违，至于汤齐[1]。汤降[2]不迟[3]，圣敬日齐[4]。昭假[5]迟迟[6]，上帝是祗[7]。帝命式于九围。’是汤之德也。天有四时，春秋冬夏，风雨霜露，无非教也。地载神气，神气风霆，风霆流行，庶物露生，无非教也。清明在躬，气志如神。嗜欲将至，有开必先，天降时雨，山川出云。其在《诗》曰：‘嵩高惟岳，峻极于天。惟岳降神，生甫及申。惟申及甫，惟周之翰[8]。四国于蕃，四方于宣。’此文、武之德也。三代之王也，必先令闻。《诗》云‘明明天子，令闻不已。’三代之德也。‘弛[9]此文德，协此四国。’大王之德也。”子夏蹶然[10]而起，负墙而立，曰：“弟子敢不承乎！”

※ 注释

1 齐（jī）：是上升的意思。2 降：生的意思。3 不迟：适时的意思。4 日齐：与日俱增。5 假：通“格”，至的意思。6 迟迟：永久。7 祗：敬重。8 翰：通“干”，犹言“骨干”“栋梁”。9 弛：通“施”。10 蹶然：惊喜的样子。

※ 译文

子夏说：“三王的德行，可以参配天地。请问怎样才能称作参配天地呢？”孔子说：“要用‘三无私’的精神来治理天下。”子夏说：“请问什么叫作‘三无私’精神呢？”孔子说：“上天无私地覆盖天下万物，大地无私地承载着万物，日月无私地普照天下万物。用这三种精神来治理天下，就叫作‘三无私’。这就是《诗经》里所谓的‘上天的命令不可违背，于是汤王登上了天子之位；商汤的降生正是时候，而他自己圣明而又谨慎，光明磊落而从容不迫，恭敬侍奉上帝。上帝命汤王，统一治理九州的地域。’这就是商汤无私的品德。天有春夏秋冬四季，普降风雨霜露以滋润万物，这些无不是对人的教化。大地承受着神妙的气层，变化出风雷，风雷到处流动，万物露出了生机，这些无不是对人的教化。清澈明净的德行在圣人身上，而他的气质心态如神一样。（统治天下的）愿望将实现，有神开导而必先降生贤佐，就好像天将要下及时雨时，山川里必会吐出云气。在《诗经》里面就有这样的诗句：‘巍巍五岳，直耸云天。山岳降下了神灵，诞生了甫侯和申伯。唯有甫侯和申伯，才是周朝的栋梁。四周的国家都得到了保卫，四方的民族都得到了抚慰’这说的就是周文王、周武王的功德啊！三代的圣王，必先有美好的名声传天下。《诗经》上说：‘光明的天子，美名永久流传。’这说的就是三代圣王的功德。‘施行文德教化，融洽四方诸国。’这说的就是周太王的功德。”子夏听到这里，迅速站起来，背靠着墙恭敬地站立着，说道：“弟子怎敢不接受先生这番教导呢！”

※ 解读

本篇记述孔子与子夏的几段答问，主要就礼乐的特性与作用进行阐述。

孔子说：“天有四时，春秋冬夏，风雨霜露，无非教也。地载神气，神气风霆，风霆流行，庶物露生，无非教也。”这里显然把自然运行的必然性比附于人伦教化，也就是说，从现实性上看，人类社会的发展同自然界一样也有必然性的一面。人的生老病死，不是随心所欲的，不能随主观愿望而变化。自然界的一切变化都是有规律的，不可违抗，只能顺从。孔子是把这种规律化的东西看作人伦教化的根本，没有这些东西，所谓的人伦教化都是一句空话，是不可能实现的。

《礼记》这本书重在说“礼”，把阐释礼、提倡礼作为其宗旨。如在《礼器》中就说：“礼也者，犹体也，体不备，君子谓之不成人。”但在这篇中却又提出了“无体之礼，无服之丧”这一说法，其目的在于纠正在实践中将礼的精神教条化、僵化。这也就是说，礼的原则不会改变，但实现原则的各种措施并不是固定不变的，而应该随着情况的变化而进行调整。

※ 事例

自然运行存在着必然性，人伦教化也有其必然性，教化应顺应这种必然性的规律。

平心静气改善命运

张畏岩，江阴人，积学能文。明万历甲午年，乡试发榜，没有他的名字，就大骂试官。有一道者在旁，微哂说：“相公之文必不佳。”张怒斥道：“你懂得什么！”道者说：“闻作文贵乎心平气和，心气如此，文安得工？”张不得不屈服请教。道者说：“文固要佳，如果命不该中，文字虽好，亦无益处，须要自己做个转变始得。”张道：“命定不中，如何转变得来？”道者说：“造命者天，立命者我。如能力行善事广积阴功而又加以谦谨，以承休命。能到这地步，有什么福不可求的？”张道：“我一介贫士，那得钱来行善呢？”道者说：“善事阴功，皆由心造；常存此心，功德无量。且如谦虚一节，并不费钱，怎的不自反而骂试官？”张自此感悟，折节自持，念念谦虚，尘尘方便；善日加修，德日加厚。到丁酉年，果中试。同时有位杨仲举，邻屋檐溜水落在家里，他说，“晴日多，雨日少也。”有人侵过地界，又有“普天之下皆王土，再过来些也不妨”之句，可谓谦厚之至了。

坊记[1]

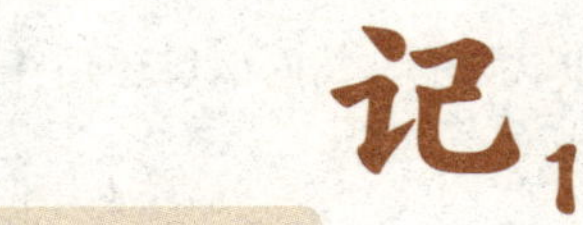

※ 原文

子言之："君子之道，辟则坊与，坊民之所不足者也。大为之坊，民犹逾之。故君子礼以坊德，刑以坊淫，命以坊欲。"

子云："小人贫斯约[2]，富斯骄。约斯盗，骄斯乱。礼者，因人之情而为之节文[3]，以为民坊者也。故圣人之制富贵也，使民富不足以骄，贫不至于约，贵不慊[4]于上，故乱益亡。"

子云："贫而好乐，富而好礼，众而以宁者，天下其几[5]矣。《诗》云：'民之贪乱，宁为荼毒。'故制国不过千乘，都城不过百雉，家富不过百乘。以此坊民，诸侯犹有畔者。"

※ 注释

1 《坊记》：本篇以礼作堤防以防范人民的行为。故称为"坊记"。2 约：窘迫。3 节文：制度和仪节。4 慊：不满而怀恨。5 几：稀少。

※ 译文

孔子说："君子的治国之道，就好比是堤防吧！用以防备人们德行的过失。即使严密地设置堤防，人们也还是有越规作恶的。所以君子用礼来防备道德的过失，用刑罚来防止人们淫邪，用法令来防范人们的贪欲。”

孔子说：“小人生活贫穷就会感到窘迫，生活富裕就有骄横之气。心态感到窘迫就会去盗窃，作风有骄横之气就要乱来。所以，礼就是顺应人之常情而制定的节制形式，用来作为人们的规范。所以圣人制定法度，使人们富裕而不至于骄横，贫穷而不至于窘迫，尊贵而不至于怨恨君上。所以犯上作乱的事就日益减少了。”

孔子说：“贫穷而能自得其乐，富贵而能谦恭好礼，家族人多势众而能安守本分，这样的人天下很少见呀！《诗经》上说：‘人们一心想作乱，宁愿为灾祸。’所以按照规定，诸侯的国家兵车不能超过一千辆，都城的城墙不能超过百雉，大夫家的兵车也不能超过一百辆。用这种制度来加以防范，然而诸侯还是有反叛的。”

※ 原文

子云：“夫礼者，所以章疑别微，以为民坊者也。故贵贱有等，衣服有别，朝廷有位，则民有所让。”子云：“天无二日，土无二王，家无二主，尊无二上，示民有君臣之别也。《春秋》不称楚、越之王丧。礼，君不称天，大夫不称君，恐民之惑也。《诗》云：‘相彼盍旦，尚犹患之。’”子云：“君不与同姓同车，与异姓同车不同服，示民不嫌也。以此坊民，民犹得同姓以弑其君。”

子云：“君子辞贵不辞贱，辞富不辞贫，则乱益亡。故君子与其使食浮于人也[1]，宁使人浮于食。”

子云：“觞酒，豆肉，让而受恶[2]，民犹犯齿[3]。衽席之上，让而坐下，民犹犯贵。朝廷之位，让而就贱，民犹犯君。《诗》云：‘民之无良，相怨一方。受爵不让，至于己斯亡。’”

※ 注释

1 食：俸禄。浮：胜过。人：指人的才能。2 受恶：接受粗陋的一份。3 犯齿：冒犯年长的人。

※ 译文

孔子说：“礼，就是用来断定那些疑惑不清、隐微不明的事情，以此来对人们加以防范的。有了礼，贵贱就有了等级，衣服就有了差别，朝廷上有了定位，这样人们就会互相谦让。”孔子说：“天上没有两个太阳，地上没有两个君王，一家没有两个主人，至尊的地位不能有两个。这就是向人们显示君臣的区别。《春秋》不记载僭越称王的楚、越两国国君的丧葬之事。礼法规定，对诸侯国君不能像天子那样称为‘天’，对大夫也不能像诸侯那样称为‘君’，这就是担心人民对上下关系产生误会。《诗经》

中说：‘看那夜里呼唤到天明的盍旦鸟，人们尚且讨厌它。’”孔子说：“国君不与同姓的人同乘一辆车，如果与不同姓的人同乘一辆车时，也要穿着不同的衣服，这是为了向人们显示区别而不致误会。用这样的方法来提防人们，人民还是有同姓族人杀害君王的。”

孔子说：“君子推辞显贵而不推辞卑贱，辞让财富而不辞让贫穷，（这样可使人们不争富贵而安处贫贱），那么作乱的事就日益减少了。所以，君子与其使俸禄超出个人的德才，倒不如使自己的德才超过自己所得的俸禄。”

孔子说：“分配酒肉，应该反复推让，然后接受最差的一份，即使如此，而人们仍然有冒犯年长的。安排座次，再三辞让后坐在下位，即使如此，人们仍然会有冒犯尊贵的。朝廷的爵位，（教育臣下）一再推让后接受较为卑贱的爵位，即使如此，人们仍然会有冒犯君上的。《诗经》上说：‘人们行为的不善良，互相抱怨于一方，接受爵位而不相让，以致自己身丧之。’”

※ 原文

子云：“君子贵人而贱己，先人而后己，则民作让。故称人之君曰君，自称其君曰寡君。”

子云：“利禄先死者而后生者，则民不偝[1]；先亡者而后存者，则民可以篭。《诗》云：‘先君之思，以畜寡人。’以此坊民，民犹偝死而号无告[2]。”

子云：“有国家者，贵人而贱禄[3]，则民兴让；尚技而贱车，则民兴艺。故君子约言[4]，小人先言[5]。”

子云：“上酌[6]民言，则下天上施。上不酌民言，则犯也；下不天上施，则乱也。故君子信让以莅百姓，则民之报礼重。《诗》云：‘先民有言，询于刍荛[7]。’”

※ 注释

1 偝：背弃。2 号无告：呼号无所控告。3 贱禄：不吝啬爵禄的颁发。4 约言：少说话。5 先言：事先说大话。6 酌：斟酌参考。7 刍荛：割草砍柴的人。

※ 译文

孔子说：“君子尊重别人而贬抑自己，让别人在先而自己在后，这样人们就学会了谦让。所以称别人的国君为‘君’，对别国自称自己的国君为‘寡君’。”

孔子说：“利益和荣誉，先给为国事而死者，而后颁赐给生者，这样人们就不会背弃死者；先颁赐给为国事奔波在外的人，后颁赐给生活在国内的人，这样人们就会感到国君可以信托。《诗经》上说：‘你应该思念死去的先君，来劝勉我这个未亡人。'用这样的方法来对人们加以防范，而人们仍然会背弃死者、致使死者的家人悲呼哀号而无处控告的。"

孔子说："掌管国家的人，尊重贤人而不吝啬爵禄，于是人们就兴起了谦让之风；崇尚人的技能，而不吝啬赐以车服，那么人们便会学习技艺。所以君子是多做事，少说话，小人则是没做事，先说大话。"

孔子说："在上位的人斟酌听取民众的意见，那下层的民众就会把君上施行的政令当作天的命令一样来尊重。在上位的人不听取民众的意见，民众就会违反君上的政令；民众不尊重在上位人的政令，国家就会混乱。所以君子用诚心谦让的态度来对待百姓，那民众也必定会以礼相报。《诗经》上说：'古人有遗训，在上者要向樵夫咨询。'"

※ 原文

子云："善则称人，过则称己，则民不争。善则称人，过则称己，则怨益亡。《诗》云：'尔卜尔筮，履无咎言。'"子云："善则称人，过则称己，则民让善。《诗》云：'考卜惟王，度是镐京。惟龟正之，武王成之。'"子云："善则称君，过则称己，则民作忠。《君陈》曰：'尔有嘉谋嘉猷[1]，入告尔君于内，女乃顺之于外，曰：此谋此猷，惟我君之德。於乎，是惟良显哉！"子云："善则称亲，过则称己，则民作孝。《大誓》曰：'予克纣，非予武，惟朕文考无罪。纣克予，非朕文考有罪，惟予小子无良。'"

※ 注释

1 猷：道，方法。

※ 译文

孔子说："有了功劳就归功于他人，有了过错就归咎于自己，那么人们就不会发生争执。有了功劳就归功于他人，有了过错就归咎于自己，那么怨恨就会日益减少。《诗经》上说：'你又占卜又占筮，卦兆都不吉利。'"孔子说："有了功劳就归功于他人，有了过错就归咎于自己，那么人们就会在功劳面前谦让。《诗经》上说：'武王向神问卜，决定定都镐京。神龟示其吉兆，于是武王完成大业。'"孔子说："有了功劳就归功于国君，有了过错就归咎于自己，那么人们就会兴起忠君之心。《君陈》篇说；'你有好的主意、好的方法，进去告诉你的君主，你再到外面顺从国君的命令去施行'，并且说：'这主意、这办法，都是出于我们君主的功德。啊，这只有良臣才使国君显扬于世！"孔子说："有了功劳就归功于自己的父母，有了过错就归咎于自己，那么人们便会兴起孝道。《太誓》上说：‘我打败商纣，并不是我的武功，而是由于我的父亲没有过错。如果商纣打败了我，那不是我父亲有所过错，而是我自己无能。’”

※ 原文

子云：“君子弛其亲之过而敬其美。”《论语》曰：“三年无改于父之道，可谓孝矣。”高宗云：“三年其惟不言，言乃讙。”子云：“从命不忿，微谏不倦，劳而不怨，可谓孝矣。《诗》云：‘孝子不匮。’”子云：“睦于父母之党，可谓孝矣。故君子因睦以合族。《诗》云：‘此令[1]兄弟，绰绰[2]有裕。不令兄弟，交相为愈[3]。’”子云：“于父之执，可以乘其车，不可以衣其衣，君子以广孝[4]也。”子云：“小人皆能养其亲，君子不敬，何以辩？”子云：“父子不同位[5]，以厚敬也。《书》云：‘厥辟不辟[6]，忝[7]厥祖。’”子云：“父母在，不称老，言孝不言慈。闺门之内，戏而不叹。君子以此坊民，民犹薄于孝而厚于慈。”子云：“长民者，朝廷敬老则民作孝。”子云：“祭祀之有尸也，宗庙之有主也，示民有事也。修宗庙，敬祀事，教民追孝也。以此坊民，民犹忘其亲。”

※ 注释

1 令：友善。2 绰绰：宽容的样子。3 愈：病。4 广孝：推广孝道。5 同位：处于尊卑相同的地位。6 辟不辟：指为君不像君。7 忝：辱。

※ 译文

孔子说：“君子要忘掉父母的过错而敬重他们的美德。《论语》上说：“（父亲死后）居丧三年仍不改变父亲生前做事的原则，那就可以算是孝了。”所以高宗说：“在父亲死后三年内，不发布政令（而继承先父的政教），一发布政令，天下人都欣然接受。”孔子说：“服从父母的命令，而不怠慢，即使父母有过错，也要慢慢地、缓和地劝谏，而不厌倦，侍奉父母，即使劳苦也毫无怨言，这样就可以称得上是孝顺了。《诗经》上说：‘孝子的孝心是永不匮乏的。’”孔子说：“与父母同辈的人和睦相处，可以称得上是孝了。所以君子就依靠这种和睦的态度来联合宗族。《诗经》上说：‘兄弟间互相友善，大家就轻松融洽；而兄弟之间不友善，互相坑害。’”孔子说：“对于和父亲同辈的人，自己就可以乘他的车子，但不能穿他的衣服。这就是把对父亲的孝敬推广到对父亲的同辈、朋友的孝敬。”孔子说：“小人也能供养父母，如果君子（如果也只供养父母而）不是孝敬，那同小人有什么区别呢？”孔子说：“父亲和儿子不能处在尊卑相同的位置上，这是为了增强敬重父亲的孝心。《书经》上说：‘身为君主而不像君主，那就污辱了他的祖先。’”孔子说：“父母健在，儿子不应该称自己年老，只谈如何对父母的孝敬，不谈父母如何慈爱儿女。在家里只能以游戏使父母愉快，而不应该在父母面前唉声叹气。君子用这样的礼法来规范人们，人们还是缺乏孝敬之心而疼爱儿女之情深厚。”孔子说：“作为民众的统治者，如果能在朝廷上尊敬老人，那么人民就会兴起孝敬的风气。”孔子说：“祭祀时设有‘尸’，宗庙里立有神位，是为了向人们显示所侍奉的对象。修建宗庙，恭敬地进行祭祀，是为了教导人民追孝祖先。即使用这样的方式来教导人们，人们还是有忘记自己亲人的。”

※ 原文

子云：“敬则用祭器。故君子不以菲[1]废礼，不以美没[2]礼。故食礼，主人亲馈则客祭，主人不亲馈则客不祭。故君子苟无礼，虽美不食焉。《易》曰：‘东邻杀牛，不如西邻之禴祭寔受其福。’《诗》云：‘既醉以酒，既饱以德。’以此示民，民犹争利而忘义。”

子云：“七日戒，三日齐，承一人焉以为尸，过之者趋走，以教敬也。醴酒在室，醍酒在堂，澄酒在下，示不淫也。尸饮三，众宾饮一，示民有上下也。因其酒肉，聚其宗族，以教民睦也。故堂上观乎室，堂下观乎上。《诗》云：‘礼仪卒度[3]，笑语卒获。’”

※ 注释

1 菲：菲薄。2 没：超过。3 卒度：尽合于法度。卒：尽。

※ 译文

孔子说：“为了表示对宾客的尊敬，就用祭祀所使用的祭器。所以君子不因物品菲薄而废弃了礼，也不因为物品丰美而超过礼的规定。按照食礼，主人亲自致送的酒食，客人进食之前要先行祭食之礼，不是主人亲自致送的酒食，客人进食前就不需要行祭食之礼了。所以君子对待不符合礼的接待，即使食物丰美也不食用。《易经》上说：‘东邻杀了牛举行大祭，倒不如西邻举行禴祭能切实得到神的福佑。’《诗经》上说：‘已经醉人的是酒，已经饱人的是德。’以此来指导人们，人们还是会争夺利益而忘记道义。”

孔子说：“七天散斋，三天致斋，届时来侍奉一个被立为尸的人，从他面前经过的人都要小步快走，这是用以教导人们要恭敬。祭祀当中，将醴酒放在室中，盛着红色酒的酒樽放在堂上，而将盛着清酒的酒樽放在堂下，这是为了教导人们不要贪酒。尸饮酒三次，众宾客才饮一次，这是为了向人们显示尊卑上下的区别。凭借祭祀的酒肉，聚集宗族里的人会餐，是为了教导人们和睦相处。所以堂上的人观看室内的人怎样行礼，作为榜样，而堂下的人观看堂上的人怎样行礼，作为榜样。《诗经》上说：‘礼仪尽合制度，笑语尽得分寸。’”

※ 原文

子云：“宾礼每进以让。丧礼每加以远：浴于中霤[1]，饭于牖下，小敛于户内，大敛于阼，殡于客位，祖于庭，葬于墓，所以示远也。殷人吊于圹[2]，周人吊于家，示民不偝也。”子云：“死，民之卒事也。吾从周。以此坊民，诸侯犹有薨而不葬者。”

子云：“升自客阶，受吊于宾位，教民追孝也。未没丧，不称君，示民不争也。故《鲁春秋》记晋丧曰：‘杀其君之子奚齐，及其君卓。’以此坊民，子犹有弑其父者。”

子云：“孝以事君，弟以事长，示民不贰也。故君子有君[3]不谋仕[4]，唯卜之日称二君。丧父三年，丧君三年，示民不疑也。父母在，不敢有其身，不敢私其财，示民有上下也。故天子四海之内无客礼，莫敢为主焉。故君适其臣，升自阼阶[5]，即位于堂，示民不敢有其室也。父母在，馈献不及车马，示民不敢专也。以此坊民，民犹忘其亲而贰其君。”

※ 注释

1 中霤：室中。2 圹：墓穴。3 有君：君王尚在。4 谋仕：求官职。5 阼阶：东阶，是主人站的位置。

※ 译文

孔子说：“行迎宾之礼，每进一步都要相互谦让。行丧葬之礼，每进行一项丧事活动，死者离原寝处更远了：初死时，在室中为死者沐浴，在窗下为死者喂饭，为死者小殓就在门内，大殓就在堂上东阶的主位上，停柩则在堂上西阶，祖奠到宗庙中庭，最后埋葬在城外墓地，这都是用以表示死者离原寝处越来越远了。殷人到墓穴去吊丧，而周人则在孝子家中吊丧，这是为了教导人们不背弃死者。”孔子说：“死是人终结的事。我赞同周人的丧葬之礼，在孝子家中吊丧。用这样的礼仪来规范人们，但诸侯还是有死了不得安葬的情况。”

孔子说：“人葬后，儿子从西阶登堂，在宾位上接受吊唁，这是教导人们追孝亡亲。丧期未满，儿子不能称为‘君’，这是向人们表示自己不与父亲争位。所以《春秋》记载晋国的丧事说：‘里克杀了他的国君之子奚齐以及国君卓。’用这样的方法防范人们，人们还是有杀父亲的。

孔子说：“用孝道父母之心来侍奉君主，用悌道来侍奉官长，这是教导人们对君长忠贞不贰。所以君主的儿子在君主健在时，不谋求官职，只有在代替君主进行占卜时，才可以自称为君主的副位。为父亲居丧三年，同样，为君主也服丧三年，这是向人们显示对君主的尊敬是不容置疑的。父母健在，儿子不敢把身体看作属于自己的，不敢把财产看作个人私有的，这是向人们显示有尊卑上下的分别。所以天子在天下都不行客礼，因为没有人敢做他的主人。所以君主到臣子家里，要从主人的东阶登堂，在堂上主位就座，这是向民众显示做臣子的不能把家庭看作个人私有的。父母健在，做儿子的不可以把车马之类贵重财物赠送他人，这是向人们显示做儿子的不敢专擅家产。即使用这些礼法来对人们加以防范，人们还是有忘记父母而对君主心怀二心的。”

※ 原文

子云：“礼之先币帛也，欲民之先事而后禄也。先财而后礼则民利，无辞而行情[1]则民争。故君子于有馈者，弗能见，则不视其馈。《易》曰：‘不耕获，不菑[2]畬[3]，凶。’以此坊民，民犹贵禄而贱行。”

子云：“君子不尽利以遗民。《诗》云：‘彼有遗秉，此有不敛穧[4]，伊寡妇之利。’故君子仕则不稼，田则不渔，食时不力珍，大夫不坐羊，士不坐犬[5]。《诗》云：‘采葑采菲，无以下体。德音[6]莫违，及尔同死。’以此坊民，民犹忘义而争利，以亡其身。”

子云：“夫礼坊民所淫，章民之别，使民无嫌，以为民纪者也。故男女无媒不交，无币[7]不相见，恐男女之无别也。以此坊民，民犹有自献其身[8]。《诗》云：‘伐柯如之何？匪斧不克。取妻如之何？匪媒不得。’‘艺[9]麻如之何？横纵其亩。取妻如之何？必告父母。’”

※ 注释

1 行情：直率地按自己的心情行事。2 菑（zī）：割草开荒。3 畬：已垦种三年的田。4 穧：割倒而未捆的禾。5 不坐羊、不坐犬：是指不得无故宰杀羊、犬。6 德音：美好的誓言。7 币：指男女订婚时的聘礼。8 自献其身：私下以身相许。9 艺：种植。

※ 译文

孔子说：“先行相见之礼，然后送上币帛来表达情意，这是希望人们先做事而后再求利禄。如果是先送财物，然后行礼，人们就会贪利，不辞让而任情以行人们就会争夺。所以君子对于送礼物的人，如果因故不能亲自相见行礼，就不必接受馈赠。《易经》上说：‘不耕种就有收获，不开垦就有良田，这是不吉利的。’用这样的方法来对人们加以防范，人们还是有重利禄而轻德行的。”

孔子说："君子不把所有利益都搜刮干净，而是留些利益给民众。《诗经》上说：'那里有一把掉下来的禾，这里有几颗未收的谷物，这些是留给孤儿寡妇，让他们也得点利。'所以，君子做了官就不种田；种田的就不同时又捕鱼，食用的食品不必要求山珍海味，大夫不可无故杀羊，士不可无故杀狗。《诗经》上说：'采大头菜又采萝卜（只采叶），不要连根拔起。说过的好话不要违背，人们能与你同生共死。'用这样的道理来对人们加以防范，人们还是有争利而忘道义，以致丢了性命的。"

孔子说："礼是用来防止人们淫乱，向人们表明男女有别的，使人们不产生两性关系上的嫌疑，从而成为人们的生活纪律。所以男女之间没有媒人就不通姓名；没有订婚的礼物，彼此不得私自见面，这就是害怕男女无别，界限不清。虽然用这些礼法来对人们加以防范，人们还是有私自以身相许以求异性的。《诗经》上说：'怎样才能砍柴？没有斧头不行。怎样才能娶妻？没有媒人不成。''怎样才能种麻？横的直的开田亩。怎样才能娶妻？必须先告知父母。'"

※ 原文

子云："取妻不取同姓，以厚别也。故买妾不知其姓，则卜之。以此坊民，《鲁春秋》犹去夫人之姓曰'吴'，其死曰'孟子卒'。"

子云："礼，非祭，男女不交爵。以此坊民，阳侯犹杀缪侯，而窃其夫人。故大飨废夫人之礼。"

子云："寡妇之子，不有见[1]焉，则弗友也，君子以辟远也。故朋友之交，主人不在，不有大故[2]，则不入其门。以此坊民，民犹以色厚于德。"子云："好德如好色。诸侯不下渔色。故君子远色以为民纪。故男女授受不亲。御妇人则进左手。姑、姊妹、女子子已嫁而反，男子不与同席而坐。寡妇不夜哭。妇人疾，问之，不问其疾。以此坊民，民犹淫泆而乱于族。"

子云："昏礼，婿亲迎，见于舅姑。舅姑承[3]子以授婿，恐事之违也。以此坊民，妇犹有不至[4]者。"

※ 注释

1 有见：指见到他有特别的才能和技艺。2 大故：重大事故，如病、死亡之类。3 承：进。4 不至：女子不肯跟随男方。

※ 译文

孔子说："娶妻不娶同姓的女子，是为了强调血缘的区别。如果是买妾，不知道她的姓氏，就要通过占卜来决定是否适宜。用这样的礼法来规范人们，《鲁春秋》

（记载鲁侯娶吴侯之女为夫人）还去掉夫人的姓而说‘夫人娶自吴’，记载夫人死说‘孟子卒’。”

孔子说：“礼中规定，除非祭祀的时候，男女不得在一起交杯敬酒。用这样的礼法来防范人们，阳侯居然还杀了缪侯，强占了他的夫人。所以此后就禁止夫人参加大飨礼。”

孔子说：“寡妇的儿子，如果他不是确实有才能，就不要跟他交朋友，这是因为君子应该远避嫌疑。所以朋友之间交往，如果男主人不在家，又不是遇到死丧之类的大事，就不要进入他的家门。用这样的礼法来防范人们，人们还有好女色甚于好美德的。”孔子说：“我还没有发现，人们好女色甚于好美德的。诸侯不能在自己的国中挑选美女。所以，君子应该远离美色来为人们做出榜样。男女不能亲手传递东西。男子为妇女驾驭马车，应该双手揽着缰绳而左手在前。姑姑、姊妹及女儿等人出嫁后回到娘家，家里的男子不可跟他们同席而坐。寡妇不能在夜间哭泣，以免招惹是非。妇人有病，去慰问时，不要问她得的是什么病。用这样的礼来防范人们，人们仍然会荒淫放纵，干出有违伦理的事。”

孔子说：“按照婚礼的规定，娶亲时，女婿要亲自迎娶新娘，拜见岳父岳母。岳父岳母亲自把自己的女儿交给他，（并对女儿进行告诫）生怕她违背妇道。用这样的礼来防范人们，妇还有不守妇道的。”

※ 解读

腐儒常强调非礼勿言，非礼勿动，存天理，灭人欲，似乎礼是制约人情的，岂不知，礼既有节制人情的一面，又有顺应人情的一面，本篇是将“礼”与“人情”联系起来。对于自然情欲，礼要求将之纳入社会秩序系统之中。对于情欲，礼的功能是在承认“不可无”的前提下的节制，要求生物本能的社会化和行为的规范化。“人情”即是指人最本真的情怀。礼本来是用来规范人的行为的，一方面顺应其正当的人情，另一方面节制其邪恶的欲望，从而制定出种种礼制来。只有以此制定的法度，才能使人民富裕而不至于骄横，贫穷而不至于窘迫，尊贵而不至于怨恨君上。所以犯上作乱的事就日益减少了。而这些对于一个国家的稳定、繁荣发展都是非常有益的。礼有防范淫邪的功能，也有彰显仁义的功能，即扬善惩恶的功能。人情有善有恶，而制定“礼”能与“人情”联系起来，这对于社会的稳定至关重要。

※ 事例

“君子信让以莅百姓，则民之报礼重。”君子用谦让的态度对待人民，人民也会以礼相待。现在我们就来看看为什么会有“望碑流泪”这一说法。

望碑流泪

公元 278 年，即晋武帝咸宁四年，羊祜病重，荐举杜预代替他。武帝任命杜预为镇南大将军、都督荆州诸军事。羊祜去世，晋武帝哭得特别哀伤。那天天气很冷，晋武帝流下的眼泪沾在胡须和鬓发上，立刻结成了冰。羊祜留下遗言，不让把南城侯印放入棺木。晋武帝说："羊祜坚持谦让已经有很多年了，现在人死了，而谦让的美德还在。如今就按他的意思办，恢复他原来的封号，以彰明他高尚的美德。"荆州的百姓们听到羊祜去世的消息，便为他休市，群聚在里巷里哭泣，哭声接连不绝。就连吴国守卫边境的将士们也为羊祜的死而流泪。羊祜喜欢游岘山，襄阳的百姓们就在岘山上建庙立碑，一年四季都祭祀他。望着这座碑的人没有不落泪的，所以人们称此座碑为堕泪碑。

中庸

※ 原文

天命之谓性[1]，率[2]性之谓道，修道之谓教。道也者，不可须臾离也，可离非道也。是故君子戒慎乎其所不睹，恐惧乎其所不闻，莫见乎隐，莫显乎微，故君子慎其独也。喜怒哀乐之未发谓之中[3]，发而皆中节[4]谓之和。中也者，天下之大本也；和也者，天下之达道也。致中和，天地位焉，万物育焉。

仲尼曰：“君子中庸，小人反中庸。君子之中庸也，君子而时中[5]。小人之中庸也，小人而无忌惮也。”

子曰：“中庸其至矣乎，民鲜能久矣。”子曰：“道之不行也，我知之矣：知者过之，愚者不及也。道之不明也，我知之矣：贤者过之，不肖者不及也。人莫不饮食也，鲜能知味也。”子曰：“道其不行矣夫！”

※ 注释

1 天命之谓性：天所赋予人的就叫作性。天命，指天对人的赋予。性，指人的本性。2 率：循，顺着。3 中：指含而未发的内心情感。4 中：适合，符合。节：标准，规矩。5 时中：时时处处符合中的要求。

※ 译文

天所给予人的禀赋叫作“性”，遵循天性发展叫作“道”，修明此道而加以推广叫作“教”。道，是不可以片刻离开的，可以离开的那就不是道了。所以君子在别人看不到的地方也谨慎守道，在别人不知道的时候也生怕离道，即便在隐蔽之处，或在细微的小事上也没有离道的表现，所以君子在独自一人的时候也十分谨慎。人们喜怒哀乐之情没有表现出来的时候就叫作“中”，表现出来而符合节度恰到好处就叫作“和”。中，是天下各种感情和道理的本源；和，是天下一切事物通行的道理。努力达到中和的境界，天地间一切事物就各正其位，万物都能繁育生长了。

孔子说：“君子的言行符合中庸之道，而小人的言行则违反中庸之道。君子的常守中道，表现为君子的言行随时随地地恪守中道。小人的违反中道，表现为为小人的言论肆无忌惮。”

孔子说：“中庸的道德大概是最完美的了，人们很少能长久地做到它。”孔子说：“中庸之道的道理不能实行的原因，我知道了：聪明人做得太过分，愚蠢人却达不到要求。中庸之道不能被世人所知道的原因，我也知道了：贤人的理解过了头，无才德的人又理解不了。人没有不吃不喝的，但很少有人能真正品出真的滋味。”孔子说：“中庸之道大概是很难广泛推行了吧！”

※ 原文

子曰：“舜其大知也与。舜好问而好察迩言[1]，隐恶而扬善，执其两端，用其中于民，其斯以为舜乎。”

子曰：“人皆曰予知，驱而纳诸罟、擭、陷阱之中，而莫之知辟也。人皆曰予知，择乎中庸，而不能期月[2]守也。”

子曰：“回之为人也，择乎中庸，得一善，则拳拳[3]服膺[4]而弗失之矣。”子曰：“天下国家可均也，爵禄可辞也，白刃可蹈也，中庸不可能也。”

子路问强。子曰：“南方之强与？北方之强与？抑而强与？宽柔以教，不报无道，南方之强也，君子居之。衽金革[5]，死而不厌，北方之强也，而强者居之。故君子和而不流，强哉矫[6]！中立而不倚，强哉矫！国有道，不变塞焉，强哉矫！国无道，至死不变，强哉矫！”

※ 注释

1 迩言：浅近的言论。2 期月：满一个月。3 拳拳：双手捧持的样子。4 服膺：放在心上。膺：胸。5 衽金革：枕卧在兵甲上睡觉。衽：卧席。金革：指兵器和甲胄。6 矫：强壮的样子。

※ 译文

孔子说："舜大概算得上是大智的人吧！舜喜欢向人求教而又善于分辨身边人的言论，对别人掩藏短处而宣扬长处，拿着过激和不足两方面的意见，加以折中而施行到民众中，这就是舜之所以为舜的缘故吧！"

孔子说："人们都说自己聪明，可是被人赶到网罗陷阱中去还不知道怎样逃避。人们都说自己聪明，可是选择了中庸之道，却不能坚持一个月。"

孔子说："颜回的为人，认定了中庸之道，每得到一个好的思想或做法，就牢牢地坚持着，放在心上，永不丢失。"孔子说："天下国家可以和别人平分共治，官爵俸禄可以辞掉，闪光的刀刃可以踩上去，而要完全做到中庸之道却没那么容易。"

子路问怎样才叫刚强。孔子说："你问的是南方人的刚强呢，还是北方人的刚强，或者还是你自己所谓的刚强呢？用宽容温柔的态度教诲别人，不对蛮横无理的人进行报复，这是南方人的刚强，君子就守着这样一种刚强。枕着刀枪、穿着盔甲睡觉，战死也无悔，这是北方人的刚强，强悍的人就守着这种刚强。君子与人和睦相处，但不同流合污，这才是真正的刚强啊！坚守中庸之道不偏不倚，这才是真正的刚强啊！国家治理有方，走在正确道路上时，君子不改变自己穷困时的操守，这才是真正的刚强啊！国家治理无方，他宁愿死也不改变自己的正确主张，这才是真正的刚强啊！"

※ 原文

子曰："素隐行怪[1]，后世有述焉，吾弗为之矣。君子遵道而行，半途而废，吾弗能已矣。君子依乎中庸，遁世不见知而不悔，唯圣者能之。"

"君子之道，费[2]而隐[3]。夫妇之愚，可以与知焉，及其至也，虽圣人亦有所不知焉；夫妇之不肖，可以能行焉，及其至也，虽圣人亦有所不能焉。天地之大也，人犹有所憾。故君子语大，天下莫能载焉；语小，天下莫能破焉。《诗》云：'鸢飞戾天，鱼跃于渊。'言其上下察也。君子之道，造端乎夫妇，及其至也，察乎天地。"

※ 注释

1 素隐行怪：追求隐蔽的生活，行动诡怪。素：求。2 费：运用广泛。3 隐：微妙难察。

※ 译文

孔子说："寻求隐蔽的生活，行动诡异，即便后代有人称述，但我绝不这样做。君子遵循正道前进，（有人）往往半途而废，我是绝不能中途停止的。君子依照中庸之道，遁世隐居而不被人理解也不后悔，这只有圣人才能做到这一点。"

“君子所说的中庸之道用途广泛却又微妙难察。平常男女虽然愚蠢，但也能知晓其中的浅近道理。但到了极其深奥之处，即使圣人也会有所不知。平常的男女虽然没有才德，但也能实行一般的道理，但到了极其深奥之处，即使是圣人也有办不到的地方。天地那么大，人们对它还有所缺憾呢。所以君子说到大事来，天下没有人能够承担其任的；说到小事来，天下没有人能够把它剖析开的。《诗经》上说：‘老鹰飞上高天，鱼儿潜入深渊。’就是说的中庸之道能够知晓天上地下。君子的中庸之道，开始于平常夫妇的见闻，至于他的全部道理，就能明察天地万物。”

※ 原文

子曰：“道不远人，人之为道而远人，不可以为道。《诗》云：‘伐柯伐柯，其则不远。’执柯以伐柯，睨[1]而视之，犹以为远。故君子以人治人，改而止。忠恕违道不远，施诸己而不顾，亦勿施于人。君子之道四，丘未能一焉：所求乎子以事父，未能也；所求乎臣以事君，未能也；所求乎弟以事兄，未能也；所求乎朋友先施之，未能也。庸德之行，庸言之谨，有所不足不敢不勉，有余不敢尽，言顾行，行顾言，君子胡不慥慥[2]尔！君子素其位而行，不顾乎其外。素富贵行乎富贵，素贫贱行乎贫贱，素夷狄行乎夷狄，素患难行乎患难：君子无入而不自得焉。在上位不陵[3]下，在下位不援上，正己而不求于人，则无怨：上不怨天，下不尤人。故君子居易以俟命，小人行险以徼倖[4]。”

子曰：“射有似乎君子：失诸正鹄，反求诸其身。君子之道，辟如行远必自迩，辟如登高必自卑。《诗》曰：‘妻子好合，如鼓瑟琴。兄弟既翕，和乐且耽[5]。宜尔室家，乐尔妻帑。’”子曰：“父母其顺矣乎！”

子曰：“鬼神之为德，其盛矣乎！视之而弗见，听之而弗闻，体物而不可遗，使天下之人齐明[6]盛服[7]，以承祭祀，洋洋[8]乎如在其上，如在其左右。《诗》曰：‘神之格思，不可度思，矧可射思[9]！’夫微之显，诚之不可揜，如此夫！”

※ 注释

1 睨：斜看。2 慥慥：真诚笃实的样子。3 陵：通“凌”，欺凌，凌驾。4 徼倖：寻求偶然的幸运。5 耽：深沉。6 齐明：斋戒沐浴。齐：通“斋”。7 盛服：穿戴隆重的礼服礼冠。8 洋洋：流动充满的样子。9 矧：何况。射：厌怠。

※ 译文

孔子说：“中庸之道并不是远离人们的。有人想要实行道，而使道远离人们，那就不可以谓之中庸之道了。《诗经》上说：‘砍斧柄呀砍斧柄，样式就在你眼前。’

手执斧头来砍削一个斧柄，眼睛一斜就可以看到样子，就这还嫌远呢？所以君子就用做人之道来治理人，（有过错的人）改了就行。做到忠和恕，那就离中庸之道不远了。自己不愿意做的事，就不要再施加到别人身上去。君子之道有四个方面，我孔丘尚未做到其中之一：（自己不行孝道而）要求儿子孝事自己，我不能做到；我要求属下对我做到的尽忠，可我自己还未做到对我的国君尽忠；我要求弟弟对我做到的，我先要能对我哥哥做到，可我未能完全这样做；我要求朋友对我做到的讲信义，我先要对我的朋友做到，可我自己还未能完全做到。常依德而行，常说话谨慎，如果有不足之处不敢不努力弥补，有长于别人的地方不敢完全显露，说话要顾及是否能实行，行为也要顾及是否与言论相符，君子什么事不努力自勉呢！君子根据自己现在所处的地位而做他应该做的事，不羡慕自己地位之外的事。现在处在富贵的地位，就做富贵者该做的事，现在处在贫贱的地位，就做贫贱者该做的事，现在处在夷狄的地位，就做夷狄该做的事，现在处在患难中，就做患难中该做的事：君子无处不安然自得。君子身居高位不会欺凌压迫下面的人，而身居下位也不攀附、巴结上级，端正自己的行为，而不乞求于别人，这样就无所怨恨了：对上不怨恨天命，对下不责怪别人。所以，君子居处平易以等待机遇，而小人却冒险以图缴倖。”

孔子说：“射箭的方法跟君子的修养有相似之处：射不中靶子，就要回过头来在自己身上反省自己技艺上的失误。君子的修养方法，又好比长途跋涉，一定要从近处起步；好比攀登高峰，一定要从低处开始。《诗经》上说：‘夫妻和好，就如同琴瑟和谐；兄弟融洽，和乐而且情深；搞好你的家庭，热爱你的妻子儿女。’”孔子说：“（能做到这样），父母也就顺心如意了。”

孔子说：“鬼神所发挥的功德，那真是盛大啊！虽然看也看不见，听也听不到，但他的功德体现在一切事物上却无所遗漏，使天下的人都斋戒沐浴，整齐地穿上庄重的礼服，来恭敬地祭祀，好像到处都充满、流动着鬼神的灵气，仿佛就在人们的头上，就在人们的左右。《诗经》上说：‘神的降临，不可预料，又怎能怠慢呢！’鬼神是既隐蔽微妙，又显赫明著，真实而不可掩蔽，就是像这样啊！”

※ 原文

子曰：“舜其大孝也与。德为圣人，尊为天子，富有四海之内，宗庙飨之，子孙保之。故大德必得其位，必得其禄，必得其名，必得其寿。故天之生物，必因其材而笃[1]焉。故栽者培之，倾者覆之。《诗》曰：‘嘉乐君子，宪宪令德。宜民宜人，受禄于天。保佑命之，自天申[2]之。’故大德者必受命。”

子曰：“无忧者，其惟文王乎。以王季为父，以武王为子，父作之，子述之。武王缵[3]大王、王季、文王之绪[4]，壹戎衣而有天下，身不失天下之显名，尊为天子，富有四海之内，宗庙飨之，子孙保之。武王末受命，周公成文、武之德，追王大王、王季，上祀先公以天子之礼。斯礼也，达乎诸侯、大夫，及士、庶人：父为大夫，子为士，葬以大夫，祭以士；父为士，子为大夫，葬以士，祭以大夫；期之丧达乎大夫，三年之丧达乎天子，父母之丧无贵贱一也。”

※ 注释

1 笃：厚重、加强。2 申：加重。3 缵：继承。4 绪：事业。

※ 译文

孔子说：“舜真是大孝啊！讲品德他堪称圣人，讲尊贵他尊为天子，讲财富他拥有四海之内的一切，宗庙里供奉他，子子孙孙永远祭祀他。所以有大德的人必定得到相应的地位，必定得到相应的厚禄，必定得到相应的名誉，必能获得长寿。可见天生育万物，必定是依照万物材质的善恶而厚加回报。因此可以栽培的就加以培植，要倾覆的就让它覆没。《诗经》上说：‘善良快乐的君子，美好品德多么辉煌，庶民百官都适宜，接受上天赐予的福禄。老天保佑他并授命给他，从天神那里看重他。’所以有大德的人必定能秉受天命。”

孔子说：“没有忧愁的，大概只有周文王了。他有王季做父亲，有武王做儿子，父亲兴起的事业，儿子加以继承。武王继承了曾祖太王、祖父王季、父亲文王的功业，消灭了殷纣而取得了天下，武王得到了显赫于天下的美名，地位尊为天子，拥有四海之内的一切财富，后世建宗庙供奉他，子孙永远祭祀他。武王晚年接受天命（平定天下），周公最后完成文王、武王的功业，追封太王、王季为王，又用天子之礼祭祀历代祖宗。并将这种礼法，推广到诸侯、大夫以及士、庶人中：凡父亲身为大夫、儿子身为士，父亲死了，就用大夫之礼来安葬，用士之礼来祭祀；父亲是士，儿子是大夫，就用士礼安葬，用大夫之礼祭祀；（为旁亲）服齐衰期之丧实行到大夫为止，为父母服三年的丧期实行到天子，对父母的服丧，无论身份贵贱，服期都是一样。”

※ 原文

子曰：“武王、周公其达孝矣乎。夫孝者，善继人之志，善述人之事者也。春秋修其祖庙，陈其宗器，设其裳衣，荐其时食。宗庙之礼，所以序昭穆也；序爵[1]，所以辨贵贱也；序事，所以辨贤也；旅酬[2]下为上，所以逮贱也；燕毛，所以序齿也。践其位，行其礼，奏其乐，敬其所尊，爱其所亲，事死如事生，事亡如事存，孝之至也。郊社之礼，所以事上帝也。宗庙之礼，所以事乎其先也。明乎郊社之礼，禘尝之义，治国其如示诸掌乎。”

※ 注释

1 序爵：按爵位高低排列次序。2 旅酬：众人依次酬饮。

※ 译文

孔子说："武王、周公，可以称为通孝了吧！这种孝，就是善于继承先人的遗志，善于赞述先人的业绩。每逢春秋季节，修整祖庙，陈列先人的祭器，摆设先人穿过的衣裳，供奉时令祭品。宗庙中的祭礼，就是要用来排列左昭右穆各个辈分的；按照爵位排列次序，是用以辨别身份贵贱的；安排祭中各项职事，是用以辨别子孙才能的高下的；旅酬礼开始前卑下者光饮酒，用以表明恩惠先施及下人；宴饮时按头发颜色排座位，是用以排列年龄大小的次序。（孝子）登先王之位，举行祭祀之礼，演奏祭祀的音乐，对尊者表示敬意，亲爱先王所亲爱的人，侍奉死者如同侍奉活人一样，祭祀亡灵如同他在世时一样，这真是孝的最高表现。祭祀天地之礼，是用来侍奉上帝（和地神）的；宗庙之礼，是用来祭祀自己祖先的。明白了祭天祭地之礼，懂得了四时进行祭礼的意义，那么，治理国家就如同把掌上的东西指示给人看一样容易了吧。"

※ 原文

天下之达道五，所以行之者三，曰：君臣也，父子也，夫妇也，昆弟也，朋友之交也，五者天下之达道也；知、仁、勇三者，天下之达德也，所以行之者一也。或生而知之，或学而知之，或困而知之：及其知之一也，或安而行之，或利而行之，或勉强而行之，及其成功一也。

※ 译文

天下的通理有五条，用来实践这五条道理的有三德，就是：君臣关系之理、父子关系之理、夫妻关系之理、兄弟关系之理、朋友交往之理，这五条是天下的通理；智、仁、勇，这三项是天下的通德，是用以推行五理的。有的人是生来就知晓这些道理的，有的人则须经过学习才能知晓，还有的人是经历了困苦之后才知晓的：等到他们都知晓了也就一样了。有的人是心安理得地去实践这些道理，有的人为了名利才去实践，还有的人是勉强地去实践，等到他们都实践成功的时候也就一样了。

※ 原文

子曰："好学近乎知，力行近乎仁，知耻近乎勇。知斯三者则知所以修身，知所以修身则知所以治人，知所以治人则知所以治天下国家矣。凡为天下国家有九经，曰修身也，尊贤也，亲亲也，敬大臣也，体群臣也，子庶民也，来百工也，柔远人也，怀诸侯也。修身则道立，尊贤则不惑，亲亲则诸父、昆弟不怨，敬大臣则不眩，体群臣则士之报礼重，子庶民则百姓劝，来百工则财用足，柔远人则四方归之，怀诸侯则天下畏之。齐明盛服，非礼不动，所以修身也；去谗远色，贱货而贵德，所以劝贤也；尊其位，重其禄，同其好恶，所以劝亲亲也；官盛任使，所以劝大臣也；忠信重禄，所以劝士也；时使薄敛，所以劝百姓也；日省月试，既廪称事，所以劝百工也；送往迎来，嘉善而矜不能，所以柔远人也；继绝世，举废国，治乱持危，朝聘以时，厚往而薄来，所以怀诸侯也。凡为天下国家有九经，所以行之者一也：凡事预则立，不预则废。言前定则不跲[1]，事前定则不困，行前定则不疚[2]，道前定则不穷。在下位不获乎上[3]，民不可得而治矣；获乎上有道，不信乎朋友，不获乎上矣；信乎朋友有道，不顺乎亲，不信乎朋友矣；顺乎亲有道，反诸身不诚，不顺乎亲矣；诚身有道，不明乎善，不诚乎身矣。诚者，天之道也；诚之者，人之道也。诚者不勉而中，不思而得，从容中道，圣人也。诚之者，择善而固执之者也。博学之，审问之，慎思之，明辨之，笃行之。有弗学，学之弗能，弗措[4]也；有弗问，问之弗知，弗措也；有弗思，思之弗得，弗措也；有弗辨，辨之弗明，弗措也；有弗行，行之弗笃，弗措也。人一能之，己百之；人十能之，己千之。果能此道矣，虽愚必明，虽柔必强。”

自诚明，谓之性；自明诚，谓之教。诚则明矣，明则诚矣。

※ 注释

1 跲（jiá）：绊倒。2 疚：忧虑。3 获乎上：得到上级的信任。4 措：放弃。

※ 译文

孔子说：“爱好学习就接近于智了，努力实行就接近于仁了，知道羞耻就接近于勇。知道这三点的人，就知道怎样修养自身了，知道怎样修养自身，就知道怎样治理别人了，知道怎样治理别人，就知道怎样治理天下国家了。治理天下国家有九条纲领：修养自身，尊重贤人，爱戴亲人，尊敬大臣，体恤群臣，爱护民众，鼓励工匠，怀柔四夷，安抚诸侯。修养自身，那么道德就能确立，尊重贤人，那么遇事就不会昏聩，爱戴亲人，那么父辈和兄弟就不会产生怨恨，尊敬大臣，做事就不会紊乱，体恤群臣，那么士人就会以礼相报，爱护民众，那么百姓就会更加努力侍奉君上，鼓励工匠，那么财物用品就会充足，怀柔四夷，那么四方的人就会闻讯归顺朝廷，安抚各路诸侯，那么天下的人就会敬畏朝廷。斋戒沐浴身着盛装，不做不符合礼法的事，这是用以修身的；远离谗言和美色，鄙视财货，而看重道德，这是用来劝勉贤人的方法；提高他们的爵位，增加他们的俸禄，与亲人的好恶保持一致，这是用以劝勉他们爱戴亲人的方法；给大臣安排众多的属官供他们使用，这是用以奖励大臣的。对忠诚可靠的臣给予重禄，这是用以奖励士人的；使用民力不违农时而又减少征税，这是用以奖励百姓的；每日省察，每月考核，按照其功劳大小发放口粮，这是用以奖励工匠的；派人送往迎来，表彰有善行的人，同情无能的人，这是用以优待远方之人的；延续断绝了的诸侯，恢复灭亡了的小国，为之平治内乱，扶持危亡，让诸侯按时来朝见聘问，天子赏赐的财物要厚重，而减少诸侯贡纳的礼物，这是用来安抚诸侯的方法。治理天下国家有九条纲领，而用以实行这九条纲领的方法却只有一个，那就是：凡事预先计划好就能成功，不预先计划好就失败。说话之前要先想好就不会发生窒碍，做事之前要先打定主意，到时就不会困窘；行动之前要先打定主意，到时就不会走投无路。处在下位的人，如果得不到上位人的信任，那就不可能治理好民众了；臣要获得君上的信任是有方法，（即先须获得朋友的信任），如果不能取信于朋友，那就不能得到君上的信任。想取信于朋友也是有一定的方法的，（即须先孝顺双亲），如果不能孝顺双亲，那就不能取信于朋友了；孝顺双亲也是有一定方法的，（即须先自身真诚），如果加顾自身不能至诚，那就不能孝顺父母了；使自身诚实也是有一定方法的，（即须先明确善道），如果不明确善道，那就不能使自身诚实了。真诚，是天的德行；使自身真诚，是人的德行。真诚的人不用费劲就能符合善道，不费思虑就能获得善道，自然而然地就能达到道的要求，这就是圣人了。使自身真诚的人，就是选择了善道并且紧抓不放的人。就是广博地学习，审慎地提问，谨慎地思考，明晰地分辨，踏实地行动。有不曾学过的知识，学习了还不能通晓，就不放弃；有不曾问过的疑问，问了还不明了，就不放弃；有不曾考虑过的问题，考虑还不得其解，就不放弃；有不曾辨别的问题辨别还不明晰，就不放弃；有不曾实行过的善实行了还不踏实，就不放弃。别人付出一分努力就能达到的，我要付出百分努力；别人付出十分努力能做到的，我就付出千分努力：如果能照这个方法去做，那么，即使是愚蠢的人也一定会变得聪明，即使是柔弱的人也一定会变成强者。”

由真诚从而明达事理，这就是先天的本性；由明达事理而真诚的，则是后天的教化。真诚就一定能使人明达事理，明达事理也一定能导致真诚。

※ 原文

唯天下至诚，为能尽其性[1]；能尽其性，则能尽人之性；能尽人之性，则能尽物之性；能尽物之性，则可以赞天地之化育；可以赞天地之化育，则可以与天地参[2]矣。

其次致曲[3]。曲能有诚，诚则形，形则著，著则明，明则动，动则变，变则化。唯天下至诚为能化。

至诚之道，可以前知。国家将兴，必有祯祥[4]；国家将亡，必有妖孽。见乎蓍龟，动乎四体，祸福将至，善必先知之，不善必先知之。故至诚如神。

※ 注释

1 尽其性：充分实现天赋的本性。2 与天地参：与天地并列为三。3 致：推究。曲：指事物的某一个方面，大道的某一个细节。4 祯祥：指吉祥的征兆。

※ 译文

只有天下最真诚的人，才能充分发挥自己的天性；能够充分发挥自己的天性，才能够充分发挥人的天性；能充分发挥人的天性，才能够充分发挥万物的本性；能够充分发挥万物的天性，就可以帮助天地化育万物；能够帮助天地化育万物，就可以与天地相参配了。

其次是将真诚推至细小的事情上。在细小的事情上能够真诚，真诚就会体现于外，有所体现就会日益显著，日益显著就会发出光明，发出光明就会感动人心，感动人心就能使人转变，使人转变就能完成教化。只有达到天下至诚的人，才能完成教化。

掌握最真诚的德行，就可以预测未来。国家将要兴盛，必定会出现吉祥的征兆。国家将要灭亡，必定会出现灾祸的萌芽。这些预兆都会在占卜中显示出来，在人们的举止动作中体现出来，祸福将要到来时，好事一定能预先知道，坏事也一定能预先知道。所以说掌握至诚的人就如同神明一样先知先觉。

※ 原文

诚者自成也，而道自道也。诚者物之终始，不诚无物。是故君子诚之为贵。诚者非自成己而已也，所以成物也。成己，仁也；成物，知也。性之德也，合外内之道也，故时措之宜也。故至诚无息，不息则久，久则征[1]，征则悠远，悠远则博厚，博厚则高明。博厚所以载物也，高明所以覆物也，悠久所以成物也。博厚配地，高明配天，悠久无疆。如此者，不见而章，不动而变，无为而成。天地之道可壹言而尽也：其为物不贰，则其生物不测。天地之道博也，厚也，高也，明也，悠也，久也。

今夫天，斯昭昭[2]之多，及其无穷也，日月星辰系焉，万物覆焉。今夫地，一撮土之多，及其广厚，载华岳而不重，振[3]河海而不泄，万物载焉。今夫山，一卷石[4]之多，及其广大，草木生之，禽兽居之，宝藏兴焉。今夫水，一勺之多，及其不测，鼋、鼍、蛟、龙、鱼、鳖生焉，货财殖焉。《诗》曰："惟天之命，於穆不已！"盖曰天之所以为天也。"於乎不显，文王之德之纯。"盖曰文王之所以为"文"也，纯亦不已。

※ 注释

1 征：效验。2 昭昭：一点光明。3 振：收容。4 一卷石：拳头大的石头。卷，通"拳"。

※ 译文

真诚是人的自我完善，而道是人自己所遵循的。诚贯穿于一切事物的始终，没有诚就没有事物，所以君子以诚为贵。至诚的人不仅自我完善而已，同时还要用以成就事物。自我完善，就叫作“仁”；成就事物，就叫作“智”。出于天性的真诚的德行，是内外之道结合的德行，所以随时应用都适宜。所以最高的诚是永不止息的，不停息就能长久，长久就会通达，通达就能悠久无穷，悠久无穷就能广博深厚，广博深厚就能高大光明。广博深厚就可以承载万物，高大光明就可以覆盖万物，悠久无穷就可以成就万物的生长。广博深厚与地相配，高大光明与天相配，悠久无穷就如同时间一样无穷无尽。如果这样，那么不用自我展现就已经很彰明了，不必行动，自然就能变化万物，不需做什么就能成就万物。天地的德行可用一句话概尽：真诚不二，就生出数不清的事物。天地的德行真是广博、厚重、高大、光明、悠远、永久啊！

且说这个天，当初看上去只不过这么一点点光亮，等到它成为无穷的天空，日月星辰都系属在上面，下面覆盖着万事万物。且说这个地，当初只不过是一撮土那么一点，等到它成为广阔深厚的大地，承载着华山而不觉沉重，收容了河海却不漏掉一滴水，其上承载着万物。再说这个山，当初只不过是一块小石头那么大，等到它成为高大的山，草木生长在上面，禽兽居住在上面，连宝藏也是从山内开发的。再说这个水，当初只不过是一勺那么多，等到它汇成为深广不测的大水，鼋、鼍、蛟、龙、鱼、鳖都生长在里面，各种物产资财都靠它而生殖。《诗经》上说：“只有上天的道理，美好无比，永无止境。”这大概就是说的天之所以成为天的道理。“宏大光明，文王之德，多么纯净！”这大概就是说明文王之所以被命名为“文王”的道理，是因为他修养自己纯粹的行而不停止。

※ 原文

大哉，圣人之道！洋洋[1]乎，发育万物，峻极于天。优优[2]大哉！礼仪三百，威仪三千，待其人然后行。故曰“苟不至德，至道不凝[3]焉”。故君子尊德性而道问学，致广大而尽精微，极高明而道中庸，温故而知新，敦厚以崇礼。是故居上不骄，为下不倍，国有道其言足以兴国，无道其默足以容。《诗》曰：“既明且哲，以保其身。”其此之谓与。

子曰：“愚而好自用，贱而好自专，生乎今之世反[4]古之道，如此者，裁及其身者也。”非天子不议礼，不制度，不考文。今天下车同轨，书同文，行同伦。虽有其位，苟无其德，不敢作礼乐焉。虽有其德，苟无其位，亦不敢作礼乐焉。

※ 注释

1 洋洋：充沛广大的样子。2 优优：充足有余的样子。3 凝：聚集、形成。4 反：通“返”，恢复。

※ 译文

多么伟大啊，圣人的道理！它广博无边，化育着万物；它高大无比，可以与天并齐。多么充足宽裕啊！大的礼仪约有三百，礼的细节有三千，等待那真正的贤人出来然后施行。所以说“假如没有完美的德行，完美的道理就不能实行成功”。所以君子一定要尊重先天的道德本性，而通过勤学好问，使自己的知识达到广大而深入精微，使自己的德行极高尚光明而常守中道，温习旧知识，以便进一步探求新知识，加强道德修养，使道德更加深厚，用以崇尚礼。所以君子身居高位而不骄横傲慢，身为臣下而不悖逆，国君治国有方时他的言论足以振兴社会，国君治国无方，他的沉默足以避祸容身。《诗经》上说：“高明而又智慧，可以保全自身。”大概说的就是这种处世态度吧。

孔子说：“愚昧而又喜欢刚愎自用，卑贱而又喜欢独断专行，生活在现在的社会，却偏要恢复古代的治国方针，像这样的人，灾难就会降到他们的身上。”不是天子，就不应该议论礼，不得制定法度，不得考订文字。当今天下统一，车轨的距离相同，书写的文字相同，行为准则也相同。虽然身有天子的地位，如果没有圣人的道德，仍然是不敢制礼作乐的；虽然有圣人的道德，如果没有天子的地位，也不敢随便制礼作乐。

※ 原文

子曰：“吾说夏礼，杞不足征也。吾学殷礼，有宋存焉。吾学周礼，今用之，吾从周。”王天下有三重焉，其寡过矣乎。上焉者，虽善无征，无征不信，不信民弗从；下焉者，虽善不尊，不尊不信，不信民弗从。故君子之道，本诸身，征诸庶民，考诸三王而不缪，建诸天地而不悖，质诸鬼神而无疑，百世以俟圣人而不惑。质诸鬼神而无疑，知天也；百世以俟圣人而不惑，知人也。是故君子动而世为天下道，行而世为天下法，言而世为天下则，远之则有望，近之则不厌。《诗》曰：“在彼无恶，在此无射[1]，庶几夙夜，以永终誉。”君子未有不如此而蚤有誉于天下者也。

仲尼祖述尧、舜，宪章文、武，上律[2]天时，下袭[3]水土。辟如天地之无不持载、无不覆帱[4]，辟如四时之错行[5]，如日月之代明。万物并育而不相害，道并行而不相悖，小德川流，大德敦化，此天地之所以为大也。

※ 注释

1 射（yì）：通“厌”。2 律：取法。3 袭：因顺、适应。4 帱（dào）：覆盖。5 错行：循环运行。

※ 译文

孔子说：“我述说夏代之礼，杞国却不足以考证。我学习殷代之礼，有宋国还保存着它。我学习周代之礼，那正是今天我们正实行着的，所以我遵从周礼。”治理天下的人能把握夏商周三代的礼，大概就很少会犯过错了。前代的礼，虽然好但无法证明，无法证明，就不能使人相信，不能使人相信，那人们就不会遵从；身在下位的人所提倡的礼虽然好，但自己地位不尊，所以他制定的礼没有权威，没有权威那么人们也就不会遵从。所以君王制定礼法，是以自身的德行为根本，证明给民众看，并拿三王的教诲来考校而没有差错，建立于天地之间而不违背自然，在鬼神面前验证也无可怀疑，自世之后待圣人来验证也没有疑惑。在鬼神验证无可怀疑，这是了解天意；自世之后待圣人出来检验而没有疑惑，这是由于通晓人情。所以君子的一切举动，都能世世代代作为天下的楷模，行事而世世代代成为天下人的榜样，出言而世世代代成为天下人的法则。人们远离君子就企慕向往，接近君子而不厌倦赢得美誉。《诗经》上说：“在那里没有人怨恨，在这里没有人厌恶。几乎日夜不懈怠，以永保好声誉。”君子没有不像这样，而一早就在天下赢得美誉的。

仲尼远承尧舜的传统，近取文王、武王的法则，上顺天时变化规律，下因循着地理。圣人之德好比天地那样，没有什么装载不下的，也没有什么覆盖不了的，好比四季的交替运行，日月的交替照耀，万物共同发育，而不互相妨害，各种规律一并施行，而不互相违背，小德像条条河水奔流不息，大德敦厚化育之功，无穷无尽，这就是天地之所以伟大的原因。

※ 原文

唯天下至圣，为能聪明睿知足以有临也，宽裕温柔足以有容也，发强刚毅足以有执[1]也，齐庄中正足以有敬也，文理密察足以有别也。溥博渊泉[2]，而时出之。溥博如天，渊泉如渊，见而民莫不敬，言而民莫不信，行而民莫不悦。是以声名洋溢乎中国，施及蛮貊，舟车所至，人力所通，天之所覆，地之所载，日月所照，霜露所队，凡有血气者，莫不尊亲，故曰配天。

唯天下至诚，为能经纶[3]天下之大经，立天下之大本，知天地之化育。夫焉有所倚？肫肫[4]其仁！渊渊[5]其渊！浩浩其天！苟不固聪明圣知达天德者，其孰能知之？

※ 注释

1 执：主持，决断。2 溥博渊泉：周遍广阔的深渊。溥博，周遍广阔；渊泉，深渊。3 经纶：规划。4 肫肫（zhūn）：诚恳的样子。5 渊渊：深沉的样子。

※ 译文

唯有天下最伟大的圣人，才能做到聪明智慧足以临察万物，宽广充裕，温和柔顺，足以包容天下，精神奋发，刚毅果断，足以决断国政，仪态恭敬庄重，中和公正，足以令人敬畏，文章条理，缜密明察，足以辨别是非曲直。圣人的德行广博而深沉，而能适时表现出来。博大如天，深沉如渊，人们没有不崇敬的，他一说话，人们没有不信服的，他一做事，人们没有不喜悦的。所以他的美好名声充盈了整个中国，并传播到异族，凡是车船能到达的地方，人力能通行的地方，天所覆盖、地所承受的地方，日月所照耀的地方，霜露所坠落的地方，凡是一切有生命血气的人，没有不尊敬他、亲近他的。所以说圣人之德行可以与天相配。

唯有天下最真诚的人，才能规划天下的大纲领，确立天下的根本，知晓天地的化育之功。他哪里还需要依赖其他事物？多么诚恳他的仁爱之心！多么深厚啊他的如渊的智慧！多么广大啊他的如天的德行！如果不是确实聪明智慧、道德通天的人，谁又能真正理解他呢？

※ 原文

《诗》曰："衣锦尚絅。"恶其文之著也。故君子之道闇然而日章，小人之道的然[1]而日亡。君子之道淡而不厌，简而文，温而理，知远之近，知风之自，知微之显，可与入德矣。《诗》云："潜虽伏矣，亦孔之昭。"故君子内省不疚，无恶于志。君子之所不可及者，其唯人之所不见乎。《诗》云："相在尔室，尚不愧于屋漏[2]。"故君子不动而敬，不言而信。《诗》曰："奏假无言，时靡有争。"是故君子不赏而民劝，不怒而民威于铁钺。《诗》曰："不显惟德，百辟其刑之。"是故君子笃恭而天下平。《诗》云："予怀明德，不大声以色[3]。"子曰："声色之于以化民。末也。"《诗》曰："德輶如毛。"毛犹有伦，"上天之载，无声无臭[4]"，至矣。

※ 注释

1 的然：鲜明的样子。2 不愧于屋漏：意谓即使在无人看见的情况下，一个人独处室中，面对空壁，也不做有愧于心的事。3 大声以色：发出严厉的声音，摆出严肃的面孔。4 臭：气味。

※ 译文

《诗经》上说："锦袍穿在内，外面罩上单衣。"这就是厌恶锦服的光彩过于显露。所以君子之道，开始时虽然暗淡，却一天天逐渐显示出内在的光辉，小人之道表面虽然鲜艳，却一天天逐渐失去外表的光彩。君子之道清淡而不使人厌倦，简朴而有文采，温和而有理致，由近而知远，由显而知微，这样就可以进入圣德的境界了。《诗经》上说："鱼儿潜伏在水中，但也被看到很分明。"所以君子反省自己，也就无愧于心了。君子有常人所不可企及的，大概就在别人看不见的时候（也能严格要求自己）吧。《诗经》上说："看你独自在屋里的时候，也能光明无愧于心。"所以君子尚未行动，就能得到人们的崇敬，尚未说话，就能得到人们的信任。《诗经》上说："奏起大乐默无声，此刻大家没有喧争。"所以君子不必行赏，而民众就会努力，不发怒都比行刑的大斧更能使民众畏惧。《诗经》上说："大显耀的是有德的人，诸侯都要来效法。"所以君子只要笃实恭敬，天下就自然太平。《诗经》上说："我怀念文王的美德，他从不靠声色吓唬人。"孔子说："依靠严厉的声色来教化民众，那是最下等的方法。"《诗经》上说："用德教民轻易得如同举毫毛。"这里说的德还可用毫毛来比拟东西，"上天生万物，无声又无臭"，这才是德的最高境界呀！

※ 解读

《中庸》是儒家重要经典之一。它的思想主要被作为伦理思想和方法论来理解，其精神实质主要源于中、庸二字。如孔子说："中庸之为德也，其至矣乎！"程颢和程颐说："不偏之谓中，不易之谓庸。中者，天下之正道；庸者，天下之定理。"

《中庸》开篇即谓"天命之谓性"，这一思想给"天命"赋予了人的天性，遵循人的天性就合乎"天命"，既高扬"天"，又试图打通天人之间的关系。而儒家所主张的"天人合一"是以主体的自觉去以德配天，这与道家所说的"物我合一"是不同的。道家人生极致是合乎自然，"莫之命而常自然"。道家的"物我合一"是以主体的消融去合乎天，即"人法地，地法天，天法道，道法自然"。

《中庸》在对待人与神的关系时，更看重的是人而不是神。神虽可敬可畏，但对于儒家来说，并不等于必须听凭它的安排，神和天，只不过是一个不可言其无的参照。"好学近乎知，力行近乎仁""忠恕违道不远"，都是重在修身、意在行道鲜明的观点。所谓"近乎""不远"，都表明自我学习的重要性，而不是强调神或者天的作用。儒家虽然"畏天命""敬鬼神"，并没有对天神鬼怪公开提出否定，但对鬼神"敬而远之"，强调人事而回避谈论天命，表明儒家高扬的是伦理的旗帜，并不接受宗教迷信那一套虚妄之说。

※ 事例

孔子说：“有弗学，学之弗能，弗措也；有弗问，问之弗知，弗措也；有弗思，思之弗得，弗措也；有弗辨，辨之弗明，弗措也；有弗行，行之弗笃，弗措也。人一能之，己百之，人十能之，己千之。”只要你认为这样做是对的，就坚持下去，绝不放弃，因为只有坚持到最后，才能成功。唐太宗为什么每次打仗都能胜利，这与他敢让人在宫中习武是分不开的。

宫中习武

有一天，唐太宗带领护卫将士在显德殿的庭院中练习射箭，他告诫将士：“戎狄等族人侵犯中原，这是自古就有的事情。最令人担忧的是，边境有一点安宁，君王就享乐游玩，忘却了战争的祸患，因此敌人一来进犯就无法抵御。现在我不派你们去修池榭筑宫苑，而是专门学习拉弓射箭。平常闲着没事的时候，朕就是你们的老师；如果突厥来侵犯，朕就是你们的将帅；这样，我国的民众也许能得到安宁！”于是唐太宗每天都带领几百人在宫殿庭院中教习射箭，并亲自测试他们，射技好的人赏赐给弓、刀、布帛，带领他们的将帅也加封上等考功。大臣们多次劝谏唐太宗说：“按照大唐法令，带着武器到皇帝住所的人要判处绞刑。现在陛下叫那些地位卑微的人张弓携箭在宫殿侧边，陛下又在他们中间，万一有亡命徒放肆胡作非为，出现意外事故，这不是重视大唐江山的办法啊。”韩州刺史封同人假称有事上奏，乘驿马来朝廷直言规劝。唐太宗全然不听，他说：“君王把四海看作是一家人，大唐所管辖的区域之内，都是朕的臣民。我对任何人都能推心置腹，你们怎么能胡乱猜忌保护朕的卫士呢？”从此以后，人人都想着勤勉自励。几年之后，这些卫士都成了精锐的将士。

※ 原文

子言之：“归乎！君子隐而显，不矜而庄，不厉而威，不言而信。”子曰：“君子不失足于人，不失色于人，不失口于人。是故君子貌足畏也，色足惮也，言足信也。《甫刑》曰：‘敬忌而罔有择言在躬。’”

子曰：“裼、袭之不相因[1]也，欲民之毋相渎也。”

子曰：“祭极敬不继之以乐，朝极辨不继之以倦。”

子曰：“君子慎以辟祸，笃以不揜，恭以远耻。”子曰：“君子庄敬日强，安肆日偷。君子不以一日使其躬儳焉[2]，如不终日。”子曰：“齐戒[3]以事鬼神，择日月以见君，恐民之不敬也。”子曰：“狎侮死焉而不畏也。”子曰：“无辞不相接也，无礼不相见也，欲民之毋相亵也。《易》曰：‘初筮告，再三渎，渎则不告。’”

※ 注释

1 不相因：不能照样做。因，因循。2 儳焉：儳然。散乱而无所检束。3 齐戒：斋戒。齐：通“斋”。

※ 译文

孔子说：“回去吧！君子即使隐居山林，他的名声也会远扬四方的，不须故作矜持之态，而神情却自然庄重，不曾严厉，但威仪却使人敬畏，不必多说话，就得到别人的信任。”孔子说：“君子，对人的一举一动没有失礼的地方，对人的一颦一笑没有失礼的地方，对人的一言一语也没有失礼的地方。所以君子的仪容足以使人畏服，神色足以使人害怕，言语足以使人信任。《甫刑》说：‘外表恭敬，内心戒惧，而不要有可挑剔的言论在你身上。’”

孔子说：“在行礼中，有时以敞开礼服露出裼衣为敬，有时以掩着裼衣外面的礼服为敬，不以一种服式因循到底，为的是不要让人们彼此亵渎。”

孔子说：“祭祀要尽量表达敬意，不能祭祀完就接着尽情欢乐，朝廷上的事要尽力处理好，不能因为疲倦而最后草草了事。”

孔子说：“君子要行为谨慎，以此来避免祸患，用修养笃厚来解除困迫，用恭敬待人来远离耻辱。”孔子说：“君子端庄恭敬，从而德业一天比一天强，安乐放肆德业就日益浅薄。君子一天也不可使自己表现出轻浮不庄的样子，如同小人那样惶惶不可终日的样子。”孔子说：“斋戒之后来奉祀鬼神，挑选好的日子去拜见国君，这样做，是担心人们的不恭敬。”孔子说：“小人轻狎侮慢以至死到临头也不知畏惧。”孔子说：“朝聘聚会的时候，如果没有用言辞就不互相接待，如果没有用见面礼，就不互相接见，为的是让人们不要相互亵渎。《易经》上说：‘第一次筮占，是显示吉凶的，但是第二次问、第三次问，就变成亵渎神灵了。既然亵渎神灵，就不再显示吉凶了。’”

※ 原文

子言之：“仁者天下之表也，义者天下之制也，报[1]者天下之利也。”

子曰：“以德报德则民有所劝，以怨报怨则民有所惩。《诗》曰：‘无言不雠，无德不报。’《大甲》曰：‘民非后无能胥以宁，后非民无以辟四方。’”子曰：“以德报怨则宽身[2]之仁也，以怨报德则刑戮之民也。”

※ 注释

1 报：回报。即以德报德，以怨报怨。2 宽身：用恩惠来回报别人的怨恶，以换取自身的苟安。宽：犹爱。

※ 译文

孔子说：“仁是天下行为的仪表，道义是裁断天下事物的原则，互相报答是天下行礼的好处。”

孔子说：“用恩惠来报答别人给自己的恩惠，这样人们就会有努力做好事，用怨恨来回报别人对自己的怨恨，这样人们就会有所警戒。《诗经》说：‘没有言语无反应，没有恩德无回报。’《太甲》上说：‘民众没有君主就不能相互安宁，君主没有民众就不能统治四方。’”孔子说：“用恩惠来回报别人对自己的怨恨是宽身息祸的人；用怨恨来回报别人对自己的恩惠是应该受惩罚的人。”

※ 原文

子曰：“无欲而好仁者，无畏而恶不仁者，天下一人而已矣。是故君子议道自己，而置法以民。”子曰：“仁有三，与仁同功而异情。与仁同功，其仁未可知也；与仁同过，然后其仁可知也。仁者安仁，知者利仁，畏罪者强仁。仁者右也，道者左也；仁者人也，道者义也。厚于仁者薄于义，亲而不尊；厚于义者薄于仁，尊而不亲。道有至，义，有考[1]。至道以王，义道以霸，考道以为无失。”

子言之：“仁有数，义有长短小大。中心憯怛，爱人之仁也。率法而强之，资仁者也。《诗》云：‘丰水有芑[2]，武王岂不仕？诒厥孙谋，以燕翼子。武王烝哉！’数世之仁也。《国风》曰：‘我今不阅，皇恤我后。’终身之仁也。”

子曰：“仁之为器重，其为道远，举者莫能胜也，行者莫能致也。取数多者，仁也。夫勉于仁者，不亦难乎？是故君子以义度人则难为人，以人望人则贤者可知已矣。”

※ 注释

1 道有至，义，有考：郑玄认为这里应作“道有至，有义，有考。”有至，兼有仁义。有义，只有义而没有仁。有考，在以往的旧法中选取某一点来实行。2 芑：通“杞”，枸杞。

※ 译文

孔子说：“自身没有任何私欲而爱好仁德，自身无所畏惧而憎恶不仁，在人世间只有极少数这样的人。因此，君子在议论事理时，一定从自身出发，而制定法律时，一定根据民众的实情来制定。”孔子说：“仁的行为有三种情况，施行仁道时功效相同而出发点不同。从收到仁的同样的效果上，看不出他们各自的出发点是什么；施行仁道当同样遇到利害抉择时，然后就能知道他们各自施行仁的出发点是什么。第一种是有道德的仁爱之人，他们的天性是泛爱众人，第二种是有智慧的人，他们可以有目的地利用仁，第三种是怕犯罪受刑罚的人，他们只是被动地勉强去行仁。仁就像人的右手，道就像人的左手；仁是人情，道是道义。如果过分地偏重于仁不太重视义理，就会亲近别人而缺乏尊敬；如果过分地偏重于义不太重视仁爱，就会尊敬别人而缺乏爱心。道有兼备仁义而最完美的，有偏重于义理的、有善于考稽（而谨慎行事）的。

推行最高的道，可以为天下之王，推行合于法则的道，可以称霸诸侯，至于推行考稽之道，可以避免过失。”

孔子说：“仁有几种，有程度高低，义也有几种，有长短大小。发自内心的悲痛，这是出于天性爱人的仁；依据法律而强力推行仁，这是借助仁来达到自己的目的。《诗经》说：‘丰水边有芑菜，周武王又怎能不惦念天下事？他留给了子孙良谋善策，使他们得享安乐。周武王真是英明伟大的君主啊！’这就是惠及后代的仁。《国风》说：‘我现在尚且不能自容，哪里还有时间忧虑我的后代呢？’这就是只能终止于一身的仁。”

孔子说：“仁就像一件沉重的器物，一条遥远的路，提举的人没有谁能提起的，行走的人也没有谁能走完这段路的，有益于事物数量最多的，就算作仁了。像这样勉力行仁，不是很难得吗？所以君子从义理上衡量人，那就很难找到合乎标准的人了；如果用人与人比较，那么就可以知道谁是贤人了。”

※ 原文

子曰：“中心安仁者，天下一人而已矣。《大雅》曰，‘德輶[1]如毛，民鲜克举之。我仪图之，惟仲山甫举之，爱莫助之。’《小雅》曰：‘高山仰止，景行行止。’”子曰：“《诗》之好仁如此。乡道而行，中道而废，忘身之老也，不知年数之不足也，俯焉日有孳孳，毙而后已。”

子曰：“仁之难成久矣！人人失其所好。故仁者之过，易辞也。”

子曰：“恭近礼，俭近仁，信近情。敬让以行，此虽有过，其不甚矣。夫恭寡过，情可信，俭易容也，以此失之者，不亦鲜乎？《诗》曰：‘温温恭人，惟德之基。’”

※ 注释

1 輶（yóu）：轻。

※ 译文

孔子说：“从内心里爱好行仁的人是非常少的。《大雅》说：‘道德就像羽毛一样轻，但很少有人能举起它。仔细揣摩一下，唯有仲山甫能举起它，可惜没人能帮助他。’《小雅》说：‘高山为大家所仰望，大路为民众所共行。’”孔子说：“《诗》爱好仁道到了这样的地步。面向大道前进，走到半路因力尽而停止，忘了自己已经衰老，也不知道自己剩下的日子不多了，仍然毫不懈怠，勉励向前，死而后已。”

孔子说：“行仁道难以成功，这已经很长时间了！从而人们已经失去了爱慕仁道的心。所以仁者在理解和实践上难免出现过失，这就很容易理解了。”

孔子说："恭敬接近礼，节俭接近仁，诚信接近真情，如果做人能恭敬谦让，那么即使有过错，也不会太严重。如果为人能够恭敬且少犯错误，真情可以令人信任，节俭就易于被容纳，由于这样做而犯错误的人，不也是很少见的吗？《诗经》说：'恭敬谦让地待人，这才是道德的根基。'"

※ 原文

子曰："仁之难成久矣，惟君子能之。是故君子不以其所能者病人，不以人之所不能者愧人。是故圣人之制行也，不制以己，使民有所劝勉、愧耻，以行其言。礼以节之，信以结之，容貌以文之，衣服以移之，朋友以极之，欲民之有壹也。《小雅》曰：'不愧于人，不畏于天。'是故君子服其服，则文以君子之容；有其容，则文以君子之辞；遂其辞，则实以君子之德。是故君子耻服其服而无其容，耻有其容而无其辞，耻有其辞而无其德，耻有其德而无其行。是故君子衰、绖则有哀色，端、冕则有敬色，甲、胄则有不可辱之色。《诗》云：'惟鹈[1]在梁[2]，不濡其翼。彼记之子，不称其服。'"

※ 注释

1 鹈：水鸟名，即鹈鹕。2 梁：鱼梁，一种捕鱼设施。

※ 译文

孔子说："行仁道难以成功，这已经由来已久了，只有君子才能成功。所以君子不会用只有自己做得到的事去责备别人，也不用别人做不到的事去羞辱别人。所以圣人制定规范准则，不用自己的行为作标准，而是使一般人能够有所努力，知道有羞耻心，从而来实行圣人的训导。用礼来节制人，用诚信来团结人，用庄敬的仪容来使人文明，用衣服来改变人的心志，教朋友怎样相处以尽真情：这些都是希望人们一心向善。《小雅》说：'对人既问心无愧，对天亦心中无畏。'所以君子穿上他们的衣服，就要以君子的仪容来修饰；有了君子的仪容，还要以君子的言辞来文饰；言辞高雅了，还要以君子的道德来充实。所以君子羞愧于只有君子的服饰而没有君子的仪容，羞愧于只有君子的仪容而没有君子高雅的辞令，羞愧于只有君子的辞令而没有君子的美德，羞愧于只有君子的美德而没有君子高尚的行为。所以君子穿了丧服、系上绖带，脸上就会有悲哀的表情，穿玄端服、戴冕就会有恭敬的神色，身穿盔甲，脸上就会有威武不可侵犯的神色。《诗经》说：'鹈鹕在渔梁上捉鱼，还能够不沾湿它的翅膀。那些没有德行的小人，不配他们的衣服。'"

※ 原文

子言之："君子之所谓义者，贵贱皆有事于天下。天子亲耕[1]，粢盛秬鬯[2]，以事上帝，故诸侯勤以辅事于天子。"

子曰："下之事上也，虽有庇民之大德，不敢有君民之心，仁之厚也。是故君子恭俭以求役仁，信让以求役礼，不自尚其事，不自尊其身，俭于位而寡于欲，让于贤，卑己而尊人，小心而畏义，求以事君，得之自是，不得自是，以听天命。《诗》云：'莫莫葛藟[3]，施于条枚。凯弟[4]君子，求福不回[5]。'其舜、禹、文王、周公之谓与。有君民之大德，有事君之小心。《诗》云：'惟此文王，小心翼翼。昭事上帝，聿怀多福。厥德不回，以受方国。'"

子曰："先王谥以尊名，节以壹惠，耻名之浮于行也。是故君子不自大其事，不自尚其功，以求处情；过行弗率，以求处厚；彰人之善，美人之功，以求下贤。是故君子虽自卑而民敬尊之。"子曰："后稷天下之为烈也，岂一手一足哉？唯欲行之浮于名也，故自谓'便人[6]'。"

※ 注释

1 亲耕：古代天子耕籍田，亲自掌犁推行三周，表示劝农。2 秬鬯：祭祀时灌地所用的酒。3 葛藟：葛藤。4 凯弟：又作"恺悌"，快乐和易。5 不回：常行正路，不走邪道。6 便人：一般习于普通事情的人。

※ 译文

孔子说："君子所谓的义，就是无论尊卑贵贱的人都有所当恭敬而行的事。譬如天子要亲自耕田，生产粮食、酿造用香酒来尊奉上天，所以各路诸侯也都勤勉地辅佐天子。"

孔子说："在下位的侍奉在上位的，即使有庇护民众的大德，也不敢有君临民众的心意，这是仁爱的深厚。所以君子恭敬节俭以求服务于仁道，诚信谦让以求合于礼义，不自己夸耀自己的事业，不自己抬高自己的地位，对地位不奢求，对欲望不放纵，谦恭让贤，放低自己而尊重别人，小心谨慎而怕违背道义，希望能用这样的态度侍奉君主，得意时是这样，失意时也是这样，一切听从天命的安排。《诗经》说：'茂密的葛藤，蔓延缠绕到大树的枝干上。快乐和易的君子，求福不走邪道。'这大概说的是舜、禹、文王、周公吧。因为他们都有治理民众的大德，又有侍奉君主的谨慎小心。《诗经》又说：'周文王恭敬小心，明白地侍奉上天，得到了许多福气。他的品德高尚，不走邪道，因此受到四方诸侯的拥戴。'"

孔子说："先王按例为死去的公侯卿大夫加一个谥号，借以尊崇那个人的名声，定谥号时，只是截取那个人的一种突出的一项善行作代表，这是因为不愿意让一个人的名声超过他的实际品行。所以君子不自己夸大自己所做的事，不自己推崇自己的功绩，以求符合实情；有了过失的行为就改正而不再遵循，就不要再要，目的是使自己处于仁厚之道；表彰别人的优点而赞美别人的功劳，目的是对贤能的人表示敬意。所以君子虽然自己谦卑，但民众却尊敬他。”孔子说：“后稷创始农业，建立的是天下的功业，受益的只是一两个人吗？但他为了使自己的行为超过名声，所以就自称是一个‘熟悉种庄稼的人’。”

※ 原文

子言之：“君子之所谓仁者，其难乎。《诗》云：‘凯弟君子，民之父母。’凯以强教之，弟以说安之。乐而毋荒，有礼而亲，威庄而安，孝慈而敬，使民有父之尊，有母之亲，如此，而后可以为民父母矣。非至德，其孰能如此乎？今父之亲子也，亲贤而下无能；母之亲子也，贤则亲之，无能则怜之。母亲而不尊，父尊而不亲。水之于民也，亲而不尊，火尊而不亲；土之于民也，亲而不尊，天尊而不亲；命之于民也，亲而不尊，鬼尊而不亲。”

子曰：“夏道尊命，事鬼敬神而远之[1]，近人[2]而忠焉，先禄而后威，先赏而后罚，亲而不尊。其民之敝，惷而愚，乔[3]而野，朴而不文。殷人尊神，率民以事神，先鬼而后礼，先罚而后赏，尊而不亲。其民之敝，荡而不静，胜而无耻。周人尊礼尚施，事鬼敬神而远之，近人而忠焉，其赏罚用爵列，亲而不尊。其民之敝，利而巧，文而不惭，贼而蔽。”子曰：“夏道未渎辞，不求备，不大望于民，民未厌其亲。殷人未渎礼，而求备于民。周人强民，未渎神，而赏、爵、刑罚穷矣。”

※ 注释

1 远之：不以鬼神之道教民。2 近人：近于人情。3 乔：通“骄”，骄狂。

※ 译文

孔子说：“君子所说的仁，大概是很难做到的吧！《诗经》说：‘和乐平易的君子，是民众的父母。’和乐，就是用乐于自强不息的精神教育民众；平易，就是用欢悦的情绪安定民众。做到快乐而不荒废事务，有礼而彼此相亲，威严庄重而安好，孝顺慈爱而恭敬，使民众像尊敬父亲一样尊敬自己，像亲近母亲一样亲近自己，然后就可以做民众的父母了。除非具有极高品德的人，又有谁能够这样呢？现在做父亲的爱儿子，是亲爱贤能的，鄙视无能的；做母亲的爱儿子，是亲爱贤能的，怜爱无能的。所以母亲容易亲近但不够有尊严，父亲有尊严但很难亲近。就像水对人来说，是可亲近而不尊严的，而火是有尊严的但不能亲近；土地对于人来说，是可亲近而不尊严的，而上天却是有尊严但无法接近的；命运对人来说，是可亲近但没有尊严的，鬼神是有尊严但不可亲近的。”

孔子说：“夏代治国原则是尊崇政令，敬奉鬼神但敬而远之，亲近人而待人忠厚，重俸禄而轻威严，重赏赐轻刑罚，亲切但缺乏尊严。夏代这种政教给民众造成的弊病是，人们鲁钝而愚笨，骄横而放肆，质朴而不文雅。殷代的人尊崇鬼神，国君率领民众来侍奉鬼神，推崇鬼神为先而以礼教为后，以重视刑罚为先而以赏赐为后，所以他们的治国措施是有尊严但不可亲近的。殷代这种政教给民众造成的弊病是，人们放荡而不守本分，争胜免罚而不知羞耻。周代的人推崇礼法，广施恩惠，敬事鬼神，而使之远离政教，亲近人而忠厚待人，赏赐或刑罚的轻重，以爵位的高低作等级，所以他们的政风是亲近而不尊严。周代这种政教给民众造成的弊病是，人们贪利取巧，善于文饰而不知羞耻，相互残害而不明事理。”孔子说：“夏代政令较简单，对民征税不求充备，不多责求于民，所以民众还没厌弃的情绪。殷代的政教简约，但对民征税力求充备。周代强行对民施行教化，虽然没有崇尚鬼神，然而在赏赐晋爵及刑罚等方面的手段却已经用到了尽头。”

※ 原文

子曰：“虞、夏之道寡怨于民，殷、周之道不胜其敝。”子曰：“虞、夏之质，殷周之文，至矣。虞、夏之文不胜其质，殷、周之质不胜其文。”子言之曰：“后世虽有作者，虞帝弗可及也已矣。君天下，生无私，死不厚其子，子民如父母，有憯怛之爱，有忠利之教，亲而尊，安而敬，威而爱，富而有礼，惠而能散。其君子尊仁畏义，耻费轻实，忠而不犯，义而顺，文而静，宽而有辨。《甫刑》曰：‘德威惟威，德明惟明。’非虞帝，其孰能如此乎？”

子言之：“事君先资其言，拜自献其身，以成其信。是故君有责于其臣，臣有死于其言。故其受禄不诬，其受罪益寡。”子曰：“事君大言入则望大利，小言入则望小利。故君子不以小言受大禄，不以大言受小禄。《易》曰：‘不家食，吉。’”

※ 译文

孔子说：“虞、夏的治国之道质朴单纯，所以民众很少有怨恨的情绪。而殷、周的治国之道弊病使民众受不了。”孔子说：“虞、夏的质朴，殷周的文饰，都达到了顶点。虞、夏虽有文饰，但胜不过它的质朴，殷、周虽也有质朴，但远远不如文饰多。”孔子说：“后代即使有明王出世，也不可能赶上虞舜了。虞帝治理天下，在世时没有一点私心，死后也不厚待自己的儿子，对待民众犹如父母对待儿子一样，既有发自内心的慈爱，也有忠实利民的教诲，使人感到亲近而又不失尊严，安详而恭敬，既有威严而又感到仁爱，使民众富庶却彬彬有礼，广施恩惠而又没有丝毫偏颇。虞帝的臣下都尊崇仁德而敬畏道义，以浪费为耻而又不看重钱财，忠心耿耿而又不犯上，坚持正义而又态度恭顺，文雅而持重，宽容而有原则。《甫刑》上说：‘舜德的威严使人敬畏，舜德的明察善恶受到大家的尊敬。’除非虞舜，还有谁能做到这样呢？”

孔子说：“侍奉国君，应该先考虑好治国的大计，然后拜见国君，国君采纳，自己拜受君命，以便实现这一计划。所以国君可以责成他的臣下，而臣下对自己的建议有效死实现的决心。所以侍奉君主的人接受的俸禄，就应该与担当的责任相称，这样遭受罪责就会日益减少。”孔子说：“侍奉国君，有大的建议被采纳了，就期望获得大的报酬；有小的建议被采纳了，就期望获得小的报酬。所以，君子不会因小的建议被采纳而接受大的赏赐，也不会因大的建议被采纳而只接受小的赏赐。《易经》上说：‘国君家中有大的积蓄，不是只跟家人享用，而应该招贤授禄，这样才能得到吉利。’”

※ 原文

子曰：“事君不下达，不尚辞，非其人弗自。《小雅》曰：‘靖共尔位，正直是与。神之听之，式[1]谷以女[2]。’”

子曰：“事君，远而谏，则谄[3]也；近而不谏，则尸利也。”子曰：“迩臣守和，宰正百官，大臣虑四方。”子曰：“事君欲谏不欲陈。《诗》云：‘心乎爱矣，瑕[4]不谓矣？中心藏之，何日忘之？’”

子曰：“事君难进而易退，则位有序；易进而难退，则乱也。故君子三揖而进，一辞而退，以远乱也。”

※ 注释

1 式：用。2 以：通“与”，给。3 谄（chǎn）：同“谄”，用卑顺的态度奉承人。4 瑕：胡，为什么。

※ 译文

孔子说：“侍奉国君，不应该向君主陈述自己的私事以图私利，也不要崇尚浮华辞令，如果不是德行高尚的正直君子，就不与他亲近交往。《小雅》说：‘认真做好你的本职工作，正直贤能的人就与他相处。神明能知道这些，会赐给你福禄的。’”

孔子说：“侍奉国君，与国君关系疏远而进谏，是不怕陷于罪；与国君亲近而不进谏，那就是白受俸禄不干事，像祭祀中的‘尸’一样，徒有虚名了。”孔子说：

"国君身边的近臣，应当谨守调和国君的品德行为，宰相整治百官，大臣们谋划四方大事。"孔子说："侍奉国君，如果国君有了过失，作为臣下的就应该劝谏而不应当到处宣扬。《诗经》说：'心中喜爱他，怎么不相劝告？心中想着他，哪天忘过他？'"

孔子说："君子侍奉国君，最难的事就是升官，而最容易的事就是主动辞退，这样职位的升降，就井然有序了；如果只图升官，不愿引退下来，那么官位就混乱了。所以君子作客要与主人三次作揖然后进门，告辞一次就要退出，这样做就是为了避免混乱。"

※ 原文

子曰："事君三违而不出竟，则利禄也。人虽曰不要，吾弗信也。"

子曰："事君慎始而敬终。"子曰："事君可贵可贱，可富可贫，可生可杀，而不可使为乱。"

子曰："事君，军旅不辟难，朝廷不辞贱。处其位而不履其事，则乱也。故君使其臣，得志则慎虑而从之，否则孰虑而从之，终事而退，臣之厚也。《易》曰：'不事王侯，高尚其事。'"

子曰："唯天子受命于天，士受命于君。故君命顺则臣有顺命，君命逆则臣有逆命。《诗》曰：'鹊之姜姜，鹑之贲贲[1]。人之无良，我以为君。'"

※ 注释

1 姜姜、贲贲：都是凶恶争斗的样子。

※ 译文

孔子说："侍奉国君，如果多次与国君意见不合，而没有离开国境，就是贪图俸禄了。即使别人说他无所企求，我也是不相信的。"

孔子说："侍奉国君，要以谨慎尽忠开始，恭敬勤勉而告终。"孔子说："侍奉国君，国君无论使他地位尊贵、卑贱，还是使他富足、贫乏，甚至赦免他的死罪或者杀死他，他都可以接受，但就是不可以使他违背义理地乱来。"

孔子说："侍奉国君的人，在军队中不躲避危险的任务，在朝廷上不推辞卑贱的官职。因为如果处在其位而不行其责，那就会造成混乱。所以国君派臣下办事，臣下能发挥自己的才智就慎重考虑后积极从事，否则就深思熟虑后再积极从事，完成使命后就引退，这是做臣子应有的忠厚态度。《易经》上说：'这并不是侍候王公诸侯，而是使自己的志向保持高尚。'"

孔子说："只有天子受命于天，而臣下都是由天子任命的。所以如果国君顺应天命，那么臣子就跟着顺应君命；如果国君违背天命，那么臣子就会跟着违背君命。《诗经》说：‘大鹊拼命地在上面争斗，小鹑也死命地在下面争斗。那个人啊没有天良，我却以他为君上。’”

※ 原文

子曰：“君子不以辞尽人。故天下有道，则行有枝叶；天下无道，则辞有枝叶。是故君子于有丧者之侧，不能赙焉，则不问其所费；于有病者之侧，不能馈焉，则不问其所欲；有客不能馆，则不问其所舍。故君子之接如水，小人之接如醴；君子淡以成，小人甘以坏。《小雅》曰：‘盗[1]言孔甘，乱用是馁[2]。’”

子曰：“君子不以口誉人，则民作忠。故君子问人之寒则衣之，问人之饥则食之，称人之美则爵之。《国风》曰：‘心之忧矣，于我归说[3]。’”子曰：“口惠而实不至，怨菑及其身。是故君子与其有诺责也，宁有已[4]怨。《国风》曰：‘言笑晏晏，信誓旦旦。不思其反，反是不思，亦已焉哉！’”

子曰：“君子不以色亲人。情疏而貌亲，在小人则穿窬之盗也与。”子曰：“情欲信，辞欲巧。”

※ 注释

1 盗：谗人。2 乱用是馁：因此就带来了祸乱。3 说：所悦的人，指忠信的人。4 已：拒绝。

※ 译文

孔子说：“君子不根据一个人言辞就断定他整个为人。所以当社会风气淳美的时候，人们做的就比说的多；当社会风气浮华的时候，人们说的就比做的多。所以君子在那些有丧事的人旁边，如果不能资助他，就不问人家要多少花费；在病人旁边，如果无力馈赠他，就不问人家需要什么东西；有远方的客人来访，如果不能让客人留住，就不要问人家住在何处。所以君子之间的交情清淡如水，小人之间的交情浓如甜酒；君子之间的交情虽然很淡薄，但却能办成大事；小人之间的交情虽然很浓厚，反而会坏事。《小雅》说：‘坏话虽然很甜蜜，但祸乱却因此而来。’”

孔子说：“君子不用空话称赞人，那人们就会形成忠实的风气。所以君子询问别人是否感觉到冷，就会送衣服给他穿；询问别人是否感到饥饿，就会送食物给他吃；赞誉某人的品德高尚，就要给以爵位。《国风》说：‘（浮华的人）令人心忧，归向我所喜欢的人。’”孔子说：“口头施恩惠而实际做不到，怨恨和灾难就会一起降到他的身上。所以君子与其遭受诺言不能兑现的责难，宁可遭受不轻许诺的埋怨。《国风》说：‘又说又笑多快乐，信誓旦旦多诚恳。谁料到你却反复无常，既然你连往日的诺言都想不起，那也只好恩断义绝。’”

孔子说：“君子不表面对人亲近。如果感情疏远却装作亲密的样子，这小人方面，不就如同钻墙洞的盗贼吗？”孔子说：“感情要真实，言辞要美好。”

※ 原文

子言之：“昔三代明王，皆事天地之神明，无非卜、筮之用，不敢以其私亵事上帝，是故不犯日月，不违卜、筮。卜、筮不相袭也。大事有时日，小事无时日，有筮。外事[1]用刚日[2]，内事[3]用柔日[4]，不违龟、筮。”子曰：“牲牷，礼乐齐盛，是以无害乎鬼神，无怨乎百姓。”

子曰：“后稷之祀易富也，其辞恭，其欲俭，其禄及子孙。《诗》曰：‘后稷兆祀，庶无罪悔，以迄于今。’”

子曰：“大人之器威敬。天子无筮。诸侯有守筮[5]。天子道以筮。诸侯非其国不以筮，卜宅寝室。天子不卜处大庙。”

子曰：“君子敬则用祭器。是以不废日月，不违龟筮，以敬事其君长。是以上不渎于民，下不亵于上。”

※ 注释

1 外事：指四郊以外的事，如祭祀天地、兵事等。2 刚日：又叫阳日，即指甲、丙、戊、庚、壬五日。3 内事：指宗庙之事等。4 柔日：又叫阴日。即指乙、丁、己、辛、癸五日。5 守筮：守国的筮，有事才用。

※ 译文

孔子说：“从前夏、殷、周三代的圣王，都祭祀天地神明，做大事没有不用卜筮决定的，不敢以私意亵渎上帝，所以不冲犯不吉利的日子，不违背卜筮所示的吉凶。用卜了就不要用筮，二者不相重复。大的祭祀要有固定的日子和时刻，小的祭祀就没有固定的时间，只用筮来决定。祭祀天地选用刚日，祭祀宗庙选用柔日，这些都不能违背龟筮的结果。”孔子说：“祭牲、各种礼仪、乐舞以及黍稷等祭品齐盛，因此对鬼神都适意无害，使百姓都满意无怨。”

孔子说：“对后稷的祭祀俭易而完备，祝祷的言辞恭敬，欲望俭素，所获的福禄施及子孙。《诗经》说：‘自从后稷开始祭祀，希望没有什么遗憾，一直受福到了今天。’”

孔子说：“身居高位的人的器物，很有威严，很受敬重。天子用卜不用筮。诸侯在国居守，有事才占筮。天子出行在路上就占筮。诸侯不在自己的封国内就不用占筮，但改换居室寝宫要占卜来决定。天子不占卜太庙建在何处。”

孔子说：“君子为了表示恭敬，宴飨时就用祭祀的器皿。所以臣下都按着规定来卜筮谒见君长的日子，不违背龟筮的结果，这样来恭敬地侍奉自己的君长。所以在上位的人不亵渎民众，在下位的人也不轻慢上面的人。”

※ 解读

文中，孔子对“礼”“仁”和“义”做了具体的阐释。他认为只要有“礼”的存在，即使归隐山林，也能声名远扬；不故作矜持的姿态，也会显得神情庄重；不曾严厉，但同样有威严的仪容；不必多说话，也会得到别人的信任。对人的一举一动、一颦一笑、一言一行都不会让人感到有失礼的地方。君子必须时时用礼的规范来检验自己的行为，这样，追求仁义的意志才能一天天地坚强。

孔子认为“仁”是天下人共同的标准，按程度高低可以分为三种情况，第一种是有道德的仁爱之人，他们的天性是泛爱众人，这种仁爱之人所占比例是少数的；第二种是有智慧的仁爱之人，他们可以有目的地利用仁，他们爱人是为了得到别人的回报；第三种是怕犯罪受刑罚的仁爱之人，他们只是被动地勉强去行仁。后两种人，没有打心眼儿里真正喜欢“仁”或憎恶“不仁”的。行仁道并非易事，这是不争的事实，一些人也因此失去了自觉追求仁道的心，所以在“仁”的理解和实践上难免出现过失，也就不难理解了。

孔子认为，义是裁断天下事物的原则与立身之本：“君子义以为上。”无论地位尊卑贵贱，其思想行为都要符合义的要求，例如人们都要认真从事自己的工作，即使是天子，除了勤政之外，也要亲自下地，用自己耕种出来的稻谷和酿成的美酒供奉上天，这样各位诸侯、黎民百姓就都会有重农的思想，并心甘情愿地辅佐天子。

“仁”和“义”之间又互相关联。“仁”就好比人的右手，而“义”就好比是人的左手，前者是人情，后者是道义。如果偏重于仁，那么义就会做得不够，这样人们只会过分亲近他，而不能尊敬他；如果过分地偏重于义，那么仁就会做得不够，这样只会得到人们的尊敬，而不会得到人们的亲近。舜、禹、文王之所以能够得到天下人的拥戴，就是因为他们能做到“仁”和“义”的结合，所以人们才会既尊敬他们，又亲近他们。

孔子还讲到了君子侍奉国君应该做的事情。国君握有至高权力，无论使某臣民地位尊贵、卑贱，还是使他富足、贫乏，甚至赦免他的死罪或者杀死他，都可以接受，但就是不可以违背义理乱来。在离国君较远的位置上工作，就不要越级献议，否则就是阿谀逢迎，如果在国君左右供职，而不能及时地规劝国君，那就是白白地享受俸禄了。总之，侍奉国君，要做到“不以物喜，不以己悲”最好。

※ 事例

子曰：“后稷之祀易富也，其辞恭，其欲俭，其禄及子孙。”俭朴、温和、恭敬，是德之基，同样可以福及子孙。范仲淹的身世便是一例。

范仲淹俭朴持家延福禄

宋朝大诗人范仲淹，字希文。在长白山寺中读书时，偶然发现窖中有藏金，但仍旧盖好，后登显贵，才告诉僧人，自己又出钱修理寺庙。他的几个儿子请求买一个好点的宅园，他说：“京中大官园林都很多，主人却不能常游，但谁还会不批准我游？”他晚年时候，将住宅改为了天平寺。他的几个儿子共用一件好的衣服，外出时轮流穿着。他死时，连丧葬费都不够。因为他出将入相几十年所得的俸禄，已全做施济之用了。最后四个儿子都做到公卿，个个继承父志，所以在孙曾辈再次发达。

世上有财而鄙吝者必生奢男，“祖宗锱铢积之，子孙泥沙用之”。这种事例，我们已经不足为奇了。

缁衣

※ 原文

子言之曰："为上易事也，为下易知也，则刑不烦矣。"

子曰："好贤如《缁衣》，恶恶如《巷伯》，则爵不渎而民作愿，刑不试而民咸服。《大雅》曰：'仪刑文王，万国作孚。'"

子曰："夫民教之以德，齐之以礼，则民有格[1]心。教之以政，齐之以刑，则民有遁[2]心。故君民者，子以爱之，则民亲之；信以结之，则民不倍；恭以莅之，则民有孙心。《甫刑》曰：'苗民匪用命，制以刑，惟作五虐之刑，曰法。'是以民有恶德，而遂绝其世也。"

※ 注释

1 格：本。2 遁：逃。

※ 译文

孔子说："如果做君主的不苛虐，臣子就容易侍奉，如果做臣子的忠诚，君主就很容易了解，这样一来刑罚就不繁多了。"

孔子说："如果能像《缁衣》篇里所说的那样爱好贤能之人，像《巷伯》篇里所说的那样憎恨恶人，那么君主就不会把官爵随便赏人，而民众也就形成了忠厚的风气，不必动用刑罚，而人民都会恭敬服从。《大雅》篇说：‘只有效法周文王，万国才会兴起诚信。’”

孔子说：“用道德来教育民众，用礼来约束民众，那么民众就有进取向善的愿望。用政令来教育民众，用刑罚来约束民众，那么民众就有逃避刑罚的想法。所以统治者如果像爱护自己的儿女那样来爱护民众，那么民众就会亲近他；用诚实的态度来团结民众，那么民众就不会背叛他；用恭敬的态度来对待民众，那么民众就会有顺服之心。《甫刑》上说：‘苗民（的君主）不用政令来教育民众，用刑罚来制裁民众，于是制定了五种酷刑而称作法。’因此他们的民众品行日益恶劣，最终绝了后代。”

※ 原文

子曰：“下之事上也，不从其所令，从其所行。上好是物，下必有甚者矣。故上之所好恶，不可不慎也，是民之表也。”子曰：“禹立三年，百姓以仁遂焉，岂必尽仁？《诗》云：‘赫赫师尹，民具尔瞻。’《甫刑》曰：‘一人有庆，兆民赖之。’《大雅》曰：‘成王之孚，下土之式。’”子曰：“上好仁，则下之为仁争先人。故长民者章志，贞教，尊仁，以子爱百姓，民致行己，以说其上矣。《诗》云：‘有梏[1]德行，四国顺之。’”

子曰：“王言如丝，其出如纶；王言如纶[2]，其出如綍[3]。故大人不倡游言。可言也不可行，君子弗言也；可行也不可言，君子弗行也。则民言不危[4]行，而行不危言矣。《诗》云：‘淑慎尔止，不諐于仪。’”

子曰：“君子道人以言，而禁人以行。故言必虑其所终，而行必稽其所敝，则民谨于言而慎于行。《诗》云：‘慎尔出话，敬尔威仪。’《大雅》曰：‘穆穆文王，於，缉熙[5]敬止。’”

※ 注释

1 梏：高大、正直的样子。2 纶：带子。3 同“绋”，引棺的大绳索。4 危：通“诡”，违背。5 缉熙：品德光明正大的样子。

※ 译文

孔子说：“下级侍奉上级，不是听从他的命令，而是效法他的行为。上级爱好某种东西，下级一定会比他爱得更甚。所以上级的好恶，不可不慎重，因为他是民众的表率。”孔子说：“禹登君位才三年，老百姓在仁德方面就有所成就，难道他们的本性就一定都喜欢仁德吗？《诗经》说：‘地位显赫的尹太师啊，民众都在注视着您呢！’《甫刑》上说：‘天子一人有了善德，那么天下万民就会因此得到好处。’《大雅》说：‘周成王的诚信，是天下人民的楷模。’”孔子说：“在上位的人喜好仁，在下位的人就会争先行仁，唯恐落后。所以领导民众的人，就应该表明自己行仁的志向，用政道教化民众，尊崇仁德，爱护百姓，民众就会去努力修养品行，来取得领导的欢心了。《诗经》说：‘有正直高尚的德行，四方诸侯都会顺从。’”

孔子说：“君王所说的话本来如丝那么细小，可是传到臣民的耳中，却变成绶带那样粗大；如果君王所说的话真有绶带那样粗大，那么传到臣民耳中，就会变成像引棺的大绳那样粗大了。所以在上位的人不应提倡虚浮不实的言论。可说而不可做的话，君子不说；可做而不可说的事，君子不做。如果能够做到这样，那么民众就会言行相符，言论不会超出行为，行为也不会超越言论。《诗经》说：‘好好谨慎行动，不要在礼仪上出现过失。’”

孔子说：“君子用语言教导人向善，使他们忠信，用行动谨防人学坏，所以说话必须考虑它的后果，而行动必须核查是否有弊端，那么，民众就会谨言慎行了。《诗经》说：‘你开口说话要谨慎，举止行为要威仪。’《大雅》说：‘端庄恭敬的周文王啊，品德高尚而又恭谨。’”

※ 原文

子曰：“长民者衣服不贰，从容有常，以齐其民，则民德壹。《诗》云：‘彼都人士，狐裘黄黄。其容不改，出言有章。行归于周，万民所望。’”

子曰：“为上可望而知也，为下可述而志也，则君不疑于其臣，而臣不惑于其君矣。《尹吉》曰：‘惟尹躬及汤，咸有壹德。’《诗》云：‘淑人君子，其仪不忒。’”

子曰：“有国者，章善瘅[1]恶，以示民厚，则民情不贰。《诗》云：‘靖共尔位，好是正直。’”

子曰：“上人疑，则百姓惑；下难知，则君长劳。故君民者，章好以示民俗，慎恶以御民之淫，则民不惑矣。臣仪行，不重辞，不援[2]其所不及，不烦其所不知，则君不劳矣。《诗》云：‘上帝板板[3]，下民卒瘅[4]。’《小雅》曰：‘匪其止共[5]，惟王之邛[6]。’”

※ 注释

1 瘅：憎恨。2 援：引。3 板板：反复无常的意思。4 瘅：病。5 共：通“恭”，指忠于职守。6 邛：辛劳。

※ 译文

孔子说：“领导民众的人，服装样式有一定，举止仪表从容有规律，用以约束民众，这样民众的道德才会有统一的准则。《诗经》说：‘那些京都的人士，个个都在狐皮袍上罩上黄衫。他们的仪容不改，说话出口成章。行将回到周都去，因而受到万民的敬仰。’”

孔子说：“做君主的人光明磊落使人一见就知他的心思，做臣下的言行可称述记载，君主就不会怀疑他的臣下，而臣下也就不会不了解他的君主了。《尹诰》说：‘伊尹自身和汤，都有纯一的道德。’《诗经》说：‘那位善人君子，举止仪容没有差错。’”

孔子说：“拥有国家的君主，表彰正义而憎恨邪恶，以此来让民众知道自己治理国家的深厚之情，这样民众就会立志向善，专一不二。《诗经》说：‘安分恭敬地做好本职工作，亲近正直贤良的人。’”

孔子说：“在上位的人多疑，那么老百姓就会迷惑（而不知所从）；在下位的人虚伪奸诈，那么君主就会格外劳神。所以统治者，应该表明自己的爱好，用以引导民众的风俗趋向，禁戒罪恶的行为，用以控制民众的贪淫，这样民众就不迷惑了。臣下按照义的要求行事，不注重浮华辞令，不要求君主做力所不及的事，也不烦扰他所不能知的事，那么君主就不会劳苦了。《诗经》说：‘君主乖戾暴横，下民就都要遭殃。’《小雅》说：‘不是他们奉行职责，只是造成王的劳苦大增。’”

※ 原文

子曰：“政之不行也，教之不成也，爵禄不足劝也，刑罚不足耻也，故上不可以亵刑而轻爵。《康诰》曰：‘敬明乃罚。’《甫刑》曰：‘播刑之不迪[1]。’”

子曰：“大臣不亲，百姓不宁，则忠敬不足，而富贵已过也。大臣不治，而迩臣比矣。故大臣不可不敬也，是民之表也。迩臣不可不慎也，是民之道也。君毋以小谋大，毋以远言近，毋以内图外，则大臣不怨，迩臣不疾，而远臣不蔽矣。叶公之顾命曰：‘毋以小谋败大作，毋以嬖御人疾庄后，毋以嬖御士疾庄士、大夫、卿士。’”

子曰：“大人不亲其所贤，而信其所贱，民是以亲失，而教是以烦。《诗》云：‘彼求我则，如不我得。执我仇仇[2]，亦不我力。’《君陈》曰：‘未见圣，若己弗克见。既见圣，亦不克由圣。’”

※ 注释

1 迪：道。2 仇仇：不紧固的样子。

※ 译文

孔子说：“政令之所以不能推行，教化之所以不能成功，是因为爵禄的赏赐不足以鼓励人们向善，刑罚的实施不足以使人感到羞耻，因此居上位的人不可以滥用刑罚而轻赏爵禄。《康诰》上说：‘施用刑罚一定要谨慎公平。’《甫刑》也说：‘施用刑罚于不遵循道义的人。’”

孔子说：“大臣不亲近君主，致使百姓不得安宁，这是君臣之间的忠诚和敬重不够，而他们的富贵却已远远超过他们应得的程度造成的。这样一来，大臣不愿为国君治理国政，而近臣就会趁机结党营私，欺骗国君。所以国君对大臣不能不恭敬，因为大臣是人民的表率；国君对近臣不能不谨慎防范，因为他们是民众的向导。国君不要和小臣商议大事，不要和远臣谈论近事，也不要与内臣图谋外事，能做到这样，大臣就不会抱怨，近臣就不会忌妒，远臣就不会被人阻隔蒙蔽了。叶公的临终遗嘱说：‘不要用小臣的计谋来破坏了大臣的作为，不要因为宠爱的姬妾而忌恨庄重的皇后，也不要因为宠幸的小臣而排斥庄重得礼的重臣。’”

孔子说：“在上位的人不亲近贤人，而信任那些卑鄙小人，那么民众就会因此跟着亲所不当亲，而教化也会由此变得紊乱了。《诗经》说：‘当初君王求我从政时，好像唯恐得不到我。等得到我后，反而怠慢我，不肯重用我。’《君陈》上说：‘当人们没有见到圣人时，好像自己不可能见到；见到圣人之后，却又不能重用圣人。’”

※ 原文

子曰：“小人溺于水，君子溺于口，大人溺于民，皆在其所亵也。夫水近于人而溺人；德易亵而难亲也，易以溺人；口费[1]而烦，易出难悔，易以溺人；夫民闭于人而有鄙心，可敬不可慢，易以溺人。故君子不可以不慎也。《太甲》曰：‘毋越厥命，以自覆也。’‘若虞机张，往省括于厥度则释。’《兑命》曰：‘惟口起羞，惟甲胄起兵，惟衣裳在笥，惟干戈省厥躬。’《太甲》曰：‘天作孽可违也，自作孽不可以逭[2]。’《尹诰》曰：‘惟尹躬天见于西邑夏，自周有终，相亦惟终。’”

※ 注释

1 费：说空话。2 逭（huàn）：逃避。

※ 译文

孔子说：“小人被水所淹没，君子被口所淹没都是由于轻慢不慎造成的。水接近人而能淹没人；有德的人容易熟悉，却很难亲近，因此容易熟悉（而忘了恭敬）就会淹没人；说话悖理而絮烦，出口容易，追悔难，出口容易就会淹没人；一般的百姓闭塞于人情事理，却存有卑贱的心理，对他们只可用恭敬的态度而不可轻慢，否则他们很容易淹没人。因此，君子是不可以不慎重的。《太甲》说：‘不要轻易发布命令，而自取覆败。’‘就像打猎的人，先要张开弓弦，等瞄准了目标再放箭。’《说命》说：‘嘴招来羞辱，盔甲引起战争，用兵动武要先审察一下自身。’《太甲》说：‘上天降给我们的灾难，我们还可以躲避，自己招来的灾难，是无处逃避的。’《尹诰》说：‘伊尹我的先祖曾在亳西安邑看到夏（的先君），夏代的君主用忠信治国而多得善终，辅助君主的臣子也都能善终。’”

※ 原文

子曰：“民以君为心，君以民为体。心庄[1]则体舒，心肃则容敬。心好之，身必安之；君好之，民必欲之。心以体全，亦以体伤；君以民存，亦以民亡。《诗》云：‘昔吾有先正，其言明且清。国家以宁，都邑以成，庶民以生。’‘谁能秉国成，不自为正，卒劳百姓。’《君雅》[2]曰：‘夏日暑雨，小民惟曰怨。资冬祁寒，小民亦惟曰怨。’”

子曰：“下之事上也，身不正，言不信，则义不壹，行无类也。”

子曰：“言有物而行有格也，是以生则不可夺志。死则不可夺名。故君子多闻，质[3]而守之；多志，质而亲之；精知，略而行之。《君陈》曰：‘出入自尔师虞、庶言同。’《诗》云：‘淑人君子，其仪一也。’”

※ 注释

1 庄：通“壮”，大的意思。2《君雅》：当作《君牙》。君牙是周穆王的大司徒。3 质：质正，即证明是正确的。

※ 译文

孔子说：“民众把君主当作自己的心脏，君主把民众当作自己的身体。心胸宽广，那身体就会安舒，心情严肃，那容貌就恭敬。心中有所爱好，那身体一定会安于什么；君主所爱好的，民众必定想做到。心脏因身体的保护才不会受损害，但也因身体的不健康而受到损害；君主因为有了民众的拥戴才得以生存，但也会因为民众的不满而导致灭亡。《诗经》说：‘从前我们有位先世的贤臣，他讲的话通达事理而且公正严明。国家得以安宁，城市得以繁荣，民众也都安居乐业。’‘谁能执掌国家的大事，不自以为是，尽慰老百姓？他们自己居官不正，最终劳苦老百姓了。’《君牙》上说：‘夏天炎热而多雨，小民只顾抱怨老天；而到了冬天酷寒，小民也埋怨天。’”

孔子说：“臣下侍奉君主，如果自身不正，言而无信，那么情义就不能专一，行为也就不像人臣了。”

孔子说：“说话是要用事实验证，而行为是有一定规则的，所以活着的时候不能没有坚定不移的志向，死后也不可被剥夺名声。因此，君子要多见博闻，正确的就坚守不移；多多学习知识，正确的就学问不厌；学问要博大精深，运用其精要的加以实行。《君陈》上说：‘内外政令都应该采纳众人的意见，要使大家的意见一致再实施。’《诗经》说：‘那位善人君子，仪容行为始终如一。’”

※ 原文

子曰：“唯君子能好其正，小人毒其正。故君子之朋友有乡，其恶有方。是故迩者不惑，而远者不疑也。《诗》云：‘君子好仇。’”

子曰：“轻绝贫贱而重绝富贵，则好贤不坚而恶恶不著也，人虽曰不利，吾不信也。《诗》云：‘朋友攸摄，摄以威仪。’”

子曰：“私惠不归德，君子不自留焉。《诗》云：‘人之好我，示我周行。’”

子曰：“苟有车必见其轼，苟有衣必见其敝[1]，人苟或言之必闻其声，苟或行之必见其成。《葛覃》曰：‘服之无射[2]。’”

※ 注释

1 敝：通“袂”，衣袖。2 射：厌倦。

※ 译文

孔子说：“只有君子能够喜欢指正自己的人，而品行低劣的小人则最厌恶指正自己的人。因此君子交朋友有方，他厌恶人也有方，所以，接近他们的人不迷惑，而远离他们的人也不生怀疑。《诗经》说：‘君子的好配偶。’”

孔子说：“容易与贫贱的朋友绝交而难同富贵的人绝交，这就是好贤之心不坚定而嫉恶之心不显明，即使有人说这种人不是为了个人的私利，我也不相信。《诗经》说：‘朋友相辅正，辅正用礼义。’”

孔子说：“私自把恩惠施给别人而不符合德义，君子不把这样的人留在身边。《诗经》说：‘人如喜欢我，指示我大道。’”

孔子说：“如果有车，就一定能看到车前的横木，如果有衣服，就一定可以看到衣袖，如果有人在讲话，就一定能听到声音，如果有人真在做事，就一定会看到结果。《葛覃》说：‘衣服穿不厌。’”

※ 原文

子曰：“言从而行之，则言不可饰也；行从而言之，则行不可饰也。故君子寡言而行以成其信，则民不得大其美而小其恶。《诗》云：‘白圭之玷，尚可磨也。斯言之玷，不可为也。’《小雅》曰：‘允也君子，展也大成。’《君奭》[1]曰：‘昔在上帝，周田观文王之德，其集大命于厥躬。’”

子曰：“南人有言，曰：‘人而无恒，不可以为卜筮。’古之遗言与。龟、筮犹不能知也，而况于人乎？《诗》云：‘我龟既厌，不我告犹。’《兑命》曰：‘爵无及恶德，民立而正事。’‘纯而祭祀，是为不敬，事烦则乱，事神则难。’《易》曰：‘不恒其德，或承之羞。’‘恒其德侦，妇人吉，夫子凶。’”

※ 注释

1 《君奭》：周公给召公的信。

※ 译文

孔子说：“依照所说的话去做，那么所说的话就不可掩饰；依照着所做的事去说，那么所做的事就不可掩饰。因此君子少说话而以行动来成全个人的威信，这样民众就不能随意地夸大他的优点，而掩饰他的缺点了。《诗经》说：‘白玉上面的污点，还可以琢磨干净。但说的话有了毛病，就无法挽回了。’《小雅》说：‘诚信的君子，真诚而有大成就。’《君奭》上说：‘以前上天，慎重地观察文王的德行，才将伟大的使命降于他身上。’”

孔子说：“南方人有句话说：‘人如果性行无常，就不能替他卜筮。’这大概是古人留下的一句话吧！这种人的吉凶连龟筮都不知道（这种人的吉凶），何况是凡人呢？《诗经》说：‘我们的灵龟都已经厌烦了，不再把谋划的吉凶告诉我们了。’《说命》说：‘爵禄不要赏赐给品行恶劣的人，人受爵立为官而后是要掌管事的。’‘专一求神祭祀，这是对鬼神最大的不敬。事情繁杂，就扰乱了典礼，祭祀神也难以得福。’《易经》说：‘如果不能恒久地保持美德，有时就会受到羞辱。’又说：‘占问保持恒久的德行，对于女子可获吉祥，对于男子则有凶险。’”

※ 解读

本篇的主要内容是讲在官位的君子，应该具备相当的道德水准，以德化民，以自身为榜样，然后才能达到安国治民的政治理想。

孔子着重提到国君应该如何治理国家。国君如果能用道德来教育百姓，用礼仪来约束他们，那么百姓就会有向善进取的愿望；如果用政令来教育百姓，用刑罚来约束他们，那么百姓就会想办法逃避刑罚，最终犯下更大的错误。所以国君要爱护百姓，用诚实的态度来团结他们，用恭敬的态度来对待他们。只有这样，才能治理好国家。

孔子还讲到作为国君一定要注意自己的言行，重视“上行下效”的社会效果。国君喜好某种东西，臣民一定会争先恐后地想得到这种东西；国君行“仁”道，臣民也一定会争相行“仁”。所以国君一定要慎重考虑自己的爱憎，表明自己的行“仁”志向。用仁义之道来教化百姓，爱护百姓，百姓就会努力修养自己的品行，来取悦君主，从而四面八方的人民都会来归顺。

国君的话是最容易被无限夸大的，很平常的话，传到臣民的耳朵中，就会变得很神圣。所以国君不要说虚而不实的话、难而不可做的话、秘而不可说的话，这样民众就会言与行一致，行与言相符。

国君不亲近小人，而能信任贤人，臣民也会因此而得到亲近的人，社会上形成亲贤人远小人的风气，就会使教化变得有秩序。

孔子说：“人民把君主当作心脏，君主把民众当作身体。心胸宽广，那么身体就会安舒，心情严肃，那么举止仪容就会恭敬。”可见，国君的榜样作用是很重要的。作为一国之君，高高在上，所有人的目光都集中到了他的身上，所以国君就是一种准则。国君做得好，国家就好治理；否则，就很难治理。

※ 事例

孔子说：下级侍奉上级，不是听从他的命令，而是追随他的行为。上级爱好某种东西，下级一定会比他爱得更甚。所以上级的好恶，不可不慎重，因为他是民众的表率。所以作为统治阶级一定要时刻注意自己的言行喜好，做到以身作则，否则只能招致百姓的“下效”，到头来给国家带来灾难。

上行下效

春秋时，齐景公自从宰相晏婴死了之后，一直没有人当面指责他的过失，因此心中感到很苦闷。有一天，齐景公大宴群臣，酒酣耳热之后，大家一起到广场上射箭取乐。每当齐景公射出一支箭，即使没有射中箭靶的中心，文武百官也都会高声喝彩：“好呀！妙呀！”“真是箭法如神，举世无双。”事后，齐景公便把这件事情对他的得力臣子弦章说了一番。弦章便对景公说：“这件事情不能全怪那些臣子，古人有句话叫‘上行而后下效。’意思就是国王喜欢吃什么，群臣也就喜欢吃什么；国王喜欢穿什么，群臣也就喜欢穿什么；国王喜欢人家奉承，很自然，群臣也就会常向大王奉承了。”景公听了弦章的话，认为弦章的话很有道理，就派侍从赏给了弦章许多珍贵的物品。弦章看了后摇摇头，说：“那些奉承大王的人，正是为了得到多一点的赏赐，如果我受了这些赏赐，岂不是也成了卑鄙小人了！”他说什么也不接受这些珍贵的东西。

问丧

※ 原文

亲始死，鸡，斯，徒跣，扱上衽，交手哭，恻怛之心，痛疾之意，伤肾，干肝，焦肺，水浆不入口，三日不举火，故邻里为之糜粥以饮食之。夫悲哀在中，故形变于外也；痛疾在心，故口不甘味，身不安美也。

三日而敛，在床曰尸，在棺曰柩，动尸举柩，哭踊无数。恻怛之心，痛疾之意，悲哀志懑气盛，故袒而踊之，所以动体、安心、下气也。妇人不宜袒，故发[1]胸，击心，爵踊，殷殷田田，如坏墙然，悲哀痛疾之至也。故曰："辟[2]踊哭泣，哀以送之。"送形而往，迎精而反也。

其往送也，望望然[3]，汲汲然[4]，如有追而弗及也。其反哭也，皇皇然，若有求而弗得也。故其往送也如慕，其反也如疑。

求而无所得之也：入门而弗见也，上堂又弗见也，入室又弗见也。亡矣，丧矣，不可复见矣！故哭泣辟踊，尽哀而止矣。心怅焉，怆焉，惚焉，忾焉，心绝志悲而已矣。祭之宗庙，以鬼飨之，徼幸复反也。

※ 注释

1 发：敞开。2 辟：通"擗"，拊心。3 望望然：眼巴巴的样子。4 汲汲然：急促的样子。

※ 译文

在父亲或母亲刚去世时，孝子就摘下冠饰，头上只留下发笄和包头发的网巾，赤着脚，将深衣前襟的下摆提起反系在腰里，两手交叉在胸前痛哭。那悲惨的心情，伤痛的意念，损伤肾脏，摧裂肝脏，灼焦心肺，连一点水也不想入口。三日来家中不生火做饭，所以邻居就煮点稀粥给他吃。悲哀在心中，所以脸部及形体都变得憔悴不堪；伤痛在心中，所以嘴里吃饭也觉得没滋味，身上穿戴也觉得不自在。

人死后三天大殓入棺。死人在床上叫尸，放入棺材后就叫柩。不管是移动了尸或柩，孝子都要哭泣跺脚，没有次数限定，尽哀而止。悲惨的心情，伤痛的意念，使得心中烦闷，火气太盛，所以就袒露肢体，跺脚踊跳，这是用来活动肢体，安定心情，清除郁积之气。妇女不适合袒衣露体，所以就敞开衣领，捶打心胸，双脚跺地，乒乒乓乓，就像筑墙一般，悲哀痛苦到了极点。因此说："捶胸跺脚，痛哭流涕，是用来哀送死者。"送走死者的形体，迎接他的灵魂返回家中。

孝子前往送葬的时候，眼巴巴地看着前面，显出急促的表情，就像在追赶死去的亲人而又赶不上的样子。葬后归来的路上，要一路哭泣，并显出惶恐不安的表情，就像寻找亲人而又找不到的样子。因此说，孝子前往送葬时，就像小孩追随父母那样急切，孝子葬后回来时，又像担心神灵能否跟着回家那样疑惑不安。

一路上寻求而没有找到；进了家门看不到了，登上厅堂也看不见了，走进寝室也看不见了。亲人真的走了，没了，死了，再也看不到了，因此唯有痛哭流涕、捶胸、跺脚，直到把心中的哀伤都发泄出来为止，然而心中仍是充满惆怅、凄怆、恍惚、慨叹，只有绝望和悲伤而已。所以在宗庙中祭祀，将亡亲当作鬼神来祭祀，怀着侥幸心理，希望亲人的灵魂能够返回。

※ 原文

成圹而归，不敢入处室，居于倚庐，哀亲之在外也。寝苫枕块，哀亲之在土也。故哭泣无时，服勤[1]三年，思慕之心，孝子之志也，人情之实也。

或问曰："死三日而后敛者，何也？曰："孝子亲死，悲哀志懑，故匍匐而哭之，若将复生然，安可得夺而敛之也？故曰三日而后敛者，以俟其生也。三日而不生，亦不生矣，孝子之心亦益衰矣。家室之计，衣服之具亦可以成矣，亲戚之远者亦可以至矣，是故圣人为之断决，以三日为之礼制也。"

※ 注释

1 勤：忧心劳思。

※ 译文

棺柩下葬后，用土把墓穴填平，孝子返回后不敢进入自己的寝室，而居住在倚靠东墙而搭的草庐，是因为哀伤死去的亲人埋在郊外。孝子睡着草垫，枕着土块，这是因为哀伤亲人躺在墓地的土中。因此没有定时地经常哭泣，为亲人服丧三年，日夜思慕自己的亲人，这些都是孝子尽孝的表现，也是人们感情的真实流露。

有人问："亲人死后三天才装殓入棺，这是为什么呢？"答道："孝子在亲人刚去世时，心中的悲痛哀伤堵在心中，所以就伏在尸体上痛哭不止，好像这样亲人就能复活似的，怎么可以从孝子的手里抢来装殓入棺呢？因此说死了三天后才装殓入棺，是为了等待他的复活。过了三天而没复活，也就没有复活的指望了，孝子盼望亲人复活的信心也就大为减弱了。而且过了三天，家中备办丧事的工作以及孝服的准备等，也可以完成了，而远方的亲属也可以赶到了，因此圣人为丧事做出规定，以三天后入殓作为丧礼中的一项制度。"

※ 原文

或问曰："冠者不肉袒，何也？"曰："冠，至尊也，不居肉袒之体也，故为之免以代之也。然则秃者不免，伛者不袒，跛者不踊，非不悲也，身有锢疾，不可以备礼也。故曰丧礼唯哀为主矣。女子哭泣悲哀，击胸伤心；男子哭泣悲哀，稽颡[1]触地无容，哀之至也。"

或问曰："免者以何为也？"曰："不冠者之所服也。《礼》曰：'童子不缌，唯当室缌。'缌者其免也，当室[2]则免而杖矣。"

或问曰："杖者何也？"曰："竹、桐一也。故为父苴杖，苴杖，竹也；为母削杖，削杖，桐也。"

或问曰："杖者以何为也？"曰："孝子丧亲，哭泣无数，服勤三年，身病体羸，以杖扶病也。则父在不敢杖矣，尊者在故也。堂上不杖，辟尊者之处也；堂上不趋，示不遽也。此孝子之志也，人情之实也。礼义之经也，非从天降也，非从地出也，人情而已矣。"

※ 注释

1 稽颡：丧主拜谢宾客时叩头至地。2 当室：童子的父母已去世，由他主持家计。

※ 译文

有人问道："戴着冠的时候就不必袒露肢体，这是为什么呢？"答道："冠，是最尊贵的头饰，不能戴在袒露肢体的人头上，因此袒露肢体时就先除冠，即用麻布扎发来代替冠。但是丧礼中秃子就不用免，驼背就不用袒衣，跛子就不用跺脚，这并不代表他们不悲哀，而是由于自身有不可治愈的疾病，不可以使礼仪做得完备。因此说：丧礼以悲哀为主。女子哭得悲痛哀伤，捶胸击心；男子哭得悲哀，磕头至地，袒衣露臂，这都说明悲哀到了极点。”

有人问道：“童子为什么要戴免呢？”答道：“免是没有行冠礼即未成年人的孩童在丧事中所戴的头饰。《礼》说：‘童子不为远亲服缌麻三月的丧服，只有父母双亡而当家的孩童才为远亲服缌麻三月的丧服。’凡是服缌麻三月丧服的人都要戴免，而当家的人不仅要为远亲之丧戴免，居父母之丧时还要手持孝棒。”

有人问道：“孝棒是什么做的呢？”答道：“有竹子做的，也有桐木做的，但作用是一样的。因此为父亲居丧用苴杖，苴杖是用竹子做的；为母亲居丧用削杖，削杖是用桐木削制而成的。”

有人问道：“为什么要拄孝棒呢？”答道：“孝子在死了父母双亲后，经常哭泣，服丧忧心劳思三年，自然身体虚弱，用孝棒就是为了来扶持病体。然而父亲在世，就不敢（为母、为妻、为长子）拄孝棒，这是因为家里至尊尚在的缘故。在堂上不敢拄孝棒，这是为了避开尊者所处的地方；在堂上也不敢快步走，这是为了表示不急促慌忙。这些都是孝子尽孝的表现，是人们感情的真实流露。礼仪的基本原则不是从天上掉下来的，也不是从地下长出来的，不过是出于人之常情而已。”

※ 解读

“孝子之志也，人情之实也。礼义之经也，非从天降也，非从地出也，人情而已矣。”这段话阐明了“礼”与“孝情”的关系。孝情是“人情之一”，是每个人对父母感情的自然而真实的流露。人是有感情的，但并不一定非归结于“唯情论”或“情本论”不可，然而如果不能从本然之“情”的呈现来看礼的功能、理解礼的含意，恐怕礼的合理性就成了问题，这样我们在理解儒家的思想时就会有所偏差。而这个“情”也是与当时的统治制度和伦理规范相联系的，甚至说可以是它们的基础。在明代有个大戏剧家叫汤显祖，他最著名的戏曲理论基础就是他的“唯情说”。这个唯情说与孔子所提倡的最大的不同，就在于它是一个同封建专制制度和封建伦理规范相对立的范畴，他所谓的情就是个性解放、个性自由。但孔子所说的“情”就可以和“礼”联系起来，并且认为“礼”是来自于“情”中，以“情”为根本，但感情也必须受到礼的制约。

※ 事例

在上篇中我们已经知道一个孝子在父母去世时，怎样做才算尽孝。现在我们就来看一个例子。

薛浚冒雪葬母

薛浚，字道颐，少年丧父，和母亲相依为命，故十分孝顺。天和年间，承袭爵位虞城侯，官至考功侍郎。一日，母亲病死，他就扶棺回家安葬。时值寒冬腊月，他披麻赤脚，冒着风雪，从京都回到夏阳，五百几十里路途中，脚冻指堕，疮血流离，路上的人们都为之伤痛。皇帝令其回朝，他屡次请求服满三年之丧，皇帝不许，他才被迫到京朝见。皇帝见他因居丧过衰而极度瘦弱，就和颜悦色地对群臣说，“我见薛浚哀伤的面容，不觉悲感伤怀！”后来，薛浚竟因伤感过度而死。高祖听到这个消息后，当庭泪流满面。薛浚做了一世的清官，死的时候，并无任何积蓄。

服问

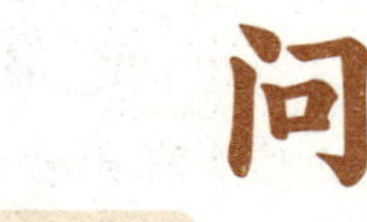

※ 原文

《传》曰“有从轻而重”，公子之妻为其皇姑；“有从重而轻”，为妻之父母；“有从无服而有服”，公子之妻为公子之外兄弟；“有从有服而无服”，公子为其妻之父母。

《传》曰：“母出，则为继母之党服。母死，则为其母之党服。”为其母之党服，则不为继母之党服。

三年之丧既练矣，有期之丧既葬矣，则带其故葛带，绖期之绖，服其功衰。有大功之丧亦如之。小功无变[1]也。

麻之有本者，变三年之葛。既练，遇麻断本者[2]，于免绖之，既免去绖。每可以绖必绖，既绖则去之。

小功不易丧之练冠。如免，则绖其缌、小功之绖，因其初葛带。缌之麻，不变小功之葛；小功之麻，不变大功之葛。以有本为税[3]。

※ 注释

1 无变：小功丧服轻，所以不变服。2 麻断本者：这里指小功以下丧服。本指去掉根部的麻拧成的腰带。3 税：变易。

※ 译文

《大传》中提出了“从服”的几种规定，“有的人要跟着服轻服的人服重服”，比如国君庶子的妻子为国君的正夫人服丧，要比庶子重；而“有的人要跟着服重服的人服轻服”，比如丈夫为岳父母服丧要比妻子轻；“有的人跟着没有丧服的人却要服丧”，比如庶子的妻子要为丈夫的外祖父母服丧，而庶子却不服丧；“有的人跟着有丧服的人却不要服丧”，比如国君的庶子不为岳父母服丧，虽然他的妻子是服丧的。

《大传》又说：“如果自己的生母被父亲休弃了，以后儿子就要为继母的娘家人服丧。如果是继母死了，那以后就要为生母的娘家人服丧。”凡是为生母的娘家人服丧的，就不再为（已死的）继母的娘家人服丧了。

服三年丧已经过了小祥祭，其间又遭遇的一年丧也已经入葬，这时腰绖就系原来三年丧的葛腰绖，首绖系一年丧的葛首绖，丧服穿大功丧的丧服。（服三年丧过了小祥祭），其间又遭遇的大功丧也已经入葬，丧服也和上面一样。（如果先有重服在身），又遭小功之丧，丧服不变化。

遇上大功以上的丧事，要使已经改系葛腰绖的服三年之丧的人再变为系麻腰绖。（服三年丧的人）过了小祥祭之后，遇上小功以下的丧事，那么在小功以下丧事需要著免的时候就为之系麻首绖，需要著免的事情过去之后就把麻首绖去掉。类似上面这样每当可以加首绖的时候就一定为之加首绖，加首绖的事情过去之后就去掉它。

遇小功、缌麻之丧不改变三年丧小祥祭时所戴的练冠。如果遇到小功、缌麻之丧需要著免的时候，就系缌麻、小功之丧所当系的首绖，而仍系当初的葛腰绖。缌麻初丧虽服麻腰绖，但不改变小功丧已经改系的葛腰绖；小功初丧虽系麻腰绖，但不改变大功丧已经改系的葛腰绖。因为只有大功以上之丧才能使前面的重丧在改服葛腰绖之后又变服麻腰绖。

※ 原文

殇长、中，变三年之葛，终殇之月筭，而反三年之葛。是非重麻，为其无卒哭之税。下殇则否。

君为天子三年。夫人如外宗之为君也。世子不为天子服。

君所主夫人妻、大子、嫡妇。

大夫之嫡子为君、夫人、大子，如士服。

君之母非夫人，则群臣无服，唯近臣及仆、骖乘从服，唯君所服服也。

公为卿大夫锡衰[1]以居，出亦如之，当事则弁绖。大夫相为亦然。为其妻，往则服之，出则否。

凡见人无免绖，虽朝于君无免绖，唯公门有税齐衰[2]。《传》曰：“君子不夺人之丧，亦不可夺丧也。”

《传》曰：“罪多而刑五，丧多而服五。上附，下附，列也。”

※ 注释

1 锡衰：最轻的丧服。2 唯公门有税齐衰：进入公门时，服不杖齐衰丧服的人要去掉衰，而不去绖。大功以下的丧服，衰绖都要去掉。

※ 译文

身居三年之丧后，身上的丧服已经换成葛服，又遇到大功近亲的长殇或中殇，就仍须把葛带换成麻带，等到殇死的丧服期满之后，再恢复原来的葛服，这并不是说殇服的麻带比葛带重，而是因为殇服没有卒哭祭，也就没有制服上的变易，如果遇到的是大功近亲的下殇，就无须这样了。

诸侯国君为天子服斩衰三年。诸侯国君的夫人为天子服丧就和诸侯的兄弟之妻为诸侯服丧的时间一样，服期为一年。但作为诸侯的嫡长子，就不必为天子服丧。

身为国君，只为夫人和嫡长子、嫡长子之妻主持丧事。

大夫的嫡子为国君、国君夫人、诸侯的嫡长子服丧，如同士人为他们服丧一样。

国君的母亲如果不是国君父亲的正夫人，那么群臣就不必为她服丧，只有国君的近臣和驾车以及陪车护驾的人随国君服丧，所穿的丧服和国君相同。

国君为卿大夫服丧时，身穿锡衰，在家和出门都是如此，但参加丧礼仪式的活动时，要在皮弁上加缠首绖。大夫们互相服丧也是如此。国君为卿大夫的妻服丧，到丧家去吊丧时就穿丧服，并加缠首绖，出来就摘下不戴了。

凡有居丧者外出见人时，无须除去首绖，即使是去朝见国君，也不须除去首绖，只有穿着齐衰丧服的人经过公门时，才除去首绖。这就是《大传》中说的：“君子不应该剥夺他人守丧的哀情，也不可被人剥夺守丧的哀情。”

《传》说：“罪行虽多而刑罚只有五种，死丧虽多而丧服只分五等。有的上附于重刑或重服，有的下附于轻刑或轻服，这就是等差。”

※ 解读

《服问》篇由《大传》中的“从服”引出主旨，服丧的形式与丧服的类型都必须符合礼的要求。这里“有从轻而重”“有从重而轻”“有从无服而有服”“有从有服而无服”，以及“母出，则为继母之党服。母死，则为其母之党服。”“为其母之党服，则不为继母之党服。”这是从“从服”中引发的，也就是跟着别人而服丧。对象不同，所服的丧也就不同，不能因为你的地位高就可以不服丧，或者服很轻的丧；

也不能因为你对死者感情深，就为他服重丧。服丧也是有一定的规定的。不能随心所欲，你的身份地位是什么，你与死者的关系是什么，由此来决定你服什么丧。《杂记下》中就曾说过：君子不剥夺别人守丧的哀情，也不可被人剥夺守丧的哀情。这其实就是说别人在守丧时所遵守的一些礼，即使你认为是不必要的，但人家那么做了，你还是应该尊重的。而自己在守丧时觉得有些是不必要的，想减省礼节这也是不行的。因此在守丧时，你应该怎么做就怎么做，不能乱套。

※ 事例

在古代对服丧的形式、丧服的类型都做了一定的规定，照此遵行不能乱套，下面我们就来看看关于丧服的五个等级及具体服丧的期限。

五服具体事例

《大传》曰："罪多而刑五，丧多而服五。上附，下附，列也。"意思是说，罪行虽多但刑罚只有五种，死丧虽多但丧服只有五等。有的上附于重刑或重服，有的下附于轻刑或轻服，这就是等差。可见，丧服有五种。

《丧服经传》中记述了五服具体事例，天子以下的人死后相互哀丧的礼节、服饰。篇中依据亲亲、尊尊、名、出入、长幼、从服的原则，对丧服的等级、服丧的年月、亲疏隆杀的礼仪做了详细的说明。天子以下，丧服分为五个等级：斩衰、齐衰、大功、小功、缌麻。服丧的年月分别为三年、一年、九个月、七个月、五个月、三个月。强调服的等级、亲疏、贵贱及所表示的哀戚的心情。举例来说，诸侯为天子、儿子为父亲、妻子为丈夫服斩衰三年；父亲去世后，母亲又去世，为母亲服齐衰三年；为继母服丧如同为生母，嫡母为长子服齐衰三年；父亲在世，为去世的母亲服齐衰一年；被休弃的妻子的儿子为母亲服齐衰一年；父亲去世后，继母改嫁，跟从她的，要为她服齐衰一年；为未成年而死的儿子、女儿服大功；为已嫁人的姑母、姐妹、女儿服小功；做父亲继承人的庶子为自己的母亲，妻子为丈夫的姑母、姐妹、祖父母服缌麻。总之，《丧服经传》里对古代服丧做了明细的规定。

间传

※ 原文

斩衰何以服苴？苴，恶貌也，所以首[1]其内而见诸外也。斩衰貌若苴，齐衰貌若枲[2]，大功貌若止，小功、缌麻容貌可也。此哀之发于容体者也。

斩衰之哭若往而不反，齐衰之哭若往而反，大功之哭三曲而偯[3]，小功、缌麻哀容可也，此哀之发于声音者也。

斩衰唯而不对，齐衰对而不言，大功言而不议，小功、缌麻议而不及乐，此哀之发于言语者也。

斩衰三日不食，齐衰二日不食，大功三不食，小功、缌麻再不食，士与敛焉则壹不食。故父母之丧，既殡食粥，朝一溢米，莫一溢米。齐衰之丧疏食，水饮，不食菜果。大功之丧不食醯酱。小功、缌麻不饮醴酒。此哀之发于饮食者也。

※ 注释

1 首：本。2 枲：不结籽的麻，其皮较光滑，颜色较浅。3 偯：拖长声音哭。

※ 译文

斩衰丧服为什么要用苴麻做绖带呢？因为苴麻的颜色很像人有大忧的外貌，所以佩戴苴麻，用来表示内心的悲痛而体现于外表。服斩衰的人的面色悲痛得就像苴麻的颜色一样，服齐衰的人的脸色就如同枲麻的颜色，服大功的人神情呆板，服小功和服缌麻的人，保持平常的脸色就行了。这是哀痛在容貌体态上的表现。

服斩衰的人的哭声，就像气绝而收不回来的样子，服齐衰的人的哭声，好像气绝而还能收得回来，服大功的人的哭声，每一声有几个高低，最后还要拉长余音，服小功或缌麻的人只要哭得有悲哀的样子就行了，这是悲哀之情在声音方面的表现。

服斩衰的人，别人同他说话，他只会“唉唉”地答应而不回答具体的话、服齐衰的人，只回答别人的问话，但不主动地说话，服大功的人可以主动与人说话，但不说与丧事无关的话，服小功或缌麻的人，可以说与丧事无关的话而不说快乐的事，这是悲哀之情在言语方面的表现。

亲人刚死，服斩衰的人三天不吃饭，服齐衰的人两天不吃，服大功的人三顿不吃，服小功或缌麻的人两顿不吃，士人如果参与小殓或大殓，就要停吃一顿饭。因此父母死亡，在入殡以后，孝子才开始吃粥，早上用一把米煮粥，晚上也用一把米煮粥。齐衰之丧，服丧者吃些粗疏的食物和喝一点白水，不能吃蔬菜和果品。大功之丧，服丧者可以吃菜果，但不能用酱醋等调料。小功或缌麻之丧，服丧者只要不喝甜酒和白酒就行了。这是悲哀在饮食方面的表现。

※ 原文

父母之丧，既虞、卒哭，疏食，水饮，不食菜果；期而小祥，食菜果；又期而大祥，有醯酱；中月而禫，禫而饮醴酒。始饮酒者先饮醴酒，始食肉者先食干肉。

父母之丧，居倚庐，寝苫枕块，不说绖带。齐衰之丧，居垩室，苄[1]翦不纳。大功之丧，寝有席。小功、缌麻，床可也。此哀之发于居处者也。

父母之丧，既虞、卒哭，柱楣，翦屏[2]，苄翦不纳；期而小祥，居垩室，寝有席；又期而大祥，居复寝；中月而禫，禫而床。

斩衰三升。齐衰四升、五升、六升。大功七升、八升、九升。小功十升、十一升、十二升。缌麻十五升去其半，有事其缕，无事[3]其布，曰缌。此哀之发于衣服者也。

※ 注释

1 苄：一种可以编席的蒲草。2 翦屏：剪齐倚庐门两边的茅草。3 事：加工炼制。

※ 译文

为父母守丧，在举行过虞祭和卒哭祭之后，孝子就可以吃粗疏的食物和喝白水，但不能吃蔬菜和果品。守丧满一年举行小祥祭后，就可以吃蔬菜和果品了；又过了一年举行大祥祭后，吃饭就可以用酱醋等调料了；大祥祭后隔一个月举行禫祭，禫祭后就可以喝甜酒和白酒了。开始喝酒要先喝甜酒，开始吃肉要先吃干肉。

为父母守丧，孝子住在倚墙搭起的茅棚里，睡在草垫上，枕着土块，睡时不脱首绖和腰带。服齐衰的人守丧，居住在用土坯为墙而不加涂饰的茅棚里，睡的蒲席只剪齐四边而不反摺为边。服大功丧的，可以睡在平日的席上。服小功或缌麻之丧的，居处如常，可以睡在床上。这是悲哀之情在居住设备方面的表现。

为父母守丧的人，在举行了虞祭和卒哭祭之后，可以把倚庐挨地的一边抬起用柱子撑高，剪齐门两边的茅草，睡的蒲席剪齐四边，而不反摺为边；守丧满一年举行了小祥祭之后，就可以住到垩室里，睡觉有常用之席；再过一年举行大祥祭以后，就可以回到自己的寝室里住；又隔一个月举行禫祭，禫祭之后可以睡到自己的床上了。

斩衰用的布是三升的粗麻布。齐衰用的布有四升、五升、六升三种。大功的丧服用的布有七升、八升、九升三种。小功的丧服用的布有十升、十一升、十二升三种。缌麻的丧服用十五升而抽去一半纱缕的布做成，只把它的纱缕加工得细如丝，而织成的布则不加灰捶洗，这样的布叫作缌布。这是悲哀之情在丧服方面的表现。

※ 原文

斩衰三升，既虞、卒哭，受[1]以成布六升，冠七升。为母疏衰四升，受以成布七升，冠八升。去麻，去麻服葛，葛带三重。期而小祥，练冠，縓缘，要绖不除。男子除乎首，妇人除乎带。男子何为除乎首也？妇人何为除乎带也？男子重首，妇人重带，除服者先重者，易服者易轻者。又期而大祥，素缟，麻衣。中月而禫，禫而纤，无所不佩。

易服者何为易轻者也？斩衰之丧，既虞、卒哭，遭齐衰之丧，轻者包，重者特[2]。

既练，遭大功之丧，麻、葛重。

齐衰之丧，既虞、卒哭，遭大功之丧，麻、葛兼服之。

斩衰之葛，与齐衰之麻同；齐衰之葛，与大功之麻同；大功之葛，与小功之麻同；小功之葛，与缌之麻同。麻同则兼服之。兼服之服重者，则易轻者也。

※ 注释

1 受：从重服顺次递减为轻服。2 特：独立。

※ 译文

斩衰是用三升布制成的，到虞祭、卒哭祭之后，就可以减为六升成布的衰裳和七升的丧冠。为母亲穿的齐衰丧服是用四升布制成的，到虞祭、卒哭祭之后，也可以减为七升成布的衰裳和八升的丧冠。将原来的麻腰带改用葛腰带，葛腰带改成三股相重的。服丧满一年举行小祥祭后，可戴经过漂白的丝冠和领子有浅红色滚边的内衣，但腰带和首绖不能都除掉。男子先从首绖除起，妇人先从腰带除起。为什么男子先从首绖除起？妇人先从腰带除起呢？因为男子以头为重，所以先除首绖，妇人以腰为重，所以先除腰带，所以除丧中要先除最重的部分，而改变丧服则先改变轻服。又过了一年举行大祥祭，孝子改戴生绢制的冠，改穿十五升做的麻布深衣。又隔一个月举行禫祭，禫祭后，孝子就戴黑经白纬布做的冠，从这以后，身上就可以佩戴各种装饰了。

改换丧服时，原有重丧在身，遭遇新轻丧，为什么要改换旧丧中各自较轻的部分呢？身上原有斩衰丧服，在虞祭、卒哭祭之后，又遭齐衰之亲的初丧，改换丧服时，斩衰的较轻部分就包含在新改的丧服之内，而斩衰的重要部分只能独立地保持着。

如果在服斩衰之丧时，举行过小祥祭之后，又遇到大功之初丧，先服重麻，后又改服重葛。

服齐衰丧，举行过虞祭和卒哭祭，又遭逢大功之丧，就兼系麻、葛两种绖。

斩衰的葛带葛绖与齐衰卒哭祭之前的麻带麻绖的粗细相同；齐衰的葛带葛绖与大功卒哭祭之前的麻带麻绖粗细相同；大功的葛带葛绖与小功卒哭祭之前的麻带麻绖粗细相同；小功的葛带葛绖与缌麻的麻带麻绖粗细相同。前丧的葛绖与后丧的麻绖相同就可以兼服前后丧之绖，兼服前后丧之绖，就是用后丧的重绖替换前丧的轻绖。

※ 解读

《间传》篇的主要内容是对丧礼的仪节和丧服制作综合性的记述，尤其在亲疏远近、轻重厚薄之间的差别方面，有比较精细的说明。如“斩衰三升，齐衰四升五升六升，大功七升八升九升，小功十升十一升十二升，缌麻十五升去其半，有事其缕、无事其布曰缌。此哀之发于衣服者也”。布的经线每八十缕为一升，所服亦因丧主的年龄、性别而有所不同。大抵以斩衰服为标准，血缘关系愈远制作愈精细愈接近平常服装，血缘关系愈近制作愈粗糙近古。这就是对死者哀情的表达在丧服制作上的不同：与死者的关系越亲近，服丧时所穿的丧服越接近原始，因为那是关系亲密的表现；相反，与死者的关系越疏远，所穿的丧服就越精细。因此，可以从丧服的制作上来确定与死者的关系，不同关系的人穿不同的丧服，直到现在还是这样。对亲人的哀情就可以从这里看出。丧服的质地越高，血缘关系越远。关于丧服的制定，用《三年问》中的一句话来说，就是“称情而立文”，即为达情而制定礼文。这样，复杂的宗法社会的人伦关系就以丧服制度而简明地显示出来，丧制是礼制形成的重要原因。

※ 事例

为亲人服丧最重要的是要有一颗恭敬的心。而对于没有能力办丧事的人，如果你有能力就尽量帮助他。这才称得上是君子的所作所为。范仲淹父子就是这样。

父子同德流芳千古

范仲淹在很小的时候，他的父亲就去世了，日子过得很凄惨。但他却以天下为己任，勤奋读书，经常说："我们应该在天下人忧患之前忧患，在天下人快乐之后快乐。"他曾经问过一个相士："我能做宰相不？"再问，"我能做名医不？"相士怪他前后两问相差得太远，就不知从何答起。他说："因为只有宰相和名医，才可以救人。"相士叹道："您的仁心如此，真不愧是宰相！"他从政后，每论起天下大事，都奋不顾身。很小的时候就想着赡养族人，后为宰相，即捐置良田千亩，称为义田。他的二儿子纯仁，也是一代名相，多次接受父命，送麦子到苏州，麦子脱售后，在回来的路上见到石曼卿。石说："三丧未葬。"于是就将麦金给了他。又说："两个女儿还未嫁。"于是再将麦舟给了他。纯仁回去拜见父亲，说起曼卿的事情："以麦金给他，还是不够。"公说："何不连舟也给他？"答曰："我已经这样做了。"公曰："做得好！"范氏父子这样一心同德，成为了千古佳话。

三年问

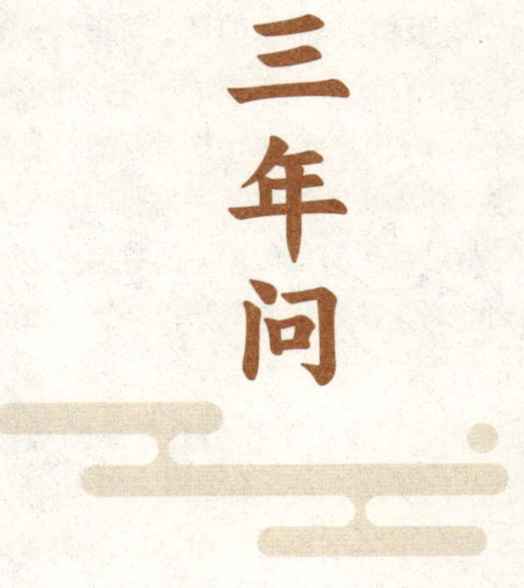

※ 原文

三年之丧何也？曰：称情[1]而立文，因以饰群别、亲疏、贵贱之节，而弗可损益也，故曰“无易之道”也。创巨者其日久，痛甚者其愈迟。三年者，称情而立文，所以为至痛极也。斩衰，苴杖，居依庐，食粥，寝苫，枕块，所以为至痛饰也。三年之丧，二十五月而毕，哀痛未尽，思慕未忘，然而服以是断之者，岂不送死有已，复生有节也哉？

凡生天地之间者，有血气之属必有知，有知之属莫不知爱其类。今是大鸟兽则失丧其群匹，越月逾时焉，则必反巡，过其故乡翔回焉，鸣号焉，蹢躅焉，踟蹰焉[2]，然后乃能去之。小者至于燕雀，犹有啁噍之顷焉，然后乃能去之。故有血气之属者，莫知于人，故人于其亲也，至死不穷。

将由夫患邪淫之人与，则彼朝死而夕忘之，然而从之，则是曾鸟兽之不若也，夫焉能相与群居而不乱乎？将由夫修饰之君子与？则三年之丧，二十五月而毕，若驷之过隙，然而遂之，则是无穷也。故先王焉。为之立中制节，壹[3]使足以成文理，则释[4]之矣。

※ 注释

1 称情：与哀情相合。2 蹢躅、踟蹰：停留、徘徊。3 壹：全、都。4 释：除丧服。

※ 译文

把守丧的时间规定为三年，是根据什么呢？答道：这是符合人们的哀情深度而制定的礼，并借此来表明亲属关系，区别亲疏贵贱的界限，而不可任意增减，因此说这是“不可以更改的制度”。创伤越大，康复的日子就越长；悲痛愈深，痊愈的时间就要推迟。所以要守丧三年，这是符合孝子的哀情深度而制定的礼，也是为极度的哀痛而制定的。守丧三年，要穿缝齐毛边的丧服，拄着粗陋、黎黑的竹杖，住着倚墙而搭起的草棚，吃稀饭，睡草垫，枕土块，这都是用来表明承受着内心的巨大哀痛。所谓三年之丧，其实二十五个月就结束了，虽然孝子的哀痛还没有平息，对死者的思念还没有忘怀，然而服丧时期到此为止，这难道不是说守丧也有终止的期限，恢复正常生活总有一定的时节吗？

凡是生活在天地之间的生物，只要是有血肉有气息的动物就一定有知觉，有知觉之类的动物没有不晓得爱它的同类的。就说那些大鸟大兽吧，如果失掉同伴或丧失了配偶，即使过了一个月，甚至过了一个季节，还是要返回巡视，经过居住的地方，还要盘旋着，鸣叫着，徘徊良久，然后才肯离去。小到燕雀，还要（对死去的同伴）鸣叫一阵，然后才能离去。因此有血气的动物中，没有比人类更聪明智慧的，所以人对于自己亲人的情感，是到死也不会忘记的。

将由着那些愚昧邪恶放荡的人吗？他们早晨死了亲人，到了晚上就会淡忘，然而顺从他们的意思而行事，那么人类就连禽兽都不如了，这样，过群体生活怎么能不乱呢？如果由着那些有道德修养而又心地纯正的人，他们觉得三年之丧到满二十五月就结束了，就好像四匹马拉的车从缝隙一闪而过那样短暂，然而要依他们的意愿行事，那丧期就没完没了了。因此古代的君王为人们采取折中的办法作为节制，使大家都能够做到既合乎礼又合乎理，到二十五个月时就除去丧服。

※ 原文

然则何以至期也？曰：至亲以期断。是何也？曰：天地则已易矣，四时则已变矣，其在天地之中者，莫不更始焉，以是象之也。然则何以三年也？曰：加隆焉尔也，焉使倍之故再期也。

由九月以下，何也？曰：焉使弗及也。故三年以为隆，缌、小功以为杀[1]，期、九月以为间。上取象于天，下取法于地，中取则于人，人之所以群居和壹之理，尽矣。故三年之丧，人道之至文[2]者也，夫是之谓至隆，是百王之所同，古今之所壹也，未有知其所由来者也。孔子曰：“子生三年，然后免于父母之怀。夫三年之丧，天下之达丧也。”

※ 注释

1 杀：减轻。2 文：完美。

※ 译文

然而为什么有服一周年丧服的呢？回答说：为最亲的人服丧应在满一年的时候除丧。又问道：这是为什么呢？回答说：经过一年，天体已经运转循环了一周，春夏秋冬四季也已经更换一轮了，在天地之间的万物，也都开始更生了，所以为至亲服周年，也是象征着重新开始。那为什么有的要服三年的丧期呢？回答说：是因为死者地位尊贵而更加隆重，因此将丧期延长一倍，所以要服满二十五个月再除服。

那九月以下的服丧期又是为什么呢？回答说：因为有的亲属不是至亲，于是他们的丧期就比不上至亲。所以服三年的丧期是最隆重的服制，而缌麻三月、小功五月是因关系疏远而递减的，以齐衰一年、大功九月的为近亲居中间的服制。丧期的规定，上取天象，下取地物，中取人类的亲情，人类之所以能居中而和睦团结的道理，都尽在其中了。因此守三年之丧，是人情在丧礼上的最完美的表现，也就是最隆重的礼，是历代君王所共同遵守的，从古到今都是一致的，还没有人知道这是从什么时候开始传下来的。孔子说："小孩三岁后，才能离开父母的怀抱。为父母守丧三年，是天下通行的丧礼。"

※ 解读

《三年问》通过解释服丧的期限为什么有长有短，以及区分等差定制的道理，来说明丧制的最终目的在于促进家族的团结与社会的安定。

古代服丧的期限长短规定，它上取天象，下取地物，中取人类的亲情，丧期最隆重的有三年丧，其实二十五个月就可以结束了，这是符合人们的哀情而制定的礼，借服丧服的长短可以区分亲疏贵贱，所以不可以任意增减；一年的丧期，是为最亲的人服丧的期限，因为一年之中，春夏交替，万物都开始更生了，所以应该有个重新开始；至于那些服九个月以下丧的，是因为有的亲属不是至亲。所以服三年丧期的是最隆重的服制。服丧是人伦道德中最完美的行为，是历代君王所共同遵守的。

服丧期限制定过程中，人类的亲情关系之所以居于主导位置，是因为服丧的最终目的是为了促进家族的和睦团结和社会的安定。有人认为丧期为三年，没有必要，早上死了亲人，到了晚上就可淡忘。这样无情无义就会乱了人伦秩序；也有人认为三年是丧期太短了，那么哀痛就没完没了了，还要节哀，否则也会影响正常的生活。因此，古代君王采用折中的办法，把丧期的期限做了不同的规定，也是让人有个参照，不要出现过与不及的行为，影响了正常的社会秩序和家庭生活。

※ 事例

《三年问》篇中说把守丧的时间规定为不同期限，是根据什么呢？答道：这是符合人们的哀情深度而制定的礼，并借此来表明亲属关系，区别亲疏贵贱的界限，而不可任意增减。的确是很有道理的。之所以为父母守丧期最长，是因为父母养育子女，哺乳期为三年，所以把孝期定为三年是理所当然的事情。古代的孝子通常会在父母的坟墓旁搭建一个墓庐，在那里为父母守丧三年，表示对父母的慎终追思。

王裒泣墓

三国时候，魏国有个孝子名叫王裒，他的父亲王仪是被晋文帝杀死的，所以王裒终生都不肯面向西而坐，以表明自己不肯给晋朝做臣子的决心。他的母亲生前很怕打雷。母亲过世的时候，他就在母亲的坟墓旁边筑了一个小屋，在那里居住。每次遇上打雷下雨天气的时候，王裒他都会跑到墓前，泪涔涔地拜哭着说："儿子王裒在此陪伴母亲，母亲不要害怕呀！"在没有雷雨的日子，他也整天因为极度思念母亲，而常扶着墓旁的柏树哭，咸咸的眼泪落到树上，久而久之，那棵柏树竟然慢慢枯萎了。是因为柏树也被他的孝心感动了。

儒行

※ 原文

鲁哀公问于孔子曰："夫子之服，其儒服与？"孔子对曰："丘少居鲁，衣逢掖之衣；长居宋，冠章甫之冠。丘闻之也，君子之学也博，其服也乡，丘不知儒服。"

哀公曰："敢问儒行。"孔子对曰："遽[1]数之不能终其物，悉数之乃留[2]，更[3]仆未可终也。"

哀公命席。孔子侍，曰："儒有席上之珍以待聘，夙夜强学以待问，怀忠信以待举，力行以待取：其自立有如此者。

"儒有衣冠中[4]，动作慎；其大让如慢，小让如伪；大则如威，小则如愧；其难进而易退也，粥粥若无能也：其容貌有如此者。

"儒有居处齐难[5]，其坐起恭敬，言必先信，行必中正，道涂不争险易之利，冬夏不争阴阳之和，爱其死以有待也，养其身以有为也：其备豫[6]有如此。

※ 注释

1 遽：急。2 留：久。3 更：替换。4 中：正。5 齐难：庄重、恐惧。6 备：防祸害。豫：先行善道。

※ 译文

鲁哀公问孔子说："先生穿的衣服，是儒者的服饰吗？"孔子回答说："我孔丘小时候住在鲁国，穿鲁国人常穿的大袖子单衣；长大后居住在宋国，戴宋国人所戴的章甫冠。我听说过这样的话，君子的学问要广博，穿衣服要入乡随俗。我不知道什么样的服装是儒者所特有。"

哀公又问："请问儒者的行为准则是什么？"孔子回答说："急匆匆地数说，不能将这些事情完全说清；如果要将其全部细说清楚，需要很长的时间，以致等到仆侍换班的时候，也还不能说完。"

哀公命人铺设坐席。孔子陪侍一旁，说："儒者要像席上的国宝，等待诸侯行聘时使用，早晚加强学习，来等待别人询问，心怀忠信，来等待推举，尽力而行，以等待别人录取：儒者自立于世就是像这样的。

"儒者穿戴适中，不异于常人，举止、动作谨慎，对于大事而辞让，似有傲慢之情；对于小事而辞让，却有如虚伪；处理大事审慎，有畏惧之色；处理小事恭谨，似有惭愧之色，唯恐做不好；他们不愿与人争，但愿退让，柔弱谦卑的样子好像是无能之辈：儒者的容貌就是像这样的。

"儒者平日起居的态度十分庄重小心，无论坐或立都非常恭敬，说话必以信用为先，行为必定中正不偏，在行路上，不与人争平坦险阻，冬天夏天，不与人争暖和凉快的住处，珍惜生命，是为了等待发挥作用的机会，保养身体，是希望有所作为：儒者预先准备的工夫就是像这样的。"

※ 原文

"儒有不宝金玉，而忠信以为宝；不祈土地，立义以为土地；不祈多积，多文以为富；难得而易禄[1]也，易禄而难畜也。非时不见，不亦难得乎？非义不合，不亦难畜乎？先劳而后禄，不亦易禄乎？其近人有如此者。

"儒有委之以货财，淹[2]之以乐好，见利不亏其义；劫之以众，沮[3]之以兵，见死不更其守；鸷虫攫搏不程勇者，引重鼎不程其力；往者不悔，来者不豫；过言不再，流言不极，不断其威，不习其谋：其特立有如此者。

"儒有可亲而不可劫也，可近而不可迫也，可杀而不可辱也。其居处不淫，其饮食不溽[4]，其过失可微辨而不可面数也：其刚毅有如此者。

"儒有忠信以为甲胄，礼义以为干橹，戴仁而行，抱义而处，虽有暴政，不更其所：其自立有如此者。"

※ 注释

1 易禄：轻视高官厚禄。2 淹：腐蚀。3 沮：恐怖。4 溽：恣意讲究滋味。

※ 译文

“儒者不以金玉为宝，而把忠信当作宝；不祈求拥有土地，而把建立道义当作立身的土地；不祈求聚敛财富，而把具有渊博的知识作为富有；儒者很难得到，而容易供养，容易供养而难以驯服。不是政治清明的时代，儒者隐居不仕，这不是很难得到吗？如果国君的行为不合义理，他们就不予合作，这岂不是很难驯服吗？他们以事业为先，受禄为后，这不是很容易供养吗？儒者接近人的原则是像这样的。

“对于儒者，当给他财物，或用娱乐去腐蚀他时，他不会见利而做有损于道义的事；用众人去威胁他，用兵器去恐吓他，即使在死亡面前他也不变更操守；遇到凶禽猛兽，就奋不顾身地去搏击，而不是先衡量自己的勇力能否对付，遇到要举重鼎，尽力而为，不考虑自身的体力够不够；对于自己做过的事，不再追悔，对于未来的事，不预先妄加猜测；说错的话不会再说；对于流言蜚语，不屑于穷根究底，始终保持自己的威严的容止，遇事（不改变既定的主意而）重新谋划：儒者的独特就是像这样的。

“儒者可以亲近，但不可以威胁，可以接近，而不可以强迫，可以杀掉，而不可以侮辱。他们对住处不追求奢侈华丽，饮食也不讲究，有了过失可以委婉地辨析而不可当面指责：儒者的刚毅就是像这样的。

“儒者将忠信当作像铠甲头盔一样的护身装备，把礼义作为像大小盾牌一样的防御武器，头戴仁而行，怀抱义而居，即使国家遇到暴虐的政治，也不改变他们所立的操守：儒者的自立就是像这样的。”

※ 原文

“儒有一亩之宫，环堵之室，筚门，圭窬，蓬户，瓮牖，易衣而出，并日而食。上答之，不敢以疑；上不答，不敢以谄：其仕有如此者。

“儒有今人与居，古人与稽[1]；今世行之，后世以为楷；适弗逢世，上弗援，下弗推，谗谄之民有比党而危之者，身可危也，而志不可夺也；虽危，起居[2]竟信其志，犹将不忘百姓之病也：其忧思有如此者。

“儒有博学而不穷，笃[3]行而不倦，幽居而不淫，上通而不困，礼之以和为贵，忠信之美，优游之法，慕贤而容众，毁方而瓦合：其宽裕有如此者。

“儒有内称不辟亲[4]，外举不辟怨，程[5]功积事，推贤而进达之。不望其报，君得其志；苟利国家，不求富贵：其举贤援能有如此者。”

※ 注释

1 稽：合。2 起居：犹言一举一动。3 笃：纯。4 称：推举。辟：通“避”。5 程：较量，考核。

※ 译文

“儒者有一亩地的宅院，住着周围一丈见方的房间，有用竹子或荆条编的院门，门旁院墙上开个圭形的小门洞，屋门用蓬编成，窗子只有瓮口那么大，更换衣服而后出门，两天只吃一天的饭。国君答应采纳他的建议，他就不敢产生怀疑；国君不采用他的建议，他也绝不去取媚于人：儒者对于做官的态度就是像这样的。

“儒者虽与当今之人一起居住，但思想行为却与古人相合；儒者今世的行为，可以作为后世学习的榜样；如果没有遇到政治清明的时代，上边得不到国君的提拔，下边也得不到基层官吏的推举，造谣之徒又相互勾结来危害他，他却身可遭害，但志操不可动摇；虽处危境举动行事终究要伸展他的志向，仍将念念不忘百姓的患难疾苦：儒者的忧国思民之心就是像这样的。

“儒者有广博的学识而不停止学习，切实地实行而不厌倦，隐居独处而不做淫邪放纵之事，上通达仕于君上而不会为政务所困窘，以礼待人、以和为贵，具有忠信的美德，优游从容的风度，思慕贤人而又能团结众人，犹如磨毁自己方正的棱角而融合众人，犹如房瓦之切合：儒者的宽广胸怀就是像这样的。

“儒者推荐贤人，对内不会因为亲属关系而不推举，对外不会因为此人和自己有私仇而避弃仇人，在推举前，对被推举人的功业、历年的事迹进行考核，推荐贤能而使他们获得任用。推举贤者，并不企望对方报答，但求如国君用贤的心愿；只要有利于国家，不是通过荐贤来求得个人富贵：儒者推举引用贤能的人就是像这样的。”

※ 原文

“儒有闻善以相告也，见善以相示也，爵位相先也，患难相死也，久相待也，远相致也：其任举有如此者。

“儒有澡身而浴德[1]，陈言而伏，静而正之，上弗知也；粗而翘之，又不急也；不临深[2]而为高，不加少而为多；世治不轻，世乱不沮[3]；同弗与，异弗非也：其特立独行有如此者。

“儒有上不臣天子，下不事诸侯，慎静而尚宽，强毅以与人，博学以知服，近文章，砥厉[4]廉隅，虽分国，如锱铢，不臣不仕：其规为有如此者。”

※ 注释

1 澡身：犹言洁身。浴德：沐浴于德，即以道德自律。2 深：地位低下的人。3 不沮：不废弃己志，即不放弃个人的理想。4 砥厉：磨刀石，精为砥、粗为砺。

※ 译文

“儒者之间，听到有益的话就相互告知，看到好的行为就相互传示。在爵位面前，朋友之间互相谦让，在患难面前，就争相捐躯，有的友人长期不得志，自己愿意等待与他一同出仕，有的友人在远方不得志，就想方设法招他来入仕：儒者任用和推荐志同道合的友人就是像这样的。

“儒者洁身自好不为污浊所染，处处以道德自律，陈述自己的建议而静听君命，并默默地坚持正道。如果国君不理解他，就略加启发，又不急于求成。不站在深鄙面前而自以为高，不凌驾功少的人之上而夸大自己的功绩；遇到盛世，群贤并处而不自轻，遇到乱世，坚守正道而不沮丧；与自己观点相同的人，不和他结党营私，与自己观点不同的人，也不对他妄加非议：儒者的特立独行就是像这样的。

“儒者有上不为天子的，下不侍奉于诸侯的，谨慎安详而崇尚宽和，与人相处而坚持原则，学识渊博却又能服膺贤人，亲近礼乐法度，以磨砺个人方正的品格，即使把国家分封给他，在他看来却像小事一样微不足道，不愿臣服于人，也不愿出仕做官：儒者规范自己的行为就是像这样的。”

※ 原文

“儒有合志同方，营道同术[1]，并立则乐，相下不厌，久不相见，闻流言不信。其行本方立义，同而进，不同而退：其交友有如此者。

“温良者，仁之本也；敬慎者，仁之地也；宽裕者，仁之作也；孙接者，仁之能也；礼节者，仁之貌也；言谈者，仁之文也；歌乐者，仁之和也；分散者，仁之施也。儒者皆兼此而有之，犹且不敢言仁也：其尊让有如此者。

“儒有不陨获[2]于贫贱，不充诎[3]于富贵，不慁[4]君王，不累长上，不闵[5]有司，故曰‘儒’。今众人之命‘儒’也妄，常以‘儒’相诟病。”

孔子至舍。哀公馆之：“闻此言也，言加信，行加义，终没吾世，不敢以儒为戏。”

※ 注释

1 术：方法。2 陨获：困迫失志的样子。3 充诎：充，盈满。诎，失节。4 慁：辱。5 闵：病，患害。

※ 译文

“儒者有志同道合的朋友，方向一致，营求道义，路数相同，并立于世就都高兴，相互谦下，彼此也不嫌弃，与友人长期不见，听到关于他的流言蜚语，自己绝不相信。他们的行为要本于方正，建立于道义之上，与自己志同道合的，就接近与他交往，与自己志向不同的，就分手退避疏远：儒者交朋友的原则就是像这样的。

“温柔善良，是仁的根本；恭敬谨慎，是仁的实践；宽宏大量，是仁的行动；谦逊待人，是仁的功能；礼节是仁的外貌；说话谈吐高雅，是仁的文饰；吹歌弹唱，是仁的和谐；分散钱财，赈济贫穷，是仁的布施。儒者兼有这几种美德，尚且不敢自称达到仁了：儒者恭敬谦让就是像这样的。

“儒者不因为贫贱困迫而丧失意志，不因富贵享乐而骄奢失节，不受君王的困辱，不受长上的束缚，不受官吏的刁难而违背道义，因此叫作‘儒’。现在人们对‘儒’的看法是不正确的，故而常常拿‘儒’者这个名称来相互羞辱。”

孔子至馆舍，鲁哀公款待他，说：“听了以上的话后，知道儒者的言论更加可信，行为更加合理，一直到我死也不敢拿儒者来开玩笑了。”

※ 解读

《儒行》篇是从各种不同的角度，来说明儒者所特有的道德行为，以显示真正的儒者不同于凡俗的可贵之处。

本篇中讲道：“孙接者，仁之能也；礼节者，仁之貌也。”我们知道“孙”就是“逊”，指谦逊的待人接物。礼既是仁的表现和实现，又是其效能。从中我们可以看出，“礼”是实现“仁”“义”的具体方式或途径。我们在前面的《曲礼上》篇中，已经看到这样的字句：“道德仁义，非礼不成。”也就是说，所谓的仁义道德伦理，都是通过“礼”来实现的。在《中庸》篇中我们又可以看到，仁义是礼的灵魂，或换言之谓礼的指导思想，而“礼”是“仁”“义”的具体实践，也就是在实践“仁”“义”的时候体现礼，礼是儒家的行为规范和精神体现。可见，“礼”与“仁”“义”是相辅相成、不可分割的。不能单一地去看“礼”，或者离开“礼”去看“仁”“义”，而应该有联系地互为因果地去认识。

※ 事例

《儒行》篇借用孔子之口，具体地阐明了有关儒士的行事风范，从各个方面为我们展示了关于儒士的行为准则，为我们评判儒士提供了很好的依据。儒士具有超凡脱俗的举动，敢于为了追求真理而和世俗背道而驰，这一点在古代的隐士身上表现得尤为明显。陶渊明就是一个最好的例子。

陶渊明的田园生活

陶渊明辞归故里，过着自食其力的田园生活。夫人翟氏，也与他志同道合，安贫乐道，夫唱妇随，共同劳动，维持生活，与劳动人民耕耘在一起。有方宅十余亩，草屋八九间，房前屋后绿树成荫，不时飘来瓜果之香。陶渊明爱菊，所以在宅边遍植菊花，很有一种“采菊东篱下，悠然见南山”的情趣。他生性嗜酒，逢饮必醉，所以每每朋友来访，无论贵贱，只要家中有酒，必与同饮，他先醉，便对客人说：“我醉欲眠卿可去。”义熙四年，住地上京失火，陶渊明一家被迫迁往栗里陶村，生活开始遭遇困境。整天过着食不果腹的生活，后来有人劝他出仕，被他委婉拒绝了。他的晚年生活过得十分清苦，几乎是靠亲朋好友的周济过活。不过，他接受周济，是有原则的。他辞官回乡二十二年一直过着贫困的田园生活，而固穷守节的志趣，老而弥坚，始终不改自己淡泊人生的初衷。

大学

※ 原文

大学之道，在明明德，在亲民[1]，在止于至善。知止而后有定，定而后能静，静而后能安，安而后能虑，虑而后能得。物有本末，事有终始，知所先后，则近道矣。

古之欲明明德于天下者，先治其国；欲治其国者，先齐[2]其家；欲齐其家者，先修其身；欲修其身者，先正其心；欲正其心者，先诚其意；欲诚其意者，先致其知；致知在格物[3]，物格而后知至，知至而后意诚，意诚而后心正，心正而后身修，身修而后家齐，家齐而后国治，国治而后天下平。自天子以至于庶人，壹是皆以修身为本。其本乱而末治者[4]，否矣。其所厚者薄，而其所薄者厚，未之有也。此谓知本，此谓知之至也。

※ 注释

1 亲民：使民众弃旧图新、去恶从善。亲：是“新”字误，言既自明其德，而使人用此道以自新。2 齐：整，整治。3 格物：穷究事物的原理。格：至。物：事。4 本：即自身的道德修养。末：这里指身外之物。

※ 译文

多多学习的目的，在于使人的美德更加显明，在于使人弃旧图新，在于使人达到至善的道德境界。知道要达到至善的道德境界，然后才能有坚定的方向，有了坚定的方向，然后才能心情宁静，心静然后才能安心，安心才能思虑，思虑周详，然后才能处事得宜。万物都有其本末轻重，万事都有其先后始终，知道了事物的先后次序，就接近于学习的目的了。

古代有想要显明美德于天下的人，首先要治理好自己的国家；要想治理好自己的国家，先要整顿好自己的家族；要想整顿好自己的家族，先要修养自身的品德；要想修养自身的品德，先要端正自己的内心；想要端正自己的内心，先要使自己的意念真诚；想要使自己的意念真诚，先要获得自己的良知；获得自己的良知就在于推究事物的原理；推究事物的原理，才能获得良知，得到了良知然后意念才能真诚，意念真诚然后内心才能端正，内心端正然后才能修养好自身，自身修养好才能后家族才能得以整顿，家族整顿好而后才能治理好国家，国家治理好才能使天下太平。上自天子下至平民百姓，一律要以修养自身作为根本。这个根本混乱了，而其所派生出来的末节能治理得好，那是不可能的。该用力深厚的用力薄，而该用力薄的却用力厚，（而想达到治国、平天下的目的），还从没有过这样的事情。这就叫作知道根本，这就叫作至上的智慧。

※ 原文

所谓诚其意者，毋自欺也。如恶恶臭[1]，如好好色[2]，此之谓自谦。故君子必慎其独也。小人闲居为不善，无所不至，见君子而后厌然[3]揜其不善而著其善。人之视已，如见其肺肝然，则何益矣！此谓诚于中，形于外，故君子必慎其独也。曾子曰：“十目所视，十手所指，其严乎！”富润屋，德润身，心广体胖[4]，故君子必诚其意。

《诗》云：“瞻彼淇澳，菉竹猗猗。有斐[5]君子，如切如磋，如琢如磨。瑟兮僩兮[6]，赫兮喧兮[7]。有斐君子，终不可諠[8]兮。”“如初如磋”者，道学也。“如琢如磨”者，自修也。“瑟兮僩兮”者，恂慄也。“赫兮喧兮”者，威仪也。“有斐君子，终不可諠兮”者，道盛德至善，民之不能忘也。《诗》云：“於戏，前王不忘[9]！”君子贤其贤而亲其亲，小人乐其乐而利其利，此以没世不忘也。

※ 注释

1 恶恶臭：厌恶臭恶的气味。前一个“恶”用作动词。臭（xiù）：气味。2 好好色：喜爱美色。前一个“好”，用作动词。3 厌然：掩饰躲藏的样子。4 胖（pán）：安然舒畅的样子。5 斐：富有文采的样子。6 瑟兮僩（xiàn）兮：庄重威严的样子。7 赫兮（wū hū）喧兮：显赫盛大的样子。8 諠：忘记。9 於戏，前王不忘：这两句诗引自《诗·周颂·烈文》。於戏，读作 wū hū。前王，指文王、武王。

※ 译文

所谓使自己的意念真诚，就是不要自己欺骗自己。就像讨厌臭味，爱好美色一样，这就叫作自求快意满足。所以君子在一人独处的时候一定要十分小心谨慎。小人独处时干了坏事，无所不为，看见君子来了就躲躲藏藏，把他们干的不光彩的坏事掩盖起来，而故意显露出善良的样子。却不知道别人早已看透了自己，就好像看透自己的肺肝一样，这样装模作样又有什么好处呢！这就叫作有真实的意念在内，就会显露在外，因此君子在一人独处时，一定要十分小心谨慎。曾子说：“（独处时也要像）有十只眼睛看着你，十只手指着你一样，这是多么严厉可畏啊！”财富可以装饰房屋，道德可以滋润身体，心胸宽广从而身体自然舒坦，因此君子一定要使自己的意念真诚。

《诗经》上说：“看那弯弯的淇水旁，绿洲优美茂盛。有位文采焕发的君子，犹如骨角经过切磋，犹如玉石经过琢磨。庄重肃穆多威严，显赫盛大多神气。富有文采的君子，人们永远不忘记他！”“如切如磋”的意思，是说君子要努力治学。“如琢如磨”，是说君子修养自己的品德。“庄严肃穆”，是说君子恭敬戒惧的心态。“显赫盛大”，是说君子的仪表要十分威严。“富有文采的君子，人们永远不忘记”，是说君子的道德尽善尽美，民众不会忘记他。《诗》说：“啊啊，先王使人永不忘！”君子赞美先王任用贤人而亲睦亲族，小人高兴先王带来的安乐和利益，因此他们虽死而使人不忘。

※ 原文

《康诰》曰：“克明德。”《大甲》曰：“顾諟[1]天之明命。”《帝典》曰：“克明峻德。”皆自明也。

汤之《盘铭》曰：“苟日新，日日新，又日新。”《康诰》曰：“作新民。”《诗》曰：“周虽旧邦，其命惟新。”是故君子无所不用其极。

《诗》云：“邦畿千里，惟民所止。”《诗》云：“缗蛮黄鸟，止于丘隅。”子曰：“于止，知其所止，可以人而不如鸟乎？”《诗》云：“穆穆[2]文王，於，缉熙[3]敬止！”为人君止于仁，为人臣止于敬，为人子止于孝，为人父止于慈，与国人交止于信。

子曰：“听讼，吾犹人也。必也使无讼乎。”无情者不得尽其辞[4]，大畏民志，此谓知本。

所谓修身在正其心者，身有所忿懥[5]，则不得其正；有所恐惧；则不得其正；有所好乐，则不得其正；有所忧患，则不得其正。心不在焉，视而不见，听而不闻，食而不知其味。此谓修身在正其心。

※ 注释

1 諟：审察。2 穆穆：深远的样子。3 缉熙：光明的样子。4 辞：巧辩的虚辞。5 懥（zhì）：愤怒。

※ 译文

《康诰》说："能够显明美德。"《大甲》说："要顾念熟思上天赋予的光明美德。"《帝典》说："能够显明伟大的品德。"这都是说道德要从自己身上显明出来。

商汤的《盘铭》说："假如一天自新，就能天天自新，每天自新。"《康诰》说："鼓舞人们自新。"《诗》说："周虽旧邦国，国运是新的。"因此君子无处不竭力自新。

《诗经》上说："国都附近地一千里，是民居住的地方。"《诗经》上又说："黄鸟声声鸣，止息在山陵。"孔子说："鸟对于自己的处所还知道选择合适的地方，人怎么可以还不如鸟呢？"《诗经》上说："德行深远的文王，不断地走向光明，敬其所处的地位！"作为人君要居心于仁的境界，作为人臣，要居心于恭敬的境界，作为儿子，要居心于孝顺的境界，作为父亲，要居心于慈爱的境界，与国人交往，要居心于诚信的境界。

孔子说："审理诉讼案件，我的心情与别人一样。一定要使人们不再发生争讼的事件才好啊。"要使那些隐瞒实情的人不敢诉说他狡辩的言辞，使民众内心感到敬畏，这便称得上知道了事情的根本。

所谓修养自身在于端正自己的内心，是说如果自己心中有所愤怒，内心就不能端正；有所恐惧，内心就不得端正；有所嗜好喜乐，内心就不得端正；有所忧患，内心就不得端正。心不在所做的事情上，眼睛虽然在看却看不见，耳朵虽然在听却听不清，嘴里虽然在吃却尝不出食物的滋味。这就是所谓修养自身在于端正自己的内心。

※ 原文

所谓齐其家在修其身者，人之其所亲爱而辟焉，之其所贱恶而辟焉，之其所畏敬而辟焉，之其所哀矜[1]而辟焉，之其所敖惰而辟焉。故好而知其恶，恶而知其美者，天下鲜矣。故谚有之曰："人莫知其子之恶，莫知其苗之硕。"此谓身不修不可以齐其家。

所谓治国必先齐其家者，其家不可教，而能教人者无之。故君子不出家而成教于国。孝者所以事君也，弟者所以事长也，慈者所以使众也。《康诰》曰："如保赤子。"心诚求之，虽不中，不远矣。未有学养子而后嫁者也。一家仁，一国兴仁；一家让，一国兴让；一人贪戾，一国作乱：其机[2]如此。此谓"一言偾[3]事，一人定国"。尧、舜率天下以仁，而民从之；桀、纣率天下以暴，而民从之。其所令反其所好，而民不从。是故君子有诸己，而后求诸人；无诸己而后非诸人。所藏乎身不恕，而能喻诸人者，未之有也。故治国在齐其家。《诗》云："桃之夭夭，其叶蓁蓁[4]。之子于归[5]，宜其家人。"宜其家人，而后可以教国人。《诗》云："宜兄宜弟。"宜兄宜弟，而后可以教国人。《诗》云："其仪不忒，正是四国。"其为父子、兄弟足法，而后民法之也。此谓治国在齐其家。

※ 注释

1 哀矜：同情。2 机：引发事端的关键。3 偾：覆败。4 蓁蓁：茂盛的样子。5 归：出嫁。

※ 译文

所谓整治自己的家族在于修养自身，是因为人们对自己所亲爱的人往往会过分亲爱，对自己所嫌恶的人往往会过分厌恶，对自己所敬畏的人往往会过分敬重，对自己所同情的人往往会过分同情，对自己所怠慢的人往往有过分傲视的态度。因此，喜欢一个人又能知道他的缺点，厌恶一个人又能知道他的优点，这种人天下很少见的。因此有谚语说："没有人知道自己孩子的短处，没有人知道自己田里的庄稼长得肥壮的。"这就是所谓的不提高自身修养，就不可以整顿自己的家族。

所谓治理国家必先整顿好自己的家族，是因为如果连自己的家族都教育不好，而能教育好别人，这是不可能的事。所以君子不出家族就能完成在国中的教化：家族中的孝，同样可以用来侍奉国君；对兄长的敬重，同样可以用来侍奉长上；父母对子女的慈爱，可以用来对待民众。《康诰》上说："爱护民众就如同爱护自己的孩子一样。"心里真诚地追求满足民众要求，即使不能完全达到，也相去不远了。没有听说哪个女子是先学会了养育儿子，然后才出嫁的。国君一家人仁爱相亲，那么整个国家都会兴起仁爱的风气；国君一家人谦让相敬，那么整个国家都会兴起礼让的风气；如果国君一人贪心暴戾，那么整个国家的人都纷纷效仿，而犯上作乱：国君的关键作用就是如此重要。这就是所谓的"君主一句话能败坏大事，一个人可以安定国家"。尧、舜用仁爱来统率天下，民众跟随他们学会了仁爱；桀纣用暴力来统率人们，民众开始也跟随他们学会了残暴。如果国君所发出的号令跟自己的爱好相反，民众就不会遵从。因此君子自己有了这种美德，然后才能要求别人去做；国君自己没有这种缺点，然后才能批评别人不应该这样做。自身没有忠恕之心，却教育别人忠恕，那是未曾有过的事。因此君主要治理好国家首先要整顿好家族。《诗经》说："桃花多妖艳，桃叶多茂盛。女儿嫁过去，一家都和顺。"家里人和顺了，然后才可以教育国人。《诗经》上又说："兄弟关系真融洽。"兄弟融洽了，然后才可以教育一国人。《诗经》又说："他的威仪没有差错，才能治理四方国家。"国君只有使自己家中的父子兄弟的行为足以成为典范，而后民众才能效法他。这就是所谓的治理国家首先在于整顿家族的道理。

※ 原文

所谓平天下在治其国者，上老老而民兴孝，上长长而民兴弟，上恤孤而民不倍，是以君子有絜矩之道也。所恶于上，毋以使下；所恶于下，毋以事上；所恶于前，毋以先后；所恶于后，毋以从前；所恶于右，毋以交于左；所恶于左，毋以交于右：此之谓絜矩之道。《诗》云："乐只君子，民之父母。"民之所好好之，民之所恶恶之，此之谓民之父母。《诗》云："节彼南山，维石岩岩。赫赫师尹，民具尔瞻。"有国者不可以不慎，辟则为天下僇矣。《诗》云："殷之未丧师，克配上帝。仪监于殷，峻命不易。"道得众则得国，失众则失国。是故君子先慎乎德。有德此有人，有人此有土，有土此有财，有财此有用。德者本也，财者末也。外本内末，争民施夺，是故财聚则民散，财散则民聚。是故言悖而出者，亦悖而入；货悖而入者，亦悖而出。《康诰》曰："惟命不于常。"道善则得之，不善则失之矣。《楚书》曰："楚国无以为宝，惟善以为宝。"舅犯曰："亡人无以为宝，仁亲以为宝。"《秦誓》曰："若有一个臣，断断兮[1]无他技，其心休休[2]焉，其如有容焉：人之有技，若己有之；人之彦圣[3]，其心好之，不啻若自其口出。寔能容之，以能保我子孙黎民，尚亦有利哉。人之有技，媢疾以恶之，人之彦圣，而违[4]之俾不通，寔不能容，以不能保我子孙黎民，亦曰殆哉。"唯仁人放流之，迸诸四夷，不与同中国。此谓唯仁人为能爱人，能恶人。见贤而不能举，举而不能先，命也；见不善而不能退，退而不能远，过也。好人之所恶，恶人之所好，是谓拂[5]人之性，菑必逮[6]夫身。是故君子有大道，必忠信以得之，骄泰以失之。生财有大道，生之者众，食之者寡，为之者疾，用之者舒，则财恒足矣。仁者以财发身，不仁者以身发财。未有上好仁而下不好义者也，未有好义其事不终者也，未有府库财非其财者也。孟献子曰："畜马乘，不察于鸡豚；伐冰之家，不畜牛羊；百乘之家，不畜聚敛之臣，与其有聚敛之臣，宁有盗臣。"此谓国不以利为利，以义为利也。长国家而务财用者，必自小人矣。彼为善之，小人之使为国家，菑害并至，虽有善者，亦无如之何矣。此谓国不以利为利，以义为利也。

※ 注释

1 断断兮：诚恳专一的样子。2 休休：宽容的样子。3 彦圣：指美好的品德才能。4 违：压抑。5 拂：违逆。6 逮：及。

※ 译文

所谓平定天下，首先在于治理好国家，是因为国君尊敬老人，从而就会兴起孝敬的风气，国君尊重年长的人，民众就会兴起敬长的风气，国君体恤孤独的人，从而民众就不会相互背弃，因此君子有以身作则、推己及人的方法。上级所做的为我所厌恶的，我就不用来对待我的下级；凡是下级所帮的为自己所厌恶，我就不要用来去侍奉我的上级；凡是前辈所做的为我所厌恶的，我就不用来对待我的后辈；凡是我后辈所做的为我所厌恶的，我就不用来对待前辈；凡是我右边的人所做的是我所厌恶的，我就不用来对待我左边的人；凡是我左边的人所做的是我所厌恶的，我就不用来与我右边的人交往：这就是“絜矩之道”。《诗经》上说：“多么快乐的君子，您是民众的父母。”民众喜爱的他就喜爱，民众厌恶的他就厌恶，这样才可以称之为民众的父母。《诗经》上说：“南山高又高，岩头多险峻。声名显赫的师尹，民众都在看着你。”所以治理国家的人不可不小心谨慎，一旦偏离正道，就会受到天下人的惩罚。《诗经》上说：“殷王没有失去众人的时候，他的道德也可以与上帝相配。我们今天应该借鉴殷朝灭亡的教训，要知道获得天命很不容易。”治国的道理就是：得到民众就能得到国家，失去民众就会失掉国家。因此大人君子首先要在道德上谨慎从事，有了道德才能赢得人民，有了民众才会有土地，有了土地才会有财富，有了财富才有国家的用度。道德是根本，财富是枝末。假如轻本重末，那么就会与民众发生争夺之利。因此国君聚积财富，就将迫使民众离散，国君把财富分散给民众，民众就会凝聚起来。所以，对民众说出无理的话，就会得到无理的回报；用违逆的手段得来的财富，也会被人以违逆的手段夺去。《康诰》上说：“天命不会永远不变。”国政良善就能得到天命，国政不善就要失掉天命。《楚书》上说：“楚国没有什么东西可以当作宝贝的，只把善德当作宝贝。”重耳的舅父子犯也说过：“流亡在外的人没有什么东西可以当作宝贝，只把对亲属的仁爱当作宝贝。”《秦誓》说：‘假如有这样一个大臣，老实诚恳，而没有其他才能，只是内心宽和，好像有很大的容量：别人有技能，就好像是他自己有技能一样；别人有美德，他就由衷地喜爱人家，无异于从他嘴里所说的那样。这样的人就能够容纳他人，因此它能保护我的子孙后代、黎民百姓，而且对国家也是有利的。如果别人有技能，他就心怀嫉妒厌恶他，别人有美德，他就去压抑阻挠，使人家的功绩不能通达于君上，他确实是不能容人，因此他不能保护我的子孙后代、黎民百姓，对国家也很危险。”只有仁德的国君才会把这种不能容人的人流放，驱逐到四方蛮夷之地，不让他与我们同住在中国。这就叫作所谓只有仁人才懂得爱什么人、恨什么人。发现了贤人而不去推举，或者推举了又不让他居于自己之上，这便是怠慢。发现德行不好的人而不将他辞退，或者辞退了而又不将他疏远，这就是过错了。爱好众人所憎恶的，憎恶众人所喜爱的，这就违背人的本性，灾难就必定会落到他身上。因此君子治理国家有大原则，那就是，必须忠诚守信才能得到它，骄纵奢侈就会丧失它。聚积财富有一条大原则：从事生产的人多，而消费财物的人少，创造财富的人迅速产生，而使用财富的人消费缓慢，那么国家的财富就永远充足。仁德的人利用财富来赢得自身的美德，不仁的人却不惜丧身以求发财。没有在上位的人喜好仁爱而下面的臣民却不爱好义的；也没有听说臣民爱好道义而将所承担的职责不能进行到底的，没有府库中的财物不是属于自己的。孟献子说："家里备有车马的，就不该去计较养鸡养猪的小利；有资格伐冰备用的大夫之家，就不该饲养牛羊以牟利；拥有百辆兵车的有领地的卿大夫家里，就不该收养那些专门帮他搜刮财富的家臣，与其有这种搜刮财富的家臣，还不如有一个偷盗自己家财的家臣。"这就是说国君治理国家不应该以牟利为利，而应该以道义为利。领导国家而又致力于聚积财富的国君，一定是听从了小人的主意。如果国君赞赏这种小人，使小人来治理国家，那么天灾人祸就一定会到来，这时即使有善人来接管，也无可奈何了。这就是所谓的治理国家不应该以牟利为利，而应该以道义为利。

※ 解读

《大学》开头就明确提出本篇的主旨，在于使人的高尚品德达到至善的境界："大学之道，在明明德，在亲民，在止于至善。"然后又说达到这种精神境界的必由途径："古之欲明明德于天下者，先治其国。欲治其国者，先齐其家；欲齐其家者，先修其身；欲修其身者，先正其心；欲正其心者，先诚其意；欲诚其意者，先致其知；致知在格物。"这是在历史上有颇大影响的思想，在实践上次序应该倒转过来，即物格、知致、意诚、心正、身修、家齐、国治、天下平。这就是著名的"八条目"与明明德、亲民、止于至善"三纲领"。

为什么"明明德"排在格物致知等"八条目"之前？这就好比我们在做任何事情之前，都要先"立志"，一定要树立一个明确的目标，然后一步步按照自己所制定的目标去实行。

而"物格而后知至，知至而后意诚，意诚而后心正，心正而后身修，身修而后家齐，家齐而后国治，国治而后天下平"。则又说明"八条目"之间并不能机械地按简单的时间先后去理解，而应该把它们看作一个循环往复的过程。但它们之间也不是并列的。即"物有本末，事有始终，知所先后"，精神境界及齐、治、平的能力是不断提升的。

※ 事例

君主个人的品质及追求，可以破坏世风，从而导致动乱；也可以树立新风气，安定国家。尧、舜用仁爱率导天下，而民众也跟随他们学习仁爱；桀、纣用贪、暴统辖天下，而民众也随之贪暴。由此可见，君主的行为是多么重要。现在我们来看看齐国是怎样兴盛的。

齐王贤明

公元前 370 年，也就是周烈王六年。当时周王室已十分衰微，各诸侯国都不来朝拜，唯独齐威王仍来朝拜，因此天下人愈加称赞齐威王贤德。

齐威王召见即墨大夫，对他说："自从你到即墨任官，每天都有指责你的话传来。然而我派人去即墨察看，却是田野开辟整齐，百姓生活富足，官府相安无事，东方因而十分安定。于是我知道这是你不巴结我的左右内臣谋求内援的缘故。"便封即墨大夫享用一万户的俸禄。齐威王又召见阿地大夫，对他说："自从你到阿地镇守，每天都有称赞你的好话传来。但我派人前去察看阿地，只见田地荒芜，百姓贫困饥饿。当初赵国攻打甄地，你不救；卫国夺取薛陵，你不知道；于是我知道你用重金来买通我的左右近臣以求他们在我面前替你说好话！"当天，齐威王下令烹死阿地大夫及替他说好话的左右近臣。于是臣僚们毛骨悚然，不敢再弄虚作假，都尽力务实办事。齐国因此大治，成为天下最强盛的国家之一。

冠义

※ 原文

凡人之所以为人者，礼义也。礼义之始，在于正容体，齐颜色，顺辞令。容体正，颜色齐，辞令顺，而后礼义备。以正君臣，亲父子，和长幼。君臣正，父子亲，长幼和，而后礼义立。故冠而后服备，服备而后容体正，颜色齐，辞令顺。故曰“冠者礼之始也”，是故古者圣王重冠。

古者冠礼，筮[1]日，筮宾[2]，所以敬冠事。敬冠事所以重礼，重礼所以为国本也。

故冠于阼[3]，以著代也。醮于客位，三加弥尊，加有成也。

已冠而字之，成人之道也。见于母，母拜之；见于兄弟，兄弟拜之：成人而与为礼也。玄冠、玄端，奠挚于君，遂以挚见于乡大夫[4]、乡先生[5]，以成人见也。

※ 注释

1 筮：用蓍草占卜。2 宾：请来主持冠礼的人。3 阼：堂前东面的台阶，使主人升降的台阶。4 乡大夫：即“卿大夫”。乡先生：即乡中年老而德高望重的人。

※ 译文

凡人之所以成为人，是因为有礼仪。礼仪从哪里开始呢？首先在于端正姿容体态、严肃面部表情、理顺言谈辞令。端正了姿容体态、严肃了面部表情、理顺了言谈辞令，然后才进一步要求具备礼仪。根据礼仪来确立君臣的名分、密切父子的关系、调和长辈和晚辈的关系。君臣地位确定了、父子之间相亲相爱、长辈和晚辈和睦相处，然后才算获得礼仪。古时到了二十岁行了冠礼，然后再备齐各种服饰，服饰完备了，然后就能端正姿容体态、严肃面部表情、理顺言谈辞令。所以说“冠礼是成人之礼的开始”。因此古代圣王都十分重视冠礼。

古时候举行冠礼，选择日子和请谁来主持冠礼，都要由占筮来决定，这是因为冠礼是十分严肃的事。严肃地对待冠礼也就是重视礼。重视礼，是立国的根本。

在阼阶上行冠礼，这是用以表示被加冠者以后要代替父亲成为一家之长。冠者位于客位，主人向他敬酒，加冠三次，且冠越加越尊，这是希望他以后能取得成就。

三次加冠后，再给他起一个字，这是成人的标志。冠后去见母亲，母亲要答拜；与兄弟相见，兄弟也要答拜：这是因为他已成人，所以要对他行成人礼。冠者戴着玄冠，穿上玄端的礼服去见国君，将礼品放在地上，表示不敢直接交给国君，接着带上礼品去见卿大夫等长官及德高望重的老者，这都是以成人的身份与他们相见。

※ 原文

成人之者，将责成人礼焉也。责成人礼焉者，将责为人子，为人弟，为人臣，为人少者之礼行焉。将责四者之行于人，其礼可不重与！

故孝、弟[1]、忠、顺之行立，而后可以为人。可以为人，而后可以治人也。故圣王重礼，故曰“冠者礼之始也”，嘉事[2]之重者也。

是故古者重冠，重冠故行之于庙。行之于庙者，所以尊重事。尊重事而不敢擅重事，不敢擅重事，所以自卑而尊先祖也。

※ 注释

1 弟：通“悌”。2 嘉事：即嘉礼。冠礼属嘉礼。

※ 译文

（通过）加冠礼使一个青年成人，这就是要用成人的礼来要求他。所谓用成人的礼来要求他，就是要求他对父母要行儿子的礼，对兄弟要行兄弟的礼，对君上要行臣下的礼，对长辈要行晚辈的礼。通过冠礼将要求冠者用这四种礼施行于人，那么对这种冠礼能不重视吗？

因此做到对父母孝、对兄弟友爱、对君主尽忠、对长辈顺从，而后才可以成为人。成为真正的人，然后可以教导和管理别人。因此圣王十分重视礼，所以说“加冠礼是成人之礼的开始”，是嘉礼中重要的典礼。

因此古人十分重视冠礼，因为重视加冠所以要在宗庙中举行。在宗庙中举行，就是为了尊重冠礼的事。尊重冠礼的事，而不敢擅自重视，所以就在祖庙中举行以表示自谦而尊敬祖先。

※ 解读

这篇文章在开头就说：“凡人之所以为人者，礼义也。”这就可以看出礼仪是人之所以成为人的社会道德标准。

所谓冠礼，就是一个人告别童年而走向成年的标志性礼节，是一个人走进社会人生的开端。举行过冠礼之后，就成为一个成人，别人会改称你的字而不称名（冠而字之）。在遇到困难或者挫折时，就要承担起应有的责任和义务，要知道爱护自己以及宗族的名誉，要善待自己的父母兄弟等。“‘冠者，礼之始也。’是故古者圣王重冠。”正因为冠礼的重要性，所以古代的圣王都很重视冠礼。

而对于加冠礼的人来说，从这天之后，自己就是一个成人，就处处以君子的标准来要求自己，向君子看齐。同时还向大家宣布，自己从此以后，就获得了“成人”的身份和信用，不再是一个不谙世事的小孩子。

※ 事例

加冠礼是古代很重要的礼之一，不仅仅标志着一个年龄段的开始，更重要的标志是从此要担负起重要的社会责任来。对加冠礼我们现在几乎已经忘记了，但中国人民大学的学生却举行过庄重的加冠礼。

大学生加冠礼

“中国是礼仪之邦，成人冠礼特别重要。通过庄重的加冠仪式，可让一名青年从中认识到作为一个成人对国家和社会的责任。”2006 年 2 月份时，在某网站上看到一家公司招募成人加冠礼志愿者的消息。3 月 4 日，中国人民大学一名大三学生身穿明代汉服在圆明园举行成人加冠仪式，北大、清华等数所高校的十多名学生前来“捧场”。来自湖北荆州的雷云是人大商学院一名本科生。据他介绍，自己一直对传统文化感兴趣。4 日下午 3 时 30 分，加冠仪式正式开始。三名身穿各色汉服的女生各捧着一顶帽冠，面南站成一排。一名学生扮作乐工，在台阶一角轻弹古筝。三套不同的汉服整齐地排在地上。随后，主办方的一名工作人员身穿灰色儒服，沿着方形路径，慢步走到已换上一套汉服的雷云同学面前。两人对拜后，“儒士”为雷云戴上黑色带孔布冠。整个仪式中，三次加不同的冠，加冠前每次都先换上不同的“汉服”。“加冠三次在古代叫“三加”，代表不同含义，一次比一次重要。”清华大学思想文化研究所教授彭林说，中国人应好好挖掘并保留自己民族的优秀传统文化，否则会产生越来越多的“文化倒灌”现象。

昏义

※ 原文

昏礼者，将合二姓之好，上以事宗庙，而下以继后世也，故君子重之。是以昏礼，纳采、问名、纳吉、纳征、请期，皆主人筵几于庙，而拜迎于门外，入，揖让而升，听命于庙，所以敬慎、重正昏礼也。

父亲醮子而命之迎，男先于女也。子承命以迎，主人筵几于庙，而拜迎于门外。壻执雁入，揖让升堂，再拜奠雁，盖亲受之于父母也。降，出。御妇车，而壻受绥，御轮三周。先俟于门外。妇至，壻揖妇以入。共牢而食，合卺而酳[1]，所以合体，同尊卑[2]，以亲之也。

敬慎、重正，而后亲之，礼之大体而所以成男女之别，而立夫妇之义也。男女有别，而后夫妇有义；夫妇有义，而后父子有亲；父子有亲，而后君臣有正。故曰“昏礼者礼之本也。”

夫礼始于冠，本于昏，重于丧、祭，尊于朝、聘，和于射、乡：此礼之大体也。

※ 注释

1 合卺而酳：婚礼中夫妇饮交杯酒。2 同尊卑：指“共牢而食”，即夫妇共用一牲牢。

※ 译文

婚礼，是将结合两姓间的欢好，对上以祭祀宗庙，对下以接续后世，因此君子都十分重视它。所以在婚礼前进行纳采、问名、纳吉、纳征、请期等礼，女方的父母都要先在家庙中为先父神灵摆设几席，然后亲自出门拜迎男方的使者，引入庙门，双方揖让而登堂，在庙堂里，在先父神灵之前，听受男方使者转达男家的话，这一切都是为了庄敬隆重地对待婚礼。

迎娶那天，父亲亲自为儿子行醮礼，吩咐他迎娶新娘，这是表示男的要先去迎娶，然后女的才能跟随男的而来。儿子秉承父命而去迎亲，女方的父母在家庙里设了几席，然后亲自在门外拜迎女婿。女婿捧着雁走进去，彼此揖让而升堂，再拜置雁在堂上，再拜叩头，因为这表明女婿是亲自从女方父母手中将新娘迎娶走的。然后女婿走下堂，出来把新娘的车驾好，并将车上的挽手绳交给新娘，然后驾着车子向前走，当车轮转了三圈时，女婿就下车，将车交给御者驾驭。新郎乘坐自己的车先到家门外等着，新娘到了，新郎就对新娘作揖，请她进门。在寝室中吃饭时，夫妇共牲而食，合饮一瓠解成的两瓢饮酒，这样做都是为了表示夫妇结合为一体，尊卑等同，彼此相亲相爱。

经过庄敬隆重的婚礼后，新婚夫妇才彼此相亲相爱，这是礼的大原则，从而用以划分男女之间的界限，并建立起夫妻间的道义。男女之间有了界限，夫妻间有了道义，然后才会有父子亲情；夫妇有道义，而后有了父子亲情；父子有亲情然后君臣才能各安其位。因此说：“婚礼是礼的根本。”

礼，是以冠礼为起始，以婚礼为根本，以丧礼、祭礼为最隆重，以朝礼、聘礼为最尊敬，以射礼、乡饮酒礼为最和睦：这是礼的大原则。

※ 原文

夙兴，妇沐浴以俟见。质明，赞见妇于舅姑。妇执笲[1]枣、栗、段修以见。赞醴妇。妇祭脯醢，祭醴，成妇礼也。舅姑入室，妇以特豚馈，明妇顺也。厥明，舅姑共飨妇以一献之礼，奠酬。舅姑先降自西阶，妇降自阼阶，以著代也。

成妇礼，明妇顺，又申之以著代，所以重责妇顺焉也。妇顺者，顺于舅姑，和于室人，而后当于夫，以成丝、麻、布、帛之事，以审守委积[2]盖藏。是故妇顺备，而后内和理；内和理，而后家可长久也。故圣王重之。

是以古者，妇人先嫁三月，祖庙未毁，教于公宫；祖庙既毁，教于宗室。教以妇德、妇言、妇容、妇功。教成祭之，牲用鱼，芼之以蘋藻，所以成妇顺也。

※ 注释

1 笲：盛物的竹器。2 委积：指粟米。

※ 译文

婚后第二天，清早起床，新娘梳洗打扮好，等待拜见公婆。天明时，赞礼的老管家领着新娘去见公婆。新娘拿着竹篓，里面盛着枣、栗、干肉，去拜见公婆。赞礼的老管家代表公婆将甜酒赐给新娘。新娘坐在席上祭肉酱、祭酒之后，便完成了做媳妇的礼节。公公婆婆回到寝室后，新娘向公婆献上一只蒸熟的小猪等食物，这是表明做媳妇的孝顺。第二天，公婆以“一献之礼”来款待新娘，然后“奠酬”，礼毕。公婆先由西阶下去，新娘由阼阶下去，这是用以表明新媳将接替婆婆做家庭主妇了。

完成了做媳妇的礼节，表明了媳妇的孝顺，又反复地表示她可以接替婆婆做家庭主妇了。这样隆重地待她，就是为了让她能孝顺。所谓媳妇的孝顺，首先是要顺从公婆，并与其他家人和睦相处，然后履行对丈夫的义务，料理丝麻布帛的家事，保管家中所储备的各种财物。因此，媳妇尽到了自己的责任，然后家庭关系才能和谐安定；家庭内部和谐安定了，然后这个家才会长久不衰。因此圣王都重视妇女的孝顺。

因此，古代女子在出嫁前三个月，如果她与国君的关系尚未出五服，那么他就在宗庙里接受婚前教育；如她与国君的关系已出五服之外别成支族，就在王族宗室的庙里接受婚前教育。教给她们有关妇女的贞节恭顺的品德、言谈举止的应对、打扮装饰以及家务事等。学成之后，要祭告祖先，祭时用鱼作牲，用蘋藻做羹汤，这都是为了表明女子该有的孝顺品德已经形成。

※ 原文

古者天子，后立六宫、三夫人、九嫔、二十七世妇、八十一御妻，以听天下之内治，以明章妇顺，故天下内和而家理。天子立六官、三公、九卿、二十七大夫、八十一元士，以听天下之外治，以明章天下之男教，故外和而国治。故曰：“天子听男教，后听女顺；天子理阳道，后治阴德；天子听外治，后听内职。教顺成俗，外内和顺，国家理治，此之谓盛德。”

是故男教不修，阳事不得，适见[1]于天，日为之食；妇顺不修，阴事不得，适见于天，月为之食。是故日食则天子素服，而修六官之职，荡天下之阳事；月食则后素服，而修六宫之职，荡天下之阴事。故天子之与后，犹日之与月，阴之与阳，相须而后成者也。天子修男教，父道也；后修女顺，母道也。故曰天子之与后，犹父之与母也。故为天王服斩衰，服父之义也；为后服齌衰，服母之义也。

※ 注释

1 见：出现。

※ 译文

在古代，天子的后妃设立六宫，安置三夫人、九嫔、二十七世妇、八十一御妻，用来掌管天下的家室，以显示天下妇女柔顺的品德，因此使天下的家庭内部和睦而后家庭就会安定。天子设立六官、三公、九卿、二十七大夫、八十一元士，来掌管天下大事，以显示天下男子的政教，因此社会外部和谐而后国家就会大治。所以说："天子掌管男子的政教，王后掌管妇女柔顺的德行；天子掌管阳刚的大道，王后治理阴柔的德行；天子掌管外部的政教，王后掌管内部的贞顺。政教、柔顺形成了风俗，外部、内部都和顺，国家治理有方，这就叫作盛德。"

因此，男子的政教不修治，阳刚之道不得当，天上就会出现谴责的征兆，发生日食；妇女柔顺的德行不修治，阴柔之道不得当，天上也会出现谴责的征兆，发生月食。因此遇到日食，天子就穿纯白的衣服，而考核六官的职务，以清除整理天下阳事不当的弊病；遇到月食，王后就穿纯白的衣服，而考核六宫的职务，以清除整理天下阴事不当的弊病。因此天子与王后，就像日与月，阴与阳，互相依靠才能存在。天子修治男子的政教，就像父亲管教儿子，是做父亲的职责；王后推行女德，就像母亲教导女儿一样，是做母亲的职责。因此说天子与王后，就好像父亲与母亲。所以如果天子死了，他的臣下就为他服斩衰三年，这类似为父亲服斩衰的意思；如果王后死了，臣下为她服齐衰，这类似为母亲服齐衰的意思。

※ 解读

在《冠义》篇我们已经说了冠礼是成人之礼，也就是标志着一个人由小孩子变成了成年人，加冠礼也就是他平生行礼的开始。而《昏义》篇讲述的是人生的另一件大事即婚礼。"昏礼者，礼之本也。"所谓礼之本也，也就是说礼是一切得以产生的根据和伦常的基础。

"男女有别，而后夫妇有义；夫妇有义，而后父子有亲；父子有亲，而后君臣有正。"从这里可以看出男女之别是夫妇之义、父子之亲、君臣之正的前提，只要对夫妇关系处理好了，其他的一切都可迎刃而解了。夫妇之义是最原始的礼，也是最初始的社会关系。最基本的关系理顺了，再复杂的关系就好调节了。

"昏礼者，将合二姓之好，上以事宗庙，而下以继后世也，故君子重之。"从这里我们可以得知所谓的婚礼，通过联姻，扩大社会关系，同时也是为了传宗接代，为了后继有人。这种仪式不是随意的、私人性的，而是宗族生活、家庭生活不可缺少的组成部分之一。

※ 事例

婚礼是礼的根本，因此君子都很重视婚礼。现在我们来看看苏东坡是怎样对待他的婚礼的。

苏东坡的婚礼

苏东坡一生有过两位妻子。他 20 岁娶妻王弗，王弗那年 16 岁。11 年后王弗故去，年方 27 岁。次年苏东坡的父亲苏洵（苏老泉）病逝，按照当时的规定，父母过世，儿子们定了亲的要推迟举行婚礼，娶了妻子的也得分居，朝廷官员不管官做到多大，本人均应开缺回原籍守孝二十五个月，一般就说成是守孝三年。居丧期间不但无官职也无俸银，待期满后再申报朝廷，等候补缺。

苏东坡兄弟依照规矩立即辞去官职，归家居丧。三年守孝期满苏东坡即续弦，新娘是王弗的堂妹，人称“二十七娘”的王润之，润之比苏东坡小 11 岁。

乡饮酒义

※ 原文

乡饮酒之义。主人拜迎宾于庠门之外，入，三揖而后至阶，三让而后升，所以致尊让也。盥，洗，扬觯，所以致絜也。拜至，拜洗，拜受，拜送，拜既，所以致敬也。尊让、絜、敬也者，君子之所以相接也。君子尊让则不争，絜、敬则不慢，不慢、不争，则远于斗辨矣。不斗辨，则无暴乱之祸矣。斯君子之所以免于人祸也，故圣人制之以道。

乡人、士、君子，尊于房户之间，宾、主共之也。尊有玄酒[1]，贵其质也。羞出自东房，主人共之也。洗当东荣[2]，主人之所以自絜而以事宾也。

宾主象天地也，介[3]僎[4]象阴阳也，三宾象三光也。让之三也，象月之三日而成魄也。四面之坐，象四时也。

※ 注释

1 玄酒：水。用水当酒，所以称“玄酒”。2 荣：屋檐之角。3 介：陪客。4 僎：通“遵”，是邀请来观礼的曾做过卿大夫的乡绅。

※ 译文

乡饮酒礼的意义。主人在乡学门外拜迎宾客，宾客进门之后，作揖三次然后来到堂阶，彼此推让三次然后升阶，这是为了对宾客表示尊敬和谦让。主人洗手洗杯，然后举杯饮酒，这都是为了表示清洁。宾客升堂而主人拜迎，主人洗爵而宾客拜谢，主人献酒而宾客先拜后受，宾客接受了而主人在阼上拜送，宾客喝尽杯中的酒而主人拜既爵，这都是为了表达恭敬之意。彼此尊重、谦让、洁净、恭敬，这是君子们用以相互交往、接待事物的原则。君子们相互尊重谦让，就不会发生争斗，能洁净、恭敬，就不会出现怠慢，不怠慢、不争斗，就会避开打斗争吵。不打斗，不争吵，就不会有暴乱带来的祸患。这就是君子用来避免人为祸害的原则，所以圣人依据这种原则制定此礼来加以教导乡人、士、君子。

乡大夫、州长、里正及卿、大夫、士等人行乡饮酒礼时，酒樽放在房户和室户之间，这是表示此酒为宾主所共饮用的。樽里盛着清水，由于水早于酒而表示尊崇它的原始性、质朴性。菜肴从东房端出来，这表示菜肴是由主人提供的。在东阶下放个洗手、洗杯时的接水器，“洗”，这表明主人用它来保持自己双手洁净以敬事宾客。

宾与主，象征着天与地；介与僎，象征着阴与阳，众宾中的三位长宾

象征大火、伐、北极三大星辰。升阶前宾主彼此推让三次，象征月亮于（月底前或月初后）三天而始见魄。在席上东南西北四面铺设坐席，象征着春夏秋冬四季。

※ 原文

天地严凝之气，始于西南，而盛于西北，此天地之尊严气也，此天地之义气也。天地温厚之气，始于东北，盛于东南，此天地之盛德气也，此天地之仁气也。主人者尊宾，故坐宾于西北，而坐介于西南以辅宾。宾者，接人以义者也，故坐于西北。主人者，接人以德厚者也，故坐于东南，而坐僎于东北，以辅主人也。仁义接，宾主有事，俎、豆有数，曰圣，圣立而将之以敬曰礼，礼以体长幼曰德。德也者，得于身也。故曰古之学术道者，将以得身也，是以圣人务焉。

祭荐，祭酒，敬礼也。哜[1]肺，尝礼也。啐[2]酒，成礼也。于席末，言是席之正非专为饮食也，为行礼也，此所以贵礼而贱财也。卒觯，致实[3]于西阶上，言是席之上非专为饮食也，此先礼而后财之义也。先礼而后财，则民作敬让而不争矣。

※ 注释

1 哜：尝，只到齿。2 啐：尝，入口。3 致实：干杯。

※ 译文

天地间寒冷之气，开始于西南方，到西北方最为强盛，这是天地间的尊严之气，这是天地间的道义之气。天地间温和敦厚之气，开始于东北方，到东南方最为强盛，

这是天地间的盛德之气，这是天地间的仁爱之气。做主人的尊敬宾客，因此把宾客的位置安排在西北方，而把介的位置安排在西南方，来辅助宾客。宾客是用道义来接待人的，所以坐在西北方。主人是以仁德敦厚接待人的，所以坐在东南方，而把僎安排在东北方来辅助主人。仁义交接，宾主各有其礼，且待客的俎、豆也有一定的数目，（宾主之意）通达；（宾主之意）通达，而又奉行恭敬，这就叫作礼。用礼来体现长幼尊卑关系就叫作德。所谓德，就是自身有所得的意思。因此说古代研习学术道义的人，就是要使自己的身心有所收获，所以圣人都努力于仁义道德的修养。

宾坐在席上拿起主人所献的菜肴与酒，这是表示敬重主人的待客之礼。祭肺后，尝一下肺，这是表示接受主人所献牲肉的礼仪。祭酒后，尝一口酒，这是成就主人献酒之礼已成。尝酒时移坐到席的末位，是说设席的正中不是专为饮食用的，而是为了行礼用的，这是重礼轻财的意思。宾在西阶上干杯，也是说此席不只是为了饮食，这也表示了先礼而后财的意思。君子们能够做到先礼而后财，民众就会兴起一种恭敬谦让的风气，也就不会相互争夺了。

※ 原文

乡饮酒之礼，六十者坐，五十者立侍以听政役，所以明尊长也。六十者三豆，七十者四豆，八十者五豆，九十者六豆，所以明养老也。民知尊长养老，而后乃能入孝弟。民入孝弟，出尊长养老，而后成教，成教而后国可安也。君子之所谓孝者，非家至而日见之也，合诸乡射，教之乡饮酒之礼，而孝弟之行立矣。

孔子曰：“吾观于乡，而知王道之易易也。”

主人亲速[1]宾及介，而众宾自众之；至于门外，主人拜宾及介，而众宾自入：贵贱之义别矣。

三揖至于阶，三让以宾升，拜至、献酬、辞让之节繁，及介省[2]矣；至于众宾，升受，坐祭，立饮，不酢而降：隆杀之义辨矣。

※ 注释

1 速：敦请。2 省：指主人与介之间礼节省减。

※ 译文

在乡饮酒礼上，六十岁以上的人坐着，五十岁的人站着陪侍，听候差使，这是用以表明对长辈的尊重。给六十岁的人设菜肴三盘，七十岁的人四盘，八十岁的人设五盘，九十岁的人设六盘，这是用以表明对老人的奉养。通过这个礼，民众懂得了应该尊敬年长者，然后才能回家孝顺父母，尊敬兄长。民众在家能够孝顺父母，尊重兄长，在外又能够尊敬老人和奉养老人，而后教化就能成功，教化成功了而后国家才能安定。君子所说的孝，并不是挨家挨户去宣传，也不是每天都召来加以训诫，只要在乡饮酒礼和射礼时，把人们集合起来，教他们行乡饮酒礼就行了，孝顺悌爱的德行从而就建立起来了。

孔子说："我看了乡饮酒礼，就知道王者的以仁为核心的治国之道是很容易推行的。"

主人亲自到宾及介的家中邀请他们，而其他的宾客则先到宾家的门外，随从宾一同前往乡学；到了乡学门外，主人拜迎宾及介，而揖请其他的众宾客进入乡学大门：主人这样做的目的是使他们的身份贵贱很容易辨别清楚。

宾主彼此三揖而后走到堂阶之前，互相推让三次，然后主人先升东阶，正宾升自西阶。主人又在堂上拜迎、揖让宾的来到，又斟酒献宾，宾又回敬主人，彼此推辞谦让的礼节十分繁缛，到主人与介之间，行礼就有所减省了；至于其他众宾，只是升堂接受献爵，坐着行祭，站着喝酒，众宾不斟酒回敬就降阶：从这些不同的做法来看，礼由隆重逐渐减轻的原则就清楚了。

※ 原文

工入，升歌三终，主人献之；笙入，三终，主人献之；间歌[1]，三终；合乐，三终。工告乐备，遂出。一人扬觯，乃立司正[2]焉，知其能和乐而不流也。

宾酬主人，主人酬介，介酬众宾，少长以齿，终于沃洗者焉，知其能弟长而无遗矣。

降，说屦，升坐，修爵无数。饮酒之节，朝不废朝，莫不废夕。宾出，主人拜送，节文终遂焉，知其能安燕而不乱也。

贵贱明，隆杀辨，和乐而不流，弟长而无遗，安燕而不乱，此五行者，足以正身安国矣。彼国安而天下安，故曰："吾观于乡，而知王道之易易也。"

※ 注释

1 间歌：歌唱和演奏交替进行。2 司正：饮酒时监礼的人。

※ 译文

乐工进来，在瑟的伴奏下，登堂唱了三首歌，主人献酒给他们；吹笙的人进来，来到堂下两阶之间，吹奏了三支曲子，主人也献酒给他们；乐工与吹笙的人又交替地各演奏了三首歌；然后在堂上堂下配合起来即一唱一吹各演奏了三首歌。演奏完毕后，作为乐队领队的乐正就报告正宾，乐歌已经演奏完毕，之后降堂，站在西阶之东。这时主人身边的属吏对宾举杯，表示开始旅酬，于是就设立司正，由此可知，乡饮酒礼既能使大家和悦欢乐而又不放肆失礼。

宾先向主人进酬酒，主人又向介进酬酒，介又向众宾客进酬酒，以下按照年龄的长幼，依序相进酬酒，直到侍候宾主盥洗的人为止。由此可知，行乡饮酒礼时，不论年龄长幼都能喝到酒，而不会有所遗漏。

撤俎之后都走下堂来，脱掉鞋子，然后再升堂就座，这时就开始彼此酬酒，不计杯数。但饮酒的时间不要过长，以免误事，以早上不耽误早朝、晚上不耽误自己的家事为准。饮酒结束后，宾客离去，主人拜送，到此为止，乡饮酒的礼仪就结束了。由此可知，乡饮酒礼是能够使大家安乐而不发生混乱的。

身份的尊卑贵贱分明了，礼的繁复和省减清楚了，和乐欢乐而又不放肆失礼，不论长幼都能得到而不会遗漏，安乐而不发生混乱，这五项，就足以端正自身而安定国家了。国家安定了，天下也就安定了。所以孔子说："我参观乡饮酒礼，就知道了王者的治国之道是很容易推行的。"

※ 原文

乡饮酒之义：立宾以象天，立主以象地，设介、僎以象日月，立三宾以象三光。古之制礼也，经之以天地，纪之以日月，参之以三光，政教之本也。

亨[1]狗于东方，祖阳气之发于东方也。洗之在阼，其水在洗东，祖天地之左海[2]也。尊有玄酒，教民不忘本也。

宾必南乡。东方者春，春之为言蠢也，产万物者圣也。南方者夏，夏之为言假[3]也，养之、长之、假之，仁也。西方者秋，秋之为言愁[4]也，愁之以时察[5]，守义者也。北方者冬，冬之为言中也，中者藏也。是以天子之立也，左圣，乡仁，右义，偝[6]藏也。

介必东乡，介宾主也。主人必居东方，东方者春，春之为言蠢也，产万物者也，主人者造之，产万物者也。

月者三日则成魄，三月则成时，是以礼有三让，建国必立三卿。三宾者，政教之本，礼之大参也。

※ 注释

1 亨：同"烹"，烹饪。2 左海：东海。3 假：大。4 愁：通"揫"，收敛。5 察：肃杀。6 偝：依靠。

※ 译文

乡饮酒的意义是：设立正宾来象征天的崇高，设立主人来象征地的低卑，设立介与僎来象征日月，设立三位长宾来象征大火、伐、北极三大星辰。古代制定礼法，效法天地，以天地为主，日月为副，三大星辰为辅，这就是政治教化的根本。

在堂基下的东方烹煮狗肉，这是效法阳气生在东方。“洗”放在阼阶一侧的东南处，所用的水就摆在“洗”的东边，这是效法天地的东方是海。酒樽里盛着清水，射而不饮，这是教导人民饮酒时不要忘了本源。

正宾在堂上一定要面向南而坐。东方是春季的位置，春是蠢动生长的意思，化育万物，就是圣的品格。南方是夏季的位置，所谓夏就是壮大的意思，养育万物、生长万物、繁盛万物，就是仁的品格。西方是秋季的位置，所谓秋就是收敛的意思，依时节刈割收敛，就是坚守着义的品格。北方是冬季的位置。所谓冬就是中的意思，也就是庄稼收割完毕就要收藏。所以天子站立时，都是面南背北，即左傍着“圣”，面前向着“仁”，右靠着“义”，背后倚着“藏”。

介在堂上一定要面向东坐，他的朝向、视线介于宾主之间，以便于通达情意。主人在堂上一定要坐在东方，东方是春季的位置，所谓春天就是蠢动生长的意思，是产生万物的季节。作为主人在此就位，因为他是生产万物供养宾客的。

月亮在（月底前和月初后）三日而出现魄，三个月就成为一个季节，所以礼有辞让三次的规定，建立国家一定要有三个卿位。乡饮酒礼上要设立三名长宾之位，这是象征政治教化的根本，礼的大数也正是参照月亮。

※ 解读

《乡饮酒义》篇的主旨是：设立正宾来象征天的崇高，设立主人来象征地的低卑，设立介与僎来象征日月，设立三位长宾来象征大火、伐、北极三大星辰。古代制定礼法，效法天地，以天地为主，日月为副，三大星辰为辅，这就是天尊地卑、人副天数等观念在宴饮上的体现。通过乡饮酒时所表现出来的一系列礼仪规则，来体现出长幼、尊卑的分别，民众懂得了长幼分别，这样不需要挨家挨户宣传孝悌，而人们自然能通过观看乡饮酒礼而回家做到尊老爱幼。那么，孝悌仁爱的德行从此就得以建立了。身份的尊卑贵贱分明了，礼的繁复和省减清楚了，和乐欢乐而又不放肆失礼，不论长幼都能得到而不会遗漏，安乐而不发生混乱，这五项，就足以端正自身而安定国家了。所以孔子说：“我看了乡饮酒礼，就知道王者的以仁为核心的治国之道是很容易推行的。”总的来说，乡饮酒礼还是为了规范人们的道德行为，让君子能够做到先礼而后财，而使民众能够做到恭敬谦让，从而让全部子民待人接物都能做到彬彬有礼，这样，乡饮酒礼就起到了很好的教化作用。

※ 事例

观看了《乡饮酒义》就知道了孝顺悌爱是什么，这就是：民众知道尊敬长者和侍奉老人，在家中孝顺父母和尊敬兄长，怜爱晚辈。

赵彦霄与兄欢欣团聚

赵彦霄与兄彦云，共同生活了二十几年。其兄是一个不务正业之徒，赵彦霄屡次劝说他都不听，于是决定分家，其兄很快同意了。在分家后不到五年，哥哥彦云的产业败完了，又欠了很多债，除夕之夜准备逃跑。赵彦霄设酒款待，让兄嫂过来共饮一杯，并且开口说道，我本来没有分家的意思，只因哥哥用度不节，生怕完全丧尽，不得已才分家的。今日尚幸留得祖业一半，请兄嫂仍再过来共同生活，并由你们主持家事。当下就把分券烧了，把合库锁钥尽交兄嫂收管。拿出私蓄，偿清兄所欠的债务。兄嫂既感谢又后悔。哥哥从此治家勤俭，处事谨节。就在这一年，彦霄兄弟两人，同榜登第。

射义

※ 原文

古者诸侯之射也，必先行燕礼；卿大夫、士之射也，必先行乡饮酒之礼。故燕礼者，所以明君臣之义也；乡饮酒之礼者，所以明长幼之序也。

故射者，进退周还[1]必中礼，内志正，外体直，然后持弓矢审固；持弓矢审固，然后可以言中。此可以观德行矣。

其节，天子以《驺虞》为节，诸侯以《狸首》为节，卿大夫以《采蘋》为节，士以《采蘩》为节。《驺虞》者，乐官备也。《狸首》者，乐会时也。《采蘋》者，乐循法也。《采蘩》者，乐不失职也。是故天子以备官为节，诸侯以时会天子为节，卿大夫以循法为节，士以不失职为节。故明乎其节之志，以不失其事，则功成而德行立。德行立则无暴乱之祸矣，功成则国安。故曰“射者所以观盛德也”。

※ 注释

1 还：通“旋”。

※ 译文

古代诸侯举行射礼的时候，一定要先举行燕礼；卿大夫、士举行乡射礼的时候，一定要先举行乡饮酒礼。国君之所以举行燕礼，是用来明确君臣之间的道义的；卿大夫、士之所以举行乡饮酒礼，是用来明确长幼次序的。

因此射箭的人在比赛时，前进、后退、转身都要符合礼仪的要求，内心要端正，身体要挺直，然后手拿弓箭就稳定牢固而瞄准无差；手拿弓箭稳定牢固而瞄准无差，然后才能射中目标。从射箭过程中的动作举止就可以观察到人的道德品行了。

比赛射箭时的音乐节拍依射者的身份而定：天子射箭时，以《驺虞》为节拍，诸侯射箭时，以《狸首》为节拍，卿大夫射箭时，以《采蘋》为节拍，士射箭时，以《采蘩》为节拍。《驺虞》是歌颂百官齐备的欢乐。《狸首》是歌颂诸侯按时朝见天子的欢乐。《采》是歌颂大夫遵循法度的欢乐。《采蘩》是歌颂士人尽忠职守不荒废本职工作的欢乐。因此天子用百官齐备的歌曲为节拍，诸侯用按时朝会天子的歌曲为节拍，卿大夫用遵循法度的歌曲为节拍，士用尽忠职守不荒废本职工作的歌曲为节拍。所以各个阶层的人士明确各自伴射歌曲的思想意义，从而不荒废各自的职事，那么就能成就功业，且确立良好的品德行为。各种人都确立了良好的品德行为，那么就不会有暴乱的灾祸发生了，成就功业，那么国家就可以安定了。因此说："举行射礼是用来观察美好的德行的。"

※ 原文

是故古者天子，以射选[1]诸侯、卿大夫、士。射者男子之事也，因而饰之以礼乐也。故事之尽礼乐而可数[2]为，以立德行者，莫若射，故圣王务焉。

是故古者天子之制：诸侯岁献贡士于天子，天子试之于射宫，其容体比于礼，其节比于乐，而中多者，得与于祭[3]；其容体不比于礼，其节不比于乐，而中少者，不得与于祭；数与于祭；而君有庆；数不与于祭，而君有让；数有庆而益地，数有让而削地。故曰"射者，射为诸侯也"。是以诸侯君臣尽志于射，以习礼乐。夫君臣习礼乐而以流亡者，未之有也。

故《诗》曰："曾孙侯氏，四正[4]具举。大夫君子，凡以庶士，小大莫处，御于君所。以燕以射，则燕则誉。"言君臣相与尽志于射，以习礼乐，则安则誉也。是以天子制之，而诸侯务焉，此天子之所以养诸侯而兵不用，诸侯自为正之具也。

※ 注释

1 选：考察，选拔。2 数：屡次。3 与于祭：参加天子的祭祀。4 四正：举行燕礼时，四次正爵举杯献酒，即向宾、公、卿、大夫等人献酒。

※ 译文

因此古代天子，用射箭来选拔诸侯、卿大夫、士（的德行和才艺）。射箭是每一个男子都应该会的本事，圣人用音乐来配合修饰它。因此与礼乐相配合，又能不断反复地进行，且能确立良好的道德品行，没有比射礼更好的了。所以，圣人都致力于射礼。

因此，古代天子规定：诸侯每年要向天子报告、进献物品、推荐人才时，天子就在射宫里对他们进行考核。如果射箭时，仪态合乎礼，动作节奏合乎乐曲的节拍，射中的次数又多，就能参加天子的祭祀；如果仪态不合乎礼，动作节奏不合乎乐曲的节拍，且射中的次数又少，就不能参加天子的祭祀；能多次参加天子祭祀的，天子就奖励他；多次不能参加天子祭祀的，天子就斥责他；多次受到奖励的，天子就增加他的封地，多次受到斥责的，天子就削减他的封地。因此说“射箭的人是为诸侯而射”。所以，诸侯君臣们都尽心于射箭，并以此来练习礼乐。国君大臣很好地掌握礼乐，而因此导致国破家亡的，还从来没有过。

因此《诗经》说：“天子的宗室诸侯，当燕礼向宾、公、卿大夫们举杯献酒完毕后，大夫们、君子们以及众士们，无论职位高低都要离开各自的官衙，到国君的处所侍候。既来参加燕礼又参加射礼，既获得快乐又获得荣誉。”也就是说君臣共同在一起专心于比射，以此来练习礼乐，既安乐又有荣耀。因此天子制定射礼这种制度，诸侯全力于从事射礼，这就是天子不需要通过武力就能治理诸侯，并让诸侯自己纠正自己的行为。

※ 原文

孔子射于矍相之圃，盖观者如堵墙。射至于司马，使子路执弓矢出延射，曰：“贲[1]军之将，亡国之大夫，与为人后者，不入。其余皆入。”盖去者半，入者半。又使公罔之裘、序点扬觯而语。公罔之裘、序点扬觯而语曰：“幼壮孝弟，耆耋好礼，不从流俗，修身以俟死，者不？在此位也。”盖去者半，处者半。序点又扬觯而语曰：“好学不倦，好礼不变，旄期[2]称道不乱，者不？在此位也。”盖廑有存者。

射之为言者，绎[3]也，或曰舍也。绎者，各绎己之志也，故心平体正，持弓矢审固；持弓矢审固，则射中矣。故曰：“为人父者，以为父鹄[4]。为人子者，以为子鹄。为人君者，以为君鹄。为人臣者，以为臣鹄。”故射者各射己之鹄。故天子之大射谓之射侯，射侯者，射为诸侯也：射中则得为诸侯，射不中则不得为诸侯。

※ 注释

1 贲：大败。2 旄期：旄，通耄。年龄八十、九十的称耄；百岁的称期颐。3 绎：抒发。4 鹄：箭靶中心部位。

※ 译文

孔子在矍相的场地上举行射礼，来观看的人挤得好像一堵墙一样。行过乡饮酒礼后，司正改称司马射礼时，孔子让子路手持弓箭出来邀请射箭的人，说："打败仗的将军，丧失国土的大夫，贪图财产求别人做父亲的不准进入，其余的人都进来。"离去的大概有一半人，进来的也有一半人。孔子又让公罔之裘、序点举起酒杯对大家说话。公罔之裘举杯说："二三十岁时能孝顺父母敬爱兄弟，六七十岁时能爱好礼，不随波逐流，修身养性以到终年，有这样的人吗？如果有，请站到射位上。"这时离去的大约又有一半，剩下的有一半。序点又举杯说："爱好学习永不懈怠，爱好礼仪矢志不变，八九十岁乃至百岁，仍然言行不乱，有这样的人吗？如果有，请站到射位上。"结果只有很少的人留了下来。

射是抒发的意思，也有说是舍处的意思。抒发的意思，就是指各自抒发自己的志向。从而思想纯正、身体正直，手拿弓箭稳定牢固，视力集中，瞄得很准，就能射中箭靶。所以说："做父亲的，就将射箭时的箭靶作为自己当好父亲的目标；做儿子的，就将射中箭靶作为自己做好儿子的目标；做国君的，就将射中靶心当作自己做好国君的目标；做臣下的，就把射中靶心当做自己作好臣下的目标。"所以，射箭的人，各射心目中以为是考验自己的靶心。因此，天子举行大射之礼，又称作"射侯"。"射侯"的意思，就是用射礼来检验（参射的诸侯）是否能做诸侯的意思：射中了靶心就能做诸侯，射不中靶心就不能做诸侯。

※ 原文

天子将祭，必先习射于泽。泽者，所以择士也。已射于泽，而后射于射宫，射中者则得与于祭，不中者不得与于祭。不得与于祭者有让，削以地；得与于祭者有庆，益以地；进爵，绌地是也。

故男子生，桑弧蓬矢[1]六，以射天地四方。天地四方者，男子之所有事也，故必先有志于其所有事，然后敢用谷也，饭食之谓也。

※ 注释

1 桑弧蓬矢：用桑木做的弓和用蓬草做的箭。

※ 译文

天子将要举行祭祀，必定先在泽宫中演习射礼。泽，就是选择士的意思。在泽宫比射之后，然后又到射宫比射。射中的人就能参与天子的祭祀，没有射中的人不能参与天子的祭祀。不能参加天子祭祀的人要受到惩罚，并削减封地；能参加天子祭祀的人将受到奖励，并增加封地；（受褒奖的诸侯先）提升爵位，（受谴责的诸侯先）减损封地，都是根据射箭结果而定的。

因此生了男孩之后，一定要在门口挂着代表他的用桑木做的弓和六根用蓬草做的箭，分别射向天地和四方。天地和四方，是男子有所作为的广度空间，因此男子必先立这个志，然后才敢用谷物喂孩子，犹言得先做事，然后才有饭吃。

※ 原文

射者，仁之道也。射求正诸己，己正而后发，发而不中，则不怨胜己者，反求诸己而已矣。孔子曰："君子无所争，必也，射乎。揖让而升，下而饮，其争也君子。"

孔子曰："射者何以射？何以听？循声而发，发而不失正鹄[1]者，其唯贤者乎。若夫不肖之人，则彼将安能以中？"

《诗》云："发彼有的，以祈尔爵。"祈，求也，求中以辞爵也。酒者，所以养老也，所以养病也，求中以辞爵者，辞养也。

※ 注释

1 正鹄：鹄是箭靶，"正"是鹄的中间部分。

※ 译文

比射这件事，包含"仁"的道理。射箭要先使自己的思想纯正、身体端正，只有自己做到思想纯正和身体端正，然后才能射箭。射箭，没有射中目标，不要埋怨胜过自己的人，而应该回过头来寻找自身的原因。孔子说："君子没有什么可争的事。如果有所争的话，那一定是比赛射箭吧！比赛射箭时，君子要揖拜谦让升堂，射后，下堂再共同饮酒，这就是君子的争胜吧！"

孔子说："射箭的人射箭的目标是什么？耳朵注意听什么？按照音乐的节拍射，每次发射都能正中箭靶的中心，只有贤人才能做到啊！至于那些不肖之辈，他们怎么可能射中目标呢？"

《诗经》说："射箭射中靶心，以祈使你饮酒。"祈，是求的意思，祈求射中而辞酒不饮。酒是用来颐养老人的，或是用来颐养病人的，祈求射中以免喝酒，也就是辞让颐养之礼。

※ 解读

"射箭的人，前进、后退、转身都要符合礼的要求。思想要端正，身体要挺直，然后手拿弓箭就稳定牢固；手拿弓箭稳定牢固，然后才能谈得上射中目标。从射箭过程中的动作举止就可以观察到人的道德品行了。”这里讲的虽然是射箭的一些技巧方法，但同时也适用于做人做事。做人时也需要思想端正，站得正，立得直，不做亏心事。这样的人在做事时就能心地坦然，就能切中目的，取得成功。从做事的动作举止中就可以看出这个人的为人，以及他的品德如何。可见，“礼”不仅适用于某一方面，而是各个方面都适用，而且道理是相通的。从某一方面表现出来的“礼节”，就能看出你这个人到底怎样？因此，不管在任何时候，都不能把“礼”抛在脑后，应该时时处处都想着“礼”，用“礼”来严格要求自己。

※ 事例

有句成语叫作“有的放矢”，射箭的人，都以明确的靶心作为射击的目标。而在现实的社会中，社会压力巨大，调整自己，选择好自己的目标是最重要的。在历史的一些战役中，采取有的放矢的战术往往能取得最终的胜利。

有的放矢平叛乱

汉高祖刘邦在平息了梁王彭越和韩王信的叛乱之后，不久淮南王英布又兴兵反汉，刘邦决定亲率大军前去平叛。开战之前他向大臣问策，汝阴侯夏侯婴向刘邦推荐了自己的门客薛公。薛公料定英布必定会采取三种策略中的其中一种来对抗平叛。第一种情况是：英布东取吴，西取楚，北并齐鲁，将燕赵纳入自己的势力范围，然后固守封地以待征讨，此乃上策。第二种情况是：东取吴，西取楚，夺取韩、魏，保住敖仓的粮食，以重兵守卫成皋，断绝入关之路，此乃中策。第三种情况是：东取吴，西取下蔡，将重兵置于淮南，此乃下策。并且薛公还说：英布乃一介武夫，目光短浅，必定会采取下策。陛下可以率大军长驱直入，前去讨伐。刘邦听后认为薛公所言一语中的，于是在公元前 196 年亲率十万大军讨伐英布。英布果然东取吴，西取楚，然后又重兵防守淮南。刘邦事先就已经做好了充足的军事准备，等待时机成熟，立刻挥师疾进，英布落荒而逃，蓄谋已久的叛乱以失败而告终。

其实淮南王英布的叛军实力相当强大，但是刘邦及其谋臣在开战之前就已经预料到战争的结局，可谓“未战而庙算胜者”。这对于戎马一生、南征北战的刘邦来讲，不足为奇，原因就在于他深知“未战而庙算”的重要性。由于谋臣的周密谋划，使得刘邦有的放矢，成功平息了淮南王的叛乱。

燕 义

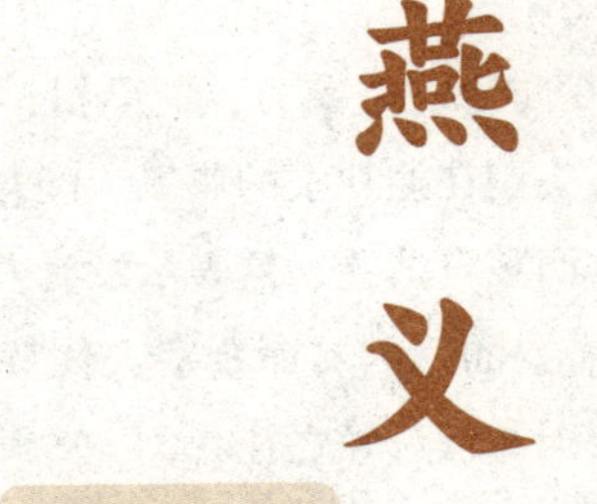

※ 原文

古者周天子之官有庶子官，庶子官职诸侯、卿、大夫、士之庶子之卒[1]，掌其戒令，与其教治，别其等，正其位；国有大事，则率国子而致于大子，唯所用之；若有甲兵之事，则授之以车甲，合其卒伍，置其有司，以军法治之，司马弗正。凡国之政事，国子存游卒，使之修德学道，春合诸学，秋合诸射，以考其艺，而进退之。

诸侯燕礼之义。君立阼阶之东南，南乡尔卿[2]、大夫，皆少进，定位也。君席阼阶之上，居主位也。君独升立席上，西面特立，莫敢适之义也。

设宾主，饮酒之礼也。使宰夫为献主，臣莫敢与君亢礼也。不以公卿为宾，而以大夫为宾，为疑也，明嫌之义也。宾入中庭，君降一等而揖之，礼之也。

※ 注释

1 卒：聚集。犹今言部队。2 乡：通“向”。尔：靠近。

※ 译文

古时候周天子设置庶子官，庶子官的职责是专门管理诸侯、卿、大夫、士的诸子这些做父亲副手的人，掌管有关他们的戒法政令，以及对他们的教育管理，区别他们的尊卑等级，理正他们的位次。国家如果有大事，庶子官就率领众子到太子那里去，听凭太子任用；如果有战事，就发给他们兵车、盔甲和武器，按军队编制把他们组织起来，设置各级军官，按军法管理，司马不征发他们的赋义。凡属国内有征役之事，众子列入未做官的游卒中（而不参加），让他们勤修品德，勤学道艺：春季聚集在太学学习；秋季把他们集合在射宫，来考察他们的学业，根据成绩的优劣，决定他们的升级或斥退。

诸侯举行燕礼的意义。国君立在阼阶的东南方，向南揖请卿、大夫，使卿、大夫都靠近一些，这是为了确立卿、大夫们在燕礼上的位置。国君的坐席在阼阶上面，居于主位。国君独自升席，面向西方而独自站立，这表示没有人敢与君匹敌的意思。

设立宾主，这是饮酒之礼上所需要的。国君命令宰夫代替自己作为献酒之主，这是因为参加酒宴的臣下没有人敢与国君行对等之礼。不以公卿做宾，而以大夫做宾，是因为这样做不容易产生臣与君同尊的嫌疑。宾走入庭中，国君就走下一级台阶，向他作揖，这是他对宾客以礼相待的表示。

※ 原文

君举旅[1]于宾，及君所赐爵，皆降再拜稽首，升成拜，明臣礼也；君答拜之，礼无不答，明君上之礼也。臣下竭力尽能以立功于国，君必报之以爵禄，故臣下皆务竭力尽能以立功，是以国安而君宁。礼无不答，言上之不虚取于下也。上必明正道以道民，民道之而有功，然后取其什一[2]，故上用足而下不匮也，是以上下和亲而不相怨也。和宁，礼之用也，此君臣上下之大义也。故曰："燕礼者，所以明君臣之义也。"

席，小卿次上卿，大夫次小卿。士、庶子以次就位于下。献君，君举旅行酬，而后献卿；卿举旅行酬，而后献大夫；大夫举旅行酬，而后献士；士举行旅行酬，而后献庶子。俎、豆、牲体、荐、羞，皆有差等，所以明贵贱也。

※ 注释

1 举旅：指行旅酬。2 什一：古代赋税法，即十分税一法。

※ 译文

在国君与众宾举行旅酬、国君向臣下赐爵劝饮时，宾及受赐之臣都走到堂下，向国君再拜叩头，国君使小臣请他们回到堂上席位，回到席位后，他们还要再拜叩头，然后接受，以完成拜谢礼，这是表示做臣子的礼数。国君向他们答拜，因为礼尚往来，没有不答拜的，这是表示做君主的礼数。臣下竭尽能力为国立功，国君必定会赐给他们爵位和官禄作为报答，所以臣下都竭尽能力为国立功，这样一来，国家就会安定，国君也就安宁了。礼中没有不报答的，意思是说在上位的人绝不会白白地受取臣下的效劳。在上位的人必须指明正确的治国之道来引导民众，使民众依从这条治国之道去做，而有所收获，然后收取赋税的十分之一，这样，就能使国库充实、民众富足。这样一来，就会上下和睦相亲而不相互怨恨。和睦和安宁，是施行礼的结果，这是君臣上下间的大义之所在。因此说："燕礼，是用以发扬君臣关系之义的。"

饮宴时坐席的位置，小卿的席位次于上卿，大夫的席位又次于小卿。士及庶子则依照次序坐在阼阶下面的东方。饮酒的时候，宰夫代国君作为献主，先给国君敬酒，国君饮酒后，就举杯向大家行旅酬礼，而主人又向卿献酒；君为卿举行旅酬礼，卿饮酒后也举杯向大家行旅酬礼，而后向大夫献酒；君为大夫举酒行旅酬礼，大夫饮酒后，又举杯向大家行旅酬礼，而后主人给士献酒；君为士举酒行旅酬礼，而后给庶子献酒。饮宴时所使用的食器、菜肴等，都因地位的不同而有等级差别。这样做是为了表示尊卑贵贱的不同。

※ 解读

在《射义》篇中就说："故燕礼者，所以明君臣之义也。"这一篇更加明确地说明："燕礼是明君臣之义的。"所谓燕礼，就是国君与臣子之间所举行的宴饮、举行旅酬以及向臣下赐爵时的劝饮等。这主要是在国君与大臣之间举行的，国君赏赐他们，是因为他们为国家做出了贡献，而国君也不是随便赏赐，而是根据他们的功劳大小，而给予适当的赏赐。而臣子在接到赏赐后，会更加努力为国君卖命，因为这样才能得到更多的赏赐。对于国君来说，臣子努力工作，国家才会兴盛。这一切都是相互的。大臣与国君之间的关系处理好了，那么这个国家就会以礼相待，处处表现出和睦的状态，人民处处争上游。可见，燕礼的举行是很必要的，是用以发扬君臣之义的。

※ 事例

《燕义》篇主要讲了君臣之间的礼，作为国君赏赐有功之臣是理所当然的事情，而作为大臣为国家作贡献也是分内之事。国君论功行赏可以让大臣更好地为国家出力，而作为大臣就应该有所为有所不为，对国家有利的事情就要坚决执行；而对国家无利甚至有害的事情，即使冒着得罪国君的危险，也坚决不能执行，反而还要劝谏国君放弃错误的决定。我国最繁荣发达的唐朝就有很多谏臣，正因为有了他们的存在，才使唐朝在历史上写下了辉煌的一页。

第一功臣长孙无忌

唐太宗把长孙无忌视作贞观朝第一功臣，对他长期宠信，把朝廷的要职授予他，使得他位高权重，并不是因为他是皇后的哥哥，而是鉴于他的才行和功德。长孙无忌在玄武门兵变中表现出非凡的才能与胆识，太宗即帝位后，在一些重大的事务处理上他也发挥了重要的作用。如贞观元年时，突厥因天灾人祸，内部矛盾激化，多部反叛，实力大衰，朝廷中许多大臣请求趁机出兵攻打突厥，但唐朝与突厥不久前刚刚订立盟约，太宗略微感到犹豫。于是长孙无忌便说："虏（突厥）不犯塞而弃信劳民，非王者之师也。"认为"今国家务在戢兵，待其寇边，方可讨击。彼既已弱，必不能来。若深入虏廷，臣未见其可。且按甲存信，臣以为宜。"唐太宗采纳了他的意见，放弃了马上出兵的打算。又如，唐太宗十分敬仰周代的分封制，于是不顾众大臣的一致反对，于贞观十一年，诏令以荆州都督荆王元景为首的21名亲王为世袭刺史，以赵州刺史长孙无忌为首的14名功臣为世袭刺史。唐太宗正式下诏后，一般的大臣都不敢再行劝谏，但侍御史马周和太子左庶子于志宁仍冒死谏诤，唐太宗哪里听得进去。最后，还是以长孙无忌为首的被封功臣呈递了抗封的表文。另外，长孙无忌又通过自己的儿媳长乐公主再三向唐太宗请求，说："臣披荆棘事陛下，今海内宁一，奈何弃之外州，与迁徙何异！"唐太宗才不得不"诏停世封刺史"。

可见，唐太宗对长孙无忌的赏赐绝对不为过。长孙无忌绝对是唐太宗身边不可多得的忠臣良佐。

聘义

※ 原文

聘礼，上公七介，侯、伯五介，子、男三介，所以明贵贱也。

介绍[1]而传命，君子于其所尊弗敢质，敬之至也。

三让而后传命，三让而后入庙门，三揖而后至阶，三让而后升，所以致尊让也。

君使士迎于竟，大夫郊劳，君亲拜迎于大门之内，而庙受，北面拜贶，拜君命之辱，所以致敬也。

敬让也者，君子之所以相接也。故诸侯相接以敬让，则不相侵陵。

卿为上摈，大夫为承摈，士为绍摈；君亲迎宾；宾私面，私觌[2]；致饔饩，还圭璋，贿、赠、飨、食、燕：所以明宾客君臣之义也。

※ 注释

1 绍：承接。2 私觌：以个人身份去拜见主国的君主。

※ 译文

行聘礼，上公派出的使者配七名介，侯、伯派出的使者配五名介，子、男派出的使者配三名介，这样来表明诸侯等级的贵贱。

介自上而下地传达聘君的话，这是因为君子不敢与自己高度尊敬的人直接对话，是对主君极为恭敬的表示。

宾辞让三次然后传达自己国君的问候，宾主辞让三次后进入庙门，揖拜三次后走到堂阶之前，又推让了三次而后才登上阶，这都是为了表达对主君的尊敬与谦让之意。

主国国君派士级官员到边境去迎接聘的使者，又派大夫级官员在郊外慰劳他，聘使到来，主国国君又亲自在大门内拜迎，然后在太庙中接受使者传达来聘的意图，面朝北地拜受使者代表国君所带来的礼物，并拜谢对方国君特派使者前来聘问的盛情，这些举动都是为了表达对聘使的敬意。

恭敬与谦让，是君子用以相互交往接待的态度。因此诸侯之间用恭敬谦让的方式相互交往，就不会互相侵犯欺凌。

主国的国君接待来聘的使者时，用卿一级的官员做上摈，用大夫一级的官员做承摈，用士一级的官员做绍宾；行聘结束后，主国的国君亲自执醴酒来敬来聘的使者；使者以个人身份会见主国的卿大夫，还要以个人身份拜见主国的国君；主国的国君又派卿带人将饔饩送到使者所住的地方，并退还宾作为信物的玉圭和玉璋，同时赠给宾一束纺绸，主国的国君又以飨礼、食礼及燕礼接待宾：这一切都是为了表明宾主、君臣之间应有的礼仪。

※ 原文

故天子制诸侯：比年小聘，三年大聘，相厉[1]以礼。使者聘而误，主君弗亲飨、食也，所以愧厉之也。诸侯相厉以礼，则外不相亲，内不相陵，此天子之所以养诸侯，兵不用，而诸侯自为正之具也。

以圭璋聘，重礼也。已聘而还圭璋，此轻财而重礼之义也。诸侯相厉以轻财重礼，则民作让矣。

主国待客，出入三积[2]；饩客于舍，五牢之具陈于内，米三十车，禾三十车，刍薪倍禾，皆陈于外；乘[3]禽日五双；群介皆有饩牢；壹食，再飨，燕与时赐无数：所以厚重礼也。

古之用财者不能均如此，然而用财如此其厚者，言尽之于礼也。尽之于礼，则内君臣不相陵，而外不相侵，故天子制之，而诸侯务焉耳。

※ 注释

1 厉：勉励。2 出入三积：入境与出境都致送三次。3 乘：一对。

※ 译文

因此天子对诸侯制定制度：诸侯每年派大夫为正使互行小规模的聘问，每三年派卿为正使互行大规模的聘问，用礼来相互勉励。如果来聘的使者在礼节有了错误，那么主国的国君就不亲自为他举行飨礼和食礼，这样做的目的是为了使来聘的使者感到羞愧而勉励他改正。诸侯之间如果能用礼来相互勉励，那么对外就不会相互侵犯，对内也不会相互欺凌。这就是天子用以安抚诸侯，不动用武力，诸侯就会自行正道的工具。

聘国用圭璋作为聘礼，这表明对礼的重视。聘礼完毕后，主国的国君把圭璋归还给聘使，这表示轻视财物而重视礼的意思。诸侯之间能以轻财重礼的道理相互勉励，那么各国人民就会兴起谦让的风气了。

主国对待来访的客人，不论入境或出境，都向客人致送三次米刍一类的物品；把已杀或未杀的牲畜送到客人所住的旅馆，将五牢为主的食具陈设在馆舍内，还要将三十车米、三十车禾，以及超过谷物一倍的柴草都陈列到馆舍的门外；又每天致送家禽五对；随从正使的众介都有多少不等的饩牢；在朝廷上，国君为聘使举行食礼一次，飨礼二次，而其他燕礼，以及赏赐时新事物就没有一定的次数了：这样用丰厚的礼遇来表示对聘礼的重视。

古时候使用财物，并不都是这样花费的，然而在聘礼中使用财物却如此丰厚，这主要是为了说明对两国之礼是极其恭敬和重视的。能够做到极其重视于礼，那么在国内，君臣就不会相互欺凌，在国外，诸侯之间就不会有相互侵伐的事了。因此天子制定这种制度，而诸侯都竭尽全力去实行它。

※ 原文

聘、射之礼，至大礼也。质明而始行事，日几中而后礼成，非强有力者弗能行也。故强有力者，将以行礼也。酒清[1]，人渴而不敢饮也；肉干，人饥而不敢食也。日莫人倦齐庄正齐而不敢解惰，以成礼节，以正君臣，以亲父子，以和长幼，此众人之所难，而君子行之，故谓之有行。有行之谓有义，有义之谓勇敢。故所贵于勇敢者，贵其能以立义也；所贵于立义者，贵其有行也；所贵于有行者，贵其行礼也。故所贵于勇敢者，贵其敢行礼义也。故勇敢强有力者，天下无事则用之于礼义，天下有事则用之于战胜。用之于战胜则无敌，用之于礼义则顺治。外无敌，内顺治，此之谓盛德。故圣王之贵勇敢强有力如此也。勇敢强有力而不用之于礼义战胜，而用之于争斗，则谓之乱人。刑罚行于国，所诛者，乱人也，如此则民顺治而国安也。

※ 注释

1 清：冷。

※ 译文

聘礼与射礼，是最大的礼。天刚亮就开始行礼，太阳快到中午了礼才进行完毕，不是坚强有力的人是做不到的。所以坚强有力的人，才有条件实行礼。酒冷了，人们虽然口渴也不敢喝；肉已放干了，人们虽然饥饿也不敢吃。太阳下山了，人们虽然疲倦了，但容貌仍是严肃庄重，不敢有丝毫懈怠，用这种精神来共同完成礼节，来端正君臣的身份，使父子相互亲爱，长幼和睦相处。这是一般人所难以做到的，而君子却能做到，所以称君子为有德行。有德行也可称之为有义，有义也可称之为勇敢。所以说勇敢之所以可贵，就贵在能够树立道义；树立道义的可贵，就贵在他能有德行；有德行的人之所以可贵，就贵在能够行礼。所以说勇敢之所以可贵，就贵在敢于实行礼义。因此勇敢而又坚强有力的人，在天下无事的时候，就将勇敢和力量用在礼义的方面，在天下混乱的时候，就将勇敢和力量用在战争上克敌制胜。用它在战争上就能克敌制胜，就会天下无敌，用它在礼义上，就会使天下顺利治理，从而和顺而安定。国外没有敌人，国内又和顺安定，这就叫作有盛德。所以贤王是如此看重勇敢与坚强有力。如果勇敢与坚强有力不用在礼义与作战求胜上，而用它在争强斗狠上，那就叫作乱人。国家实行的刑罚，所诛杀的就是这种乱人，惩处了乱人，那么人民就可以顺利治理，而国家也就得以安定了。

※ 原文

子贡问于孔子曰："敢问君子贵玉而贱碈者，何也？为玉之寡而碈之多与？"孔子曰："非为碈之多故贱之也，玉之寡故贵之也。夫昔者，君子比德于玉焉：温润而泽，仁也；缜密以栗，知也；廉而不刿，义也；垂之如队，礼也；叩之其声清越以长，其终诎然，乐也；瑕不掩瑜，瑜不掩瑕，忠也；孚尹[1]旁达，信也；气如白虹，天也；精神见于山川，地也；圭璋特达，德也；天下莫不贵者，道也。《诗》云：'言念君子，温其如玉。'故君子贵之也。"

※ 注释

1 孚：通："浮"。尹：竹上的青色。

※ 译文

子贡问孔子说："君子为什么都重视玉而鄙视似玉的碈呢？是因为玉少而碈多的缘故吗？"孔子回答说："并不是因为碈多，就鄙贱它，也不是因为玉少，就看重它。那是因为从前君子将玉的品质与人的美德相比：玉温润而有光泽，类似于仁者的德行；细致精密而坚实，类似于智者的德行；有棱角而不伤害别人，类似于义者的德行；佩玉垂而下坠，类似于君子谦卑有礼；敲击一下，声音清脆悠扬，结束时则戛然而止，就像音乐一样动听；它身上的瑕疵并不会掩盖自身的光彩，它自身的光彩也不会掩盖自身的瑕疵，类似于忠实正直的品行；它的颜色晶莹剔透，光彩外发，而通达四方，类似于信实的德行；它的光气，犹如太阳旁边垂着的白虹一样，类似于像天一样有无所不包的美德；它蕴藏在地下，但精气却呈现在山川之间，类似于像地一样有无所不载的美德；用圭璋作为朝聘时的信物，是因为玉有币帛所没有的美德。天下的人没有不重视玉的，这正如天下的人都尊重道一样。《诗经》说："想念我那夫君啊，他性格温柔，就像玉一样。"玉有这么多的优点，所以君子都很重视玉。

※ 解读

这篇文章主要阐述在行聘礼以及接受聘礼时应注意的礼节。在本篇最后一段叙述了"以玉比德"这个观点，后来荀子继续发展了这个观点。主要是强调了玉的物性和儒者内在之"志"（情感、抱负）的相似性，亦即共鸣关系。用"玉"的"美德"来比喻君子的美德，这是一个多么确切的比喻呀！这和孔子曾提出过的"知者乐水，仁者乐山"是相一致的，都体现了以物比德。不管所采用的物是什么，只要能与君子的品德产生联想，那么它就可以用来比喻君子的优秀品德。"玉"的品德正好与君子的品德相似，如玉"温润而泽，仁也；缜密以栗，知也；廉而不刿，义也；垂之如队，礼也；叩之其声清越以长，其终诎然，乐也；瑕不掩瑜、瑜不掩瑕，忠也；孚尹旁达，信也；气如白虹，天也；精神见于山川，地也；圭璋特达，德也"。玉与君子有这么多的相似之处，也就是为什么人们都用"玉"来比喻君子。

※ 事例

说起汉朝，有个人不得不提，那就是苏武，他出使匈奴，历经二十余载的磨难，始终保持自己的民族气节，称得上是真正冰清玉洁的"君子"。

苏武艰辛持汉节

苏武奉汉帝命，送来使归匈奴。到了之后，单于要苏武投降，苏武当下拒绝了，并且拔出佩刀来自刺，气绝半日，才恢复过来。之后被囚禁在地窖中，靠吃雪和身上的羊皮袄度日，竟然数日不死。匈奴觉得神奇，又将苏武迁到北海无人处，叫他去牧羝，说羝有了乳才得归。羝是雄羊，哪里会有乳呢？到了北海，不见有人送食物过来，只得挖野鼠所聚的草食吃。苏武手持汉天子节，在冰天雪地朔风怒吼中，坚强不屈地度过了五六年。遇到单于的兄弟打猎经过此地，单于的兄弟心里敬慕苏武，才给他衣食。汉昭帝登位后，匈奴与汉和亲，汉使探知苏武的消息，借词责备单于，单于才将苏武送回国。他留在匈奴的时间已近二十年了。回国后，文昭帝封他为关内侯，他将所得的赏赐，尽施给昆弟故人，享寿八十余岁。苏武在雪窖中，在北海上，人生必需的衣食住，一无所有，可是他心中的浩然之气，至大至刚，艰难困苦的环境一点也不能动摇他。所谓“丁年奉使，皓首而归，老母终堂，生妻去惟”。苏武的忠义，真是千古无两的了！